자폐는 형제들과
지구를 떠나라
Bye Bye ASD

ASD KOREA 김의철

그는 멀리 보는 사람이다. 넓게 보는 사람이다. 그래서 그의 생각은 항상 앞서간다. 어떤 원리를 깨달으면 바로 다른 분야에 응용하여 새로운 원리를 이끌어 낸다. 이런 일에 관한 한 그는 정말 비범하다.

그중 하나가 2021년에 특허를 획득한 '사건'이다. 유소년의 자폐, 언어-지적장애, ADHD 등을 약물을 전혀 사용하지 않고, 맞춤교육을 활용한 상담만으로 치료하는 기술인데, 이런 장애들이 인류 역사 이래 불치의 병으로 공인되던 것이어서, 사건 중에도 큰 사건이다. 이 치료기술은 그 후 일본과 미국의 특허도 받았다.

그는 서울대학에서 유전학, 생리학, 생화학, 육종학, 통계학 등 생명과학을 공부했다. 젊은 시절에는 세상 모든 원리를 다 깨닫겠다는 듯, 여러 분야를 섭렵하더니, 지금은 뇌 연구를 통해 창조주의 깊은 뜻을 헤아리는 중이다. 저서로는 『돌격장』(2004), 『민둥산을 금수강산으로』(공저 2010), 『너 때문이 아니고 뇌 때문이야』(2017), 『세계적 천재들도 너만큼 산만했단다』(2017), 『너는 이 세상의 중심이다』(2020)가 있다. 지금도 그는 여전히 20~30년 앞을 이야기한다.

자폐는 형제들과 지구를 떠나라
Bye Bye ASD
뇌과학자가 쓰는 육아서 4. 자폐 치료 - 예방편

초판 1쇄 발행 2025년 8월 1일

지은이 김의철
펴낸이 장길수
펴낸곳 지식과감성#
출판등록 제2012-000081호

주소 서울시 금천구 벚꽃로298 대륭포스트타워6차 1212호
전화 070-4651-3730~4
팩스 070-4325-7006
이메일 ksbookup@naver.com
홈페이지 www.knsbookup.com

ISBN 979-11-392-2719-2(13590)
값 99,000원

- 이 책의 판권은 지은이에게 있습니다.
- 이 책 내용의 전부 또는 일부를 재사용하려면 반드시 지은이의 서면 동의를 받아야 합니다.
- 잘못된 책은 구입하신 곳에서 바꾸어 드립니다.

지식과감성# 홈페이지 바로가기

이 책의 수익은 자폐치료재단 설립에 사용됩니다.

뇌과학자가 쓰는 육아서
4. 자폐 치료-예방편

자폐는 형제들과
지구를 떠나라

Bye Bye ASD

ASD KOREA 김의철 지음

자폐 - 언어장애 - 지적장애 - 강박장애 - 지체장애 - ADHD - 경기 - 까치발 - 호흡장애 - 조울증 - 이갈기 - 손톱뜯기 - ADD - 아토피 - 야뇨 - 아스퍼거 - 분노조절장애 - 분리불안 - 틱 - 편두통 - 복통 - 구토 - 폭력 - 떼쓰기 - 사회성 결핍 - 그 밖의 유소년기 발달장애

들어가는 말

자폐와의 운명적인 만남

질문한다. 자폐가 유전일까? 선천적일까? 후천적일까?

자폐 자녀를 키우고 있는 대부분 부모는 '유전한다'고 대답할 것 같다. 전염병처럼 세균이 어디선가 날아와 걸린 것이 아니니까. 전염병이 아닐진대 '타고났을' 수밖에 다른 방법이 없지 않으냐? 이것이 유전론자의 논리다.

자폐 어린이를 많이 만나 본 필자는 의문이 든다. 가령, 간암이나 간경화 등의 질환자가 많은 집안이 있다고 하자. 간암이나 간경화라는 질병이 유전할까? 아니다. 그 집안에 간 기능이 약한 '체질'을 가진 사람이 많을 뿐이다. 간 기능이 '약한 체질'은 유전하니까.

이것은 심장이나 폐나, 모든 오장육부에 똑같이 적용된다. 어떤 장부(腸腑)의 기능이 '약한 체질'은 유전되지만, 병 자체가 유전되지는 않는 것이다. 기능이 약하다 보니 생활 여건이 조금만 나빠져도 쉽게 걸리는 것이다.

의사 선생님들 말씀으로는, 산모의 질병이나, 흡연, 음주 등이 원인이 되어 자폐를 가지고 태어나는 아이도 있다고 한다. 그럴 수 있을 것이다. 그러나 이것은 선천적일지언정, 유전적이라고 할 수는 없지 않을까?

필자는 자폐 어린이를 치료하는 과정에서, 그 부모, 조부모, 외조부모 등, 유전적 상위 계보의 인물을 대부분 만났고, 저절로 자폐의 유전 여부를 확인하게 되었다. 기대하지 않았던 선물인데, 의미는 크다. 독자 여러분께서도, 이 한 권을 다 읽었을 즈음이면, 자폐의 유전 여부에 대해 나름의 확신을 갖게 되실 터이다. 함께 그 확인 여행을 떠나자.

••••

　필자가 생명과학을 전공한 까닭이었는지, 뇌 때문이었는지 30대 중반부터 이제마 선생의 사상의학에 유별난 흥미를 갖게 되었다. 첫아이를 얻게 된 후라 관심이 더 쏠렸던 것 같다. 무사독학. 이를 열심히 배우고, 관찰하고, 실천하고, 주위 많은 사람에게 확인하고, 적용도 했다. 50여 년간 여기에 심취하며 그 오묘한 진리를 온전히 터득했다 싶었다. 사람은 서로 다르고, 그에 따른 솔루션도 서로 다르다는 것이 사상의학의 핵심이었다.

　그런데 어느 날 갑자기, 각종 매체로부터 뇌과학에 관한 기사들이 쏟아져 나오기 시작했다. 그때의 놀라움은 컸다. 대학 시절 DNA, RNA를 다루는 생화학, 유전학, 생리학, 육종학 등을 배웠고, 그 후 사상의학까지 마스터(?)하며 우쭐했던 입장이었는데, 좌뇌, 우뇌라니? 갑자기 작아지는 기분이었다.

　다시 학습 의욕을 끌어올렸다. 50대 후반이었던 것 같다. '그래, 인간계(界)에 뭔가 비밀이 더 있을 것 같았는데 드디어 나오는군!' 책이건 잡지건 닥치는 대로 구해 읽었다. 마침 인터넷이 발달하기 시작해서, 논문 검색도 가능해졌다. 정보의 바다에 첨벙 뛰어들었다. 창의적 우뇌, 논리적 좌뇌, 뇌들보… 이런 것들이 사람마다 서로 다르고, 언어, 운동, 오감 등을 관장하는 신경중추들도 발달 정도가 사람마다 다르단다. 이거 뭐야? 사상의학과 비슷한 얘기를 하는 거야?

　눈을 의심했다. 더 많은 서양 논문을 찾아 읽고, 더 많은 체질의학의 해설서들을 섭렵했다. 눈이 뜨인다고나 할까? 동서양 두 학문의 공통점과 차이점이 머리에 쏙쏙 들어왔다. 이쯤 되면, 동서양 학문을 접목하고 싶어지는 것은 자연스럽다. 필자 아닌 누구라도 그리했을 것이다. 더군다나 필자는, 양의학이나 한의학 중, 어느 한쪽을 숭배하고 다른 한쪽은 경멸해야 할 이유가 전혀 없는 사람이다. 환희의 유레카를 참으로 여러 번 외쳤다.

••••

　세상 어떤 사람이건, 그의 중차대한(?) 깨달음을 혼자 숨겨 두려는 사람은 없을 것이다. 필자의 머리가 용암처럼 끓어오르던 그 시점에, 강원도 교육청으로부터(이때 필자는 강원도 원주시에 살았다.) 초중학교 교사를 연수시켜 줄 수 있겠냐는 문의를 받았다. "그걸 말이라고 하시나이까? 하하하." 신이 보내서 온 사람들 같았다.

　당시 교사연수 할 땐 교육청이 지정하는 어느 학교로, 필자가 10일간 출강해서, 20시간 수업을 진행하면(월~금×2주), 그 학교의 모든 교사, 교감, 교장까지 수강했다. 과정을 마치면 수강자에게 승진 포인트 1점씩이 부여되는 식이었다. 2005년부터 시작해 8년 이상 계속했고, 매년 10~12개 학교에 출강했다.

필자가 중점적으로 설명했던 내용은, '사람은 서로 다르다. 왜 다른가? 다름에 따라, 학습지도, 가정교육 등은 어떻게 달라져야 하나?' 등이었다. 문제를 제기하고, 그 솔루션까지 모두 제공하는 셈이었다.

대부분의 학교는, 강의할 때 처음 하루이틀간은 숨소리도 들리지 않는다. 학생이 된 선생님들은 무표정하고, 당연히 눈 맞춤도 어렵다. 책걸상이 작기 때문만은 아니다. 교실 분위기가 사뭇 도전적이다. 그러나 3일 차에 들어서면, 교실은 확 바뀐다. 열기로 가득 차고, 질문이 빗발치기 시작하는 것이다. 수업이 끝나도 남아서 질문하는 선생님이 한둘이 아니었다. 필자의 이메일 계정에도 질문과 감사 편지들로 넘쳐 났다. 연수가 끝날 때마다 실시하는 그들끼리의 '강사평가'가 학교마다 '거의 만점'이어서 교육청 담당관들이 '기이하다'고 했다. 평소, 교사들의 평가 성향이 얼마나 야박한지를 알기 때문이었을 것이다.

필자 자랑같이 되어 버렸는데, 목적은 그게 아니다. 평소 가지각색의 '어린' 아이들을 지도하는 교사들의 애로가 얼마나 컸을까? 교사의 본분을 다하기 위해 구천(九泉)인들 왜 아니 헤매었을까? 아무개 때문에 '선생질' 그만두겠다는 선생님도 한두 분이 아니었다. 그런데 그 애로들이 '뇌과학적으로 쉽게' 풀린다는 사실을 눈으로 확인하게 되었다. 교사들이 얼마나 큰 목소리로 유레카를 외쳤을까? 바로 이 분위기를 알려 드리고 싶은 것이다.

필자가 8년간 계속했다는 이 '교사연수 교수' 자리는 서울 지식인 사이에서도 노른자로 꼽힌다. 치고 들어오는 세력이 엄청나기 마련인데, 이 자리를 8년이나 지켜 냈다는 것도 '기이하다고' 했다. 이때 많은 교사로부터 두 가지, 강력하고도 진지한 요청을 받았다. ① 강의 내용을 책으로 출판해 주라는 것, ② 교사뿐 아니라, 문제아들의 문제를 개인별로 해결해 주는 상담소를 설립해 주라는 것.

선생님들의 학구적이고도 현실적인 사고가 감동으로 밀려왔다. 2012년을 마지막으로 교사연수를 끝냈다. 그로부터 1년을 꼬박 집필에만 매달려서 2013년 가을에 펴낸 책이 《너 때문이 아니고 뇌 때문이야》라는 제목의 졸저다. 라디오에 여러 번 소개되었던 것 같고, 수많은 초등학교, 중학교의 권장 도서로 채택되었다고 한다.

그리고 두 번째 요청 사항이 학생문제 상담소인데, 책이 출판된 다음 해에 성남시에 '지지브레인파워연구소'라는 긴 이름의 상담소를 설립했다. 설립자금이 부족하여 '상경'까지는 못하고 서울 턱밑에 자리 잡았다.

한편, 20세기 말, 세계 신경정신의학회(DSM-Ⅲ)는 어린 자녀를 키우는 부모들에게 난데없이 핵폭탄 한 발을 꽈강 터뜨린다. 집중력이 부족하고 오버액션이 잦은, 즉 산만한 아이들을, ADHD라는 질병(!!)으로 규정하고, 병명코드까지 부여해 버린 것이었다. 교육자와 부모들에게, 이런 유별난 아이들 교육 잘 시키고, 치료도 적극적으로 해 주라는, 강력한 메시지였을 것이다.

미국이 주도하는 세계신경정신의학회가 핵폭탄을 투하한 데는 특유의 사정이 있었던 것으로 보인다. 미국은 인종 전시장이다. 그중 히스패닉, 아프리카 유색인, 일부 중국인 중에 '우범 청소년'이 많았는데, 이들이 대개는 산만하고, 수업 방해가 심하며, 범죄 집단의 새로운 피로 수혈되는 등, 국가적 문제로 대두되어 있던 것이다. 미국으로서는 이들을 어릴 때부터 효과적으로 다스려야 한다는 강박관념에 사로잡혔던 것 같다.

그런데 놀랍게도, 그 핵폭탄은 대한민국에서 가장 큰 위력으로 폭발했다. 21세기 초, 우리나라 교육과학부가 ADHD 선별작업을 위해 시범학교를 지정하는 등, 부모를 겁박하더니, 곧이어 경기도교육청을 비롯한 몇몇 교육청이 산하 초등 1학년을 '전수조사' 하여 ADHD 아이들을 색출하겠다고 나선 것이다(물론 명분은 치료비 지원이었지만). 에너지 많은 아이를 키우는 부모는 멘붕을 넘어, 졸도할 상황이었다.

성남시에 연구소를 차린 지 1년 남짓인데, "우리 아이가 ADHD인지 아닌지 검사 좀 해 주세요." 하고 찾아오는 부모가 매달 50커플이 넘었다. 그야말로 물밀 듯 쳐들어(?)왔다. 필자의 《너 때문이 아니고 뇌 때문이야》를 읽고 온다고 했다. 그 책에는 ADHD라는 단어가 한 마디도 없는데? 오시는 부모에게 꼭 물어 보았다.

"병원에서는 판정 안 해 주던가요?"

"하기는 하는데, 애들 장난도 아니고, 질문 몇 개쯤 하고는 애매한 소리만…."

필자에게는 부모용, 본인용으로 200개씩의 문항이 준비되어 있었다. 사상체질학과 접목했으므로 이 정도가 기본이었다. 물론 ADHD 여부를 판별하는 것이 아니라, 뇌 타입이 무엇인지를 판별했다. 이 일은 필자에겐 '서서 떡볶이 먹기'였다. 뇌 타입만 구별하면 되었으니까. 타입 1(극우뇌)으로 판별되면, 병의원이 말하는 'ADHD 후보자군'인 까닭이었다.

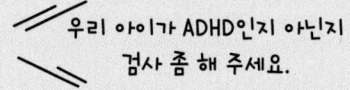
우리 아이가 ADHD인지 아닌지 검사 좀 해 주세요.

이에 만족하지 않고, 솔루션까지 제시했다. 교사들을 환호작약하게 만들었던 그 솔루션이었다. "매주 한 번씩, 열두 번만 오시라. 유별난 아이들에게 유별난 맞춤양육방법을 알려 드릴 터이니, 그대로만 키우면 ADHD가 눈 녹듯이 사라질 것이다."

사실이었다. 주 1회 내방할 때마다 아이의 뇌특성을 설명해 주고, 고쳐 주어야 할 행동과 살려 주어야 할 행동을 구별해 주었다. 아이의 뇌특성에 따라 '미션'을 드렸는데, 미션의 골격은, 의-식-주를 보통 아이들과 어떻게 달리하라는 것, 가정교육이나 학습 역시 보통 아이들과 어찌어찌 달리하라는 것 등이었다. 필자는 이것을 5방위 전략(Penta Offensive Operations, POO)이라고 부른다. 부모가 미션을 열심히 실천하니, 눈이 아니라 빙산이 녹아내렸다.

부모들의 반응은 폭발적이었다. 몇 년 전, 사람의 서로 다름에 대해 수강하던 교사들보다 더 뜨거웠다. 당연했다. 내 아이가 진짜로 '이상한 신종 질병(?)에 걸린 건가? 그렇다면, 초등학교조차 공립에 못 다니게 되는 건가? 대안학교를 찾아 봐야 하나?' 하던 입장이었으니 환호할 수밖에 없었을 것이다. 그러고 보니, 우리나라에 대안학교가 우후죽순처럼 생겨난 것도 이즈음인 것 같다.

...

필자가 2년쯤 손바람을 내고 있을 무렵이다. 단춧구멍 같던 필자의 눈이 고양이 눈처럼 커질 일이 생겼다. 중증(重症) 아이들의 내방 숫자가 점점 늘어나는 것이었다. 설립 초기에는 기껏해야 떼쓰기, ADHD, 분노조절장애, 틱 이런 수준의 아이들이 왔다. 그러나 어느 날부턴가는, 경기(驚氣), 아토피, 언어장애, 지적장애, 심지어는 자폐를 동반하는 아이들까지 꾸역꾸역 찾아오는 것이었다. 그러던 중 놀랄 일이 벌어졌다.

한 아빠와의 대화였다.

"우리 애가 이런저런 증상을 보이는데 자폐가 맞는 거죠?"

"그렇네요."

"서울대 김 교수, 삼성 유 교수도 그랬어요. 그분들은 진단으로 끝나던데, 소장님은 자폐를 고치기도 하신다면서요?"

"누가 그래요?"

"우리 먼 친척 애가 여기서 5개월 만에 깨끗이 고쳤다고 해서 온 거예요."

"그 아이 이름이 뭐죠?"

"나중에 우리 아이 다 고치고 나면 말씀드릴게요. ㅎㅎ"

등줄기에 식은땀이 흘렀다. 표정을 들키지 않으려 애썼다. 필자는 그때까지 자폐 환자라고 따로 받아 본 적이 없었다. 당연히 고쳐 준 적도 없다. 그런데 내가 고쳐 주었다고? 내가 모르는 내 팩트를, 제3자가 팩트라고 알려 준다는 말인가?

〔소장님은 자폐를 고치기도 하신다면서요?〕

정말 귀신이 곡할 노릇이었다. 그날 이후, 이 작은 머리가, 빛의 속도로, 지구를 수백 바퀴 돌았을 즈음, 필자는 두 가지 근본적 깨달음을 얻는다. 첫째, 되짚어 보니, '먼 친척 아이' 이외에도,

① 그동안에 경증의 자폐(Mild Autism)를 동반한 아이들이 몇 명 더 왔었다는 점.
② 대부분 부모는 '내 아이가 자폐'라는 사실을 그토록 말하기 싫어한다는 점.
③ 그 이유는 자폐가 유전한다는 선입견 때문에, 자신들이 '자폐라는 몹쓸 병을 아이에게 물려준 원죄인(原罪人)'이라는 누명을 쓰고 싶지 않다는 점.
④ 필자 역시, "얘가 자폐도 있나?" 하고 눈여겨보지 않았고, 당연히 들춰내지도 않았다는 점.
⑤ 그저 부모가 '축소신고' 하는 내용만 믿고 미션을 드렸다는 점.

둘째, 아, 이건 메시아 탄생만큼이나 굉장한 소식이다.
① 떼쓰기, ADHD, 분노조절장애, 틱, 경기, 아토피, 언어장애, 지적장애, 그리고 자폐 이런 것들이 모두 같은 뿌리의 같은 나무에 달린 잎사귀들이라는 점.
② 원래, 뿌리가 나쁜 환경에 처하면 잎사귀가 시들기 마련인데, 그 뿌리 환경이 조금 나쁠 때는 떼쓰기, 두통, 분리불안, 분노조절장애 등의 경증장애가 나타난다는 점.

③ 그러나 뿌리 환경이 심하게 나빠지면 언어장애, 지적장애, 지체장애, 강박장애 등의 중증장애가 나타난다는 점.
④ 대개는 맨 마지막에 자폐가 발현하며, 자폐만 독립해서 발현하는 경우가 거의 없다는 점.
⑤ 따라서, 뿌리 환경만 쾌적하게 유지해 주면, 경증이건 중증이건 잎사귀들은 정상으로 살아난다는 점.
⑥ 결국은, 앞에 열거한 경증-중증 장애는 같은 뿌리에서 태어난 자폐의 형제자매라는 점이었다. 뿌리란 사람의 뇌신경이다.

이건 정말 천동설의 세상에 나타난 지동설 같은 얘기다. 지금까지는 앞에 열거한 저런 장애들이 각기 다른 원인에 의해 따로따로 생겨난다고들 했다. 당연히 각기 다른 치료약이 존재할 것이다. 그러기에 틱 전문치료 한의원, 아토피 전문치료 피부과의원 등이 성업하지 않겠는가?

그런데 이런 이론이나 치료행위를 뒤집어야 한다는 것이다. 앞에 열거한 저런 장애들이 모두 특정 체질에게만 발현하고, 모두 비슷한 원인에 의해 생겨나고, 모두 비슷한 치료제(=맞춤양육방법)에 의해 정상으로 되돌아온다는 것이다. 이럴 수가?

걱정이 앞섰다. 엄청난 발견을 한 것 같기는 한데, 내가 이걸 큰 목소리로 공개할 수 있을까? 해도 될까? 그동안 어린이의 이런 장애를 처방하고 치료하기 위해 애쓰신 분들로부터 얼마나 많은 돌팔매질을 당할 것인가? 앞에 열거한 여러 장애 중에는 치료가 되지 않는 것도 많다고 했는데, 이걸 필자가 '한 가지' 방법으로 모두 치료할 수가 있다고 하면 미친×이 아니라, 죽일× 리스트에 오르지 않을까?

암튼, 이 깨달음 이후, 필자는 ASD(Autism Spectrum Disorder) 어린이를 받기 시작했다. 아니 적극 유치했다는 표현이 맞을 것이다. 어떤 영감(靈感) 때문이었다. '원죄인 부모들'은 반신반의했다. 대형 종합병원에서도 못 고친다는 자폐를 초가집 같은 연구소에서 고친다니 믿기 어렵기도 했을 것이다. 그러나 그들은 믿었다. 왜?

양육방법을 개인별 맞춤으로 바꾸어 주고, 부모가 이를 실천만 잘하면, 누구 하나 예외 없이, 순풍에 돛단배였으니까. 사례를 보자. 언어-지적-강박-자폐 이렇게 네 가지 중증장애로 병원에서 확진받은 네 살 남자아이는 꼭 1년 만에 정상이 되었다. '정상'이란 부모가 그렇게 판단하는 경우를 말한다. 다른 사례도 있다. 10여 가지의 뚜렷한 자폐 증상과 언어-지적지연으로 취학을 1년 유예했던 남자아이가 왔었다. 이 부모는 잠자리에 들 때마다, '내일 아침에 80살로 깨어나게 해 달라.'라고 기도하던 부모였다. 이 아이는 1년 2개월 만에 '정상'이 되었다.

필자는 자폐 아이를 이렇게 만났다. 운명적이라는 말밖에 다른 말을 찾을 수가 없다. 자신의 자폐 자녀가 깨끗해지는 모습을 보는 부모들은 똑같은 명언을 남겼다. "부모가 바뀌니 아이도 바뀌는군요." 또는 "부모가 변하니까 다 해결돼요. 간단하네요." 자폐 아이를 키우는 부모님께 이보다 더 좋은 '운명 안내서'는 없을 것 같다.

...

그동안 자폐 어린이를 상담하다 보니 뜻밖의 사실을 발견하게 되었다. 가장의 사업 실패나 가족 구성원의 사고 등으로 경제 형편이 갑자기 나빠진 가정에, 자폐나 강박증, 언어장애 아이들이 자주 발생하더라는 점이었다. 필자 역시 6.25 사변 이후 필자 주위에서 이런 아이들을 여럿 보았던 기억이 새롭다.

따라서 필자는 연구소를 대전으로 옮긴 후부터, 소득 10분위 중 하위 4개 분위에 대해선 치료비를 받지 않고 있다. 물론 어느 공공기관이 보전해 주지도 않는다. 히포크라테스 선서를 한 것은 아니지만, 슈바이처의 길을 10분의 1이라도 따라가고 싶은 것이다. 동행하실 자원자가 계신다면 두 손 들어 환영한다.

2013년 시작한 '뇌과학자가 쓰는 육아서' 시리즈를 꾸준히 써내고 있다. 출간된 책이 네 권이고, 이 책이 다섯 번째다. 책을 읽으신 지인들께서, 책만으로는 아까우니, 특별한 기술에 대하여는 특허를 출원하라고 말씀해 주셨다. 덕분에 지금은 자폐에 관하여 한국, 일본, 미국에 특허를 등록하게 되었다. 독식하겠다는 뜻이 아니고, 널리 알리기를 원해서다.

자폐 아이를 둔 세계 모든 가정에서, 감기 걸린 아이 치료해 주듯이, 부모님들이 자기 아이 자폐를 손수 치료해 주거나 예방해 주는 날이 오기를 손꼽아 기다린다.

CONTENTS

들어가는 말: 자폐와의 운명적인 만남 4
책머리에: 획일교육의 최대 피해자 16
일러두기 22

CHAPTER 1
자폐 어린이의 특징

자폐 어린이의 일반적 특징 26
자폐 등급 판정기준들 27
5대 뇌타입 구분하기 28
표 읽기 29
예방과 치료 34

CHAPTER 2
자폐 어린이 맞춤양육법

일러두기 45

✔ 첫째 달: 새로운 분노 요소 제거하기

1st Week	1. 급정거 대신 회전하라. 47 / 2. '편식'은 없다. 50
2nd Week	3. '고픈 머리'를 채워 주는 영상물 53 / 4. 고개나 허리를 꺾지 말라. 56
3rd Week	5. 다투었다면 편들어 주라. 59 / 6. 지시, 지적은 생각 짧은 갑질이다. 62
4th Week	7. 활동 영역은 외:내=8:2를 목표로 65 / 8. 머리, 발은 시원하게, 옷은 헐렁하게 68

(사람이 서로 다르므로) 미션(Mission)이란? 71

☑ 둘째 달: 분노 발산

5th Week 9. 스킨십이 운명을 가른다. 73 / 10. 배고픈 시간이 식사 시간이다. 77
6th Week 11. 부부 싸움은 노래방에서 80 / 12. 자식 자랑이 팔불출? 83
7th Week 13. '약속 대련'이라는 정치 행위 86 / 14. 아이 잘못보다 어른 잘못을 사과한다. 89
8th Week 15. 한글 터득은 2학년 2학기에 93 / 16. 겨울에 벌어서 여름에 쓴다. 96
(사람이 서로 다르므로) 미션 8주 체크포인트 100

☑ 셋째 달: 즐거움 무제한 리필

9th Week 17. 독수리는 창공을 날고 싶다. 102 / 18. 가성비 높은 시터(Sitter) 105
10th Week 19. 그림 읽어 주는 엄마 아빠 109 / 20. 넘치는 칭찬은 자폐를 춤추게 한다. 112
11th Week 21. 귀가 고픈 머리를 채워 준다. 116 / 22. 수영장은 일석삼조의 공간 119
12th Week 23. 자폐 아이는 깔깔거리고 싶다. 123 / 24. 지구로 불러오는 사랑의 스킨십 126
(사람이 서로 다르므로) 언어치료 클리닉 130

☑ 넷째 달: 나쁜 환경 벗어나기

13th Week 25. 훈육은 은근슬쩍, 어물쩍 132 / 26. 눈 맞춤, 그 왜곡된 선입견 135
14th Week 27. 정리정돈이란 지독한 이기주의 139 / 28. 무리한 요구도 이유가 있다. 143
15th Week 29. 훈훈한 실내는 자폐(自閉) 공간 147 / 30. 보통 아이보다 열 배 예민하다. 149
16th Week 31. 시선의 중심에 서고 싶다. 153 / 32. 모자간 보이지 않는 끈 156
(사람이 서로 다르므로) 미션의 깊은 뜻이 보이기 시작한다면 160

☑ 다섯째 달: 천재 이해하기

17th Week 33. 그들의 언어는 우리와 다르다. 162 / 34. 하던 짓도 멍석 깔면 멈춘다. 165
18th Week 35. 아이 말을 잘 들어 주는 부모 169 / 36. 어린이집, 유치원, 학교 선택은? 172
19th Week 37. 영웅심을 타고나는 아이들 176 / 38. 눈높이와 위계질서 179
20th Week 39. 조것이 노력을 안 해. 184 / 40. 특별한 아이와 쉽게 소통하기 188
(사람이 서로 다르므로) 천재는 되고 왕의 DNA는 안 돼? 193

☑ 여섯째 달: 천재성 살려 내기

21st Week 41. 거짓말 하나는 뿌리 뽑을 거야 196 / 42. 천의 얼굴을 가진 아이들 201
22nd Week 43. 죄인이 아니다. 이웃에 당당하라. 205 / 44. 허리, 다리, 간이 약하기는 하나…. 209
23rd Week 45. 책, 신문, 시청각을 한 손에 213 / 46. 바다, 하늘, 계곡, 스키장, 광장 216
24th Week 47. 위기의 순간, 완치와 재발 사이 220 / 48. 이들에게 안정된 직업이란? 225
(사람이 서로 다르므로) 천재 아이를 천재로 키워 내기 230

CHAPTER 3

부모가 변하니 아이는 꽃이 되었다

일러두기 236

✎ 미취학 어린이

01 첫날부터 연구원들을 공포에 떨게 하다. 238
02 비극으로 치달리던 다문화가정 맏아들 244
03 어린이집 등원을 유배라고 생각했나? 247
04 사람은 다 다르다는 것을 잊지 마! 251
05 좌뇌 엄마의 지극정성이 오히려 짐이 되어 254
(사람이 서로 다르므로) 우리 엄마가 달라졌어요. 258

06 7년 만에 처음, 할아버지 방에 벌러덩 눕다. 263
07 3층에서 뛰어내리는 아들을 럭비공처럼 받다. 267
08 매일 같이 터널을 드나들고, 하수구를 연구하다. 270
09 엄마, 아빠에게 그렇게 말하지 않으면 좋겠어. 274
10 나 아무 짓도 안 할 테니까, 가서 사탕 사 와. 278
(사람이 서로 다르므로) 아이 발음이 아주 좋아졌어요. 282

✎ 초등 저학년

11 침 흘리고, 어눌하고, 다리까지 절던 아이가 284
12 평생을 데리고 살아야겠다 각오했는데 288
13 내일 아침에는 80살이 되어 있어라. 293
14 6개월간 등교 거부하며 담임과 힘겨루기 297
15 맞벌이해서 온갖 '특수요법' 검증비로 탕진하다. 301
16 동네 마트 CCTV의 주인공이었는데 306
(사람이 서로 다르므로) 뇌 손상은 인생 쪽박 310

17 내 인생은 내가 알아서 하니까 엄마는 참견 마. 314
18 공교육은 천재 재목을 갉아먹어요. 318
19 평생 가는 유전병인 줄 알았다. 절망이었다. 322
20 네 식구가 모두 극우뇌라면? 326
21 사이코 아빠의 소송전에 휘말려서 329
22 2년간 센터 5곳 다니며, 월 400씩 날리다가 333
23 아빠, 화내지 마! 화 안 내는 것이 미션이잖아! 337
(사람이 서로 다르므로) 학교에 가기 시작했어요. 341

✏ 초등 고학년

- **24** 제일 비싼 클리닉에 4년간 다녔으나 343
- **25** 연구소로 내 쌀값, 반찬값도 보내 줘. 346
- **26** 선생님이 나 약 끊은 거 모르시나 봐! 350
- **27** 나 전학시켜 줘. 여기 애들은 옛날 내 생각만 해. 354
- **28** 선생이 왜 엄마까지 힘들게 하지? 뒤돌아서 울었다. 358
- **29** 어, 나는 야단치면 안 되는 아이래. 363
- **30** 처음에는 가슴에 큰 바윗덩이, 지금은 자갈만 조금 367

(사람이 서로 다르므로) 유전의 6대 원칙 371

✏ 중고등학생

- **31** 가족들이 서로 물어뜯기만 해요. 372
- **32** 3개월 동안 여섯 가지가 달라졌어요. 376
- **33** 백옥 같은 피부가 초5부터 흑인처럼 380

(사람이 서로 다르므로) 자폐인 어른은 어디에서, 무엇을 하나? 384

CHAPTER 4

마치고 나서

- **01** 참고문헌 388
- **02** 마치는 말: 특별한 엄마를 새로 보내 주신 뜻은? 392
- **03** ASD KOREA 주요 사업 399

책머리에

획일 교육의 최대 피해자

세상에서 자기 자녀를 가장 잘못 키우는 부모가 누구일까?

직업군으로 생각해 보자. 의사? 법조인? 영업직? 방송인? 생산직? 사무직? 모두 이 질문의 답이 아니다. 답은 교사라고 한다. 이건 교사들 자신의 고백이다.

어린이를 전문적으로 교육하는 교사들이 왜 자기 자신의 아이들 교육을 잘하지 못한다고 자인할까? 이유는 분명했다. '자기 반에서 제일 똑똑하고 모범적인 아이를 기준으로 삼고, 거기에 자신의 자녀를 맞추려고 헛손질, 헛돈질, 헛발질을 하기 때문'이라는 것이다. 우스갯소리가 아니다. 수백 명 교사가 필자에게, 상담료 내고, 직접 '고해성사' 한 것이다.

그렇다면 그 나머지, 의사, 법조인 등등은 제대로 잘 키울까? 각자의 평가에 맡기기로 한다. 대신 여기서 우리가 함께 생각해 볼 문제점이 하나 있다. 대부분 부모는 '우리 아이들이 다른 집 아이들과 다르다.'라는 것까지는 잘 안다. 그러면서도 '내 아이를 다른 모범생 아이처럼 만들 수 있다.'라고 믿는다는 점이다. 교사들처럼.

같지 않다는 것은 알면서도, 같게 만들 수는 있다? 가정이 앨커트래즈 형무손가? 16세기 수녀원인가? 엄청난 모순이다. 이런 논리라면, 세상 모든 어린이를 같게 키워 낼 수 있다는 얘기가 된다. 이런 자신감이 과도한 부모일수록 아이를 잘 키워 낼 가능성은 제로에 가까워진다. 직종이 문제가 아니다. "첫아이 키우는 방법이 좋았기에 둘째에게도 사용했더니 씨도 안 먹히더라." 이 말을 음미할 필요가 있다. 교사만 잘못 키우는 게 아니다.

아이들이 서로, 얼마나 다를까? 흔한 사례를 살펴본다.

우선 이들을, 특성이 비슷한 아이들끼리 5대별해서 A, B, C, D, E라고 부르자. 이 아이들을 키우다 보면, 참으로 깜짝 놀랄 만한 패턴이 발견된다. 예를 들어, C가 잘못했을 때, "다음엔 그러지 마라." 분명하게 지적하면, C는 한동안 그 잘못을 반복하지 않는다.

더 놀라운 것은, D나 E는 C가 꾸중당하는 것을 옆에서 보기만 해도 그 잘못을 저지르지 않는다. 예방이 되는 것이다.

B는 어떨까? 같은 지적(잔소리)을 여러 번 해도 잘 고치지 못한다. 그래서 체벌도 자초한다. 본인도 고치고 싶은데 잘 안된다. 체벌당하고 돌아서면 바로 같은 잘못을 또 반복한다. 그러나 기특한 점도 있다. 없는 칭찬이라도 만들어서 듬뿍 해 주면, 예쁜 짓도 많이 하는 것이 B 아이들이다.

A는 매우 다르다. 야단치거나 지적하면 '절대' 고치지 않는다. 청개구리 중에도 황제급이라고 할까. 안 고친다고 이 아이들을 힘으로 제압했다가는 그야말로 난리난다. 악쓰다가, 오줌 지리고, 눈 풀리고, 온몸으로 저항한다. 자기 마음대로 안 되니까 아예 자살해 버린 히틀러도 A였다.

이런 A들을 B, C, D, E와 같은 방법으로 양육한다고? 절대로 "노"다. 가능하지 않다는 뜻이고, 시도했다가는 각종 정신과적 장애 증상만 유발한다는 뜻이다.

...

필자가 어느 시골 농가를 방문했다. 마당 어귀에서 목청을 돋워 주인을 불렀는데, 인기척은 없고, 덩치 큰 개가 사납게 짖었다. 목줄은 없었지만, 농부들 손가락 굵기의 철창 안에 갇혀 있어서 필자와 스킨십(?)을 하게 될 염려는 없었다.

그렇기는 해도, 철장 안에서 어찌나 길길이 날뛰는지, 개를 별로 무서워하지 않는 필자이지만, 이것이 막 튀쳐나올 것 같아 잔뜩 쫄았던 기억이 생생하다.

이 개는 왜 이리 사나워서 필자 머리의 한구석을 수십 년간 점령할 정도가 되었을까? 나중에 주인의 설명으로 의문은 해소되었다. 강아지 때는 순둥이였다고 한다. 그러나 주인이 근처 논밭으로 종일 일 나가기 마련이고, 추수 끝나면 대도시로 물건 팔러 다니기 때문에, 개와 산책 한번 못 다녔고, 그저 저렇게 가두어서 길렀다고 한다.

게다가 담장도 없는 시골집 앞길로는 낯선 사람들이 심심찮게 지나다닌다. 놀리기도 했을 것이다. 집을 지켜야 한다는 충성심까지 강한 개는 온 동네가 떠나가게 짖는다는 것이다.

듣고 보니 사나워질 만했다. 아무리 동물일망정, 총각 때는 맘에 드는 아가씨와 썸도 타고, 새끼가 생기면 같이 딩굴고, 뛰고, 해야 한다. 동네 구석구석 다니면서 지형지물 파악도 해두고 싶다. 주인의 사랑도 받고 싶다. 이러함에도 불구하고, 마치 탈옥에 실패한 죄수처럼 어두운 강철독방에 갇혀서 365일을 지낸다? 아무리 순둥이였어도 성격이 '지랄 같아질' 수밖에 없을 터이다.

자, 이제 사람 얘기를 하자. 사람을 강아지처럼 가두어 키우면 어떻게 될까? A, B, C, D, E 그룹에 따라 다르다. B는 '상당히 지랄 같아질' 것이고, C는 '지랄 같다가 말다가' 할 것이고, D는 '시선을 피하고 입을 닫을' 것이고, E는 '죽은 듯 엎어져' 있을 것이다.

그럼 A는? 이게 가장 중요한 대목이다. A는 저렇게 가두어 기르면, '지랄 같다 못해' 단계적으로 장애증상을 보인다. 두통, 분리불안, 복통, 분노조절장애, 폭력성, 야뇨, 아토피, 난독증, ADHD, 경기, 이갈기, 조울증, 강박장애, 까치발, 언어-지적장애, 자폐, 심지어는 지체장애까지! A 아이들 모두가 이와 순서까지 똑같은 것은 아니지만, 발현하는 종류는 비슷했다.

놀라운 일이다. 신경정신과를 찾는 아이들도 대부분 A다. 그러나 의사들은 그 아이들이 A인지, 뭔지 모른다. 의학에서는 사람이 서로 다름을 전제하지 않기 때문이다. 사람을 A~E에 따라 구별해서 처방하지 않는다는 뜻이다.

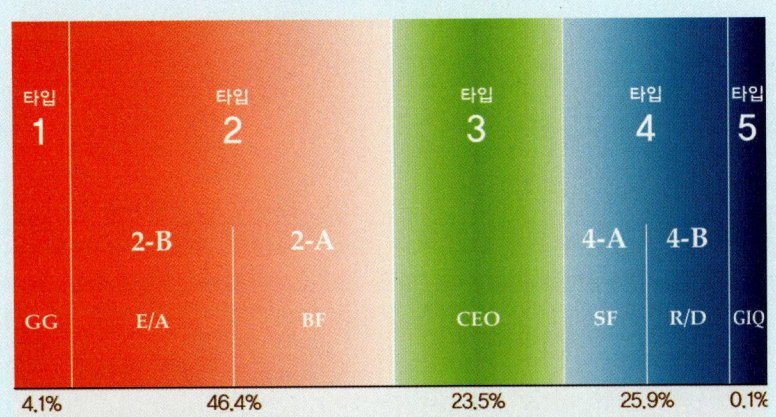

한국인 두뇌타입 구분

사람이 서로 다름을 알기 쉽게 분류했다. 간단하지만, 이 표의 개념을 잘 이해하면 인간사의 아무리 어려운 문제도 쉽게 풀어낼 수 있다. 빨간 사람(타입 1)은 눈 맞춤을 아주 잘하지만, 정리정돈은 못해야 정상이다.

"아이를 그렇게 굵은 철창 속에 가두어 놓고 키우는 부모가 어디 있느냐?"라고 반문하실지도 모르겠다. 좋은 질문인데, 정말 없을까? 아니 많다. 모든 부모가 가장 착각을 많이 하는 대목이 이 대목이다. 함께 생각해 보자.

필자가 그동안 자폐 어린이들을 위한 상담을 해 오면서 발견한 사실이 있다. 자폐 어린이가 있는 가정은, 그 부모가 대개 고등교육을 받았거나, 사회적으로 성공했거나, 유명 인사가 많았다는 점이다. 성공한 교회 목사 중에 자녀 교육에 성공한 분들이 드물다는 말과 맥을 같이 한다.

필자의 고객 중에는 교육학 박사, 복지학 박사, 의사, 교수도 여러 명 계신다. 특히 교육학 박사나 의사인 부모에게는 '아이들이 서로 다르므로, 서로 다른 방법으로 키워야 한다.'라는 점을 이해시키느라 애를 많이 먹었다.

왜 이들이 자기 자녀를 자폐나 언어-지적장애로 만들까? A 아이를 C, D 같은 아이로 만들기 위해 과욕을 부리기 때문이다. 과욕이 무엇일까? 남에게 피해 끼치는 행동하지 마라, 공부 열심히 해라, 규칙적인 생활해라, 부모 말 잘 들어라, 책임져라…. 이런 부모의 강력한 지시가 A 아이들에게는 강아지의 굵디굵은 철창이나 마찬가지다. 물론 C, D는 어렵지 않게 수용하겠지만, 성정이 자유로운 아이들일수록 당연히 더 강한 구속감을 느끼게 마련이다.

그렇다면, A 같은 아이에게 아무런 규제도 가하지 말라는 말이냐? 남에게 피해를 주든, 공부를 하지 않든, 규칙적 생활을 하지 않든, 부모 말을 안 듣든, 수업을 방해하든, 그대로 두라는 말이냐? 그게 올바른 아이 교육이냐? 당연한 반문이다.

여기에서 우리가 심각하게 생각해 볼 문제가 있다. 첫째, A 같은 아이들에게 위와 같은 사회적 규범을 강하게 요구하면, A들이 그 요구대로 행동할까 하는 점이다. 답은 너무나 분명하다. 실천하지 못한다. 안 하기도 하고, 못 하기도 한다. A 같은 아이를 키워 보지 않은 부모들은 이 대목에서 이견(異見)을 낼 자격이 없다. 빠지시기 바란다.

필자는 자의 반 타의 반으로 초등학교 특수반(그 후 사랑반으로 이름이 바뀌었다.)을 여러 곳 방문했다. 수업 광경을 한두 시간 계속 지켜보기도 했고, 20~30분 머물다 오기도 했다. A 아이들만을 모아 놓은 반이기에 기대를 잔뜩 하고 갔는데, 결론은 대실망이었다.

특수교육을 전공했다는 교사가 A, B, C, D, E 학생을 어떻게 구분하는지조차 몰랐다. 당연히 특수반 학생들(=A 학생들)의 맞춤지도법도 몰랐다. 이런 사랑반이라면, 그저 '보통반 아이들에게 방해될 것을 우려해서 격리시켰다.'라는 사실밖에 의미가 없었다. 사랑반에 사랑도 없고 논리도 없었다.

생각해 볼 점 두 번째, 'A 같은 아이들에게 생활규범을 강요하지 말라.'라는 뜻은 그들에게 '무질서, 방종한 사람으로 키워라.'라는 뜻이 결코 아니다. A 같은 아이들도 사회에 유익한 인물로 키워 내야 한다. 이 양육목적은 분명하다. 다만 그 '양육방법이 B, C, D, E들과는 달라야 한다. 강압적인 방법을 사용하면 실패한다.'라는 점을 알리고 싶은 것이다. 뇌타입별 솔루션이 다르다는 말이다.

히틀러, 카다피, 푸틴, 나폴레옹, 전청조 등은 A임에도 다른 아이들과 똑같은 양육방법을 고집하다가 실패한 경우다. 반면에 모차르트, 셰익스피어, 미켈란젤로, 고흐, 스티브 잡스, 서태지, 조수미, 조조, 이회창 등은 같은 A임에도 '본성을 살리는 허용적 양육'으로 그 천재성을 발휘하게 해 준 경우다. 우리나라 사랑반도 이렇게 바뀌어야 한다. 특수교육 전공 선생님들이나, 부모에게 A 아이들 양육방법을 제대로 교육하기만 하면 된다.

자녀 양육의 핵심은 단 두 개다. 첫째는, 아이들의 서로 다름을 인정하는 것. 둘째는, 그 다름에 맞는 양육법대로(맞춤양육) 키우는 것. 쉬운 것 같은데, 못 하시는 부모님들이 너무 많다. 앞에 열거한 여러 가지 장애를 일으키는 것도 이 두 가지 원칙을 무시하기 때문이다. A 같은 천재적인 자녀를 우리 사회의 리더로 키우느냐, 싸움닭으로 키우느냐, 범죄자로 키우느냐 하는 것은, 오로지 부모님의 양육방식에 달렸다. 책이 끝날 때까지, 두 눈을 부릅뜨고 확인해 보시기 바란다.

세계적으로 자폐 어린이가 제일 많은 나라는 어디일까? 통계를 보자. 괄호 속 숫자는 3~17세 유소년 1만 명당 자폐 어린이 숫자다. 홍콩(372), 한국(263), 미국(222), 일본(181), 아일랜드(153), 스위스(145), 캐나다(106)…. 대부분 국민 소득이 높고, 교육열도 높은 나라들이다. 그런데 왜? 혹시 아이들의 서로 다름을 인정하지 않고, 그저 모범생 기준에 맞추어 획일적으로 양육하기 때문은 아닐까?

이 책을 쓰면서 자료를 확인하다가 안타까운 사실을 하나 발견했다. 홍콩이나 한국은 이유를 알겠는데, 미국에는 왜 자폐 어린이가 저렇게 많을까? 미국은 부모가 교육을 많이 받았거나 생활 수준이 높을수록 갓난아이 시절부터 따로 재운다. 다른 침대 정도가 아니라 아예 다른 방에서 재운다. 밤에 아이가 아무리 울어도 내버려둔다. '보통' 아이들에게는 이 방법이 교육적으로 효과가 있을 수도 있다. 그러나 극우뇌 아이들에게는 이게 자폐로 고속주행시키는 완벽한 시행착오에 불과하다. 자세한 것은 74~75쪽에 기록했다.

우리나라 부모들은 자폐에 대해 'Coming out'을 하지 않으려는 경향이 대단히 강하다. 우리 연구소에서 좌뇌보강을 받고 '정상'이 되었음에도 불구하고, "우리 아이는 자폐에 걸린 적도 없고, 당연히 치료받은 적도 없다."라고 공언하고 다니는 현실이니까. 하하하. 아무튼, 공개하기 싫은 건 안 하면 된다.

앞으로는, 아무도 모르게, 이 책을 읽으며, 아이 자폐를 엄마 아빠가 직접 치료해 주시고, 아이를 광명으로 이끌어 주시기 바란다. 미션을 철저하게 실천하시면, 대부분 1년 이내에 빛을 보게 된다. 그 후에 "걸린 적도 없고, 책을 읽은 적도 없고, 치료한 적도 없다."라고 자랑하고 다니시라. 하하하.

걱정되는 점이 있다. 부모님이 우리 연구소에 와서, 우리 연구원이나 필자와 직접 대화하고, 우리도 아이를 직접 확인하면, 증상이 심한 아이였더라도, 예정대로 낫게 마련이다. 그러나 집에서 책만 의지해 애쓰노라면, 궁금한 점이 많을 것이고, 기간이 좀 더 걸리거나 깨끗해지지 않을 수도 있다.

그래서 부모님을 위한 안전장치를 몇 가지 구상 중이다. 첫째는 콜센터다. 우리 연구원들이 온라인으로 부모님의 질문에 응대해 드리는 것이다. A/S 개념이긴 한데, 인건비 등 부담이 크다는 단점이 있다. 둘째는 인터넷 카페다. 비용문제는 없지만, 악플러들의 독무대가 될 우려가 있다. 셋째는 홈페이지를 만들어서 책을 구입한 회원에 한해 질문에 응해 드리는 방법도 생각해 볼 수 있다. 어느 것이든, 책이 출간된 이후에 구독자들의 의견을 반영해 결정할 계획이다.

사족이다. 이 책은 부모용이다. ASD나 그 밖의 동반장애로 곤경에 빠진 아이들을, 부모님이 가정에서, 성품을 다하여, 건져 주시라는 책이다. 자연히, 아이를 잘 이해하게 될 터이고, 아이가 원하는 사랑을 쏟아부어 주게 될 터이고, 헛돈을 쓰지도 않게 될 터이고, 가정에 평화가 찾아올 터이다.

다만 이 책을 활용하여 영업하는 경우는 다르다. 반드시 우리 연구소에서 40시간의 교육을 받아야 하고, 그 후 가맹점으로 계약해야 한다. 특허법의 보호를 받는 까닭이다. 위반하는 분을 보시면 알려 주시기 바란다. 필자는 물론, 부모에게 빨대를 꽂으려는 탈법행위를 묵과해서는 안 된다.

일러두기

❶ 자폐의 우리 말 공식 명칭은 '자폐 스펙트럼 장애'이고, 영어로는 Autism Spectrum Disorder (ASD)라고 쓴다. 이 책의 본문에는 대개 '자폐'라고 간략하게 썼고, 꼭 필요하다 싶은 곳에는 ASD를 사용했다.

❷ 이 책에 실린 '자폐 어린이 양육방법(=Mission)'은 한-미-일 특허청에 특허로 등록되었다. 따라서 특허권자의 승낙 없이 사용하는 것은 법에 저촉된다. 다만, 자폐 어린이의 부모가 자녀를 치료하고자 할 경우, 이 특허 사항의 개인적 사용을 '문서로 승낙'한다는 뜻에서 이 책을 써서 보급하는 것이다. 그러나 이 책을 활용한 영업 행위를 승낙하는 것은 절대 아니다. 자녀 아닌 타인을 '유료로' 치료하는 데 사용하고자 할 경우, 필자와 문서로 계약하여야 한다.

❸ 이 책에서 어떤 어린이가 ○○○ 장애라고 명확하게 나온 말은 병의원에서 그런 장애 진단을 받았다는 뜻이다. 필자나 필자의 연구소는 의료기관이 아니므로, 장애 판단을 직접 내리지 않는다.

❹ 단, ADHD의 경우, 여러 병의원들이 상이한 진단을 내려서, 우리에게 찾아온 고객이 별도로 요청할 경우, 여부를 가려 주기도 하였다. 그러나 2018년 이후로는, 이마저도 하지 않고, 우리 연구소 특유의 '두뇌특성검사'를 통해 타입 1~5 중 어디에 속하는가만 구분해 주고 있다.

❺ 우리 연구소는, 신경정신과적 장애를 가진 어린이의 부모에게, 맞춤양육방법을 알려 주는 일(=상담)을 하고 있는데, 이를 우리는 흔히 '좌뇌보강'이라고 부른다.

❻ 유튜브 등에 보면, 개인이 개발한 자폐치료법들이 여럿 보인다. 아마도 자신의 자폐 자녀와 씨름하다가 터득한 것이라 추측되는데, 그렇게 완치되었다면 진심으로 축하할 일이다. 그러나 완치에 미진한 면이 조금이라도 보인다면, 이 책의 미션을 처음부터 실천-적용하기를 권한다. 자폐 등의 장애 치료는, 이 아이가 극우뇌인이라는 사실과 그 뇌특성과 체계적 맞춤양육법을 모르는 한, 완치라는 건 먼 나라 이야기이다.

❼ 또, '자폐 치료'를 내건 일부 영업센터들이 임의로 필자의 미션 몇 개를 치료 수단으로 도용하는 것 같다. 일단 효과가 미미할 것이다. 우리 미션은 종합적으로 적용되어야 한다.

게다가, 이는 특허법 위반행위다. 필자의 미션에 공감한다면, 차라리 필자와 정식 계약을 맺고, 전반적이고 올바른 치료법을 전수받으시기를 권한다. 세계 자폐 어린이 한 명이라도 더 구해 내고, '영업센터'들과도 상부상조한다는 신념에 따라, 우리 미션의 알파와 오메가를 모두 전수하겠다.

❽ 학자들 연구에 의하면, 아이 임신 중 과도한 흡연, 음주, 카페인, 그 밖의 약물이나, 감염 등도 자폐의 원인이 될 수 있다고 한다. 생물학적 요인을 말하는 것인데, 선천적 원인제공이다. 공감한다. 그러나 여기서는 '후천적 자폐'에게 적절한 양육환경을 제공하여 정상화시키는 방법만을 다루었다.

❾ 이 책은 10세까지의 어린이를 기준으로 쓴 것이다. 그렇다고 11세 이상의 청소년은 치료 효과가 전혀 없다는 뜻은 아니다. 기간이 좀 더 걸릴 것이다. 성공률도 좀 낮을 것이다. 현실이 그러할지언정, 청소년에게도 이 책의 원리를 최대한 적용해 보시기를 권한다. 손해 볼 일은 물론 없을 것이고, 정성이 지극하면, 완쾌의 기쁨도 누리게 될 것이다.

❿ 성인도 자폐나 ADHD 등의 치료가 가능하다. 단, 필자의 치료방식은 주로 가족(제3자)이 자폐인의 생활환경을 '치료환경'으로 조성해 주는 것인데, 성인의 경우에는 이것이 어려울 수도 있다. 그러나 본인이 여기의 '미션'을 최대한 숙지하고 노력하면 적지 않은 효과를 볼 터이다. 물론 자주 만나지 않는 가족도 도와주실 일이다.

⓫ 이 책에서, '극우뇌 아이'와 '자폐 어린이'라는 단어가 거의 같은 뜻으로 사용되고 있다. 착오가 아니다. 자폐 어린이는 모두 극우뇌 아이이고, 극우뇌 어린이의 상당수가 자폐에 걸리기 때문에 그렇게 사용하였다.

CHAPTER
1

자폐 어린이의 특징

*호레이쇼, 이 세상에는 자네의 머리로
상상하는 것보다 훨씬 많은 것이 있다네.*
- 셰익스피어

엄마 아빠가 모른다고 다 틀린 것이 아니에요.

자폐 어린이의 일반적 특징

(참고자료가 도처에 많으므로, 아주 일반적인 특징만을 추렸다. 무순이다.)

1. 다른 사람과 관계를 맺기 어렵다. 또래들과 어울리지 못한다.
2. 소통능력이 부족하다. 정상아에 비해 언어능력이 2~3년씩 뒤처지는 경우가 많다.
3. 아무 의미 없는 행동을 계속적으로 반복한다(=상동행동).
4. 사회현상에 대해 반응을 보이지 않고, 감정의 상호교환이 어렵다.
5. 물건을 높이 쌓아 올리거나, 길게 줄을 세운다.

6. 이름을 불러도 반응을 보이지 않는다(=호명 반응).
7. 눈의 힘(=안력)은 좋은 것 같은데, 눈 맞춤은 하지 않으려 한다.
8. 손가락으로 특정 물건을 가리키지 못한다.
9. 마음대로 안 되면 심하게 소리를 지르거나, 큰 소리로 운다.
10. 여럿이 어울려 놀지 못하며, 단체 사진도 찍는 척하다가 사라진다.

11. 비언어적 의사소통이 안 되고, 해도 정확하지 않다.
12. 감각적인 것에 너무 예민하거나, 너무 둔감하다.
13. 자주, 혼자서도 잘 논다. 1인 3~4역을 혼자서 중얼거리기도 한다.
14. 상대가 먼저 다가와도 잘 받아들이지 않는다.
15. 책상 밑이나 이불 속 등에 혼자 숨어 있기를 좋아한다.

16. 물건을 던지거나 부순다. 노래하지 않는다.
17. 기계적 소리(청소기, 절단음 등)에 민감하고, 큰 거부감 보인다.
18. 그림을 그려도 대개는 단색으로, 길게 연결된 것(기차 등)만 그린다.
19. 자기 나이보다 몇 살 어린 아이의 장난감을 가지고 논다.
20. 상대의 끝말을 따라서 한다(에코 현상).

21. 가상놀이를 진짜처럼 한다(가짜 전화로 진짜처럼 통화, 인형 밥 먹이기 등).
22. 지적으로 매우 뒤떨어져 보인다(의사는 경계성 지능으로 진단).
23. 관심사를 공유하려는 시도를 하지 않는다.
24. 변화를 거부하고, 같은 습관에 안주한다.
25. 관심 분야가 좁고, 깊고, 강하다. 유치한 질문을 반복한다.

26. 충동적으로 행동하고, 때로 공격적으로 돌변한다. 자해한다.
27. 감각이 비정상적이며, 소변 실수를 자주 한다. 배뇨에 어려움 겪는다.
28. 모래, 나뭇잎 등 먹어서는 안 될 것을 자주 입에 넣는다.
29. 편식이 심하고, 소화 기능도 나쁘다. 대변이 비정상이다.
30. 책장이나 그 밖의 가구에 기어오르고, 뛰어내린다. 작은 구멍으로 드나든다.

자폐 등급 판정기준들

	GAS(1급은 2~7급의 내용을 포함)	우리나라 자폐등급 판정 항목
1급	- 전체적인 신체적 보살핌 필요 - 자신이나 타인을 해칠 위험이 있음 - 폭력, 자해 행동 반복 - 의사소통 능력 손상 심각(예: 부적절한 말을 하거나 말을 하지 않음)	**13개 이상: 자폐 등급 상** **8개 이상: 자폐 등급 중** **4개 이상: 자폐 등급 하**
2급	- 신체적 보살핌 필요 - 타인을 해칠 위험 약간 있음 - 개인위생 유지능력 부족(예: 변을 묻힘) - 조증의 흥분상태 모습을 보임	- 혼자서는 식사를 하지 못한다. - 대소변을 못 가린다. - 또래와 어울리지 못한다.
3급	- 약간의 신체적 도움 필요 - 간헐적 행동문제 - 망상이 있음 - 의사소통과 판단 손상 심각 - 많은 영역에서 능력 부족 　(예: 종일 침대에 누워 있음, 직업, 가정, 친구가 없음)	- 남의 말을 이해하지 못한다. - 의사 표현 능력이 부족하다. - 자기방어를 못한다. - 충동적인 행동을 한다.
4급	- 강박적 의식이 있음 - 사회적, 직업적, 학교 기능에서 심각한 손상 　(예: 친구 없거나 일정한 직업 없음) - 신체적 지시가 필요 - 간헐적 행동문제를 보이나 자조 능력 있음	- 자해적인 행동을 보인다. - 눈을 맞추지 못한다. - 같은 길로만 가려고 한다. - 야외에서 자기 마음대로 어딘가로 가 버린다.
5급	- 무감동한 정서와 일시적인 공항상태 - 사회적, 직업적, 학교 기능에서 중간 정도 손상 - 언어적 지시가 필요 - 행동문제가 별로 나타나지는 않음	- 한 가지 장난감에 집착한다. - 가구를 옮기면 불안해한다. - 손을 비틀거나 하는 특정 행동을 반복한다.
6급	- 우울한 정서와 가벼운 불면증 - 사회적, 직업적, 학교 기능에서 약간의 어려움 　(예: 일시적인 무단결석, 가정 내 도벽) - 일반적인 기능은 잘되는 편 - 대인관계에서 약간의 문제 - 다소의 지도 감독 필요	- 물건을 입에 자주 집어넣는다. - 혼잣말은 하는데, 대화를 못한다.
7급	- 일시적인 스트레스에 의한 반응 - 약간의 불안 - 양호한 일상생활 기술 - 행동문제 없음 - 독립적인 자조기술	

GAF: Global Assessment Function / GAS: Global Assessment Scale
정신질환 판별 기준으로 GAF 척도라고 부른다. 정신장애의 진단과 통계를 위한 연구의 일환으로 미국에서 만들어진 척도다.

5대 뇌타입 구분하기

		Type 1	Type 2	Type 3	Type 4	Type 5
1	창의+논리력	대단히 창의적	매우 창의적	창의적+논리적	매우 논리적	완전히 논리적
2	활동성	대단히 활동적	매우 활동적	때에 따라서	조금	비활동적
3	성격	대단히 급하다	급하다	때에 따라서	느리다	대단히 느리다
4	감정표현	과할 정도로 잘한다	매우 잘한다	중간	조금	하지 않는다
5	사회성	대단히 나쁘다	가장 원만하다	포용적이다	선별적이다	매우 폐쇄적
6	자제력	전혀 없다	조금 있다	잘함, 가끔 폭발	매우 좋다	너무 좋다
7	반응속도	대단히 빠르다	매우 빠르다	중간	느리다	대단히 느리다
8	이해력	대단히 빠르다	매우 빠르다	중간	느리다	대단히 느리다
9	문자정보 기억력	매우 약하다, 10세 이전엔 난독증	약하다	중간	좋다	뛰어나다
10	이미지 기억력	뛰어나다	매우 좋다	중간	나쁘다	매우 나쁘다
11	배려심	전혀 없다	조금 있다	대단히 뛰어나다	이기적이다	매우 이기적이다
12	규칙, 약속	지키지 않는다	조금 지킨다	융통성 좋다	잘 지킨다	철저히 지킨다
13	순종성	설득, 지시에 응하지 않는다	조금 응한다	합리적이면 잘 응한다	반대 의사 표시 안 한다	그냥 순응하고 본다
14	소근육	매우 약하다	조금 강하다	강하다	조금 강하다	매우 약하다
15	눈 맞춤	잘한다, 힘 있다	잘한다	중간(반반)	거의 못 한다	절대 못 한다
16	폭력성	대단히 높다	매우 높다	공익을 위해	방어를 위해	내재한다
17	말 빠르기	가장 빠르다	매우 빠르다	중간	느리다	매우 느리다
18	목소리	굵고 무겁다	크고 맑다	부드럽다	낭낭하다	카랑카랑하다
19	거짓말	가장 잘한다	매우 잘한다	하얀 거짓말 잘한다	하얀 거짓말 조금	모두 못 한다
20	어깨, 가슴	좁고, 새가슴	넓고, 벌어져	둘 다 중간	좁고, 작다	좁고, 얇다
21	히프, 다리	작고, 가늘다	작고, 가늘다	둘 다 중간	크고, 굵다	튼실하다
22	오감	청각 발달	미각 발달	후각 발달	촉각 발달	시각 발달
23	소화기능	가려 먹어야 한다	아무거나 잘한다	과식 조심	나쁘다	매우 나쁘다
24	땀	머리-발에 많이	온몸에 많이	상체에 많이	흘리지 않는다	흘리지 않는다
25	적성 분야	예술, 언어능력, IT, 정치, 법조	예술, 연기, 영상, 스포츠	경영, 법조, 치의, 교직, 기획	의치약, 교직, 건축, 자연과학	기초-순수과학 연구, 저술
	한국인 점유비	4.1%	46.4%	23.5%	25.9%	0.1%

표 읽기

자폐 증상을 없애 준다는 책에, 두뇌타입을 구분하는 표는 또 뭐지? 이유가 있다. 필자의 취지가 이해되셨으면 좋겠다. 병원에 갔더니 내 아이가 자폐라고 한다. 이 진단을 듣고, '그럴 리가?' 또는 '그런가?' 하고 쿨(?)하게 반응한다면, 이는 참 무딘 부모다. 왜 자폐가 되었을까? 그 이유를 모르는 것은 당연하다. 그러나, 자폐 이전은 어떤 모습일까? 다른 아이들과는 어떻게, 얼마나 다른가? 자폐 증상이 다 없어지고 나면 우리 아이의 정상적인 모습은 어떤 것일까? 적어도 이 정도의 지식욕은 있어야 하지 않을까?

앞과 같은 표만 보여 주면, 독자 중에는 신문 제목 읽듯 휘익 지나간 후에, 비슷한 불평을 토로할 분들이 계실 것 같다. '죽으란 소리야, 살라는 소리야?' 답은 행복하게 사시라는 말씀이다. 저 표는, 사람의 보이지 않는 뇌 속과, 밖으로 보이는 언행이 어떤 관계를 가졌나? 하는 점을 말해 주고 있다. 그 관계가 워낙 신기하고 오묘하여서, 이해만 잘하신다면 정말 삶 자체가 행복해질 터이다. 다만, 두툼한 책 한 권에 담길 만한 내용을 한 쪽짜리 표로 압축하다 보니, 신문 제목처럼 쉽게 와닿지는 않을 수도 있겠다. 약간의 인내심만 발휘하자.

사람은 서로 다르다. 백 명이면 백 명이 다 다르다. 그렇기는 해도, 그중 비슷한 사람끼리 모아 본다면 다섯 가지 그룹으로 나눌 수 있다. 그 다섯 가지 그룹(=두뇌타입)이 어떤 기준으로 나누어지는지, 우리가 생활에서 어떻게 구분해 낼 수 있는지, 정도만 알아도, 편리한 점이 한두 가지가 아니다. 우선, 표에서 알아둘 점이 있다. 타입 3(three)를 기준으로, 왼쪽(타입 two나 one쪽)으로 갈수록 우뇌가 더 발달했고, 오른쪽(타입 four나 five 쪽)으로 갈수록 좌뇌가 더 발달했다는 점이다. 우뇌나 좌뇌가 발달한 정도에 따라 두뇌타입도 물 흐르듯 나뉘고 있다는 것이다. 몇 항목만 살펴보자.

•••

2번 항목의 활동성은 소위 '에너지'가 많고 적음을 말한다. 활동성은 우뇌 쪽에서 좌뇌 쪽으로 갈수록 약해지는 **우고좌락형(\\)**이다. 맨 왼쪽의 타입 1은 에너지가 넘쳐서, 잠시도 가만히 있지 못하는 그룹이다. 아이들이라면 방과 방 사이를 뛰어다니는 건 기본이고, 밥 먹을 때도 돌아다니며 먹는다. 남의 집을 방문해도, 화분의 잎사귀를 뜯거나, 서랍을 열어 보기도 하고, 남의 신발을 신어 보기도 한다. 끊임없이 움직인다. 당연히 쏟고, 깨고, 어지럽힌다. 에너지가 많다고 어른이 되어 스포츠를 좋아하느냐? 그렇지 않다. 규칙 지키는 것을 싫어하기 때문이다.

타입 2의 활동성은, 움직임이 많기는 한데, 1과는 사뭇 다르다. 주로 밖에 나가 다른 아이들과 논다. 던지고, 뛰고, 몸싸움하기를 즐긴다. 동시에 민첩해서, 밥을 빨리 먹고 많이 먹는다. 운동신경이 매우 발달했고, 스포츠는 야구, 축구, 씨름, 권투 등에서 두각을 나타낸다. 타입 1이나 2 아이들은 어릴 때 부모의 손과 눈을 많이 빼앗는다. 잠깐만 한눈을 팔면, 금세 사라지는 까닭이다. 이런 아이들을 어릴 때부터 뚜드려 잡아서 꼼짝 못 하게 키우는 부모도 있다. 아니 많다. 역주행이다. 움직임이 줄어들기는커녕, '산만'해진다. 인간이 '지랄 같아지는' 것이다. 어른이 되어도 마찬가지다.

타입 4는 타입 2와 정반대라고 보면 된다. '에너지가 적고' 그래서 아주 조금 활동적이다. 저렇게 순한(=움직임이 적은) 아이라면 열도 키우겠다는 아이의 원조가 이 아이들이다. 행동도 느리고 반응도 더디다. 그렇다고 운동을 못한다는 뜻은 아니다. 중학생 정도만 되면 운동신경도 발현하고, 양궁, 사격, 달리기, 등산, 수영 등에서 소질을 보인다. 이 아이들은 이해가 느리기는 하지만, 한번 이해한 것은 잘 기억한다. 초등 4~5학년만 되어도 성적 면에서 두각을 나타낸다.

타입 5는 힘들어서 쉬고 있나? 할 만큼 움직이지 않는다. '하루 종일 퍼져 있다.'라는 표현이 어울린다. 말수도 적고 식사량도 적다. 타입 2의 눈으로 보면, 밥을 먹는 게 아니라 '밥알을 세고 자빠졌다.'라고 할 정도다. 움직임이 적은 것은 초등학교에 입학하고, 그 후도 마찬가지여서, 흔히 '자폐 아이'가 아닌가 의심받기도 한다. 어른이 되어, 연구실에서 하루 10시간 이상, 꼼짝하지 않고, 일 년 내내 지내는 사람이 대개 타입 5다.

타입 3는 중간이다. 우뇌와 좌뇌가 비슷하게 발달한 사람이어서, 활동성, 민첩성, 이런 것들이 타입 2와 4의 중간쯤이다. 따라서 환경에 따라 타입 2 같은 성향을 보이기도 하고, 또는 타입 4 같은 특징을 보이기도 한다. 잘 키우면 대박인데, 그게 쉽지 않다.

11번 항목의 배려심은 산(∧) 모양이다. 가운데인 균형인이 제일 높고, 우뇌 쪽이나 좌뇌 쪽으로 갈수록 내려간다. 타입 1의 사전에는 배려라는 단어가 없다. 상대방과 이해관계가 얽히면, 반드시 자신에게만 유리해야 한다. 양보라는 것도 모른다. 주위 사람이 시끄럽건 말건, 나만 좋으면 그만이라는 식으로 볼륨을 마구 높여서 듣는다. 담임선생님이 힘드실 것은 생각하지 않고, 자기 편한 대로만 행동한다. 이들이 정치인이 되는 경우가 많은데, 우리 국민 속을 뒤집어 놓는 것이, 자기만 알고 국민을 배려할 줄 모르는 그 특성 때문이다.

타입 2도 배려심 없기는 타입 1과 비슷하지만, 워낙 감성적인 면이 도드라지고, 기분만 좋으면 퍼 주기도 잘하는 탓에, 배려심이 좀 있다고 평가받는다. 타입 2는 자기에게 잘해 주고, 칭찬 많이 해 주는 사람이면, 간도 쓸개도 다 빼 주고, 친구 따라 강남 가기도 한다. 희생정신도 마구 발휘한다. 이분들이 나이 많아지면 사회봉사에 적극 나서기도 한다. 그러나 이런 것들은 정이 많다고 할 수 있어도, 배려심이 크다고 하기에는 무리가 있다. 그래서 배려심이 '조금' 있다고 표현하는 것이다.

타입 4는 매우 계산적이고 논리적이어서, 배려심이 '조금'밖에 없다. 이치에 맞으면 양보도 하고 배려도 하지만, 이치에 어긋나면 누가 뭐래도 자기 판단대로만 행동한다. 그러나 자신을 도와주었던 상대에 대하여는 꼭 은혜를 갚는다. 이걸 배려라고 할 수는 없다. 성인 여성들의 화장을 배려 차원에서 설명하는 이들도 있다. 좌뇌인인 타입 4나 5들은 '그냥 생긴 대로 산다.'라는 생각이 강하다. 내가 편하면 그만 아니냐는 것이다. 배려심은 아주 적고, 실리적인 측면만 아주 강한 사람들이다.

타입 5는 '배려, 그게 뭐지?' 하는 사람들이다. 주위 사람들 사정, 이런 거 전혀 고려하지 않고, 그저 정해진 대로만 한다. 소위 '앞만 보고 걷는' 식이다. 반면에, 이들은 고집이 대단해서, 자기가 옳다고 생각하면 절대 양보하지 않는다.

12번 규칙, 약속 항목은 좌뇌 쪽에서 우뇌 쪽으로 갈수록 떨어지는 **좌고우락형(／)**이다. 타입 5와 4가 가장 규칙이나 약속을 잘 지키고, 왼쪽으로 갈수록, 그러니까 타입 3, 타입 2, 타입 1으로 갈수록 규칙이나 약속 지키는 힘이 약해진다는 뜻이다.

타입 5나 4는 지극히 논리적인 사람들이다. 따라서 이들의 뇌는 자신의 입으로 말한 약속은 반드시 지키도록 작동한다. 지킬 자신이 없으면 아예 약속하지 않는다. 그래서 타입 5나 타입 4는 자신의 약속을 지키기 위해서 어떤 손해라도 감수한다. 이 강도는 타입 5가 제일 강하고, 타입 4가 그보다는 좀 약하지만, 그래도 강하다. 질서나 규칙을 지키는 것, 법을 준수하는 것들도 마찬가지다. 타입 5나 4는 이 사회의 질서가 유지되게 하는 기둥이다. 그래서 이들에게는 신앙인(종교적)이 적다. 종교는 원래 논리적이 아니니까.

타입 3은 규칙이나 약속을 지키는 일에 있어, 융통성이 많은 사람들이다. 이들은 한밤중 네거리에 차가 한 대도 없다면, 빨간불일지언정 건너가도 된다고 생각한다. 이처럼 좌우뇌가 비슷하게 발달하면, 이런 융통성, 대안 찾기가 필연적으로 활발해진다. 줄이 길게 늘어선 경우도 마찬가지다. 타입 3은 대개 줄 끝에 가서 서는 일이 적다. 앞으로 가서 관계자들에게 줄을 하나 더 만들어 달라고 요구하거나, 또는 스스로 새 줄을 만든다. 이런 행동은 규칙이나 약속을 어긴다고 말할 수도 없고, 그렇다고 좌뇌인들처럼 잘 지키는 것도 아니다. 융통성을 발휘한다는 말이 가장 적당한 것 같다.

타입 2나 타입 1은 규칙이나 약속 지키는 것을 싫어한다. 타입 2는 대단히 싫어하고, 타입 1은 극도로(=결사적으로) 싫어한다. 황제급 청개구리다. 우뇌가 워낙 자유롭고 빠른 뇌인데, 타입 1이 가장 많이 발달한 까닭이다. 유치원에서 어린아이들을 줄지어 걷게 하면, 반드시 삐져나오는 아이들이 필경 타입 1이나 2다.

15번 눈 맞춤은 우뇌가 잘하고, 좌뇌로 갈수록 능력이 떨어지는 **우고좌락형 (\\)이다.** 눈 맞춤은 교육으로 고쳐지지 않는 것이어서, 어른들이 가장 조심해야 할 부분이다. 아이가 무언가 잘못을 저질렀을 때, 부모나 교사는 아이를 꾸중하면서, "선생님(또는 엄마) 눈을 봐야지!"라고 요구한다. 참으로 무지한 어른이다. 이 경우, 타입 5는 절대로, 그리고 타입 4는 대부분 어른 눈을 보지 못한다. 안력(眼力)이 약한 까닭이다. 이건 노력해서 되지 않는다. 야단친들 고쳐지지도 않는다.

타입 3는 대화 중 상대의 눈을 '훔쳐본다.' 상대의 눈을 보기는 보는데, 눈싸움하듯 계속해서 보고 있지는 못한다는 뜻이다. 그러나 가끔, 특히 누군가를 설득할 때는, 제법 긴 시간 동안 눈 맞춤 상태를 유지하기도 한다. 하지만 맞추었던 시선을 먼저 돌리는 것도 타입 3다. 게다가 자신이 싫어하는 사람과는 좀체 눈을 맞추지 않는다.

타입 2는 항상 눈이 초롱초롱하다. 당연히 눈 맞춤을 잘한다. 시선에 힘이 있다.

타입 1은 '레이저가 나오는' 그 사람이다. 열 명 중 서너 명은 항상 나오고, 또 다른 서너 명은 화가 날 때 나온다. 타입 1은 누구와도, 계속해서 시선을 맞추는데, 보통 사람들은 타입 1 눈빛에 쫄아서 시선을 먼저 돌리게 된다.

20번 항목인 어깨, 가슴은 지금까지와는 다른 모습을 보인다. **찌그러진 산(∧)형**이다. 타입 1은 어깨와 가슴이 좁다. 가슴은 새가슴이라 불리지만, 어깨가 처지지는 않았다.

타입 2는 어깨와 가슴이 가장 넓다. 어깨는 수평에 가깝다. 상체가 매우 발달한 타입이다(반면에 하체는 좀 부실하다.). 체격을 전체적으로 보면 역삼각형을 이룬다. 특히 여성의 경우, 가슴 크고 다리가 가늘어서 '연예인 타입'으로 불리는 분들이 대부분 타입 2라고 보면 된다.

타입 3는 어깨, 가슴, 허리, 엉덩이가 비슷하게 발달했다. 드럼통형이라고 말하는 분도 있다. 아무튼 아래위가 일자형이라고 생각하면 된다. 나중, 나이를 먹으면 배가 나오는 경우가 많다.

타입 4는 어깨가 좁고 쳐졌다. 한복을 입으면 매우 예쁜 체격이다. 가슴도 좁은데, 특히 여성의 경우 유방이 별로 발달하지 않는다. 체형은 이등변삼각형을 바로 세워 놓은 형이다.

타입 5는 타입 4보다 훨씬 더 말랐다. 꼬치꼬치 말라서, 젓가락형이라고도 한다. 타입 4나 5는 선천적으로 소화기관이 워낙 약하고 몸이 차서, 살이 좀 찌고 싶어도 찌지 않는 체질이다. 어른이 되어도 배가 나오지 않는다.

...

이상의 설명을 들으면, 나머지 항목의 뜻도 헤아리실 터이고, 앞의 표 전체가 무엇을 알려 주려고 하는지, 충분히 납득하셨을 것이다. 사람이 자기 자신을, 또 가족을 잘 이해한다는 것은 매우 중요하다. 평소 자신의 말하는 속도가 빠른데, 이런 두뇌타입은 어떤 장단점을 가지고 있는지를 정확히 아는 것이 한평생을 살아감에 있어 무엇보다도 중요하다. 아마도 소크라테스가 "너 자신을 알라."라고 말한 것이 이 뜻이 아닐까 싶다.

사람의 두뇌특성을 확인할 때, 한두 가지 요소만 보고 '나는 타입 2다, 3다' 하는 것은 매우 위험하다. 앞의 표에 25가지 항목을 열거한 이유도 정확성을 기하라는 뜻이다. 25개 항목 중에 20개 이상 항목이 맞으면 확실히 그 타입이라고 할 수 있다. 물론 두뇌타입을 확인할 수 있는 항목이 25개가 전부는 아니다. 체크해 볼 항목은 수백 개도 넘지만, 항목이 많을수록 더 정확해진다고 할 수도 없으므로, 여기서는 25개로 만족하자.

그 밖의 두뇌타입별 특성도 정확히 알고 나면, 어떤 병에 취약한지, 어떤 음식이 해로운지, 공부는 어떤 방식으로 하는 것이 효율적인지, 사회 어떤 분야로 진출하면 성공확률이 높은지 등을 쉽게 알 수 있다. 자세한 것은 필자의 다른 뇌과학 저서들을 참조하시고, 유레카의 삶을 이어 가시기 바란다.

예방과 치료

인체 모든 변화는 전조 증상을 보인다. 이상하게 피로감이 몰려오고 만사가 귀찮아진다면 감기몸살에 걸린다는 알람이고, 유난히 꿈자리가 사납다면 나쁜 일이 생긴다는 알람이다. 심혈관 계통에 이상이 생기면 피부에 멍 자국들이 나타나고, 폐암이 시작되면 안 하던 기침과 가래가 잦아진다. 자녀 이름이 생각나지 않거나, 했던 말 또 하고 또 하면 치매가 시작되었다는 경고다. 운동하지 않아도 숨이 차거나, 가슴에 쥐어짜듯 통증이 오고, 발목과 발이 붓거나, 왼쪽 팔이 저리거나 통증이 오면, 이건 심근경색의 전조 증상이다. 경색이 오기 6개월쯤 전부터 나타난다. 이제는 췌장에 이상이 생길 때 이러이러한 증상이 나타나더라는 연구 결과까지 보고되고 있다.

이런 전조(예표) 증상을 미리 알고 있다는 것은 대단히 중요하다. 예방이 가능하기 때문이고, 치료도 쉬워지는 까닭이다. 요즘 우리가 80세가 넘어가는 평균 수명을 누리게 된 것도, 따지고 보면 이런 예표 증상을 알기 때문에 조기 발견, 예방이 가능해진 덕분이 아닐까 생각된다. 조선의 왕들은 그토록 잘 먹고 편한 생활을 했음에도 평균 40대 중반에 무지개다리를 건넜다. 전조 증상을 인지하지 못했으니, '사후 약방문'이나 반복했을 터이다. 예표 증상이란 그야말로 신의 선물이다.

자폐도 당연히 전조 증상을 보인다. 자폐 어린이 10명 중 9명은 타입 1(=극우뇌)이라는 말을 기억하실 터이다. 28쪽의 표를 보자. 1번 항목에서, **타입 1은 매우 창의적**이라고 했다. 장난감 놀이를 해도 할 때마다 무언가를 바꾸어 보고, 그림을 그려도 매번 그리는 대상이나 색깔이 다르다. 옷도 매번 자기가 좋아하는 것으로 골라 입는다. 동화책을 볼 때도 매번 다른 책을 뒤적거리고, 엄마 아빠가 옛날얘기를 해 주면, 매번 새로운 것으로 해 달라고 요구한다. 이게 정상적인 타입 1의 모습이다.

그러나 이 아이가 어느 날부터 다른 모습을 보이기 시작한다. 장난감도 만날 같은 것을 가지고, 같은 방법으로 논다. 옷을 갈아입기를 싫어하고, 동화책도 만날 같은 것을 뽑아 온다. 어제 했던 옛날얘기를 또 해 주어도 항의하지 않는다. 창의적인 사람이 가장 싫어하는 것이 '반복'인데, 아이가 스스로 반복하거나, 부모의 반복을 그대로 수용한다. 이것이 바로 전조 증상이다. "엄마, 아빠, 나 자폐의 포로가 되고 있어요."

2번 항목에서, **타입 1은 에너지가 매우 많다**고 했다. 앞 29~30쪽에서 에너지가 많은 모습을 설명했다. 그게 정상이다. 그러나 어느 날부터 아이가 점점 얌전해지기 시작한다. 툭하면 책상 밑에 들어가 오랫동안 앉아 있거나, 소파에 앉아서 TV에 빨려 들어가듯 침잠한다. 말썽꾸러기의 모습이 없어지는 것이다. 이것도 예표 증상이다. "나, 자폐에 걸린 것 같아요."

3번 항목에서, **타입 1은 성격이 대단히 급하다**고 했다. 이게 정상이다. 그러나 자폐 단계에 이미 돌입했거나, 입구에서 서성거리는 아이들은 다르다. 급한 모습이 없어진 것이다. 놀이터에서 자기가 먼저 그네를 타야 한다고, 빨리 미끄럼틀 타게 해 달라고 졸라야 할 아이가, 멀뚱멀뚱 다른 아이들이 타는 모습을 가만히 보기만 한다. 열고 싶은 문이 안 열려도 그냥 포기하고 만다. 빨리 해 달라고 엄마를 들들 볶지 않는 것이다. 대부분 엄마는 이런 변화를 '아이가 얌전해졌다.'라고 반가워하는데, 큰일 낼 엄마다.

자폐 교과서가 있다면 틀림없이 앞부분에 실려 있을 사진이다. 자폐 아이들은 캔이건, 다른 무엇이건 기회만 되면 높이 쌓아 올린다. 그 이유를 시원하게 밝혀 준 학자는 아직 없다.

4번 항목에서, **타입 1(=극우뇌 타입)은 과할 정도로 감정 표현을 잘한다**고 했다. 희로애락이 확실한 것이다. "야!!! 이겼다!!!" 하며 만세를 부르거나, 또는 슬프다고 큰 소리로 엉엉엉, 울어야 한다. 그러나 어느 날부터 얼굴에서 표정이 사라지기 시작한다. 무표정한 얼굴로 바뀌는 것이다. 대부분 부모는 이런 현상을 가볍게 넘기는데, 참 무딘 부모다. 무표정은 자폐를 알리는 확실한 신호다.

5번 항목에서, **타입 1은 사회성이 대단히 부족하다.** 이건 좀 특이하다. 정상일 때나 자폐일 때나 사회성이 부족하기는 마찬가지다. 그러나 모습은 완연히 다르다. 타입 1이 정상일 경우, 이 아이들은 다른 아이를 제멋대로 움직이려 한다. 마치 장난감 가지고 놀려는 듯이 또래를 좌지우지한다. 괴롭히기도 한다. 당연히 좋다고 할 아이가 없다. 떠나 버린다. 그래서 사회성이 부족하다고 평가받는다.

자폐에 빠진 타입 1은 다르다. 또래들에게 다가가지 못한다. 상대가 먼저 다가와도 받아들일 줄을 모른다. 결국 왕따나 외톨이가 된다. 그래서 사회성이 부족한 거다.

6번 항목에서, **타입 1은 평소 모든 사람 중에서 자제력이 가장 부족**한 그룹이다. 속말로, 한번 '욱'하면 꼭 사고를 터뜨린다. 영화에서 흔히 보듯, 책상을 엎고, 큼직한 물건을 마구 집어 던진다. 자기 장난감을 뺏어 간 아이 얼굴을 물어뜯어 500원 동전 크기의 살점이 덜렁거리게 만들기도 한다. 자동차로 치면 브레이크가 거의 안 듣는 차다.

자폐에 걸린 아이들도 자제력이 없기는 한데, 좀 다르다. '욱'하기는 하지만, 사람에게 화풀이하지 않고 어떤 물건이나 허공에 분풀이한다. 이로 인해 밤에 악몽에 시달린다. 화난 것을 발산시키지 못하므로, 안에서 끓이는 것이다.

그런데 신기한 일이 있다. 이처럼 브레이크 없는 자동차가 감속하거나 서기도 하는 것이다. 이 책에 실려 있는 '미션'들을 잘 실천하면 보이는 현상이다. 미션에 의해 어떤 '신경전달물질'이 생산되어, 과속하기 좋아하는 우뇌에 작용하기 때문인 것으로 추측된다. 신경분야 의사들께서 현미경적 원인을 밝혀 주시고, 노벨상도 받으시기 바란다.

> 우와~
> 그런 것도 자폐 경고등이야?

7번 항목에서, **타입 1은 반응속도가 대단히 빠르다.** 이런 식이다. 엄마가 밖에서 놀다 왔으니 손 씻어라 하면 "싫어, 안 더러워."라는 대답이 나오는 데 0.1초도 안 걸린다. 또래 친구가 "너 바보 같아~" 하면 "너는 돌대가리!" 하고 되받아치는 데 0.01초도 안 걸린다. 두뇌타입 2~5의 어느 누구도 이렇게 번개처럼 반응하지 못한다. 이처럼 즉석에서, 번개 같은 반응을 보이는 것이 타입 1의 정상적인 모습이다.

그러나 어느 날부터 이 아이가 손 씻으라고 해도 데면데면한다든가, 친구가 바보라고 놀려도 못 들은 척 외면해 버린다. 이건 자폐의 늪에 제법 깊이 빠지고 있다는 얘기다. 부모들 대부분은 아이가 반응이 너무 빠르다 보니 싸움이 잦고, 이걸 어떻게 고쳐 줄지 큰 걱정이었다. 그런데 아이가 언제부터인지 싸움을 안 한다. 와우~ 잘되었구나 하시는데, 큰 착각이다. 병든 새끼 독수리가 된 거다. 어찌할꼬? 젊은이들이 부모가 되기 전에 국가 기관에서 이런 것을 가르쳐 줘야 하는데, 그런 기관이 없다. 사람도 없다. 불행한 일이다.

8번 항목에서, 우뇌는 7번 항목에서도 설명했듯이 반응이 빠른 뇌고, 반응이 빠르다는 것은 상황판단, 의미 파악 이런 것이 잘된다는 뜻이다. 그래서 **타입 1은 무엇인가를 배울 때 이해가 대단히 빠르다.** 세계 역사상 유명한 천재들이 대부분 타입 1(=극우뇌인)인 이유도 이 때문이다. 이해력이 빠른 점은 학교에 입학하면 분명해진다. 그러나 주의할 점도 있다. 타입 1은 자신들의 혐오 과목은 쳐다보지도 않으려 한다. 수학 등이 혐오 과목이다. 그러함에도 부모는 악착같이 수학을 시킨다. 채찍을 휘둘러 자폐 늪으로 몰고 가는 것이다.

수학은 타입 1 아이를 자폐로 만드는 가장 쉬운 도구다. 하기 싫어할 때 뚜드려 잡지 말고 기다려 주면, 초등 고학년이나 중학생 때 다 따라간다. 무엇이 그리 급해서 어릴 때부터 못하는 걸 강제로 떠밀다가, 자폐에 빠지게 만드는지. 안타깝기만 하다. 초등학생 때 그렇게 해 놓으면 나중에 중고생이 됐을 때도 수학을 아예 못 하게 된다. 국가적 불행이다.

9번 항목은 문자정보 얘기다. 우리 사회 분위기 중에 아주 묘한 것이 하나 있다. 아이가 한글을 몇 살에 터득하느냐? 일찍 할수록 부모는 어깨에 힘을 주고, 늦을수록 부모는 쥐구멍을 찾는다. 이런 코미디가 없다. 무지의 소치다. **우뇌가 발달한 사람은, 아이건 어른이건, 글자 읽기를 매우 싫어한다.** 이해도 잘 안 되고, 기억도 잘 안 되는 까닭이다. 게다가 타입 1 어린이는 대부분 난독증(dyslexia)을 가지고 있다. 선천적이다. 이러니 타입 1 아이들이 문자정보에 취약할 수밖에 없다. 이것이 정상이다.

그러나 문제는 부모가 만든다. 아이에게 한글을 가르치기 위해 온갖 압박을 가한다. 읽기 훈련도 부족해서 받아쓰기까지! 아이는 노력해도 안 된다. 받는 스트레스를 어찌 말로 다 표현할 수 있을까? 에라 모르겠다. 포기하자. 이게 자폐로 가는 과정이다.

문자정보와 쌍벽을 이루는 이미지 정보는 10번 항목이다. 타입 1은 **이미지 정보를 이해하고 기억하는 능력이 정말 탁월**하다. 아직 미취학 어린이인데, 지나가는 차만 보아도 차의 브랜드명이나 연식 따위를 정확히 구별한다. 엄마의 화장이 조금만 달라져도 금방 알아본다. 도어록을 잘 열기에 숫자를 다 배웠나 했더니, 그게 아니다. 위치를 기억해서 여는 것이었다. 타입 1들이 나중 성인이 되면 이런 능력으로 두각을 나타내고, 유명인, 부자가 되기도 한다. 스티븐 스필버그, 고흐, 피카소, 스티브 잡스, 제임스 카메론 같은 분들이 성공 가도를 달리게 된 것은 모두 이미지 정보를 기억하고, 소화하고, 활용하는 능력이 뛰어났던 덕분이다. 이것이 정상이다.

그런데 타입 1임에도 불구하고 이런 능력을 보이지 않는 아이들이 있다. 뇌에 어떤 손상(310~313쪽 참조)을 입었다는 뜻이고, 자폐의 늪에 빠졌다는 뜻이다. 다니던 길을 또 가도 그런 줄도 모른다. 도어록도 못 연다. 종이컵이나 캔을 쌓아 놓기만 한다. 거실 벽에 새로운 장식을 붙여도 본체만체한다. 타입 1이 이미지 정보에 무관심해졌다는 것은 자폐 전조 증상 중에도 심각한 증상이다.

타입 1(=극우뇌인)에게 11번 항목 **배려심은 없는 것이 정상**이다. 그러나 배려하는 마음을 자꾸 보인다? 이건 자폐로 가고 있다는 신호다. 또래가 자기 장난감을 갖고 싶어 하면 그냥 쑥 내주고, 다른 아이들이 뭐라고 놀려도 그냥 참고 만다. 마치 새끼 독수리가 병든 병아리로 변신했다는 것인데, 어떤 부모는 이런 아이의 변화를 반가워하기도 한다. 아이가 얌전해졌으니까. 참 안타까운 부모다. 얌전? 얌전해진 것이 아니라 무력해진 것이다. 병든 병아리를 키워서 어디에 쓰시려는지?

12번 규칙, 약속 지키기와 13번 순종성은 같이 설명한다. 타입 1의 뚜렷한 특징 중 하나는 청개구리 기질이다. 부모가 간단한 제안을 해도 "싫어." 소리를 내뱉고, 남이 무슨 말을 하면 반대부터 한다. 남과 같이 하지 않겠다는 '창의력'이 넘치기 때문이다. 따라서 타입 1은 어른이건 아이건 **규칙이나 약속을 잘 지키지 않고, 누구 말에 순순히 "Yes" 하지 않는다.** 극우뇌인은 이게 정상이다.

그런데 이 아이가 규칙이나 약속을 제법 지키기 시작하고, 부모 말에 쭈볏쭈볏 순종한다. 아침에 말 안 해도 양치를 하고, 밥 먹자~ 하면 느릿느릿 식탁에 와서 앉는다. 아, 이건 너무나 뚜렷한 자폐 전조 증상이다. 아니 자폐가 상당히 깊어졌다는 징표다. 타입 1 아이들에게서 '창의력'이 사라지면 그건 나무토막에 불과하다.

14번 항목 소근육, 20번 어깨, 가슴, 21번 히프, 다리를 함께 설명한다. 소근육이란 손가락 근육, 씹기근육(musculus) 등을 말하는데, **타입 1은 대부분 소근육이 약하다.** 젓가락질을 잘 못하고, 악수하면 손이 흐물흐물하게 느껴지고, 음식을 먹으면 대충 씹고 꿀떡 삼켜 버리는 것이 바로 소근육이 약하기 때문이다.

타입 1은 **어깨가 대부분 좁고, 가슴은 크지 않다. 히프도 작고 다리는 매우 가늘다.** 그래서 전체적으로 체격이 아담하다. 이것이 정상이다.

꼭 기억해 둘 것은, 이들 세 가지 항목이 자폐에 대해 어떤 예표 증상을 보이지 않는다는 점이다. 즉 소근육이 강해지거나 더 약해지는 일이 없고, 어깨, 가슴, 히프, 다리도 자폐를 전후해 어떤 변화를 보이지 않는다.

15번 눈 맞춤 항목은 매우 중요하다. 타입 1(=극우뇌인)은 **다른 어느 타입에 비해서도 눈 맞춤을 잘한다.** 오히려 눈빛이 너무 강렬해서 다른 타입 사람들이 시선을 피할 정도다. 이 중에는 레이저가 마구 뿜어 나오는 사람도 많다. 이것이 정상이다.

그러나 어느 날부터 아이 시선에 힘이 없다. 눈 맞춤을 안 하려

성인 자폐인은 이처럼 자기 몸매가 확연히 드러나는 옷을 '절대' 입지 않는다. 이런 복장은 강우뇌인의 독점적(?) 패션이다. 구별 기준의 하나로 삼아도 된다.

한다. 하더라도 잠깐만 마주치고 피한다. 하아, 어찌할꼬! 이건 확실한 자폐 신호다.

16번 폭력성. **타입 1은 다른 어느 타입보다도 폭력적이다.** 아이들 중에 말보다 주먹이 먼저 나간다는 아이들이 바로 이 타입 1(=극우뇌) 아이들이다. 어른들도 폭력적이긴 한데, 주먹보다는 언어폭력을 많이 구사한다.

이처럼 폭력적이던 아이가 언제부턴가 주먹을 쓰지 않는다. 이도 쓰지 않는다. 그저 징징거리거나 소소한 일에도 운다. 기껏 쓰는 주먹이 엄마나 아빠 어깨를 때리는 정도다. 그 넘치던 에너지가 현저히 줄었음이 확인될 때면, 이 아이의 자폐는 무시할 수 없을 만큼 진행되었다는 신호다.

17, 18번 말 빠르기와 목소리는 함께 다룬다. **타입 1은 원래 말이 가장 빠르다. 목소리도 가장 크다.** 소리지르기 대회에 나가면 무조건 일등 할 사람들이다. 아무리 떠들어도 목이 좀체 쉬지도 않는다. 말의 내용도 화려하다. 이것이 정상이다.

이런 아이들이 언제부턴가 말이 느려지고, 목소리도 작아진다. 심한 경우, 서너 살 된 아이들이 아예 입을 꾹 닫아 버린다. 말을 1~2년 했었건만, 못하는 척한다. 이것도 확실한 자폐 신호다.

필자는 상담할 때, 자폐 아이들 증상이 호전되는 것으로 믿는 신호가 목소리다. 힘없는 목소리가 살아난다 싶으면, 뒤따라서 자폐 증상도 이것저것 호전되는 까닭이다. 그러나 일반 부모님들은 말 빠르기나 목소리 크기의 변화로 자폐 여부를 가리거나 변화를 측정하기가 그리 쉽지는 않을 것이다. 관심 가지시기 바란다.

19번 거짓말. 거짓말이란 창의력의 뒷면이다. 창의력이 없는 사람은 거짓말을 하고 싶어도 못 한다. 멋있는(?) 대답을 하고 싶어도 생각이 안 나는데 어찌 둘러댈까? 이런 면에서 타입 1(=극우뇌인)들은 타의 추종을 불허한다. 창의력이 워낙 뛰어나기 때문에, **어릴 때부터 새빨간 거짓말을 능숙하게 만들어 낸다.** 1000분의 1초도 안 걸린다. 유치원에 다녀온 아이가 "애들이 나를 막 때렸어." 이런 거짓말은 기본이다. 엄마 하이힐을 세탁기에 넣으려다가 엄마에게 딱 걸렸다. "안 돼~" 그러자 아이가 능청스럽게 둘러댄다. "구두가 저절로 튀어나오는지 보려고 그래." 이런 식이다. 타입 1 아이들은 이래야 정상이다.

그러나 어느 날부터인가, 아이가 거짓말을 별로 하지 않는다. 다른 창의적인(=유별난) 행동도 하지 않는다. 아이 부모는 기뻐서 어쩔 줄을 몰라 한다. 평소에

'내 저 ×× 거짓말은 뿌리 뽑고 말 거야!' 하고 다짐하던 부모였기에 그 기쁨은 하늘을 찌른다. 그러나 중대한 착각이다. 아이 뇌가 고장 나서 그 잘하던 거짓말도 못하게 된 것이다. 이쯤 되었다면 아이가 언어지연, 지적지연, 강박증 따위를 동반하고 있을 것이다.

22번 항목은 오감이다. 타입 1은 아이건 어른이건 청각이 대단히 발달했다. 얼마나 발달했을까? 멀리서 나는 작은 소리를 듣는다? 이 정도는 기본이다. 보통 사람들은 옆방에서 대화하는 소리를 못 알아듣는다. 웅웅거리는 소리만 들릴 뿐이다. 그러나 극우뇌인은 듣겠다고 집중만 하면 이 말을 다 알아듣는다. 오케스트라 지휘자는 백 몇십 명 단원이 동시에 내는 소리 중 특정 소리만 구별해서 듣기도 한다. 잠수함에서, 깊은 바닷속 미세한 소리를 잡아내는 역할도 아무나 하지 못한다. **타입 1의 청각은 이처럼 뛰어나다.** 이게 정상이다.

그러나 어느 날부터인가, 아이 청각이 그저 그렇다고 느껴지기 시작한다. 때로는 어느 한쪽 귀를 자꾸 만진다. 웬만한 말이나 소리는 알아듣는데 '예민'한 것 같지는 않다. 그러다가 칠판 긁히는 소리, 쇠붙이 부딪히는 소리, 진공청소기 소리 등에 귀를 막고 과민 반응을 보이기도 한다. 뇌가 손상을 입었다는 뜻이다. 자폐는 물론, 그 밖의 증상들도 동반하고 있을 것이다.

참고로, 자폐 아이가 호명반응을 보이지 않는 것은 '청력'과는 별 상관이 없다. 못 듣는 것이 아니라, 안 듣는 것이다. 또, 타입 1은 청각이 너무 발달한 나머지 손상도 잘 입는다. 어렸을 때 한쪽 귀에 염증이 생겨 치료받기도 하고, 특별한 이유를 모른 채 한쪽 청력을 잃기도 한다. 베토벤은 양쪽 청력을 다 잃은 타입 1이다.

23번 소화기능. 타입 1은 소화기능이 매우 특이하다. 게다가 **소화를 못 시키거나, 아예 위에서 거부하는 음식의 종류도 많다.** '아무거나 골고루' 먹이다가 폭망한다. 이 아이들은 가정에서 '보통 사람들이 먹는 보통 식사 시간'이 괴로울 수밖에 없다. 가족들이 열심히 식사하는데, 혼자 잘 안 먹고 온갖 미운 짓을 한다. 식사 시간이 다 끝나면 과자 쪼가리, 젤리 등에 뜨거운 애정과 존경을 표시한다. 라면을 보면 더 게걸스럽다. 이런 싸구려 입이라니! 부모 자존심이 상할 대로 상한다. 타입 1 아이들은 이게 정상이다.

어느 나라 부모건, 이런 아이들을 키우는 원칙은 비슷하다. 특이한 아이를 '상식'으로 키우는 것이다. 사회적 분위기에 맞춰 먹이는 것이다. 타입 1 아이들은 위가 받아 주질 않으니 제대로 먹질 못한다. 몸이 무럭무럭 자랄 리가 없다. 체격이 '아담하게' 성장하는 것이다.

만약 부모님이, 타입 1 아이가 먹겠다는 것을 잘 주지 않았다면, 만약 아이가 안 먹으려 하는데도 '아무거나 골고루' 먹였다면, 부모님은 자신의 아이를 심하게 몽둥이질해서 자폐로 몰고 간 셈이다. 필경 아이는 언어장애나 지적장애, 강박장애 현상까지 동반하고 있을 것이다.

24번 땀 흘리기. 타입 1(=극우뇌) 아이들은 땀을 많이 흘린다. 어른이라고 다르지 않다. 신기한 것은 땀을 주로 머리에서 많이 흘린다는 사실이다. 이에 못지않게 발에서도 많이 흘린다. 특히 머리와 발에 열(火)이 많기 때문이다. 타입 1은 대개 모자를 쓰지 않으려고 한다. 땀이 많이 흐르니까. 이 아이들은 학교에서 실내화를 신지 않는다. 발이 답답하니까. 밤에 잘 때도 이불을 찬다. 다시 덮어주면 발부터 이불 밖으로 내밀고 잔다. 타입 1은 이게 정상이다. 열이 많으므로 땀을 흘려서 체온을 조절해야 한다.

이런 부모님을 보았다. 아이가 머리-발에서 땀을 많이 흘리는 것이 측은해서, 한의원을 찾았다. 몸이 허해서 그렇습니다. 한의사가 지어 주는 약을 달여 먹였는데, 땀이 조금도 줄어드는 것 같지 않더란다. 부모님이야 모를 수도 있지만, 체질학을 분명히 배웠을 한의사가 땀 안 흘리는 약을 지어 주다니. 돌팔이거나, 알고도 지어 준 사기꾼임에 틀림없다.

∙∙∙

아이를 키우는 부모가 자신들의 아이 뇌타입이 무엇인지 아는 것은 대단히 가치 있는 일이다. 타입별로 Do's와 Don'ts가 다르기 때문이다.

자폐 아이들의 생활은 대부분 폐쇄적이다. 다람쥐 쳇바퀴 돌 듯하는 반복적인 생활이 그러하고, 안전을 최고의 선으로 고려하는 생활공간이 그러하고, 순종을 강요하는 교육 환경이 그러하다. 목만 내밀고 주는 먹이만 쪼아야 하는 기계식 양계장의 한 마리 닭이다. 이 아이들에게 '바닷가 모래밭'은 천국이다. 죽었던 창의력이 살아나고, 좌절이 의욕으로 바뀐다. 그래서 그들은 집중한다. 그들이 언제 호미질을 배웠나? 그래도 그들은 신세계를 구축해 나간다. 그리고 다음 날 그들은 말한다. "거기에 또 가~"

특히 자녀가 타입 1일 경우, 어떤 모습이 정상이며, 어떤 모습이 비정상인지 구분할 수 있어야 한다. 이건 필수다. 정상인 아이를(보통 아이들과 비교해서 다르니까) 비정상이라 오판하고, 자폐나 그 밖의 장애로 몰고 가는 수가 너무 많은 까닭이다. 정상적인 모습을 잘 살려 주기만 하면 천재로 클 아이인데, 다른 사람도 아닌 부모가 자기 아이를 자폐로 만들었다면, 이 얼마나 원통한가?

다시 한번 말하지만, **타입 1의 정상적 특징은, 부모가 아무리 열심히 훈육해도 '절대로' 고쳐지지 않는다. 장애만 생긴다.** 그러나 타고난 정상 모습을 그대로 잘 살려 주고 키워 주는 일은 훨씬 쉽다. 천재성도 자연스럽게 발현한다. 물론 아이의 정상 모습이라는 것이 부모의 가치관이나 '체면'을 깎아내릴 수는 있다. 그렇다고 잠시 체면 상하는 게 두려워서 아이 평생을 망가트릴 수야 없지 않은가?

...

필자가 떨쳐 버리지 못하는 걱정이 아직도 하나 있다. 부모님들이 이 챕터를 설렁설렁 읽고 넘어가시지 않을까 하는 것. 이 챕터 맨 앞의 표와 그 뒤의 해설을 달달 외울 정도로 충분히 이해하신다면, 앞길이 훤해진다. 뒤따라 나오는 미션이나 그 미션의 배경 설명이 100% 이해될 것이고, 챕터 3의 성공 사례에서 부모님들이 왜 기뻐하는지 그 깊은 마음도 완벽하게 헤아리게 될 것이다. 어록이 왜 빵 터지게 했는지도 공감될 것이기 때문이다. 아는 만큼 보인다. 챕터 1을 속속들이 이해하자. 보이는 것이 더 많을 것이다. 이것이 귀하의 자녀도 성공 사례로 몰고 가는 길이다.

극우뇌 아이를 키우는 부모가, 아이의 정상적인 모습, 비정상적인(=자폐에 빠지는) 모습을 구별하게 되었다면, 그대들은 이미 모차르트의 아버지, 에디슨의 어머니가 될 자격을 갖춘 것이다.

CHAPTER
2

자폐 어린이 맞춤양육법

미션을 빚어 몇 개의 알약으로 만들 수 있다면,
엄마 아빠들이 얼마나 좋을까?

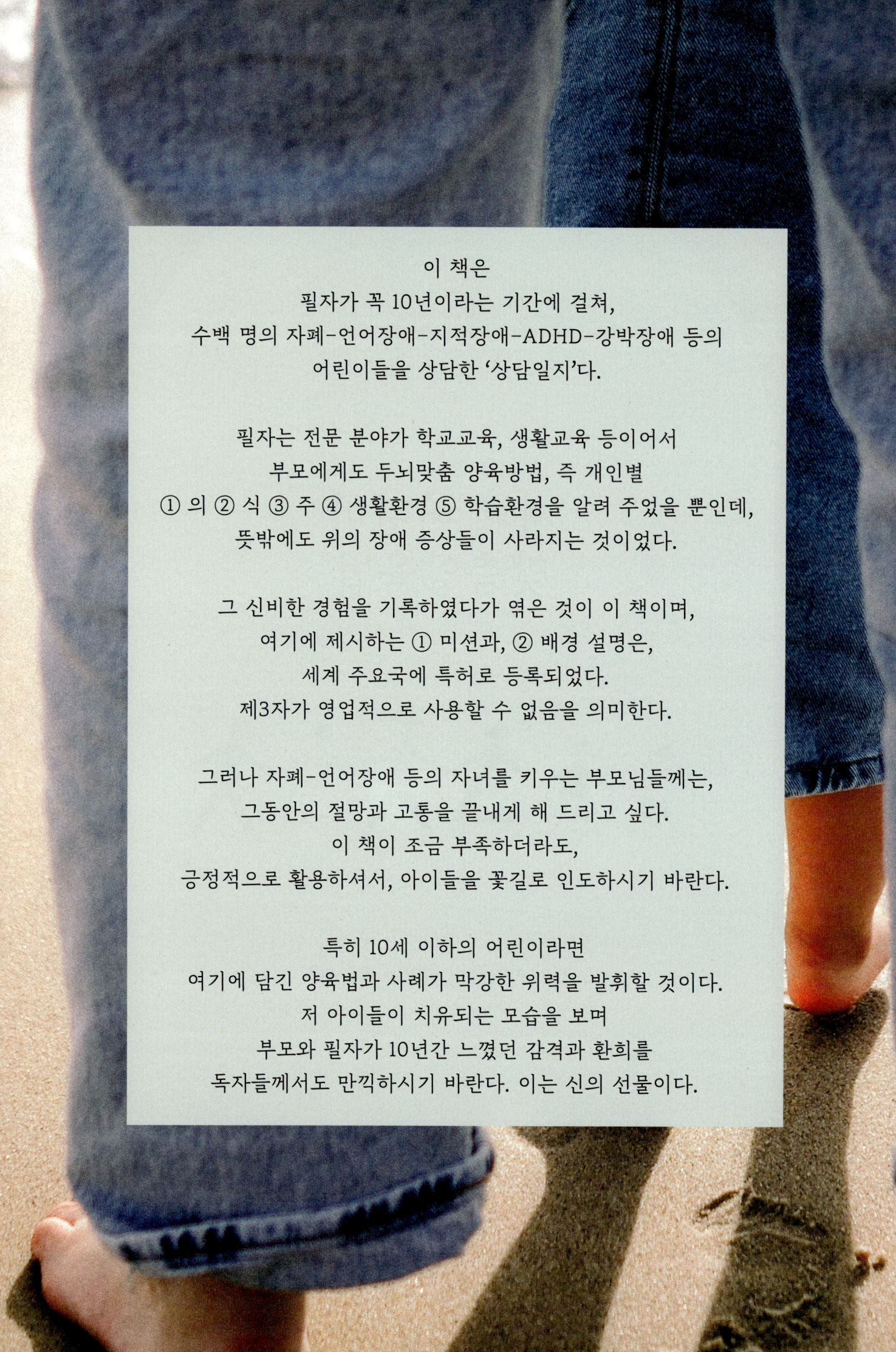

이 책은
필자가 꼭 10년이라는 기간에 걸쳐,
수백 명의 자폐-언어장애-지적장애-ADHD-강박장애 등의
어린이들을 상담한 '상담일지'다.

필자는 전문 분야가 학교교육, 생활교육 등이어서
부모에게도 두뇌맞춤 양육방법, 즉 개인별
① 의 ② 식 ③ 주 ④ 생활환경 ⑤ 학습환경을 알려 주었을 뿐인데,
뜻밖에도 위의 장애 증상들이 사라지는 것이었다.

그 신비한 경험을 기록하였다가 엮은 것이 이 책이며,
여기에 제시하는 ① 미션과, ② 배경 설명은,
세계 주요국에 특허로 등록되었다.
제3자가 영업적으로 사용할 수 없음을 의미한다.

그러나 자폐-언어장애 등의 자녀를 키우는 부모님들께는,
그동안의 절망과 고통을 끝내게 해 드리고 싶다.
이 책이 조금 부족하더라도,
긍정적으로 활용하셔서, 아이들을 꽃길로 인도하시기 바란다.

특히 10세 이하의 어린이라면
여기에 담긴 양육법과 사례가 막강한 위력을 발휘할 것이다.
저 아이들이 치유되는 모습을 보며
부모와 필자가 10년간 느꼈던 감격과 환희를
독자들께서도 만끽하시기 바란다. 이는 신의 선물이다.

일러두기

❶ 여기에 수록된 미션들은 10세 이하의 남녀 자폐(ASD) 어린이를 위한 것이다. 초등 3~4학년 이하의 어린이를 말한다. 자폐 어린이는 일반적으로 자폐 이외에도, 언어장애, 지적장애, 강박장애, 지체장애, 조울증, ADHD, ADD, 아토피, 틱, 경기 등과, 그 밖의 발달장애 범주에 속하는 몇 가지 장애를 동반하는 경우가 많다. 말하자면 자폐의 형제자매인 셈이다. 따라서 이런 증상의 동반 여부와 상관없이, 이 아이들을 가리킬 때는, '자폐와 극우뇌 아이들' 또는 '자폐 아이들' 또는 '자폐(=극우뇌) 아이들' 또는 '극우뇌 아이들'로 표기하였다.

❷ 매주 2개의 미션을 제공하는데, 이는 한 주 동안에 이 두 가지 미션을 부모가 철저히 실천하라는 뜻이다.

❸ 만약 제공받은 미션을 한 주 동안에 실천하지 못했다면, 한 주 더 연장하여 실천한 후에, 다음 주차 미션으로 넘어가시기 바란다. 앞의 미션이 습관화되지 않은 상태에서(=몸에 익히지 않은 상태에서) 다음 미션으로 넘어가면, 이는 기초가 부실한 건축물이 된다.

❹ 주별 미션은 그 한 주만 실천하고 끝내라는 것이 아니다. 한 번 제시된 미션은 아이가 장성해서, 결혼하여, 자기 가정을 꾸미고 살 때까지 계속하여야 한다. 미션이란 다른 말로 하면, 그 아이가 타고난 재능을 발현하게 하는 '최고의 환경 제조 수단'이요, 동시에 극우뇌 자녀와의 '이상적인 사교 비법'이다.

❺ 미션을 열심히 실천했더라도, 반드시 4~5주가 지난 후에는 지난 미션들을 찾아 보고, 어김없이, 지속적으로 잘 이행하고 있는지 확인하시기를 권한다. 복습을 열심히 하시는 만큼, 효과도 더 확실해진다.

❻ 이 미션들을 실천하는 데 가장 큰 적이 있다. 적 정도가 아니라 철천지원수라고 표현해도 된다. 그 적이란, 이들 미션에 대해 "말도 안 된다, 엉터리다, 아이 다 망가트린다, 사회규범을 지키지 말라고 가르치냐?" 등, 부정적인 의견을 내는 분들이다. 부정적 의견 정도가 아니라, 부모를 "미쳤다."

라고 욕하고, 심지어 어떤 조부모는 아이를 빼앗아 가기까지 한다. 이들의 언사에 흔들리지 않아야 한다. '무식한 사람이 용감하다.'

❼ '비판적 친인척들'을 설득할 수 있는 정보들을 미션에 이어 붙였다. 이 내용들은 대부분, 필자와 상담 중이던 부모가, "친인척들의 돌팔매질을 견딜 수 없다."라고 울며 하소연할 때, 필자가 해 주었던 설명들이다. 그들은 즉석에서 공감했고, 미션 실천에 충분한 새 에너지를 얻었다. 이 과정을 거친 부모의 아이들은 더 빨리, 더 말끔하게 '정상'으로 변화했다.

❽ 비판적 친인척과 상담 부모의 차이점은 딱 하나다. 비판적 친인척은 사람이 서로 달라서 서로 다른 방법으로 키워야 한다는 사실을 모른다는 것이고, 상담 부모는 그걸 알게 되었다는 점이다. 맞춤양육법을 몰라서, 아무 아이나 똑같이 키우기를 고집하니까 천재로 태어나는 아이를 자폐나 각종 장애아로 만든다. 이 세상을 혼란스럽게 만드는 사람들은 바로, '내가 모르는 것은 틀린 것.'이라고 주장하는 **'독불장군'**들이다. 지동설을 주장하는 코페르니쿠스를 사형에 처하라고 악다구니하는 인간들이다.

❾ 미션을 실천할 때 중요한 점 또 하나. 미션을 **선택적으로 실천하시면 안 된다.** 사람마다 자신의 선입견이나, 배워 온 지식이나, 사고방식 때문에, 자신도 모르게 미션의 경중을 가리거나, 안 해도 된다고 판단하게 된다. 심지어 어떤 부모는 시작한 지 몇 달 후에, '그런 미션이 있었냐?' 하는 사람도 있었다. 자신의 판단에 의해 특정 미션을 가볍게 보고 넘어간 까닭이다. 치유 기간만 늘어난다.

❿ 여기 48개의 미션과 설명이 1주 단위로 나뉘어져 있다. 이상적인 속도로 달리면 반년 치다. 미션의 배열 순서는 일반적으로 시급한 것부터 앞에 놓았다. 그러나 타이밍은 일반화시킬 수가 없었다. 예를 들어, 유치원이나 초등학교는 어떤 곳이 더 좋을지, 또는 겨울철이 다가오는데 무슨 놀이를 많이 시켜 줄지…. 이런 것들은 배열되어 있는 순서와, 개인별로 필요한 시점이 다르더라도, 찾아서 읽고, 그 원칙대로 실천하시면 된다.

⓫ 미션은 '개인별 맞춤'이 가장 바람직하나, 세계 자폐 어린이들과 공유할 수 있도록, 최대한 일반화하였다. 이 책은 10세 이하 자폐 어린이 치료에 최적화된 미션만 수록하였고, 당장 시급한 미션들을 앞부분에 배치한 것도 그런 노력 중의 하나다.

그러나 한계도 분명하다. 아이들 자폐 증상이 가볍기도, 무겁기도 한데, 그 차이가 워낙 심한 데다가, 다른 장애의 동반 여부도 천차만별이어서, 여기 미션의 효력이 일반적으로, 고르게 나타날 것으로 기대할 수는 없다. 그러나 여기 미션을 충실히 응용하여 실천할 수 있다면, 그 간격은 상당 부분 좁혀질 것이다.

✓ 1st Week

Missions of the Week

1. 급정거 대신 회전하라.
2. '편식'은 없다.

1. 급정거 대신 회전하라.

Further Explanation

1-1. 이 아이들의 언행은 폭주하는 자동차와 같다. 상상력이 풍부하고, 거기에 더하여 에너지까지 많기 때문이다. 이처럼 차가 시속 100키로 이상으로 곡예운전 하며 달릴 때, 위험을 감지한 부모나 선생은 '스톱'을 외치기 마련이다. "안 돼~ / 하지 마~ / 그만!" 따위가 '스톱'에 해당하는 말이다. 차가 바로 딱 멈출 수 있나? 절대 멈추지 못한다.

그렇다고 충돌하든, 떨어지든 그냥 달리게 내버려둘 수는 없다. 비교육적이다. 부모나 선생님은 어떻게든 멈추게 해야 한다. 그 좋은 방법이 없을까? 있다. 방향을 전환시키는 것이다. 폭주 차를 신나는 놀이동산으로 유도하는 개념이다.

"너, 이런 아이스크림 먹어 봤어?"
"우리 콜라 사러 갈까?"
"아빠랑 ××× 게임 누가 이기는지 해 볼까?"

이런 식으로 아이가 평소 가장 좋아하는 일을 '호의적으로' 제안한다. 관심을 그것으로 옮겨 가게 해 주는 것이다. 이 아이들은 보통 아이들에 비해 주의력이나 집중력을 대단히 빨리 전환하는 능력을 가지고 있다. 그 특징을 활용하라는 것이다. 아이의 평소 행동을 눈여겨본 부모나 선생이라면, 관심 돌리기 위한 그밖의 좋은 아이디어, 즉 신나는 놀이동산이 무엇인지, 알고 있을 것이다.

    1-2. 이 아이들에게 갑자기, 강한 어조로, 정면돌파하듯 행동을 제지할 경우, 아이 안색이 싸~악(하얗게) 바뀌기도 한다. 사람의 안색이 돌변하는 것이 어떤 때인가? 놀람, 분노, 충격, 절망 등의 경우다. 특히 어린아이들의 안색이 돌변할 정도라면, 그의 뇌세포는, 크든 작든, '손상'을 입는 중이다.
    입학한 지 얼마 지나지 않은 남학생이 학교 화단 앞에 쪼그리고 앉았다. 콩알만큼 작은 꽃이 눈에 들어왔던 모양이다. 이 모습을 먼발치에서 발견한 담임(여자)이 냅다 소리를 질렀다.

    이 학생은 그날 이후로 등교를 거부했다. 방학 포함 6개월간이나 학교에 나가지 않은 것이다. 간단해 보이는 말인데, 이 아이들에게는 얼마나 큰 충격과 분노를 안기는지…. 우리 보통 사람들은 잘 모른다. 그래도 이해하고, 뇌 손상 입힐 언행을 하지 않아야 한다.

    1-3. 극우뇌 아이들은, 저런 식의 제지에 대해, 보통 아이들보다 10배 정도 강한 정신적 압박을 받는다. 그만큼 예민하다. 뇌신경들이 무사할 리가 없다. 어른들도 '특정인의 얼굴이나 목소리'만 들어도 소름이 돋는 경우가 있었을 것이다. 극우뇌인들이 그만큼 예민하기 때문에 손상도 쉽게 입는다.
    예민한 것이 꼭 나쁜 것만은 아니다. 세계를 변화시킨 천재들이 모두 '예민해서 따돌림 받던' 아이들이었다.

    1-4. 자폐란 이미 뇌 손상을 입어서 나타나는 증상이다. 자폐 증상이 발현 중이라면, 이미 분노조절장애, ADHD, 강박장애 등을 동반하거나 거쳐 왔을 것이 분명하다. 당연히 더 이상의 손상을 입지 않게 해 주어야 하고, 이미 입었던 손상은 풀어 주어야 마땅하다. 그럼에도 불구하고 '새로운' 손상을 입게 한다면, 그는 부모나 선생이 아니다. 천박한 돌쇠나 무수리, 나아가서는 총기난사범(!)과 다름없다.

Do's & Don'ts

1-5. "아이에게 '안 돼, 하지 마, 그만' 등의 고함이 나오려 할 때마다 잘 참기는 했어요. 그러다 보니 일주일 내내 아이에게 말을 한마디도 못 하고 말았네요."라고 고백하는 부모가 계셔서 함께 크게 웃은 적이 있다. 이게 쉬운 일이 아니다. 왜 그럴까? 우리는 평소 아이들에게, 저처럼 일방적, 명령적, 모욕적 언사를 너무 많이, 너무 당연하게 뱉어 내며 살아왔기 때문이다. 부모 입에서 떼어 내기 어려울 만큼 단단한 습관과 전통(!)으로 굳어져 버린 것이다. 반성해야 한다.

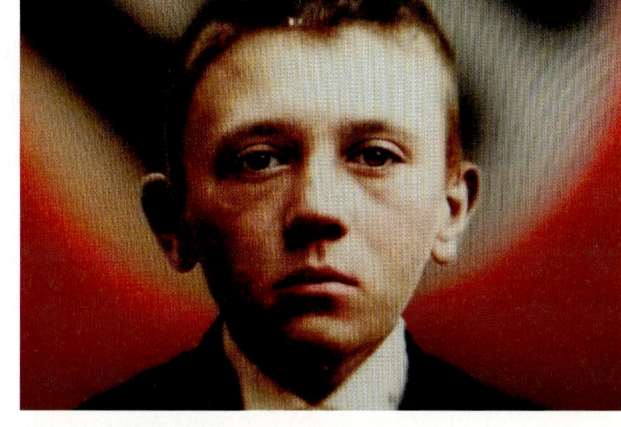

무엇이 히틀러를 살인마로 만들었을까?
갑질하는 부모, 아이를 존중해 주지 않는 어른, 자신의 잘못을 전가하는 선배, 좌절시키는 스승 등이었을 터이다.

1-6. 부모 중에는 제지하는 고함을 지르진 않지만, 아이 이름을 앙칼지게 부른다든가, 묵직한 압박감을 가득 담아 부르는 경우도 허다하다. 이 경우, 두 살이건, 다섯 살이건, 그 아이가 극우뇌 아이라면, 그는 분명 자폐의 문을 두드리는 중이거나, 이미 자폐가 되었을 것이다.

1-7. 방향을 바꾸어 주는 데는 다른 좋은 방법도 있다. 아이스크림이나 콜라 따위를 들먹거리지 않아도 되는 방법이다. 즉, 호칭을 높여 불러 주는 방법이다.

우리 대장님~ / 왕자님~ / 공주님~ / 어이구 장군님~ / 우리 대통령님~

이런 호칭으로 불러 주면 아이가 눈빛이 달라진다. 감속을 시작했다는 뜻이다. 물론 자폐가 심한 아이들은 반응이 없을 수도 있지만, 자주, 정말 존경하는 마음으로, 이렇게 불러 주면, 그도 뚜렷한 반응을 보이게 된다.

1-8. 예민한 뇌를 타고 난다는 것은 축복이다. 잘 키워 주면 나중에 모차르트도 되고, 스티브 잡스도 되고, 셰익스피어도 되는 것이다. 반면에 예민한 뇌는 손상도 잘 입어서, 성장환경이 나쁘면 히틀러도 되고, 전청조도 된다. 나쁜 성장환경이란 철장 속 같은 구속(拘束)된 상태(책머리에, 17~19쪽 참조)를 말한다. 이처럼 극과 극으로 운명이 바뀌는 삶이어서 두뇌타입 이름에도 '극'자가 붙었을 터이다.

1-9. 우리나라에 'ADHD 원폭이 터지고, 낙진이 비 오듯 내릴' 즈음, 한 지상파 방송이 흥미진진한 프로를 내보냈다. ADHD 아이들을 손쉽게 치료한다는 내용인데, 신경과 박사 의사이며 특히 청소년 전공이라는 분이 출연했다. 골자는 ADHD 아이를 치료하려면, 매를 아끼지 마라, 힘으로 제압해야 한다 등등이었다. 필자는 그야말로 경악했다. 내가 잘못하고 있는 건가? 그러나 결판은 얼마 지나지 않아 싱겁게 끝나고 말았다. 그분 말을 따랐다가 아이들이 더 악화되니까, 전국을 돌아돌아 우리 연구소까지 찾는 부모들이 꾸준히 늘어났던 것이다.

> 10일이면 ADHD나 폭력성을 다 없앤다고요?

1-10. 이 부모들 덕분에 필자도 그 프로를 찾아 보게 되었는데, 더 놀라운 내용도 있었다. 그 박사님 말씀이, 자기가 시키는 대로 하면, 아이 ADHD 증상이 '한 달' 이내에 없어진다는 것이었다. 1년(?)쯤 지나자 그 한 달은 '10일'로 단축되어 방영되고 있었다. 정말로 '10일' 만에 ADHD나 폭력성 등을 없앨 수 있다면, 우리나라 ADHD 어린이를 몽땅 고치는 데 두세 달이면 가능하다. 이게 말인가 막걸린가? 정말 10일 만에 고친 아이들이 있나? 저런 내용의 방송은 의사가 책임을 지지 않나?

2025년 초에 들으니, 박사님이 자신의 정신과병원을 폐업한다고 들었다. 이유는 자세히 알 수 없으나, 나쁜 일이 아니길 바란다. 아직 은퇴할 나이도 아니다.

2. '편식'은 없다.

Further Explanation

2-1. 소, 말, 양 따위의 초식동물을 넓은 초원에 풀어놓았다. 종일 풀을 뜯다가, 쉬다가, 할 것이다. 단, 그 초원에는 이들 동물이 먹으면 즉사하는 풀이나 버섯도 적지 않다. 그렇다고 이 동물들이 그 독초를 뜯어먹을까? 절대로 '노'다. 그런 독초를 가려낼 줄 모르는 동물은 이미 멸종했다. 이런 것을 '동물적 본능'이라고 한다. 생존 본능이다.

2-2. 사람에게도 이런 생존 본능이 있다. 안타까운 것은, 어른들은 일반적으로 사회적 편견, 경제적 사정, 오도된 지식 등에 의해 이런 필수적 본능이 상당 부분 손상되거나 퇴화했다는 사실이다.

2-3. 아이들은 다르다. 자기 몸에 좋은 것은 마구 먹으려 하고, 해로운 것은 먹지 않으려 한다. 특히 자기 몸에 결핍된 '어떤' 영양소를 풍부하게 포함한 음식은 결사적으로 먹으려고 덤벼든다. 본능이 살아 있는 것이다. 감각이 찌든 어른들은 아이들의 뛰어난 본능을 '편식'이라고 폄하한다. 어처구니없는 일이다. 어른들의 '편견' 또는 잘못된 지식이 아이들을 병들게 한다.

2-4. (자폐 등등에 잘 걸리는) 극우뇌 아이들은 동물적 감각이 다른 보통 아이들에 비해 훨씬 발달했다. 음식별로 호오(好惡)가 분명하다. 그리고 좋아하는 음식의 스펙트럼이 유난히 좁다. 요즘은 음식이 수만 가지다. 먹고 싶은 것을 실컷 먹을 수 있다. 이런 세상에 살면서, 먹기 싫은 것도 억지로 먹어야 영양결핍을 면할 수 있다고? 이런 주장은 너무 석기시대적이다. 내 귀중한 아이에게 음식을 잘못 먹여서 성장을 더디게 하거나, 병을 가중시킨다면, 이것보다 억울하고 창피한 일이 또 있겠는가?

2-5. 앞으로 아이 먹이는 것에 대해 여러 번 설명하겠지만, 급한 대로 두어 가지 강조한다. 아이스크림, 콜라, 초콜릿 등을 '원하는 대로' 다 먹게 해 주시라. 밀가루 음식도 이 아이들에게 참으로 유익한 식품이다. 소화-흡수가 잘되고, 배변도 쉽게 해 준다. 육체적 컨디션을 상쾌하게 하는 데에도 큰 도움이 된다.

Do's & Don'ts

2-6. 세상 모든 어머니는, 아이스크림이 아이들에게 해롭다는 고정관념에 얽매여 산다. 어떤 어머니는, 이런 상식(?)에 역행하는 필자의 권고에 어이없다는 반응이었지만, 결국은 실천했다. 먹겠다는 대로 무제한 제공했더니, 하루에 열 개 이상 먹더라는 것. 그러나 그렇게 두 달이 지나더니, 하루 한두 개밖에 먹지 않는다고, 또 어이없어했다.

2-7. 이것이 바로 아이들의 동물적 본능을 증명하는 사실이다. 몸이 필요하다고 하면 마구 먹는다. 이제 다 채웠다고 하면 대폭 줄이거나 끊는다. 사실은 어른들도 이게 되기는 된다. 단지, 사회적 '선입견' 때문에 본능을 무시한 채 살아가는 것이다. 성인병이 늘고, 현대병이 폭증하는 이유다.

2-8. '콜라 먹을래~' 노래를 부르던 초1 아이에게도 제한을 풀어 줬다. 한 캔

자폐 아이들은 개성이 무척 강하다. 장난감이건 음식이건, 자기 입에 맞는 것만을 상대한다. 어른들은 이것을 '편식'이라고 매도하는데, 무지한 까닭이다. 어른도 이 아이들 세계를 이해해야 한다.

175ml짜리 여섯 묶음을 하루에 두 팩씩 먹더니, 두 달 만에 한 팩으로 줄었다고 했다. 어머니가 웃었는데, 어이없게도 즐거운 웃음이었다. 사연을 물었더니, 아이 아토피가 절반 이상 사라졌는데, 콜라 덕분인 것 같다고 했다. 원인분석은 엄마의 촉(觸)이지만, 아토피가 절반으로 준 것은 필자 눈으로 확인한 사실이다.

2-9. 초콜릿은, 어른들이 졸릴 때 마시는 커피처럼, 이 아이들에게 각성제 역할을 한다. 아이들 역시 정신이 맑아지고 싶을 때가 많다. 물론 초콜릿의 당분도 즐기겠지만. 안심해도 되는 점은, 이 역시 먹을 만큼 먹고 나면, 섭취량을 스스로, 대폭 줄인다는 점이다.

2-10. 빵, 국수, 라면, 과자 등에 대하여는 앞으로 또 설명할 것이다. 아무튼 밀가루 음식을 이 아이들이 '원하는 대로' 먹게 해 주기 바란다. 밀가루 음식은 이 아이들에겐 쌀로 된 음식을 '대체해야 하는' 주식이다. 머뭇거리지도, 주저하지도 말고, 흔쾌히 제공해 주시기 바란다. 밀가루 음식이 해로운 것이 아니라, 가공된 음식이 '조금' 나쁠 수도 있을 뿐이다.

꼭 알아 두실 일이 있다. 혹시 부모 중에 좌뇌인이 계실지 모르겠다. 좌뇌인들에게는 밀가루 음식이 받지 않는다. 해롭다. 먹어 본들 소화도 잘되지 않고, 나쁜 증상들이 나타나곤 한다. 그래서 아이에게도 해로운 줄 알고, '라' 소리, '빵' 소리도 못 꺼내게 하는 부모님들이 계시던데, 미안한 말씀이지만, 무지의 소치다. 아이와 부모의 식성-체질이 같지 않을 확률은 최저 50%다. 즉 한 아이는 부모 두 분 중 한쪽만의 식성과 체질을 닮는다는 뜻이다.

TV 등, 공공매체에서 밀가루를 마치 무슨 독초의 일종인 양 얘기한 '권위자'들이 계시다고 하는데, 밀가루를 주식으로 하는 서구 사람들이 우리보다 체격도 크고, 각종 스포츠에서 앞서가는 것은 어떻게 설명하려는지, 한번 물어보고 싶다. 그 권위자라는 분도 분명 좌뇌인이 아닐까 추측된다. "권위자님, 세상에는 권위자님과 다른 뇌, 다른 체질을 가진 사람이 그리도 많답니다. 하하하."

2nd Week

Missions of the Week

3. '고픈 머리'를 채워 주는 영상물
4. 고개나 허리를 꺾지 말라.

3. '고픈 머리'를 채워 주는 영상물

Further Explanation

3-1. 사람의 머리에는 두 대의 컴퓨터와 그 사이를 연결하는 다리(Corpus Callosum)가 들어 있다. 두 대의 컴퓨터는 각각 우뇌, 좌뇌라고 불리는데, 각자의 역할이 다르다. 우뇌가 맡은 일 중 하나는 '이미지 정보'를 분석-저장하는 일이며, 그 저장용량이 엄청나다.

3-2. 인체의 신비함이 여기서 또 드러난다. 사람은 자신의 두 개의 창고를 나이에 걸맞게 채우려고 노력한다는 점이다. 이것도 본능이다. 생각해 보라. 방대한 용량의 컨테이너가 있는데, 이게 텅텅 비어 있다면, 이건 불쾌한 소리를 내는 깡통에 불과하다. 그래서 사람은 나이가 적거나 많건 간에, 자신의 나이에 걸맞게 이 창고를 채우려 한다. 아름다운 소리가 울려 나오기를 바라는 것이다. 우리는 이것을 '지식욕'이라 부른다. 동물과 다른 점이다.

3-3. 자폐에 걸리는 어린이는 극우뇌인이다. 극우뇌인은 누구보다 큰 우뇌창고를 가지고 있다. 창고가 클수록 '지식욕'은 크게 마련이다. 채워야 할 공간이

많으니까. 더 중요한 점은 우뇌창고가 주로 이미지 정보를 저장한다는 것이다. 이미지 정보란 문자가 아닌 모든 형상, 형태, 움직이는 것, 색, 소리, 경치, 물건 등을 말한다. 공간지각에 관한 정보는 모두 우뇌에 저장된다.

3-4. 창고를 나이에 걸맞게 채우지 못하면 어떻게 될까? '머리가 고파'진다. 배고픈 것과 마찬가지로 머리 채울 것을 찾는다. 엄마에게 들키지 않으려고 이불 뒤집어쓰고 폰 보는 아이들, 어딘가에 숨어서 게임하는 아이들, 폰 보면서 길 걸어가는 청년들, 연주회나 전시회에 찾아다니는 어른들, 주말의 명화나 드라마 등에 빠져드는 아빠 엄마들…. 그들이 모두 우뇌가 고픈 사람들이다.

'고픈 머리'를 채우고 나면 이미지 정보에 대한 욕구가 없어질까? 그렇지는 않다. 좀 더 질 좋은 정보를 찾는다. 배고픈 사람이 밥만 먹고 그만두지 않는 것과 같은 이치다. 맛있는 반찬이 필요한 것이다. 왜 이렇게 양질의 지식을 탐할까? 이유는 간단하다. 이렇게 저장한 정보의 질에 따라, 나중 자신의 삶의 질이 좌우되기 때문이다.

3-5. 자폐 어린이들에게 영상물은 필수다. 수준에 맞는 게임도 필수다. 왜 자폐에 걸렸는지 원인을 찾다 보면, 필경 우뇌창고를 채우지 못하도록 제재를 당했다는 점이 발견될 것이다. 부모들은 편견이 있다. 게임은 해롭다, 중독성이 있다. 틀린 말은 아닌데, 일부 사람에게만 맞는 말이다.

예민한 질문을 던지는 분도 계신다. 옛날 스마트폰도 없고, TV도 없던 시절의 극우뇌 어린이는 모두 자폐에 걸렸나? 그럴 리가 없다. 그때는 영상물보다 더 좋은 것이 있었다. 바로 자연이다. 그 시절 그 아이들은, 말총으로 매미를 잡고, 암컷 말잠자리 한 마리로 수컷 수십 마리를 낚았다. 계곡에서 가재와 물고기를 잡으며 수영을 배웠고, 겨울에는 가마니로 눈썰매를 탔다. 이런 것들은 자신이 감독, 주연하는 동영상이다. 얼마나 훌륭한 '이미지 정보'들이 그득하게 저장되었겠는가?

3-6. 자폐 어린이에게 양질의 영상물, 화려한 색깔, 감동적인 멜로디, 웅장한 자연 등을 자주 접하게 해 주시라. 그는 고픈 머리를 채워야 한다. 이 아이들은 문자가 아니라 영상물을 통해 훨씬 더 많은 지식을 저장한다. 덧붙여 알아 두셔야 할 점도 있다. 게임이나 영상물에는 국영수사과음체미+알파가 들어 있다는 사실이다.

Do's & Don'ts

3-7. 초등 3학년 여학생이었는데, 엄마가 필자의 권유에 따라 '게임 실컷 해도 된다.'라고 말해 주었더니, "정말?" 하고는 폰을 번개처럼 열더란다. 그러려니 했는데, 엄마가 충격을 받았다. 화면을 보는 아이 얼굴이 환~하게 피어나는데, "딸 아이 얼굴이 저렇게 아름다웠나?" 할 정도였다고 한다. 이 정도로 좋아하는 걸 왜 막았는지 모르겠다고 후회했다. 각종 매체에서 아이들 영상물 중독을 경고하는 메시지가 너무 무차별적이라며, 오히려 전문가들에게 경고를 날렸다.

3-8. 영상물 또는 게임 중독을 경고하는 영상 매체들의 경쟁이 치열하다 못해 처절하다. 물론 그 분야의 전문가들이 출연한다. 각기 나름의 효과적 방법을 동원하여 설명하는데, 이들에게는 공통점이 하나 있다. '아이들 머리는 다 똑같다.'라는 전제하에 주장한다는 점이다. 이분들이 제정신인가? 이게 맞는 전제인가? 깊이 생각해야 할 문제다. 청소년을 이처럼 오도(誤導)하면 그 폐해가 너무 크다.

3-9. 사람엔, 이미지 정보를 잘 이해-저장하는 사람도 있고, 문자정보를 더 잘 이해-저장하는 사람도 있다. 그 중간인 사람도 있다. 이건 필자의 주장이 아니라 수천 명의 뇌과학자들이 실험과 논문으로 증명한 사실이다. 3대별한 이 세 가지 사람을 편의상 빨강, 파랑, 초록이라고 하자. 전문가들은 이 중에서 누가 영상물 중독에 잘 걸린다는 주장이신가?

3-10. 게임이나 영상물 중독을 경고하는 전문가들에게 참고로 알려 드린다. 영상물(게임 포함)은 빨간 사람들에게는 일용할 양식이고, 초록 사람들에게는 즐기는 간식이고, 파란 사람들에게는 밥상에 올라와도 손이 잘 안 가는 음식이다. 이 말이 잘 이해되지 않는다면, 공부를 더 하시기 바란다. 사람은 똑같지 않다. 그대들의 경고는 영상물을 즐기는 어린이 아홉 명 중 한 명에게나 해당되는 말이다. 그는 이미 다른 이유로 뇌 손상을 입었을 터이다.

3-11. 독자들도 분별력을 동원하시기 바란다. 열 명 중 한 명에게나 해당되는 얘기를, 마치 열 명 모두에게 해당되는 양 겁을 주는 저 전문가(?)들에게 속지 마

시기 바란다. 영상물이 사회적으로 무슨 큰 문제라도 일으킬 듯이 떠들기 시작하던 때가 30년은 지난 것 같다. 저분들 말대로라면, 그사이에 영상물 중독자가 세계적으로 엄청나게 생산되어서, 세계적 골칫거리가 되어야 하지 않겠나? 정말 그런가? 아니다. 영상물 산업은 이제 세계적으로 매우 필요하고 중요한 산업의 하나가 되었다. 이제 저런 '무지한 전문가들'은 구닥다리 주장에서 해방되시기 바란다. 청동기시대의 유물을 전파하기에 애쓰실 필요가 없지 않을까?

3-12. '영상물을 기반으로 하는 치료법이 ADHD 치료에 도움이 된다.'라는 논문이 나온 것도 얼추 10년은 지난 것 같다. 여러 편이 나왔다. ADHD 치료에 효과가 있다면, 그건 극우뇌가 잘 걸리는 여러 가지 장애에도 효과가 있다는 뜻이다.

4. 고개나 허리를 꺾지 말라.

Further Explanation

유년기를 갓 벗어난 아이들인데, 유독 한 아이의 '포스'가 느껴진다. 세상을 다스리기라도 하겠다는 듯 에너지를 내뿜는 저 아이. 극우뇌 아이들은 이렇게 키워야 잘 키운 거다.

4-1. 다른 나라 사정은 정확히 모르겠으나, 한국에서는 어린아이에게 인사 가르치는 일에 목숨을(?) 건다. 아는 어른을 만나면, 부모 입에서는 "인사해야지~"가 자동으로 튀어나온다. 인사를 받는 입장의 어른은 한술 더 뜬다. "어디, 인사 잘하나 보자~"

4-2. 거기에서 그치지 않는다. 아이가 흡족한 모양새로 인사하지 않았으면, 엄마가 아이 뒤통수를 눌러 숙이게 하거나, 아이 배를 누르고 등짝을 밀어서 90도 인사시킨다. 따로 배꼽 인사를 가르치기도 한다. 아이 잘 키웠다는 칭찬에 걸신이 들려 있는 것 같다.

4-3. 이렇게 가르치는 것이 나쁘다는 말인가? 사람은 서로 다르다. 대부분 어린이에게는 이렇게 가르쳐도 무방하다. 그러나 열 명 중 한 명에게는 대단히 해롭다. 극우뇌 아이들을

포함한 약 10% 아이들은 이런 훈육 과정에서 분노, 좌절, 자포자기 비슷한 허탈감을 느낀다.

4-4. 자존심이 강하고 예민한 아이들은 우월감, 만족감, 즐거운 감정을 자주 느껴야 타고난 재능이 살아난다. 무언가를 잘했다고 박수받을 때의 그런 느낌을 자주 느껴야 한다는 뜻이다. 고개 숙이고 허리 구부리는 것은 이와는 정반대다. 짜증, 무력감, 심지어는 분노를 폭발하게 한다.

4-5. 그럼 극우뇌 어린이들 인사는 어떻게 가르치라는 말인가? 인사를 아예 안 하게 할 수는 없지 않나? 맞는 질문이다. 답도 간단하다. 웃는 얼굴로, 손을 흔들어 인사하게 가르치면 된다. 이렇게 계속하면, 평소 아이 얼굴에도 웃음이 많아질 것이다. 가까운 친인척이라면, 가서 안기거나, 악수를 하는 것도 좋은 대안이다.

Do's & Don'ts

4-6. 극우뇌 청소년 중에는 이런 친구들이 흔하다. 상대 어른을 호칭할 때 '님' 자를 붙이기가 싫어서 일부러 '아무개 엄마!' '아저씨' '댁' 등의 단어를 골라서 사용하는 경우다. 필자를 부를 때도 '소장님' 하기가 싫어서, '소장 할아버지!' 하는 중학생도 있었다.

4-7. 이런 사람은 반대로 자신은 반드시 '××님'으로 불리기를 원한다. 우리 연구소는 연구원들 간에 닉네임을 부르는 것이 전통이다. 신입 연구원에게 닉네임을 하나 정하라고 했더니, '달님'이라고 했다. 그럼 '달님 님'이라고 부를까 확인했더니, 전 직장에서 달, 달아, 이런 식으로 부르기에 너무 기분이 나빠서, 아예 호칭 안에 님 자를 포함시켰다는 것이다. 극우뇌 머리는 이렇다.

필자가 유일하게 결혼식 주례를 서 준 총각이 있다. 교회 아들뻘 신도였는데, 결혼 날짜는 잡았지만, 주례를 구하지 못했다고 징징대고 있었다. 주위 가까운 분들은 필자가 주례를 맡는 것에 한사코 반대했지만, 필자 족보에 흠이 가는 것도 아니니 그냥 맡아서 식을 치르게 해 주었다. 그리고 4반세기 동안 서로 소식을 모르고 지내다가 얼마 전, 그의 이메일을 받았다. 제목이 이랬다. "심한 비난이 들리는 듯하여" 또는 "교회에 갔으나…." 마치 자기 아들에게 보내는 식의 이메일 제목이다.

더 놀라운 것도 있었다. 이메일 내용 중에, 자기가 이제 나이 60이 다 되었다는 것, 자신을 부를 때 '님' 자를 붙여 주지 않아 서운하다는 것. 그리고 필자가 자신에 대해 박수갈채를 보내 주기 바라는 암시가 구석구석에 깔려 있었다. 같은 극우뇌인이지만, 저 중학생보다 훨씬 증세가 심했다.

4-8. 사람 중에는 앞에 나서기 싫어하는 사람도 있고, 즐겨하는 사람도 있다. 자기 한몫을 누구에게 빼앗기지만 않아도 만족하는 사람이 있고, 오지랖 넓고 군림하기 좋아하는 사람도 있다. 극우뇌는 항상 여러 시선의 중심에 서고 싶고, 아무리 어려도 인격적 대접을 받고 싶다. 부모님이 꼭 알아 둘 사항이 있다. 극우뇌인이 어릴 때 이런 대접을 잘 받을수록, 어른이 되어 원만한 성품을 갖추게 된다. 그러나 이런 대접이나 박수를 못 받고 자라게 되면, 이건 좀 심각해진다. 대부분은 어떤 형태로든 분노를 폭발하게 되고, 설사 성장기에 큰 문제 없이 지냈더라도, 어른이 되면 저처럼 못난이 행세를 하게 되는 것이다. 미션을 오래오래 잘 지켜 주시라는 뜻이 바로 이것이다.

4-9. 만 5세 남자아이인데 자폐가 아주 심한 어린이가 있었다. 그 어머니와 자폐 원인을 찾던 중 이런 말을 들었다. 아이가 만 3세까지는 말도 잘하고, 친인척의 사랑을 독차지하는 재롱둥이였다는 것. 그런데 어린이집엘 보내자 아이가 급격히 변하더라는 것. 일단 입을 딱 닫아 버리고, 온몸을 소라 껍질 속으로 숨어들더라는 것. 어린이집이란 보나마나다. 선생님 한 분이 열 명 가까운 어린이를 돌볼 테고, 그러니까 관심이나 사랑을 1/n밖에 못 받을 테고, 자기 차례가 아니면 투명 인간처럼 한쪽 구석에 찌그러져 있어야 할 테고, 불쑥 나서다가는 강한 제지를 받을 테고…. 보통 아이들은 이런 환경에 곧 적응하겠지만, 극우뇌 아이들은 적응하지 못한다. 아니 적응하지 않으려고 한다. ADHD나 그 반대로 ASD가 되는 것이다. 우리 어른들은 이런 아이들이 있음을 이해해야 하고, 그에 맞는 양육법을 배워야 한다.

3rd Week

Missions of the Week

5. 다투었다면 편들어 주라.
6. 지시, 지적은 생각 짧은 갑질이다.

5. 다투었다면 편들어 주라.

Further Explanation

5-1. '아이들은 싸우면서 큰다'고 한다. 그러나 그 싸움을 보는 우리 부모들의 생각은 세기가 바뀌어도 멈추어 서 있다. 안타까운 일이다.

5-2. 아이들이 싸우고 나면 그다음 행동은 대개 비슷하다. 엄마(또는 보호자)에게 와서 자초지종을 얘기한다. 아니면 적당히 각색해서 둘러대기도 한다. 그게 중요한 게 아니다. 그렇게 보고하는 아이들에게 부모가 어떻게 대응하느냐 하는 것이 훨씬 더 중요하다.

이건 아이들 머리에 따라 달라야 한다. 21세기에 사는 부모라면, AI나 디지털에는 조금 더디게 따라가더라도, 최소한 '내 자녀가 다른 아이들과 어떻게 다른가? 다름에 따라 어떻게 다르게 양육해 주어야 하는가?' 하는 점은 숙지하고 있어야 한다. 이게 고려시대 부모에서 벗어나는 길이다.

5-3. 뇌타입이 3나 4, 즉 균형발달인이거나 좌뇌인 아이라면, 사실과 원인을 정확하게 밝히는 것이 중요하다. 잘잘못이 가려지면, 아이에게 잘못을 인정하게

하고, 다음부터 그러지 않겠다는 약속도 받아 둔다. 만약 아이 잘못이 없었다면, 아이를 격려하고 다음에는 이러저러하라는 힌트를 주면 된다.

이런 과정에서 부모가 조심할 점이 있다. 아이를 다그치면 안 된다. 기가 죽는다. 친절하게, 성의 있게, 공정하게 대해 주어야 한다. 이것이 우리가 보통 아이를 키우는 방법이다. '공정성 유지'가 핵심이다.

5-4. 뇌타입이 1이나 2, 즉 극우뇌이거나 우뇌인 아이에게는 대응이 전혀 달라야 한다. 먼저 알아두어야 할 점이 있다. 즉, 극우뇌-우뇌 아이들에게 잘못을 지적해서는 좀체 잘못을 고치지 않는다는 점이다. 노력을 안 하는 것이 아니라, 못한다. 자신의 행동을 되돌아보고, 잘잘못을 가려내는 신경이 없거나 미약하기 때문이다. 아이가 뇌 때문에 고치지 못하는 것을 자꾸 고치라고 반복해서 지적하는 것은, 대단히 비교육적이다. 이건 부모가 반성할 점이다.

5-5. 따라서 우뇌 아이들에게는 격려-편들어 주기가 훨씬 교육적이다. 그렇게 해 주면 잘 고치기 때문이다. 우뇌는 감성적인 뇌여서, 자신을 감싸 주고, 공감해 주면, 그 '감성'이 움직여서, 자신의 잘못을 서서히 고쳐 나간다. 아이가 와서 조잘조잘 일러바치면, 어느 쪽이 잘못했건 간에, 이런 식으로 말해 주시라.

(O) 걔는 참 못됐어. / 걔는 맨날 싸움만 하더라. / 걔는 욕심이 그렇게 많지?
(O) 할머니가 너무 무섭지? / 마트 아저씨가 애들을 사랑해야지~
(X) 거봐! 개랑은 놀지 말랬지! / 너도 잘못을 좀 했네~ / 할머니가 너 예쁘다고 하신 말이야~

5-6. 만약, 극우뇌나 강우뇌 아이들에게, 위의 5-3처럼, 잘못을 짚어 주고, 대안을 알려 주며 친절하게 가르쳐 주었다고 가정하자. 이 아이들이 자기 잘못을 인정하고 잘못을 고치려고 할까? 천만의 말씀이다. 그 뇌에 분노만 쌓여 간다. 이건 본인이 어떻게 할 수 없는 대목이다. 분노 축적은 뇌 손상의 직접적 원인이다. 자폐는 뇌 손상의 결과다.

반면에, 잘못을 저질렀어도 괜찮다고 편들어 주면, 오히려 잘못을 조금씩 고쳐 나가고, 걸렸던 자폐에서도 빠져나온다. 사람의 머리란 것은, 참 신기하기 짝이 없다.

Do's & Don'ts

5-7. '내 아이가 잘못했더라도 내 아이 편을 들어 주라.'라고 하면, 읽던 책 집어던지고, 총을 들고 나서는 분이 계실지도 모르겠다. 말 같은 말을 해야지, 아이를 그따위 버릇없는 인간으로 키우라는 말이냐? 하하하 옳은 말씀이지만, 그건 19세기까지만 통하던 '획일 교육관'이다. 옛날에는 아이들이 서로 다르다는 것을 알지 못했고, 혹시 좀 알더라도 입 밖으로 거론할 사회 분위기가 아니었다.

5-8. 이 책의 앞, '책머리에'에서 소개한 얘기를 기억하실 것이다. 필자가 왜 '교사라는 분들이 자기 아이를 제일 잘못 키운다.'라고 강조했을까? 바로 '획일적 교육' 때문이다. 교사라는 분들은 많은 아이를 동시에 가르치는 입장이어서, '획일'이라는 수단에 의지하지 않을 수 없다. 그 획일을 탈피하고자 하면, 학부모, 상급기관 등등으로부터, 차별한다느니, 형평성을 유지하라느니, '다양한' 요구가 쏟아지기 때문이다. 교사는 획일의 노예가 될 수밖에 없다.

5-9. 공교육은 당연히 제한된 수단에 따라야 한다. 그러나 가정교육은 다르다. 아이의 뇌특성을 십분 살려야 한다. '첫아이에게 잘 먹히던 방법을 반복하다가 둘째 아이는 실패하는' 어리석은 부모가 될 이유가 없다. 이제는 21세기다. 내 아이만이라도 '두뇌맞춤교육'을 실천하자.

5-10. 극우뇌, 강우뇌 어른들에게도 편들어 주기가 필요할까? 당연히 필요하다. 그러나 조심해야 한다. 우리는 주위에서 이런 어른을 자주 본다. "상가 주차장에 차를 대다가 이런저런 일이 있었는데, 그 사람 정말 나쁜 사람이었다. 미친 × 같더라." 이럴 때는 가볍게 동조해 주는 정도로 끝내는 것이 좋다. 그 사람과 같이 성토하느라 거품을 물 필요까지는 없다. 그렇다고 "그 사람 잘못이 아니네요~" 했다가는, 평생 그 나쁜 사람의 십자가까지 함께 짊어지고 살아야 한다.

필자는 좀 특이한 경우를 경험했다. 단골 세탁소 주인이 70대 할머니였는데, 강우뇌인이었다. 세탁물을 들고 갈 때마다, 왜 이렇게 오래 입었냐? (목에) 누렇게 된 거는 안 진다. 이건 도대체 뭘 흘린 거냐? 타박이 심했다. 그때마다 계면쩍은 미소로 답하는 수밖에 없었다. 그 후 계절이 바뀌기에 겨울옷을 열몇 벌 들고 갔다. 타박이 또 나올 것 같아서, 미안하다는 표시도 할 겸, 편들어 주기를 시도했다. "야단맞으러 왔어요~" 할머니가 허허 웃으셔서, 처음으로 기분 좋게 맡겼다. 문제는 옷을 찾으러 가서 터졌다. 뻔히 아는 가격이라(개당 3천 원), 그냥 카드를 드렸는데, 카드를 돌려주는 할머니가 말했다. "옷이 더러워서, 5천 원씩 받았어요."

5-11. 어렸을 때 공감 대화를 많이 나누면, 어른이 되어 성품이 원만해진다. 그러나 어렸을 때 편들어 주는 사람이 별로 없었다면, 필히 분노가 많이 축적되었을 것이고, 그래서 뇌 손상을 적잖이 입었을 것이며, 그래서 저처럼 아전인수, 혹은 공격적 언행을 일상적으로 하게 되는 것이다. 뇌 손상을 입은 사람은 유머를 이해하지도, 구사하지도 못한다.

5-12. 많은 학자들이 부부 싸움과 이혼에 관해 연구했다. 결론은 다양했지만, 뚜렷한 공통점이 발견됐다. 서로 잘못된 점을 지적하고 개선을 요구하는 부부는 2~3년이 못 가서 이혼했다. 반면에, 괜찮아, 다음에 잘하면 되지, 하는 부부는 이혼율이 매우 적었다는 점이다. 혹시, 아이가 심한 '지적질'을 당하고 땅굴 깊숙이 숨었더라도, 앞으로는 괜찮다고, 네 잘못이 아니라고 위로해 주시라.

6. 지시, 지적은 생각 짧은 갑질이다.

Further Explanation

6-1. 자폐 어린이를 다른 말로 표현하면, '용암 부글거리는 휴화산'이다. 겉은 햇볕 비취는 돌산이지만, 땅속 저 깊은 곳에서는 층층이 쌓인 마그마가 끓고 있다. 뇌에 축적된 분노가 이것이다. 이 분노가 발산되어야 하는데, 어린이 자력으로는 그것이 안 된다. 그러나 부모가 공급하는 에너지라면, 용암의 분출이 가능해진다. 대폭발 이후 자폐 어린이는 비로소 껍질을 벗고, 사람의 길로 나아가는 것이다.

6-2. 부모가 공급하는 에너지란 무엇일까? 여기 미션들이 일관되게 말하고 있는 것, 바로 '인격적 대접'이다. 보통 어린이들은 어른이 자신을 어떻게 대해 주건 크게 상관하지 않는다. 그러나 극우뇌 아이들은 서너 살만 지나도 상대가 자신을 인격적으로 대접하는지, 막 대하는지, 그걸 귀신같이 안다. 알아도 힘이 없어서 항의하지는 못하지만, 속으로 짜증이 난다. 분노를 끓이기도 한다.

6-3. 자폐 어린이에게 지시, 명령조의 말을 하는 것은 비인격적이다. 의견을 묻거나 알려 주는 식으로 말하면, 아이는 매우 긍정적 반응을 보인다. 축적된 분노가 조금씩 발산된다는 신호다.

- 얘, 밥 좀 빨리 먹어라!
- 일어났으면 세수부터 해야지!
- 불 끄고 자라!
- 자기 전에 양치부터 해야지!

← 돈가스가 맛이 없니?
← 더운물 찬물 둘 다 나올 거야~
← 벌써 12시로구나! 불 꺼 줄까?
← 입속에 벌레가 보이네~

6-4. 자폐 진단요소 중 하나가 호명반응이 없다는 점이다. 왜 이름을 불러도 대답하지 않을까? 못 들었을까? 아니다, 들었다. 그런데 너무 비인격적으로 부르니까 대답하기 싫은 거다. 또는 이름 불러서 좋은 말을 안 하리라는 걸 알고 있으니까 대답하지 않는 거다. 이 아이들은 단순무식한 청개구리가 아니다. 부모 행동을 훤히 내려다보고 있는 황제 청개구리다.

6-5. 부모들은, 자기 아이에게 반말로 지시하고, 야단치는 것이 당연한 권리요, 의무라고 생각하실 거다. 맞다, 단 보통 아이들에게만 그렇다. 자폐 아이들은 유난스러운 천재다. 천재는 어른 머리 위에서 논다. 그런데 어른 발밑으로 내려 보내면, 아예 자폐라는 땅굴로 향한다. 어린아이지만 대학생인 듯, 성인인 듯 대해 주시라.

Do's & Don'ts

6-6. 극우뇌 아이들이 후천적으로 자폐, 언어-지적장애, 강박장애, ADHD, 아토피, 분노조절장애 등에 잘 걸린다고 앞에 썼다. 후천적 요소, 즉 나쁜 성장환경에는 어떤 것들이 있을까? 우선 부모를 살펴보자. 우리나라는 아이들 양육의 많은 부분을 엄마가 차지한다. 극우뇌 아이를 키우는 데는 어떤 엄마가 좋고, 어떤 엄마가 나쁠까?

6-7. 좌뇌인은 준법정신이 강하고, 매우 규칙적이다. 논리적이어서 잘 따지고, 책임감이 대단히 강하다. 남에게 피해 주도록 행동하지 않고, 자신의 잘못을 인정하고 사과한다. 앞에 나서기를 싫어하고, 말수가 적다. 사회나 조직의 구성원으로 꼭 필요한 인물이다. 이러한 인물이 극우뇌 아이를 키우는 엄마로서는 어

떨까? 미안한 말이지만, 극우뇌 아이에게 좌뇌 엄마는 최악의 조합이다. '책머리에'에서 소개했듯이, 좌뇌 엄마란 굵은 쇠창살로 만든 새장 그 자체이며, 극우뇌 아이란 그 안에 갇혀 사는 독수리다.

6-8. 그럼 극우뇌 아이들, 또는 자폐 아이들을 키우려면, 똑같이 '자유로운 영혼'이라 불리는 극우뇌 엄마가 최선일까? 하아, 요건 참 묘하다. 최선 vs 최악의 경우가 5:5인 까닭이다. 이게 무슨 소릴까? 극우뇌 엄마 중에는 자신의 어린 시절 맺힌 한을 풀려고 하는 분이 있다.

내가 어릴 때, 매 맞는 걸 그토록 싫어했으니, 우리 애는 어릴 때부터 확 때려잡아야지, 내가 편식이 그리도 심했으니 우리 애는 아무거나 골고루 막 먹여야지, 내가 한글을 초2나 되어서 읽었으니 우리 애는 유치원 이전에 읽게 해야지, 내가 어릴 때 잠버릇이 그토록 나빴으니 우리 애는 얌전히 자게 만들어야지…. 이렇게 되면 이 엄마는 좌뇌 엄마보다 더 나쁘다.

반대로, 내가 어릴 때 툭하면 매를 드는 부모가 제일 밉더라, 우리 애는 말로 잘 타일러서 키워야지, 우리 애는 먹기 싫다는 건 안 먹어도 된다고 해야지, 내가 한글을 늦게 뗐으니 우리 아이도 늦겠지. 그깟 조금 빠르면 어떻고 늦으면 어때…. 극우뇌 엄마가 이처럼 긍정적 안목을 갖추게 되었다면, 이는 극우뇌 아이, 자폐 아이에게는 최상의 엄마다.

6-9. 과거, 교사가 학생을 마구 때려도 '무탈'하던 때가 있었다. 세월이 흘러, IMF가 터지고, 우리나라 대학입시가 논술풍에 휘말렸다. 이때 필자도 논술 지도강사로 징발되어서, 고3 방과후학교에 출강하게 되었는데, 주임교사가 오케스트라 지휘봉보다 훨씬 굵고 야구방망이보다 좀 가는 막대기 하나를 주는 것이었다. 말 안 듣는 학생들을 이것으로 때려 주란다. 허허.

학생들에게 '매'라는 도구가 필요한 선생은 누구일까? 강의를 재미없게 하거나, 학생 다루는 능력이 부족한 사람들이다. 필자는 그 몽둥이를 트렁크에 던져두었다. 그러함에도 뜻밖의 비명을 질러야 했다. 필자의 논술반이 인기 충천하여, 수강희망자가 한 달에 한 반(30명)씩이나 늘어났기 때문이다.

자신의 어린 자녀에게 명령하고, 막 대하는 부모는 어떤 사람일까? 아이가 워낙 말을 안 들어서 그렇다고? 왜 그 정도로 말을 안 듣게 되었는지 곰곰이 생각해 보시기 바란다. 소크라테스의 말을 반복한다. "너 자신을 알라."

극우뇌 아이는 무엇인가를 자기 마음대로 하려는 욕구가 강하다. 부모는 이걸 막으려는 욕구가 강하다. 힘에서 뒤지는 아이는 당연히 좌절하고, 결국 자폐의 길을 걷는다.

4th Week

Missions of the Week

7. 활동 영역은 외:내=8:2를 목표로
8. 머리, 발은 시원하게, 옷은 헐렁하게

7. 활동 영역은 외:내=8:2를 목표로

Further Explanation

7-1. 앞에서, 극우뇌 아이들은 독수리, 자폐 아이들은 철장에 갇힌 독수리라고 말했다. 왜 독수리에 비유했을까? 독수리와 성정(性情, Temper, Nature)이 가장 많이 닮았기 때문이다. 독수리는 누가 길을 만들어 주지 않는다. 그가 가는 길이 곧 길이다. 그만큼 자유롭다. 눈이 매섭고 행동이 민첩하다. 누구의 지배도 받지 않으려 하고, 오히려 저 아래 다른 짐승들의 움직임을 날카롭게 감시한다. 키가 아무리 큰 나무라도 그 꼭대기에 둥지를 튼다.

7-2. 극우뇌 아이들이 딱 이렇다. 독수리처럼 자유롭다. 가 보지 않은 길이 가고 싶고, 세상 만물을 내려다보고 싶다. 이런 아이들을 365일 좁은 철장 속에 가두어 기르면 어떻게 될까? 시들고, 병든다.

철장이란 두 가지다. 하나는 부모의 간섭, 지적질, 강압 등 정신적인 것. 또 다른 하나는 물리적인 것이다. 좁은 방, 훈훈한 침실, 천장 낮은 교실 등이다. 정신적인 철장을 없애 버리기에도 바쁜데, 웬 물리적인 얘기냐고 하실지도 모르겠다. 천장 높이까지 따져 가며 키우는 것은 너무 이상을 추구한다는 생각이 들 수 있다. 그러나 그건 보통아이들 키울 때 얘기다. 독수리 같은 극우뇌들에게는 답답한 공간이며, 이게 매우 심각하다.

7-3. 특히 겨울에, 극우뇌 아이를 종일 집 안에서 지내게 하는 경우가 많다. 필경 아이가 이유 없이 짜증을 낼 것이다. 실내 기온이 높고, 습도까지 높으면, 짜증 정도는 더 심해진다. 짜증이 반복되면 뇌 손상으로 이어진다.

승용차도 마찬가지다. 극우뇌 아이들에겐 땅굴처럼 좁고, 답답하기 그지없는 공간이다. 승용차를 타고 멀리 갈 일이 생기면, 최소한 30분 정도에 한 번씩 내려서(휴게소에 들러서) 대기와 하늘을 즐기게 해 주는 것이 좋다.

7-4. 자폐 아이들을 바닷가에 데리고 가면, 모래놀이 하느라 시간 가는 줄 모른다. 그게 사실은 시간 가는 줄을 모르는 게 아니라, 하늘과 바다 그 넓은 공간을 즐기고 있는 것이다. 자폐에 이미 빠진 아이라면, 일 년 중 한두 달쯤은 모래사장이 좋은 바닷가에 살거나 다니게 해 주시라. 아이가 달라지는 것이 눈에 보일 것이다.

7-5. 이 아이들은 밖에 나가서 활동하는 시간이 많을수록 좋다. 처음에는 잘 나가지 않으려 하겠지만, 성의껏 설득해서, 모시고 나가야 한다. 굳이 따져 보자면, 잠자는 시간 빼고, 나머지 활동하는 시간 중, 밖에서 8, 실내에 2 정도의 비율이면 좋다. 어릴 때 이렇게 길들여 주면, 초등 고학년만 되어도 자진해서 밖으로 나가려고 할 것이다. 그게 정상이다. 독수리이므로.

Do's & Don'ts

7-6. 초등 2학년 남자아이였는데, 바닷가 모래사장에 자주 데리고 가시라는 미션을 드렸다. 정말 그대로 실천했다. 아이 아빠가 아이를 데리고, 주중에 한 번씩, 충남 대천해수욕장 근처로 다니셨던 모양이다. 집에서 2.5시간 정도 거리라고 했다. 데리고 가면, 아무도 없는 모래사장이나 얕은 물에서, 아이 혼자, 5~6시간씩을 놀더라는 것이다. 해가 지고, 어둑어둑해져도 더 놀겠다고 해서, 달래서 데리고 오느라 애를 먹었다는 것.

7-7. 두 번 다녀오고, 세 번째 갈 날인데, 아이가 싫다고, 안 가겠다고 했다. 달래도 소용없었다. 아빠가 필자에게 전화했다. "뭔가 이유가 있을 겁니다." 몇 분

쯤 얘기를 나누다가 이유가 발견되었다. 아빠는 오가는 시간을 단축하기 위해 휴게소 한번 들리지 않고 냅다 달리기만 했다는 것이다. 그 좁은 승용차 안에서, 왕복 5시간 동안, 아이가 겪은 스트레스는 차라리 공포다. 그 뒤로 아이는 다시 바닷가를 다녔다. 아빠가, "휴게소의 하늘이 그렇게 귀한 가치인지 예전엔 미처 몰랐습니다." 하셨다.

7-8. 2019년에 상담 중이던, 초3 남학생 엄마는, 여름방학을 이용해 아이와 '제주도 한달살이'에 들어갔다. 친척도 합류했다. 미션을 충실히 실천하기 위해서였다. 필자도 적극 권했다. 그런데 다녀와서 분위기가 그리 흡족해 보이지 않았다. 부모 얘기만 들어서는 이유를 찾을 수가 없었다. 아이에게 이것저것 묻다 보니 결국 답이 나왔다.

7-9. 아이 말을 종합하면, 그들은 바닷가에서 하루 5~6시간씩 보낸 것이 아니었다. 관광을 주로 다녔다. 제주도에는 유난히 구경거리가 많다. 결국 처방 당사자인 아이는 별 재미를 못 보고, 일행만 따라다니다 온 셈이 되었다.
이 아이들은 자신들이 스스로 몸을 던져 놀아야 한다. 하고 싶은 것에 함몰되어 자신을 잊을 정도가 되어야 한다. 그러면 엉켜 있던 뇌신경들도 바로 잡히게 된다.

7-10. 우리 연구소 마포지점 연구원들이 회식 후, 노래방에 간 적이 있었다. 그중 두 명이 극우뇌인이었는데, 노래방 가기 싫다는 것을, 다른 연구원들이 사정사정해서 같이 갔다. 소문을 들은 필자가 뭐라고 설득했는지 물어보았다. "직접 노래는 안 불러도 되니까, 다른 사람들이 노래를 얼마나 웃기게 부르는지 구경만 하시라."라고 했다는 것이다. 자유를 보장하니까 동행을 결심했던 것 같다.

더 재미있는(?) 일은 노래방 안에서 일어났다. 이 극우뇌인 두 명이 번갈아 방을 들락날락하는 것이었다. 속이 나빠서 화장실에 가나 보다 했다. 그런데 다른 연구원이 화장실에 들렀는데, 두 사람 다 거기에 없으니까 이상했다. 혹시 집에 갔나? 부지런히 계단을 올라가 건물 밖으로 나가 보니, 거기에 두 연구원이 서서 얘기를 나누고 있더라는 것이다.

나중에 두 사람 설명을 듣고 모두가 놀랐다. 지하실 작은 방에 계속 있으면, 가슴이 답답해지면서 호흡이 힘

자폐에 빠지지 않은 극우뇌 아이들은, 아무리 땡볕이어도 모자를 쓰지 않는다. 안쓰러워서 모자를 권할 때마다 비슷한 답을 듣는다.
"모자는 갇힌 것 같아요. 이게 시원하고 좋아요."

들어진다는 것이다. 이런 현상이 소위 말하는 폐쇄공포증(Domatophobia, Stenophobia)이 아니었으면 좋겠다고 했다. 이런 사람이 잠수함이나 그 비슷한 환경에서 근무하지 못할 것은 당연하다.

자폐 아이들은 우리 보통 사람들과 다른 아이들이다. 승용차나 지하실 노래방은 보통 사람들에게는 독립되고 즐거운 공간이지만, 극우뇌인이나 자폐 아이들에게는 숨 막히는 공간이다. 그 다름을 인정해야 한다. 그들이 원하는 환경도 우리와 다름을 수용해야 한다.

8. 머리, 발은 시원하게, 옷은 헐렁하게

Further Explanation

8-1. 극우뇌(자폐) 아이들은 웬만해선 모자를 쓰지 않으려고 한다. 머리에 땀이 많아서 모자를 쓰면 머리가 뜨거워지기 때문이다. 또 다른 의미도 있다. 머리는 인체의 가장 높은 부분이다. 그 위에 물건이 올라앉는 것이 싫은 것이다. 조선시대 왕들이 살던 궁에는, 지붕에 용마루 기와를 얹지 않았다. 극우뇌인이 모자를 쓰기 싫어하는 것과 같은 의미라고 한다.

이 아이들은 다른 누가 자기 얼굴을 마구 만지는 것도 매우 싫어한다. 비슷한 의미다. 그래서 이 아이들은 미용실 데려가기가 어렵다. 웬만하면 부모님이 집에서 조심스레 다듬어 주는 게 바람직하다. 아이 겉머리 예쁘게 유지하는 것보다는 아이 속머리에 분노가 쌓이지 않게 해 주는 것이 더 중요하다.

8-2. 모자뿐이 아니다. 이 아이들은 양말도 신지 않으려고 한다. 발에 열이 많아 답답한 까닭이다. 그래서 겨울에도 양말을 자꾸 벗는다. 아예 신기지 않는 것이 좋다. 밤에 잘 때, 애써 이불을 덮어 주었더니 다 차 내고, 또 덮어 주었더니 두 발만 쏘옥 내놓고 자는 모습을 보았을 터이다. 그만큼 싫다는 얘기다. 양말을 억지로 신기지 않으셔야 한다.

8-3. 이 아이들은 온몸에 열이 많고, 그래서 땀도 많다. 핵심 사항! 땀을 많이 흘리는 이유는 분명하다. 체온조절에 필요하니까 흘리는 것이다. 부모는 그 땀이 잘 발산되게 해 주면 된다. 우선 피부의 숨구멍을 막지 않아야 한다. 옷의 재

질은 흡수-증발이 빠른 순면만을 고르시라. 특히 아이 몸에 직접 닿는 속옷들은 화학사(化學絲)가 전혀 섞이지 않은 것이라야 한다.

신발도 조심해야 한다. 요즘 아이들이 좋아하는 신발은 대개 알록달록하고, 번쩍번쩍하는 것들이 많은데, 그 소재들은 대개 고무, 폐타이어, 인조가죽 등이다. 이 아이들에게 대단히 좋지 않다. 천연섬유 재질로 통풍이 잘되는 것을 골라 주시기 바란다.

8-4. 이 아이들의 옷은 헐렁하고, 가벼워야 한다. 자폐 등등에 잘 걸리는 아이들은 누구나, 좀 큰 옷을 입으려 한다. 헐렁해서 편하고, 땀 증발도 잘되는 까닭이다. 헐렁하게 입으려는 것은 극우뇌 어른들도 마찬가지다.

게다가 이 아이들은 여러 벌 껴입기를 매우 싫어한다. 이 아이들에게는 이것이 정상이다. 그러나 엄마, 할머니들이 그냥 둘 리가 없다. 아이를 보온밥통에 가두어 놓듯 껴입힌다. 생각을 바꾸셔야 한다. 겨울에도 외투 안에 반팔 티셔츠 하나만 입은 청년들을 보셨을 터이다. 그들은 멋도 멋이지만, 열이 많아서, 답답해서 그러는 것이다.

8-5. 집집마다 밤에 잘 때, 에어컨을 켜놓고 자느냐, 선풍기만 켜 놓느냐, 선풍기도 1~2시간만 돌리다가 끄느냐, 창문을 열어 놓느냐 마느냐 등을 놓고, 다투지 않는 집이 없을 것이다. 특히 2024년의 그 끔찍한 여름에는 갈등이 더 심했을 터이다.

당연한 갈등이다. 사람이 서로 다르니까. 정답은, 극우뇌아이, 자폐아이가 자는 방은 밤새 에어컨을 틀어도 괜찮다는 것이다. 선풍기도 마찬가지다. 아이가 하자는 대로 해 주면 된다. 그래야 아이가 숙면하기 때문이다. 이 아이들은 실내 기온이 좀 높다 싶으면 숙면하지 못한다. 이 아이들 건강의 첫째 요소가 9~10시간 통잠을 자는 것이다.

Do's & Don'ts

8-6. 자폐 아이 부모 중에는 그야말로 별별 사람들이 다 있다. 초2 여학생을 데리고 오는 엄마였는데, 집이 대구였다. 서울의 우리 연구소까지 거의 4시간 거리라고 했다. 왕복 8시간을 소모하면서 오는 셈이다. 이 엄마는 정말 독특한 분이었다. 처음 3~4주 정도는 무난하게 넘어가는가 싶었는데, 그 이후로 우리가 드리는 모든 미션에 대해 태클을 걸었다. 허 내 참.

8-7. 왜 그 미션을 실천해야 되는지 필자가 열심히 설명해 주었다. 정성을 다했음에도 나중에는 이 엄마와의 대화가 상당히 뻑뻑해졌다. '소통'에 문제가 있다는 것이 바로 이런 경우로구나 하는 생각이 들게 했다.

"아이 삼촌이 그렇게 하면 큰일 난다고 미션대로 하지 말랍니다."
"그렇게 잘 아는 삼촌이 계신데, 왜 아이 자폐가 이렇게 심해졌어요?"
"삼촌이 나쁘다는 건 안 하는 게 맞지 않아요?"
"그럼 우리 연구소에 다닐 필요가 없을 텐데, 왜 오세요?"
"미션대로 하다가 아이가 나빠지면, 책임지실 거예요?"
"이보다 더 나빠질 수가 없어요. 미션대로만 하세요. 책임질게요."

8-8. 하루는 우리 연구원이 보니 이 아이가 몸을 자꾸 긁더란다. 연구원도 아이 키우는 엄마다. 촉이 발동했다. 아이 옷을 살살 벗겨 보았는데, 아무리 겨울이지만 속옷만 네 겹, 아이 몸뚱이는 울긋불긋 짓물러 터진 자국으로 빈틈이 없더란다. 아이를 속옷 하나만 남기고 다 벗긴 후 연구소를 마음껏 뛰어다니게 했더니, 그 행복한 얼굴에 연구원들 모두가 마음이 짜~안 하더란다. 이 삼촌이라는 분이 혹시 역술인인가? 의심스럽다. 자폐 아이를 보온밥통(!)에 넣어 키우도록 코치하다니. 두 분 먼저 큰 병원에 가셔야 될 것 같다.

> 아이 삼촌이 미션대로 하지 말랍니다.

8-9. 귀여운 경우도 있었다. 유치원에 다니는 남자아이였는데, 하루는 불쑥, 윗옷을 아무것도 입지 않고 유치원에 가겠다고 하더란다. 맨살로 나가겠다는 것. 한겨울은 아니었지만, 엄마가 어이가 없어서 우리 연구소에 전화했다. 결국 맨살로 유치원에 갔고, 선생님이 잘 설명해 주어서, 이 일은 하루 해프닝으로 끝났다. 아이가, 워낙 후덥지근한 집에서 살다 보니, 탈출구를 그렇게 찾았던 것 같다.

8-10. 자폐 아이를 키우는 집은 환기가 잘되고, 좀 서늘한 느낌이 드는 집이 좋다. 밤에 아이가 자는 방도, 거실과 통하는 문 정도는 열어 두어서 환기가 되도록 해 주시라. 우리 연구소에 오는 아이들 중에는, 회사 건물 통유리창에 붙어 서서 20분이건 30분이건 하염없이 창밖을 내려다보는 아이들이 많다. 높은 층에서 저 아래 '것'들을 내려다보는 것이 성정(temper)에 맞기 때문이겠지. 이 아이들은 지금 신선한 공기와 탁 트인 전망, 내려다보는 상쾌함을 동시에 즐기고 있는 것이다.

사람이 서로 다르므로

미션(Mission)이란?

미션이란, '신경정신과에서 아이들에게 처방해 주는 약의 대체물'이라고 말할 수 있겠다. 미션이란 자폐 등등의 아이를 키우는 부모가 '해야 할 일'을 적은 것이지만, 아이를 치료하는 효과를 보이기 때문에 이렇게 설명해도 별 무리가 없을 것 같다.

미션을 시작하기 전에, 꼭 기억해 둘 사항이 있다. "아이들은 서로 달라서, 키우는 방법도 각각 달라야 한다." 이렇게 얘기하면, 코웃음 치는 분들도 많을 것 같다. 각각 달라야 한다니, 그게 가능하기나 한가?
그럼 조금 더 구체적으로 얘기하자. "우리나라 국민 100명 중에 극우뇌인이 4명꼴이다. 최소한 이 4명의 양육방법은 저 96명의 양육방법과는 달라야 한다."

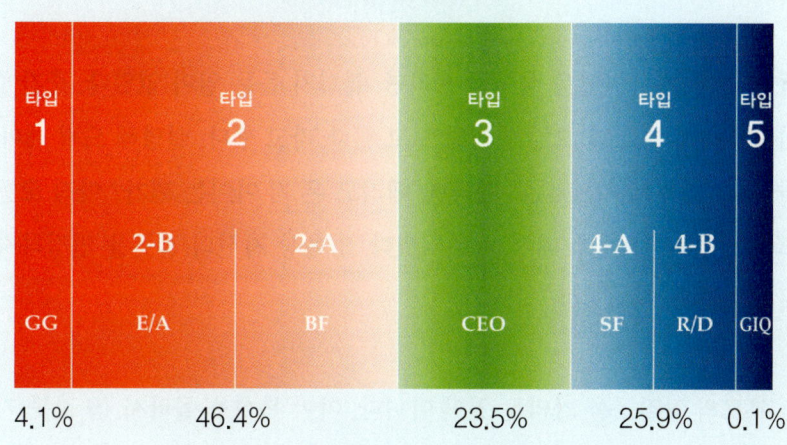

한국인 두뇌타입 구분

어? 4명? 96명? 그게 뭐지? 의문을 표하는 것이 당연하다. 아무도, 사람이 서로 다름에 관한 연구, 분포비율에 관한 연구, 양육방법 차이에 관한 연구를 한 적도 없고 가르친 적도 없었으니까. 아무튼, 여기가 학문적 논란을 펴자는 곳은 아니다. 단지, 극우뇌라고 분류되는 이 특별한 아이들, 자폐나 언어장애, 지적장애 등등에 잘 걸려드는 이 아이들에게 최적의 양육환경을 제공하자는 것. 그래서 이 아이들을 가시밭길에서 건져 내어 꽃길로 걷게 하자는 것, 더 나아가서는 이들이 가시밭길 근처에도 얼씬대지 않도록 예방하자는 것이 미션의 목표다.

이들 미션은 과거 약 10년간 자폐 등등의 아이들 수백 명을 고치면서 검증된 것들이다. 물론 미션이란 상담 기간이 길어질수록 개인별로 분화되고 심화되기 마련이지만, 여기에는 '일반화된 미션'을, 6개월분만 싣는다. 목표 대상 어린이가 10세 이하이기 때문에, 필자의 경험상, 이 정도면 충분하리라 본다. 미션을 120% 실천한다면, 기간 단축 등, 기대 이상의 효과도 거둘 것이다. 5개월 예정했던 강박증이 3개월 만에 완치되기도 했다. 미션을 더 충실하게 실천할 경우, 10세 이상의 청소년에게도 뜻밖의 선물이 기다릴 터이다.

또, '수백 명을 고치면서'라는 식으로 정확한 수치를 제시하지 않았다. 자폐 어린이 중에는 언어-지적장애, 강박장애, 지체장애, 분노조절장애, ADHD, ADD 등, 형제자매 격 장애를 동반한 아이들이 많다. 반대로 동반한 장애의 증상은 분명하나, 자폐는 이제 시작되려는 경우도 적지 않다. 자폐 어린이, 비자폐 어린이를 정확히 구별하기가 어렵게 된다. 자폐, 비자폐를 구분하는 것이 무의미할 경우도 많다. 필자가 고쳐 준 아이들 중, 자폐 어린이 수는, 넓게 잡으면 천 명이 넘을지도 모르겠다.

미션을 실천한다는 것이 무엇인가? 쉬운 말로 하면, 필자(연구소장)가 '시키는 대로' 하는 것이다. 하라는 대로 충실히 하는 것이 미션 실천이다. 그런데 이걸 못하는 부모가 있다. 100명 중에 한두 명은 꼭 있었다. 실천을 안 하고서는, 아이가 낫느니, 안 낫느니, 뒷담화를 하고 다닌다고 한다. 필자 앞에서는 불평하지 못하는 이유가 뻔하다. 미션 실천 안 한 것이 금방 들통나니까.

정말 신기한 엄마도 계셨다. 미션을 설명해 드리면, 끝까지 듣는 일이 없었다. 중간에 자르고 들어와서, '아, 자기도 아이가 어릴 때부터 그렇게 키워 오고 있다.'라고 했다. 설명해 드릴 때마다 이랬다. 필자도 의문이 솟았다. 정말 그렇게 키워 오고 있다면, 데리고 온 저 아이는 뭔가? 아직 고등학생 나이인 아들은, 말하기가 죄송스럽지만, 거의 '폐인' 수준이었다. 양육상 자신의 잘못을 인정하지 못하겠다는 뜻일까? 뭘까? 도저히 이해할 수 없었다.

미션 실천이란, 부모의 잘잘못을 가리는 일이 아니다. 아이 특성을 몰라서 좀 잘못 키운 건데 무엇을 따질까? 그저 마음을 비우고, 선물로 주신 천재의 천재성을 잘 살려 내겠다는 결심만 하시면 된다. 건투를 빈다.

5th Week

Missions of the Week

9. 스킨십이 운명을 가른다.
10. 배고픈 시간이 식사 시간이다.

9. 스킨십이 운명을 가른다.

Further Explanation

9-1. 미션을 실천하기 시작한 지 한 달이 지났다. 아이에게서 어떤 변화가 느껴지는가? 빠르면 3주차부터 이 변화가 보여야 한다. 바로 '기고만장'이다. 좋게 표현하면 아이 '기'가 사는 것이고, 나쁘게 표현하면, 아이 버르장머리가 더 나빠지는 것이다.

몇 년 동안 철장 속에 갇혀 살던 독수리를 철장 밖으로 내놓았다. 마당의 다른 닭, 오리, 강아지들과 자유롭게 지내라고. 독수리가 처음 며칠 동안은 멀뚱멀뚱 걸어 다니기만 한다. 그러다가 좀 지나면 날개도 좌악 펴 보고, 빠른 걸음도 걸어 보고, 퍼덕거려 보기도 한다. 같은 마당의 다른 가축들이 얼굴을 찌푸리거나, 소리 지르거나, 혹은 도망 다닐 것이다.

우리 아이들의 '기고만장'이 바로 이 상태다. 철장 밖으로 나와서, 이 자유가 진짜인가? 확인하는 과정이다. 미션을 계속 철저히 실천하신다면, 아이의 이 '기고만장'은 8~9주까지 계속되다가, 그 후로는 안정된다. 증상별로, 나이별로, 약간의 편차가 있기는 하지만.

아이가 '기가 살아나고 있구나.' 하는 모습이 보이지 않는다면, 부모님의 미션 실천 여부를 점검해 보시기 바란다. 분명 부족한 대목이 있을 것이다.

9-2. 오늘의 미션이다. 이 아이들에게 스킨십은 제2의 언어다. 말을 못하는 아이에게는 당연히 제1의 언어겠지만. 왜 '언어'라고 승격시킬까? 스킨십으로 의사소통이 잘되기 때문이다. 보통 아이들에 비해서 몇 배 더 구체적이다. 게다가 이 아이들은 스킨십에 의해 미묘한 감정까지 정확히 전달하고 전달받는다. 자폐 아이의 특징이 '언어 소통능력 부족'이라고 하는데, 사실 자폐 아이들은 스킨십을 통해 그 부족한 소통을 보완하고 있는 것이다. 그래서 스킨십이 더 중요해진다.

9-3. 이 아이들은 초등학교 1~2학년까지도 엄마와 같이 자려고 한다. 그냥 옆에서 자는 정도가 아니다. 팔이나 다리를 엄마 배나 가슴 위에 얹어 놓고 잔다. 잠이 깊이 든 후 슬그머니 내려놓아도 금세 다시 얹어 놓는다. 더 어릴 때는 아예 엄마 배 위에 엎드려 자기도 한다. 엄마 팔을 베고, 한 손으로 엄마 머리카락을 밤새 꽉 움켜쥐고 자는 아이도 있다. 낮 동안에 엄마와 떨어지지 않으려는 것은 말할 필요도 없다.
이런 아이들에게, 엄마 껌딱지라는 말은 사랑이 풍기는데, '분리불안장애'라는 진단은 어쩐지 살벌하다. 선천적으로 그렇게 태어났고, 스킨십만 충분히 해 주면 얼마 지나지 않아 다 없어질 습관들인데, 이걸 굳이 '장애'라는 낙인을 찍어야 하는 것인지!

9-4. 자폐 아이들에게 스킨십은 필수다. 아니 다다익선, 많을수록 좋다. 자폐가 다 사라진 이후더라도 스킨십이 충분해야 한다. 부모와 많은 스킨십을 가진 아이들일수록 성품이 훌륭한 어른으로 성장한다. 스킨십이 부족하면 자폐에서 빠져나오기 어렵다.

9-5. 좌뇌인은, 엄마건 아빠건, 스킨십을 싫어한다. 아이가 자꾸 '달라붙는다'고 생각하고, 그래서 '귀찮다'고 느끼게 된다. 특히 집안일을 해야 하는 엄마는 이런 껌딱지 같은 아이에게 방해를 많이 받는다. 그래서 적당히 떼어 놓고, 혼자 놀도록 유도하는 경우가 대부분인데, 정말 나쁘다. 몇 달간이라도, 다른 사람의 협조를 받으시기 바란다. 자폐 아이는 특히 엄마와의 충분한 스킨십을 원하고, 필요로 한다.

9-6. 직접 살을 대고 비비는 것만 스킨십이 아니다. 정신적인 스킨십이 더 중요하다. 엄마가 화장실 가서 문 닫지 않기, 주방에서 일할 때도 아이에게 수시로

말 걸기, 놀이터에서 아이가 재미있게 놀 때 아이 시야를 벗어나지 않기, (조금 과장되게) 애정 표현 자주 하기…. 이처럼, 아이가 '아, 엄마는 항상 내 곁에서 나를 사랑하고 있어.'라고 느끼게 해 주는 것이다. 이 아이들에게는 육체적, 정신적 스킨십이 병행되어야 효과적이다.

또 하나. 이 아이들에 대한 스킨십은 '능동적'이어야 한다. 아이의 요구에 마지 못해 끌려가는 식의 스킨십은 효과가 반감된다. 아이가 부모의 마음을 훤히 읽고 있는 까닭이다.

Do's & Don'ts

9-7. 미국에는 유난히 자폐 아이들이 많다. 3~17세 어린이 1만 명당 홍콩 372명, 한국 263명, 미국 222명의 어린이가 자폐라고, 세계통계는 밝히고 있다. 뒤에 나오지만, 홍콩이나 한국에 자폐가 많은 것은 그 이유가 파악된다. 미국은 왜 많을까? 책을 집필하면서, 여러 가지 자료를 찾다가, 드디어 미국에 자폐 어린이가 많은 이유도 알아내게 되었다. 키워드는 '스킨십'이다.

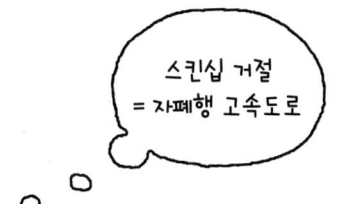

미국의 뼈대 있는 가정들은 아이가 생후 1~2개월만 되면 따로 재운다. 침대만 따로 쓰는 게 아니라, 방도 아예 다른 방에 재운다. 이런 육아방법이 보통 아이들에게는 효과적일지 모르겠으나, 극우뇌 아이들에게는 그야말로 최악의 환경이다. 바로 자폐로 직행한다.

게다가, 밤에 악몽에 시달리던 아이가 깨어서 큰 소리로 우는데, 아무도 보살펴 주지 않는다? 그냥 울다가 지쳐서 잔다? 이런 일이 반복된다? 필자가 장담컨대, 이런 아이는 바로 입을 닫는다. 그리고 빨라도 7~8세까지는 입을 열지 못한다. 자폐의 늪에 깊이 빠져 버린 것이다. 그 후에도, 계속 부모와 스킨십이 부족한 상태에서 자란다면, 영원히 마음과 입을 닫고 살지도 모른다.

9-8. 일본에 사는 유치원 여학생의 자폐는 독특했다. 말을 문장으로 하지 못했다. 한두 단어씩 말하는데 요구사항은 분명했다. 대문 앞 스쿨버스가 정차하는 지점에 꼭 마중 나와 있으라는 것, 거기서 자기를 업고 현관까지 걸어가라는 것(거리가 3~4미터 정도). 엄마는 전형적 좌뇌인이었는데, 이 정도는 얼마든지 해 주겠다는 것.

그런데 한 가지 어려운 점이 있었다. 주방에서 일하고 있는데, 거실에서 TV 보고 있던 아이가 갑자기 큰 소리로 '엄마~' 하고 부른다는 것. 자신도 모르게 심장이 덜컹 내려앉는다는 것. 큰일이 났나 하고 달려가 보면 소파 자기 옆자리에 앉으라고 손짓한다는 것. 이 아이들은 이처럼 간절하게 스킨십을 원한다.

9-9. 다섯 살 남자아이의 엄마는 항상 집안일이 밀려서 걱정이 태산이다. 밤에 아이를 재워 놓고 일하려고 하는데, 그것도 쉽지 않다. 아이가 깊이 잠들었나 보다 싶어 살그머니, 정말 살그머니 이부자리에서 빠져나온다. 그리고 유령 같은 발소리로 거실로 나가는 문을 살그머니 여는데, 갑자기 천둥이 친다. "엄마 어디가?"

9-10. 자폐에 걸리지 않은 극우뇌 아이들은 이렇지 않다. 대개는 밤에 재우면 금방 깊은 잠에 빠져든다. 그리고 '업어 가도 모른다.' 그러나 극우뇌 중에 자폐에 걸린 아이들은 앞의 두 아이처럼, 대단히 예민하다. '어떤 공포감'에 휩싸여 있기 때문이다. 부모님들은 이런 아이를 이해하시기 바란다. 그래야 긍정적인 환경을 만들어 주게 된다.

9-11. 마트 등, 가까운 거리를 가는데도, '다리 아파, 다리 아파.' 하는 아이들이 있다. 진짜 다리가 아프기도 하겠지만, 그보다는 업히고 싶은 것이 더 크다. 이때는 긍정적인 반응을 보이며 얼른 업어 주셔야 한다. '다 큰 애가 왜 그래~' 자폐 아이에게 이런 식의 반응은 금물이다. 스킨십이 고프다고 애원하는데, 부모가 인색하게 굴면, 아이는 누구에게 도움을 청하나?

자폐 전의 아이들과 후의 아이들은 장난감도 정반대다. 전의 아이들은 속도감 있고, 스킨십 많고, 짜릿하고, 온몸을 던지는, 그런 것을 좋아한다.

9-12. 더 좋은 방법도 있다. 유머를 구사하는 것이다. '어이구, 우리 장군님이 아까 심부름을 많이 해서 다리가 아프시구나! 그래 엄마한테 업혀! 엄마는 일을 안 해서 다리도 허리도 안 아파~' 물론 사실과는 정반대다. 아이도 그걸 안다. 그러나 아이 얼굴에는 흡족한 미소가 번진다. 자폐가 빠져나갈수록, 이런 무리한 요구도 점점 줄어든다.

재미있는 사실 하나. 부모님이 유머를 잘 구사하는 집에 자폐 아이가 자라고 있다는 말을 들어 본 적이 없다.

10. 배고픈 시간이 식사 시간이다.

Further Explanation

10-1. 이 아이들은 언행만 자유로운 게 아니다. 먹는 것도 자유롭다. 이 아이들에게 제일 괴로운 것은 하루 세끼, 정해진 시간에 정해진 양을 먹는 일이다. 이건 사회생활 하는 어른들에 맞춘 규칙이다. 이 아이들은 소화기관이 삼시 세끼를 받쳐 주지 못하기 때문에 그렇게 정해진 시간에 맞출 수 없다.

게다가 이 아이들은 씹는(咀嚼) 능력도 매우 떨어진다. 소근육이 약하기 때문이다. 그래서 이 아이들은 웬만한 음식은 우물우물하다가 그냥 꿀꺽 삼켜 버린다. 이걸 모르시는 어른들이 30번을 씹어라 어째라 무식한 코미디를 내뱉고 계신데, 이 아이들을 이해하지 못해서 일어나는 참사다.

10-2. '자폐 아이들 중에 소화기능이 떨어지는 아이들이 많이 발견되는데, 자폐와 상관관계가 있는지 아닌지는 아직 밝히지 못했다.'라는 논문을 많이 보았다. 필자가 급한 대로 여기에서 답해 주고 싶다. "상관관계가 크다. '규칙적이고, 아무거나 골고루'를 강조하는 생활환경이라면, 멀쩡한 극우뇌 아이도 자폐로 달려가게 된다."라고.

10-3. 이 아이들의 소화-흡수-배변을 원활하게 해 줄 방법은 무엇일까?

10-3-1. 소화에 부담이 적게 만들어 준다. 질기지 않아야 한다.
= 다진 쇠고기, 구수한 스프, 생선살, 연한 치킨, 부드러운 빵, 바나나, 귤….

10-3-2. 아무 때나 먹고 싶을(=배고플) 때, 조금씩 먹는다.
= 식사 시간을 따로 정해 놓지 않고, 배고프면 직접 냉장고에서 꺼내 먹게 한다.
= 따끈하게 데워서 먹게 할 필요가 없다. 차가운 게 좋다.

10-3-3. 과자류, 빵류 등의 간식은 아이에게 유익하다. 원하는 만큼 준다.
= 미션 10을 실천하노라면, 간식량이 점점 줄 것이다.

10-3-4. 엄마표 꼬마김밥을 썰어서 냉장고에 넣어 두고 수시로 찾아 먹게 한다.

= 당근, 우엉, 단무지 등을 넣지 않아야 한다. 해롭고, 이런 것을 넣은 김밥은 먹지도 않는다. 평소 아이가 좋아하는 음식만을 넣어서 만든다.

10-3-5. 잘 무렵에, 배고프다고, 라면 끓여 달라고 하면, 이건 청신호다.
= 소화기능이 회복 중이라는 의미다. 반 컵~한 컵 정도 끓여 주시라.

Do's & Don'ts

10-4. 필자는, 우리나라 아이 키우는 엄마들에게 정말 이해하지 못하는 대목이 있다. TV에 어느 권위자(?)가 나와서 견과류가 좋다. (화학 성분 이름을 나열하면서) 이런 것들이 머리를 좋게 하고, 어쩌고 하면, 엄마들은 득달같이 아이에게 견과류를 먹인다. 아이가 먹기 싫다고 해도 강제로 먹인다. 허 내 참. 설마 하니 '견과류가 좋다.'라는 권위자의 말이 우리나라 국민 모두에게 해당된다고 알아들었다는 말인가?

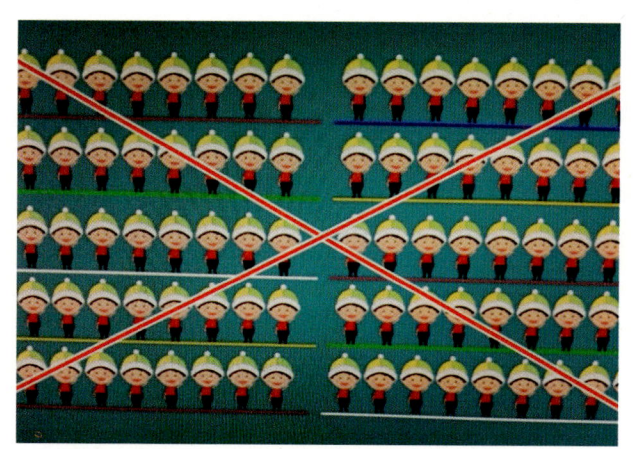

절대 아니다. 권위자의 저 주장은 우리 국민 약 1/3에게만 맞는 말이다. 나머지 1/3에게는 해롭고, 나머지 1/3에게는 이롭지도 해롭지도 않다. 거의 모든 음식이 이렇다고 보면 된다. 저 권위자는 당연히 시청자의 주목도를 높여서 자신의 권위를 더 세우고 싶다. 그래서 강조했는데, 자신의 무지를 더 무지한 사람들에게 강조하고, 출연료를 받아먹었다고 보면 된다. 곱게 늙자.

10-5. 자폐 아이들에게 유난히 해로운 음식들이 있다. 방금 얘기한 견과류 외에도, 꿀, 인삼, 뿌리를 먹는 채소, 팥과 콩, 육류 중에는 염소 등이다. 채소는 이 아이들이 워낙 먹지 않으려고 한다. 먹으면 속이 부글거려서 피하려는 것이다. 영양부족으로 어떤 문제가 생기는 것도 아니니까, 억지로 먹이지 않아야 한다. 밥도 흰쌀밥은 좋지 않다. 보리, 밀, 메밀, 조 등을 섞은 잡곡밥이 대안이다.

10-6. 자폐 아이들에게는 해산물 대부분이 유익하다. 갈치, 고등어, 멸치, 참치, 연어, 새우 등등이 유익하고, 조개류도 거의 다 좋다. 오징어, 낙지, 주꾸미 등 연체동물도 매우 좋다. 김은 특히 이 아이들의 최애 반찬이다. 김밥 아닌 다른 방법으로도 자주 먹게 해 주는 것이 좋다. 소고기, 치킨은 일반적으로 잘 먹으나, 삼계탕은 먹지 않을 것이다. 함께 끓인 인삼, 대추, 밤, 황기 등이 맞지 않기 때문

에 그렇다. 소고기도 가끔 예외적인 경우가 보인다. 싫어하는 것 같으면 바로 중단해야 한다.

10-7. 극우뇌 아이들이 입이 짧다고 한다. 자폐 아이들은 짧은 정도를 넘어서 '괴상하다.' 이유가 있다. 유익하다는 음식이어서 열심히 먹이는데, 고개를 가로젓는 경우가 적지 않다. 조리법 때문이다. 이건 엄마의 노력이 필요하다. 아이에게 유익한 식재료 선택은 필요조건이고, 아이 입이 반가워할 엄마표 조리법 개발은 충분조건이다.

굽느냐, 졸이느냐, 볶느냐, 비비느냐 등에 따라 아이들마다 잘 먹기도 하고, 외면하기도 한다. 엄마가 그걸 찾아야 한다. 양념 선택은 더 중요하다. 너무 맵거나, 이상한 맛을 내는 향신료는 피해야 한다. 양념 중에는 이 아이들에게 알레르기 반응을 일으키는 것이 적지 않다. 그렇다고 아이들에게 생체실험을 해 보기에는 위험하다. 부모 중에 필경 극우뇌인이 계실 터인데, 그 경험을 활용하면 좋다.

먹는 자유를 달라. 내 입으로 들어간다.

6학년 자폐 여학생을 데리고, 연구소 지하 식당가에 갔었다. 고등어조림이 유명한 집이어서 일부러 갔는데, 아이가 한 점 먹어 보더니 고개를 저었다. 극우뇌인 엄마가 시식 후 판정을 내렸다. "무를 넣고 졸여서 그래요." 엄마가 이 수준은 되어야 한다.

10-8. 노파심에서 한마디 덧붙인다. 어른들은 식당에 가거나, 메뉴를 고를 때, 자기가 좋아하는 것을 고른다. 그래야 식후에도 속이 편하고, 하루 후의 결과도 좋다. 물론 가끔 동행자들의 비위를 맞추기 위해 좋아하지 않는 것을 먹을 때도 있다. 그러나 이것은 인풋-아웃풋 양쪽에 문제가 생기게 된다.

자, 어른들이여 명심하자. 아이들 식사도 여러 어른과 똑같다. 특히 자폐에 이미 빠졌거나, 빠지기 쉬운 극우뇌 아이들은, 자기가 좋아하는 음식의 스펙트럼이 상당히 좁다. 이걸 모르는 어른들은 아이가 좋다는 음식을 잘 공급해 주지 않는다. 당연히, 아이가 잘 자라지 않는다. 이 아이들 체격이 '아담한' 이유가 바로 이것이다.

극우뇌 또는 자폐 아이들의 가장 큰 애로사항은 자기가 먹고 싶은 것을, 먹고 싶을 때 마음껏 먹을 수 없다는 사실이다. 부모가 결사적으로 막으니까. 당연히 성장불균형을 겪는다.

6th Week

Missions of the Week

11. 부부 싸움은 노래방에서
12. 자식 자랑이 팔불출?

11. 부부 싸움은 노래방에서

Further Explanation

11-1. 자녀들 앞에서 부부 싸움이 나쁘다는 것은 두말할 나위도 없다. 극우뇌처럼 특별한 아이들 앞이건, 아니면 보통 아이들 앞이건 절대 좋은 영향을 주지 않는다. 이에 대하여는 수많은 교육학자나 심리학자들이 강조한 터라 여기서는 생략한다.

11-2. 단, 부부 싸움을 보는 아이들은 무슨 생각을 할까? 이 점은 부모가 꼭 아셔야 한다. 당연히 뇌타입에 따라 서로 다르다. 이런 식이다. 극우뇌(자폐) 아이들이 정신적으로 가장 큰 타격을 입는다는 점을 확인하시기 바란다.

- 좌뇌 아이들: '아, 저 말은 엄마가 틀렸어. 왜 억지를 쓰지? 그리고 아빠 저 말은 옛날에 아빠가 했던 말과는 달라. 말을 바꾸고 있어.'
- 균형 아이들: '우리 엄마 저 성격을 어떻게 고쳐 주지? 아빠는 자기 생각을 분명히 말해야지, 저게 뭐야? 왜 아니면 아니라고 말을 못 해?'
- 우뇌 아이들: '엄마 아빠는 늘 저래. 저러다가 다시 히히호호 하겠지. 그동안

에 놀이터에나 가서 놀고 오자. 신난다.' (때로는 '싸움 좀 그만해!' 하고 쏘아붙이기도 한다.)
- 극우뇌 아이들: '나는 이제 어떡하냐? 도망갈 곳이 없을까? ××(부모 중의 어느 한쪽)는 정말 나빠. 죽이고 싶어. 나는 망했어.'

11-3. 극우뇌(자폐) 아이들의 유년기는 살얼음판을 걷는 기간이다. 태어나기를, 주위 누구든지 내 마음대로 좌지우지하려는 머리를 가지고 태어났다. 그런데 힘은 없다. 배가 고파서 뭔가를 먹으면 속이 부글거리거나 울렁거린다. 온몸에서 땀은 질질 나고, 여기저기가 가렵다. 대변은 일주일에 한두 번 염소 똥 같은 것이 고작이다. 이유도 없이 머리가 아프고, 이유도 없이 화가 자꾸 난다. 항상 옆구리가 허전해서 누구에라도 기대려고 하는데 마음대로 안 된다. 또래들하고 놀아도 이것들이 자꾸 엉뚱한 짓이나 한다. 주먹이 자꾸 나간다. 뭔가 재미있는 일이 좀 있으면 좋겠는데 호령 소리만 들린다. 아이 머리에 저절로 떠오르는 생각, '아, 나는 왜 이렇게 불행할까?'

> 아, 나는 불행해~~

11-4. 아이가 이렇다는 걸 알고도 그 앞에서 부부 싸움을 하시겠는가? 부부 싸움 맛이 나시겠는가? 이 아이들은 예민하다고 말씀드렸다. 극도로 예민하기 때문에, 엄마 아빠 얼굴 표정이 조금만 바뀌어도 그 뜻을 살핀다. 그리고 바로 알아차린다. 이런 아이 앞에서 기관총을 난사하거나, 박격포를 쏘아 대시겠다고? 극우뇌 아이라서 쉽게 자폐로 퇴행한다. 절대 싸우지 않으실 일이다.

11-5. 필자에게 온 자폐 아이들이나, 그 밖의 정신과적 장애를 동반한 아이들은 몇 가지 공통점을 가지고 있었다. 그중 가장 뚜렷한 것이, 어느 집이나 '아이 보는 데서 부부 싸움을 자주' 했다는 점이다. 부부 싸움이라면 평소와 달리, 약간 날선 말이 오가는 초기 단계일 수도 있고, 고래고래 고함을 지르고 물건을 집어 던지는 말기 단계일 수도 있다.

극우뇌 아이들은 예민해서, 부모 간에 저런 초기 단계의 가벼운 충돌만 시작되어도, 아이들은 불안 증세를 보이기 시작한다. 더구나 이게 2~3일이 멀다 하고 반복되면, 아이 머리에는 분노가 축적되고, 이것이 아이 뇌신경들을 엉키게 만든다. 어떤 장애의 길로 들어서는 것이다.

꼭 다투어야 할 일이 있다면, 뒷동산이나, 시내 어디 공원에서 냉커피 한 잔 들며 겨루시기 바란다. 그 정도로 될 일이 아니라면, 노래방을 권한다. 아예, 마이크 들고, 고래고래 소리를 지르시라. 상대의 무릎을 꿇게 만드시라. 단, 거기에서 끝내야 한다. 이건 무조건이다.

Do's & Donts

11-6. 부부 싸움이라면 제일 먼저 생각나는 부부가 있다. 아이를 데리고 올 때 부부가 꼭 같이 오셔야 한다고 일렀는데, 정말 오기는 함께 왔다. 두 분 다 30대 후반이었다. 그리고 70분간 필자 앞에서 계속 싸웠다. 일주일 후 내원 때에도 똑같았다. 이번에는 80분간 싸웠다. 말리지도 않았다. 필자는 그들이 왜 싸우는지 원인을 찾으려다 보니 말릴 틈이 없었다. 초1과 한 살 터울의 두 딸이 얼마나 나쁜 영향을 받았을지도 생각했다. 두 사람의 결론은 '이혼하자'였다. 두 사람 다 차분하게 말했다.

11-7. 다음 주에 왔을 때, 초1 딸아이가 필자에게 말했다. "소장님이 우리 아빠 해요." 그 순간 이후로 어린 두 딸아이들이 필자를 보고, "아빠, 아빠." 하며 안겼다. 자기 엄마나 다른 손님들이 보건 말건. 독자들께서는 이 딸아이들 머릿속이 무엇으로 채워지고 있는지 추측되시는가? 공포감이고, 고독감이고, 좌절감이고, 분노다. 큰딸은 극우뇌고, 작은딸은 강우뇌다.

11-8. 자신의 말과 행동이 '신께서 지시하신 것'이라고 생각하는 엄마가 있었다. 50대 중반인 것 같았는데, 정말 그토록 무례한 사람을 본 기억이 없다. 상담하기로 예약된 시간 겨우 20~30분 전에 전화해서 캔슬한다고 하질 않나(필자와 연구원은 이미 약속 장소로 이동해서 대기 중인데), 상담 중에, 필자에게 질문해서 대답하게 만들어 놓고는 딴짓을 하기도 한다.

어떤 날은, 마주 앉아서 화기애애하게 대담 중인데, 무슨 갈증이 그리도 난다는 것인지, 1분이 멀다 하고 텀블러 밑바닥을 보여 준다. 남편과 나란히 앉아 상담하는데, 남편에게는 전혀 말할 기회를 주지 않는다. 필자의 주의력을 자기에게만 집중해 달라는 의사가 뚜렷하다. 이 엄마가 극우뇌였다. 엄마 자신이 30대까지 자폐와 조울증 등으로 약을 여러 가지 먹었다고 했다.

11-9. 이 부부가 데리고 오는 아들이 20대 후반의 극우뇌였다. 필자가 본 자폐인 중에는 가장 증세가 심했고, 그 밖에 강박장애, 지적장애, 조울증, 경기(convulsion), 의사 소통장애 등 중증 정신과 질환의 백화점이었다. 게다가 고도비만까지. 연유를 물었더니, 엄마는 딴소리만 한다. 그 뒤, 아빠가 필자와 독대하던 날, 자세히 설명했다.

아이가 걷게 되었을 무렵부터, 엄마가 아이를 엄청 '잡았다'는 것이다. 걸음마를 시작할 때, 밥 먹으며 입을 벌릴 때, 기저귀 채워 줄 때, 안아 줄 때, 목욕시켜 줄 때…. 어떻게 어떻게 행동해야 된다고, 아이에게 줄기차게 요구했다는 것이다. 말귀를 잘 알아듣지도 못할 나이라서, 아이에게 지시-요구하는 것도 무리한 일인데, 비유하자면, 센티미터 단위로 정확하게 행동할 것을 요구했다는 것이다.

11-10. 아빠는 균형발달인이었다. 이 엄마 아빠는 아이가 태어난 지 얼마 지나지 않아서부터 부부 싸움이 잦았다. 아빠는 '애가 뭘 알겠냐, 그냥 자유롭게 키우자.'였고, 엄마는 '어릴 때 잡아야 쉽게 잡힌다. 크면 못 잡는다.'였다고 한다. 물론 아이 보는 데서도 치열하게 싸웠다. 아마도 엄마는 자신이 어린 시절, 부모 말을 듣지 않았던 것을 속죄하는 심정인 것 같았다고, 아빠는 이해하고 있었다. 아무튼, 아이는 3~4살부터 정신과병원에 들락거리기 시작했다. '아이를 잘 키우려다가 아이를 완전히 망가트린다'는 예가 이런 경우다. 참 서글프고, 억울한 가족사다.

12. 자식 자랑이 팔불출?

Further Explanation

12-1. 특별한 날을 맞이하여, 일가친척 가족들이 모였다. 혹시 이런 자리에서 아이에 대하여 가벼운 흉이라도 본 일이 있으신가? 아니 흉이 아니라 걱정이 된 나머지 어른들께 좋은 아이디어를 구하기라도 하셨는가? 조심하셔야 한다. 조심 정도가 아니라, 아예 하지 않으셔야 한다. 이 아이들은 청력이 엄청나게 발달했다. 옆방에서 하는 말 정도는 문이 닫혀 있어도 다 듣는다.

12-2. 이 아이들에게, 제3자 몇 명이 그의 흉을 본다면, 이는 여러 명이 이 아이에게 기관총으로 집중사격 하는 정도의 내상을 입히는 것과 같다. 이런 일은 이 아이들이 죽도록 싫어하는 일이다. 만약 그런 비난을 들었다면, 모든 수단과 방법을 동원하여 상대들을 척살하려 할 것이다. 물리적 힘이 없는 아이라서, 깜짝 놀랄 다른 방법을 동원할 수도 있다.

12-3. 어린이집이나 유치원에서는 이런 일이 흔하다. "자, 여러분 모두 자기

자리에 앉으세요~ ○○○이가 아직 안 앉았는데, 얼른 앉으세요~" 담임으로서는 여러 아이를 통제하기 위해 할 수 없이 해야 하는 말이다. 그러나 반응은 확연하게 다르다. 보통 아이들은 "네~" 하고 자리에 앉지만, 이름을 불린 극우뇌 아이 ○○○은 이렇게 생각한다. "왜 나만 미워해? 금방 앉을 건데. 우이쒸." 그 후로 ○○○의 머리에는 분노가 쌓이기 시작한다. 그 담임을 보기만 해도 분노가 치민다.

12-4. 담임선생님들도 자기 반에 극우뇌, 또는 극우뇌 같아 보이는 아이가 있다면, 남다른 신경을 쓰셔야 한다. 그것이 교육자의 기본자세다. 선생님이 무심코 던진 한마디로, 아이가 자폐의 길을 걸을 수도 있기 때문이다. 아이가 극우뇌인지 아닌지 여부는, 학년 초 면담 때 부모님께 잘 물어보시면 어느 정도 감을 잡게 된다. 물론 개중에는 자기 아이가 아무 문제가 없고, 착하고, 시키는 대로 잘한다고, 허세를 부리는 부모도 있기는 하지만, 그래도 성품을 다해, 아이에 관한 생활 정보를 최대한 수집해야 한다. 그것이 교육자의 의무를 충실히 이행하는 길이다.

> 나는 머리도 고프지만, 칭찬은 더 고파.

12-5. 반세기쯤 전까지만 해도, 자기 자랑, 아내 자랑, 자식 자랑, 그 밖에, 학벌, 가문, 재산, 형제, 친구 자랑하는 사람을 팔불출이라고 손가락질했다. 그것이 사회적 분위기였다. 유교적 사상의 잔재라고 해석하기도 한다. 요즘은 어떤가? 때와 장소에 따라, 심하게 자랑하기도 하고, 때로는 입 밖에 내지 않기도 한다. 더욱이나, 이런 사회적 규범을 누구에게나 동일하게 적용해서는 안 된다는 것이 사회적 분위기다. 필자도 이 의견에 적극 동감한다.

원래, 우뇌인 대부분은 칭찬에 상당히 목말라 있다. 공개된 장소에서, 칭찬을 대놓고 해 줄수록 기가 살고, 능력도 발휘되고, 비약적 발전도 한다는 뜻이다. 우뇌인 어른들이 이럴진대, 아이들은 훨씬 더하다. 특히 극우뇌 어린이라면 아무리 과하게 칭찬해도 과하지 않다. 부족하면, 자폐 문고리를 잡게 된다.

Do's & Don'ts

12-6. 초등 2학년 반에서 열 문제짜리 쪽지 시험을 쳤다. △△△이는 문제가 눈에 잘 들어오지도 않고, 본 적도 없는 문제였다. 대충 휘갈겨 쓰고, 1등으로 내고 나왔다. △△△에게 이런 1등은 정말 짜릿하다. 등 뒤로 담임의 목소리가 들렸다. '△△△는 열 문제 중에 딱 한 문제 맞고 다 틀렸네.' 담임은 필경, 아직 문제를 풀고 있는 아이들에게 '천천히, 열심히 풀라.'라는 메시지를 던진 것이었다.

그러나 △△△이는 달랐다. △△△ 같은 극우뇌나 강우뇌인은 '다른 사람이 나를 어떻게 보나?' 하는 것을 대단히 중요하게 여기는 사람이다. 그런데 '담임이 나의 그런 비밀을 애들 앞에서 마구 까발린다고?' 이건 용서하기 어려운 대목이다.

12-7. △△△는 그다음 날, 학교엘 가지 않겠다고 떼를 썼다. 부모가 순순히 동의해 줄 리가 없다. 부모의 설득(강압)에 못 이긴 척, △△△는 학교 간다며 집을 나섰다. 그리고 다른 아파트 놀이터에 가서 놀았다. 그다음 날 △△△는 왠지 아무 군소리 없이 등교했다. 그런데 놀라운 일이 일어났다. △△△가 작심하고 수업을 방해(?)하기 시작한 것이다. 이런 식이었다. 담임이 어떤 아이에게 질문하면, 그 사이에 번개같이 끼어든다.

"야! 선생이 너한테 질문하잖아!" 또는,

"야! 선생이 이름을 부르면 큰 소리로 대답해야지!!" 또는,

"얘들아, 국어책 몇 쪽을 펴랜다~"

아이 목소리가 작기나 한가? 선생님은 정말 난감하다. 하지 말라고 하기에는 명분이 뚜렷하지 않고, 그냥 내버려두기에는 원만한 수업이 어렵고.

12-8. △△△에게 위 행동은, 말하자면 담임에 대한 복수였다. 극우뇌들에게 자신을 능멸하거나 조롱한 사람에 대한 복수는 절대적이다. 안 하고 넘어가기가 힘들다. 만약 안 하고 넘어가는 것은 분노가 그대로 축적된다는 뜻인데, 이야말로 더 해롭다. 이 아이들은 분노를 그때그때 발산해야 한다. 분노가 축적되기를 반복하면, 이는 필경 정신과적 질환을 불러온다.

12-9. 칭찬하면 고래도 춤춘다고 한다. 그러나 사람은 다르다. 칭찬하면 무조건 좋아하는 사람도 있지만, 경멸하는 사람도 있다. 극우뇌 아이들은 사실과 다른 칭찬을 해 줘도 좋아한다. 해 주시기 바란다. 그러나 극우뇌 아닌, 균형인이나 좌뇌아이들에겐 너무 과장된 칭찬을 해 줄 필요까지는 없다. 사실만큼만 칭찬해 주면 된다.

극우뇌 아이들은 다르다. 유교적 분위기에 따라, 겸손이 미덕이라고, 극우뇌 아이들을 깎아내리는 듯한 발언은(실제로 그러하더라도) 절대로 하지 않아야 한다. 이 아이들의 부모가 그런 장소에서 자신을 그렇게 비하하면, 이걸 엄청난 모욕으로 받아들인다. 절벽에서 떨어지는 기분이라고 한다.

주위 시선에 너무 예민하면 이 아이들을 자폐로 만들기 십상이다. 천재란 두루두루 잘 못하되 특정 한 가지만 뛰어나게 잘하는 사람이다. 그래서 천재는 주위 시선에 영합하지 못한다.

7th Week

Missions of the Week

13. '약속 대련'이라는 정치 행위
14. 아이 잘못보다 어른 잘못을 사과한다.

13. '약속 대련'이라는 정치 행위

Further Explanation

13-1. 어린 시절에는 승부를 겨루는 일이 유난히 많다. 승용차 조수석에 서로 타겠다고 가위바위보로 정하기도 하고, 누가 빨리 먹나, 누가 저기까지 먼저 뛰어가나, 수업 끝나고 누가 가방을 먼저 싸나, 폰 게임에서 누가 점수를 많이 쌓나, 누가 급식을 1등으로 받나…. 에너지 많은 어린 시절이라, 아이들 대부분이 이런 '내기'를 좋아한다. 그중에도 극우뇌 아이들이 내기를 제일 좋아하고, 또 지는 것을 죽기보다 싫어한다.

13-2. 극우뇌 아이들은 특히 아빠와 무슨 내기를 자주 하게 된다. 집에서 술래잡기, 딱지치기, 조각 맞추기, 젠가 등. 이때 아빠가 순진하게, 실력대로, 그냥 이겨 버린다. 심한 경우, "네가 아빠를 어떻게 이겨~" 이렇게 약 올리는 말까지 한다. 그 아이는 당연히 울고불고, 아빠를 때리며, 난리가 날 것이다. 이런 현상을 보며, 아이가 버릇이 없다, 어릴 때 똑바로 가르쳐야 된다고 하면서, 아이를 혼낸다면 그는 부모 자격이 없다. 정치인보다 못한 쓰레기다.

그가 극우뇌, 자폐 등의 아이라면, 반드시 져 줘야 한다. 실수로 한 번은 이기더라도 아홉 번은 져야 한다. 정치권에서 흔히 쓰는 '약속 대련'이 바로 이것이다. 이 아이들에게는 부모도 정치력을 동원해야 한다.

13-3. 앞의 미션에서 고개 숙이는 인사, 허리 굽히는 인사가 나쁘다고 했다. 승부도 그와 같은 개념이다. 천재란 남에게 눈곱만큼도 지지 않겠다는 의욕이 충만해야 진짜 천재다. 남에게 굽신거려도 흥, 무릎을 꿇어도 흥, 져도 흥. 이러다가는 천재의 능력이 다 녹아 내리고 만다. 그것으로 끝나는 게 아니다. 분노가 축적되다 못해 장애로 발전(?)한다는 게 진짜 문제다.

13-4. 아이와 짐짓 치열하게 승부를 겨루다가, 딱 져 보시라. 아이가 얼마나 크게 환호작약하는지! 또 한두 번 연거푸 이기면, 아이 얼굴에 얼마나 무거운 분노가 비집고 나오는지!

이 점을 꼭 기억하셔야 한다. 이 아이들에게는, 져 주는 것이 버릇 나쁘게 하는 일이 절대 아니다. 이런 분노가 없이 자란 아이가 장애에 걸리지 않는다. 기뻐 날뛰는 일이 많을수록 나중에 타고난 재능을 십분 발휘하게 된다. 이미 어떤 장애에 걸린 아이라면, 그 장애에서 빨리 빠져나오게 된다. 보통 아이들 키우는 것과는 정말 다르다.

Do's & Don'ts

13-5. 막 초등학교에 입학한 L 양은 언어적-지적으로 1~2년쯤 늦은 상태였다. 또래들과는 소통이 거의 안 되었고, 집에서는 짜증이나 울음으로 자기 의사를 표현했다. 상동행동이 많았고, 호명 반응은 거의 없었다. 처음 왔을 때 보니 눈동자도 많이 흔들렸다. 이 아이가 문득 필자에게 폰을 들이대면서 눈을 반짝였다. 같이 게임하자는 의사 타진이었다. '피아노'라는 게임이었는데, 건반이 흘러 내려오면 검정색 건반을 터치하는 것이었다. 필자는 져 줄 마음으로 시작했는데, 하다 보니 져 주는 게 아니라 필자 실력이 아이보다 못해서 지고 있었다.

13-6. 필자가 '연기'를 시작했다. 한 판 지고 나면, 안타까워하거나, 분을 못 참는 표정을 짓거나, 불평하거나, 억울하니 다시 하자고 했다. 이때마다 아이가 얼마나 좋아했을지는 독자들 상상에 맡긴다. 이렇게 몇 번을 지다가, 필자가 드디어 홈런을 한 방 날리게 된다. 필자가 일어서서 껑충껑충 뛰며, 어깨를 풀고, 머리 흔들고(잘 돌아가라고), 손가락도 풀고 했던 것이다. 아이가 처음에는 싱글싱

글 웃다가, 드디어는 필자를 바라보며 깔깔거리고 웃기 시작했다. 정말 못 참겠다는 듯, 큰 목소리로, 한참 동안, 깔깔대고 웃는 것이었다. 이렇게 되면 대성공이다.

13-7. 그날 이후로 L 양은 엄마에게 매일같이 졸랐다고 한다. '거기' 가자고. 의사인 엄마가 시간을 그렇게 낼 형편이 아니다. 그렇긴 해도, 샌님 같은 아빠(좌뇌인)와 합세해서, 져 주기를 열심히 실천했다고 한다. 여름 방학이 끝나고 2학기가 되자, 아무도 그가 '지진아'였음을 인정하지 않았다는 것이 그 증거다. 자폐 등등의 아이들은 항상 이기고 싶어 한다. 부모는 이기게 해 주어야 한다.

13-8. 자신의 아이와 재미로 하는 내기에서 아득바득 지지 않겠다는 부모가 있을까? 있다. 아니 많다. 누굴까? 극우뇌 아빠나 극우뇌 엄마다. 극우뇌 아빠나 엄마는 다 그럴까? 그렇지는 않다. 이게 핵심이다. 성장기에 실컷 승리의 기쁨을 맛본 극우뇌는 어른이 되어 그토록(볼썽사납게) 이기려고 몸부림치지 않는다. 적당히 양보할 줄도 알고, 적당히 상대를 이기게 만들어 줄 줄도 안다.

13-9. 초1 극우뇌 아들 하나를 둔 부부는, 날을 잡아 우리나라 경치 좋은 곳들을 찾아다녔다. 필자의 처방에 따른 것이었다. 하루는 세 사람 다 시장기가 많이 돌았던지, 여행 가방을 뒤져 라면을 하나씩 먹기로 했다. 뜨거운 물을 부어 놓고 발코니에 나와 앉아 기다리는데, 마침 젓가락이 2인분밖에 없었던 모양이다. 아빠가 아들에게 말했다. "엄마 아빠가 빨리 먹을 테니까 너는 저기 정원에 가서 잠깐 구경하다가 와라."

아들이 의외로 쿨하게 일어나 나가더란다. 아빠가 그야말로 번갯불에 콩 튀기듯 휘딱 먹고, 아들을 불렀다. 아들이 와서 아무 말 없이 라면을 먹었다. 아이가 평소와는 좀 다르다 싶었는데, 번개가 번쩍 튀었다. 아들이 태권도 발 기술로 아빠의 가장 중요한 곳을 정통으로 가격한 것이다. 아빠는 캑 소리도 못 내고 그 자리에 풀썩 주저앉고 말았다.

학교 급식도 일등으로 받아야 한다고 뛰어가는 아이들이 극우뇌다. 그런데 가족 세 명 중 꼴찌로 배정했다는 것은 정말 큰 사건이다. 아마도 아빠는, 유교적 사고방식으로 부모가 먼저 먹는 것을 당연하게 생각하고 그런 사상을 생활화(?)시킨 것이겠지만, 자신의 아들이 극우뇌고, 몇 가지 정신과적 장애가 발현 중이라는 사실은 깜빡 잊었던 것 같다. 그 일이 있은 지 석 달 후, 이 아이는 완쾌했고, 걱정했던 부모는 원하던 동생을 갖게 되었다. 정통으로 공격당했지만, 생식 능력에는 이상이 없었던 모양이다.

14. 아이 잘못보다 어른 잘못을 사과한다.

Further Explanation

14-1. 어른들의 생각은 어찌 그리 똑같은지 참 신기하다. 선생님들이나, 부모나, 조부모 그리고 사회의 어른들이 아이들 양육에 관해선 어찌 그리 천편일률적일까? 누구에게 양육법을 배웠는지 새삼 궁금하다.

예를 들어 보자. 아이들이 투닥거리고 싸웠다. 자라는 아이들이니 그럴 수 있다. 그런데 싸운 얘기를 듣고 수습하는 어른들은 백이면 백이 모두 똑같다. '그랬구나, 싸운 건 둘 다 잘못한 거야. 양쪽 다 사과하고, 다음부턴 싸우지 않기로 약속해.'

14-2. 참 딱한 어른들이다. 싸움이란 어느 '한쪽'이 (잘못해서) 일으키는 거다. 이-팔 전쟁, 우크라-러시아 전쟁, 6.25 전쟁, 히틀러의 세계 대전, 미-일의 태평양 전쟁, 미국의 남북 전쟁 등 이런 전쟁들이 양쪽에서 똑같이 싸움을 시작했나? 싸움이란 양쪽이 동시에 걸 수가 없다.

아이들 싸움도 마찬가지다. 장난기 많은 녀석, 센 녀석, 도발적인 녀석들이 먼저 싸움을 걸기 마련이다. 이런 아이들에게 둘 다 잘못했다고 양비론(兩非論)을 내세우는 어른들은 참으로 비교육적이다. 잘잘못을 가려 줄 안목이 부족한가? 아니면 자기 몸보신인가? 아무튼 이런 비겁한 처리는 아이들 머리에 '옳고 그름의 기준'을 제대로 설정해 주지 못한다. 이런 교육을 받은 아이들이 사회에도 악영향을 미친다. 자기 죄 남에게 뒤집어씌우고 적반하장이 만연해지는 것이다.

14-3. 어쨌든, 두 아이가 싸웠다고 가정하자. 선생님이(또는 부모가) 싸움이 끝난 후에, 둘로부터 왜 싸웠는지 자초지종을 듣게 마련이다. 그다음이 중요하다. 정직하고 공정한 판사가 되셔야 한다.

- 그러니까, A가 이러이러한 말을 했더니 B가 욕을 했구나?
- B가 욕을 하니까 A가 더 센 욕을 했구나?
- A가 너무 심한 욕을 해서 B가 주먹으로 때렸구나?

등등, 팩트 확인 후에, 본인(각각)으로부터 ① 사실을 인정받으셔야 한다. ② 인정받으면 그게 얼마큼 나쁜 일인지(사회규범을) 정확히 알려 주시고(징역 2년짜린지, 3년짜린지 ㅎㅎ), ③ 다음에 또 그런 행동을 하지 않겠다고 '약속'을 받아 내시면 된다.

14-4. 중요한 점! 약속은 아이와 선생님 간에 하는 것이다. 했으면 된 거다. '서로에게' 사과시킬 이유가 없다. 한창 티 없이 자라는 아이들에게 '사과'란 뇌를 위축시키는 일이다. 분노를 쌓는 일이다. 어느 아이들에게나 마찬가지지만, 특히 극우뇌 자폐 등의 장애를 가진 아이들에게는, 사과란 독약이다.

또, 두 아이에게, 앞으로 싸우지 말자고 강제로 약속시킬 필요도 없다. 하루만 지나면 무효가 될 약속을 왜 시키나? 히틀러의 후예로 키우려는 것인가? 아이들에게 거짓말을 훈련시킬 이유가 없다.

14-5. 자, 이제부터는 그 어른들에 관한 얘기다. 아이들에게 사과시키기 좋아하는 어른들은 자기 잘못에 대해 사과를 잘할까? 예를 들어 보자.

유치원 딸 A 양은, 아빠가 퇴근해서 집에 와도 본체만체다. 요즘 말로 패싱이다. 아빠가 달려들어 예쁘다고 딸을 번쩍 안아 올리면, 아빠 목이나 어깻죽지를 때린다. 5살 아들 B 군은 친할아버지를 보기만 하면 툭툭 치고 지나간다. 한번 좀 안아 보자고 하면 도망가 버린다. 4살 C 군은 외할머니가 동네 놀이터에 데리고 나가려고 해도, 절대 같이 안 나간다. 엄마나 이모하고만 나가겠다고 한다. 이 아이들이 왜 이럴까? A, B, C는 물론 극우뇌 아이들이다.

14-6. 위 아이들의 아빠, 할아버지, 할머니는 공통점이 있다. 자기 딸이나 손자의 버릇을 고치기 위해서 '겁박'한 적이 몇 번씩 있었다는 점이다. '이노옴~' 했거나, 눈을 부릅떴거나, 회초리를 들었거나, 손바닥으로 아이 엉덩이를 때렸거나, 두 손 들게 했거나, 꿇어앉게 했거나, 벽을 보고 서 있게 했거나, 그 밖의 기묘한 방법으로 아이를 야단쳤다.

물론, 이런 훈육법이 이들 아이에게 '전혀 효과가 없다'는 것을 이 어른들은 알지 못했다. 당연히 아무런 악의도 없었다. 오로지 아이가 잘되기만을 바랐을 뿐이다. 그러나 너무나도 큰 문제를 만들고 말았다. 이 아이들은 이런 사건들을 '절대' 잊지 못한다는 점이다. 이대로 성장하다가는 '맺힌 한'으로 인하여 성격파탄자가 될 수도 있다는 점이다. 하아, 이 일을 어찌할꼬?

14-7. 그러나 걱정하지 마시라. 사람은 다 살게끔 창조되었다. 위 극우뇌, 자폐 등등의 아이들은 '한(恨)'이 맺히기도 잘하지만, 풀기도 잘 풀린다. 어떻게 풀어 주나? 간단하다. 아이에게 '진정으로, 성품을 다해 사과'하시면 된다.

"○○야, 전에 할아버지가 ○○를 효자손으로 때려 준 일 있지? 그거 정말 미안해. 네가 미워서 그런 게 아니고, 나중에 훌륭한 사람 되라고 그런 거야. 할아버지를 용서해 줄 수 있지? 앞으로는 아무도 ○○를 야단치지 못하도록 할아버지가 막아 줄게~"

대충 이런 내용을 포함하시면 된다. 한 번이 아니고, 기회가 있을 때마다, 표현 방법만 조금씩 바꾸어서, '고백'하시기 바란다. 아이와의 관계가 눈에 띄게 좋아질 것이다.

그보다 더 중요한 것이 있다. 이런 사과를 들으면서, 아이가 원만한 성품을 갖추어 간다는 점이다. 가슴에 크게 자리 잡았던 빙산이, 어른들의 사과 몇 마디에, 온천수가 되어 흘러내리는 것이다. 이 아이들은 보통 아이들과는 정말 다르다. 이 아이를 사과시킬 생각하지 마시고, 어른들이 이 아이에게 사과할 일을 연구하셔야 한다.

Do's & Don'ts

14-8. 15년쯤 전의 일이다. 서울 잠실의 박 이사는 세 식구다. 부인과 딸 하나. 박 이사는 국내 3대 재벌사의 하나라는 곳에서 이사까지 올라가 있었고, 부인은 모 대학 조교수였다. 경제적으로 전혀 부러울 것이 없었다. 그저 둘째를 보느냐 마느냐로 고민을 거듭하고 있었다. 취학할 나이가 된 딸이 좀 이상(?)했기 때문이다. 필자가 이 책에서 자주 거론하는 신경정신과적 증상을 열 가지도 넘게 가지고 있었을 뿐 아니라, 때마침 우리나라에 불어닥친 ADHD 광풍에도 딱 걸릴 형편이었던 것이다. 교수인 엄마가 오죽 치맛바람을 휘날렸을까? 전국의 이름난 병의원의 용하다는 신경정신과 의사는 다 만나 보았고, 그 밖의 치료센터들까지 안 가 본 곳이 없었다. 필자의 연구소는 그 당시 아직 설립되지 않았을 때다.

14-9. 그래도 어김없이 취학통지서는 날아왔고, 부부는 일단 아이를 입학시켰다. 처방을 한두 곳에서 받은 것이 아니어서, 몇 가지 치료를 동시에 계속했다. 약도 먹였다. 도통 효과가 보이지 않았다. 하는 수 없이, 초2 올라가야 하는 아이를 휴학시켰다. 보통 결심으로 될 일이 아니었다. 아빠가 직장에 6개월간 휴직하고, 아이를 돌봤다. 그러나 하늘도 무심하시지. 아이는 조금 좋아진 건지, 그대로인 건지, 자신이 없었다. 그리고 7~8년을 어떻게 지냈는지, 자세한 얘기를 듣지는 못했다.

아무튼 필자 앞에 나타난 여학생은 고2 나이의 고1, 고도비만, 중(重)증 자폐, 6~7세 수준의 언어능력, 지적장애, 강박장애…. 그야말로 꼽을 수 있는 것은 거의 다 가지고 있었다. 피부는 인도인처럼 검었고, 눈은 초점이 없었으며, 얼굴은 좌우대칭이 아니었다. 엄마 말에 의하면, 생리불순도 심하다고 했다.

14-10. 이 아이가 왜 이렇게 되었을까? 부모와 한 달 이상 숨바꼭질인지, 술래잡기인지를 거듭했다. 부모들은 자신들이 아이에게 어떤 몹쓸 일을 했는지 잘 모르게 마련이다. 물론 알아도 잘 얘기하지 않겠지만. 아무튼 어렴풋이 감을 잡기 시작했다. 엄마가 극우뇌인, 아빠는 균형발달인, 딸이 극우뇌인데, 짐작하건대, 2~3살부터 뇌 손상을 입지 않았나 생각되었다.

14-11. 미션에서 아이에게 '사과'할 것을 강조하고 또 강조했다. 필자가 보는 앞에서 해 보라고, 현장실습을 시키기도 했다. 이 과정에서 엄마도 아빠도 인정했다. 자기들이 아이에게 사과할 일이 이렇게 많으리라고는 상상도 하지 못했다고. 부모가 진정으로 참회하니, 다른 미션들도 120%, 아니 150% 실천하게 되었다.

14-12. '좌뇌보강'을 시작한 지 15~16주가 되었을 즈음, 엄마가 말했다. 아이 생리가 선홍색으로 돌아왔어요. 그러고 보니 이 여고생의 피부도 인도인에서 한국인으로 돌아오는 중이었다. 성품을 다해 아이에게 사과하는 것이 얼마나 큰 위력을 발휘하는지, 공감하게 되었기를 바란다.

8th Week

Missions of the Week

15. 한글 터득은 2학년 2학기에
16. 겨울에 벌어서 여름에 쓴다.

15. 한글 터득은 2학년 2학기에

Further Explanation

15-1. 천재는 한글 터득이 늦다. 물론 천재도 극우뇌 천재, 극좌뇌 천재가 전혀 다르지만, 여기서는 극우뇌를 말한다. 극좌뇌는 인구의 0.2%에 불과하므로 여기서는 다루지 않는다.

극우뇌 아이들은 평균적으로 초등 2학년 2학기가 되어야 한글을 읽는다. 숫자도 마찬가지다. 이런 아이를 천재라고 하니 부모도 믿고 싶지 않을 것이다. 천재란 모든 것을 잘해야 천재가 아니다. 한두 가지에서 엄청나게 뛰어난 사람이 천재다. 대표적 천재로 인정받는 아인슈타인이나 에디슨의 초등 저학년 시절 담임들을 보라. 이 아이들 성적통지표에 믿기 힘든 험담과 증오의 말을 써 보냈다고 하지 않는가?

15-2. 앞에서 우뇌는 주로 '이미지 정보'를 이해-저장하고, 좌뇌는 주로 '문자 정보'를 이해-저장한다고 알려 드렸다. 극우뇌란 우뇌가 극도로 발달한 아이들, 즉 좌뇌가 아주 미약하게 기능하는 아이들이니까, 한글-숫자 같은 문자정보를 이해하고 저장하는 능력이 뒤떨어지는 것은 당연하다. 사람은 자기 뇌를 거스르지 못한다.

15-3. 세계적으로, 난독증(Dyslexia)에 관해 발표된 논문이 무척 많다. 아마 수천 건도 넘을 것이다. 그들은 모두 난독증의 원인이나 증상, 형태 등, 여러 가지를 밝히기 위해 애썼다. 그러나 안타까운 점이 있다. 난독증 어린이가 극우뇌 또는 특정 그룹에 소속되는 어린이라는 것을 밝혀낸 논문은 아직 보지 못했다. 우리 연구소에는, 다른 난독증 전문검사기관에서 받은 결과지를 들고 오는 부모들이 많다. 그들 열 명 중 열 명이 극우뇌 아이들이다.

15-4. 따라서, 자폐나 그 밖의 극우뇌 아이들에게, 초1 이전에 한글이나 숫자를 가르치려고 애쓸 필요가 없다. 뒤집기나 겨우 하는 갓난아이에게 걸음마를 연습시키는 것과 같은 까닭이다. 아무리 해도 못 배운다. 다리뼈만 다친다. 아직 아이 머리에, 한글이나 숫자를 이해할 신경들이 생겨나지 않았는데, 억지로 가르치는 것은 정말 해롭다. 뇌 손상의 직접적인 원인이 된다. 욕심부리지 마시라. 아이가 1~2년쯤 늦게 한글을 터득했다고 해서, 그의 삶이 그렇게 뒤떨어지겠는가?

15-5. 진짜 중요한 질문을 하는 엄마가 있다. 한글이나 숫자를 이해할 신경이 머리에 생겨났다는 것을 어떻게 아느냐? 하하, 그거 충분히 알 수 있다. 한글이나 숫자를 경원하던 아이가, 어느 날부터 슬슬 달려들기 시작한다. 누가 시키지도 않았는데, 읽으려고 애쓰기도 하고, 써 보려고 꿈지럭거리기도 한다. 바로 이때가 그때다. 잘 관찰하다가, 칭찬을 넉넉하게 해 주시라. '문자 담당 신경'이 더 빠른 속도로 활성화될 것이다.

15-6. 놀랄 만한 사실이 하나 더 있다. 이 아이들이 '읽는 일'에 아무런 불편을 느끼지 않게 되었다. 그리고 2~3년이 지났다. 그러면 이 아이들 대부분이 '속독'의 주인공이 된다. 5~6학년부터 보이는 현상이다. 보통 아이들보다 40~50% 정도는 빠르게 읽는다. 마치 '문맹' 시절, 못 읽었던 것을 소급해서 다 읽어 내겠다는 기세로(시중의 속독학원들이 누구의 무엇을 어떻게 해 준다는 소린지, 참으로 궁금하다.).

Do's & Don'ts

15-7. 초등 2학년 남자아이가 옆자리 여자아이에게 펴 놓은 교과서를 가리키며 물었다.

"너, 여기서 여기까지 읽을 수 있어?"

"그러엄!"

"그래? 어디 그럼 읽어 봐!"

다 읽고 나니까, 회심의 미소를 짓는 그 남자아이는 극우뇌였고, 아직 한글을 깨우치지 못한 상태였다. 다만 청각은 뛰어나서 그렇게 한번 듣기만 해도 필요한 건 다 기억하는 실력자(!)였다. 난독증이 사라질 때까지, 이 아이들은 귀로 공부한다.

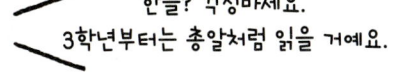

한글? 걱정마세요.
3학년부터는 총알처럼 읽을 거예요.

15-8. 초1 여학생 하나는 어느 날 자기도 현관문 도어록을 열 수 있다고 그리도 좋아했다. 그 뒤로 엄마 아빠가 확인해 보니 역시 잘 열었다. '아아, 이 아이가 한글보다는 숫자를 먼저 깨우치는구나.' 하며 안도했다. 두 달쯤 지나서인가, 비번을 바꿨고, 딸아이에게도 알려 줬다. 그런데 이 아이가 문을 못 여는 것이었다. 확인해 보니, 딸아이가 전에는 숫자를 깨우친 것이 아니라, 부모님이 누르는 그 위치를 기억했다가 연 것이었다. 그리고 부모가 새 비번으로 여는 광경을 아직 본 적이 없었던 것이다.

15-9. 필자의 아들이 세 살쯤 되었을 때다. 하루는 퇴근해서 집에 가니, 애 엄마, 이모가 난리였다. 천재가 출현했다는 것이다. 아이에게 동화책을 두세 번 읽어 줬을 뿐인데, 이제는 혼자서 동화책을 좔좔 읽는다는 것이다. 시켜 봤더니 사실이었다(이때 그 애비인 필자의 심경은 각자 짐작하시기 바란다.). 그 뒤로 필자가 좀 더 확인해 보았는데, 비밀이 밝혀졌다. 아이가 글자를 터득한 것이 아니고, 그림을 보면서 읽어 주니까, 그 그림에 붙은 얘기를 저절로 외우게 된 것이었다. '장님 문고리 잡기'라고나 할까? 내 아들은 극우뇌까지는 못 되는, 강우뇌였다.

15-10. 암튼 우뇌가 발달한 사람은, 청각이 뛰어나고, 이미지 기억력이 뛰어나서, 이 정도는 아주 쉽다. 이런 장점을 잘 키워 주면, 나중에 성공하는 삶을 이어 갈 수 있을 텐데, 우리 부모는 이와는 좀 다르다. '왜 다른 아이들은 다 깨우치는 한글, 숫자를 우리 애만 못 깨우치느냐?' 여기에만 초점을 맞춘다. 과외를 시키거나, 부모가 직접 들었다 놨다 족친다. 아이 망가트리는 방법도 참 가지가지다.

15-11. 초등 2학년 여학생도 극우뇌였다. 수학을 하도 못 따라가니까 과외를 붙여 줬다. 정사각형 칸이 빼곡하게 그려진 공책에 여선생이 1부터 1,000까지 숫자를 쓰라고 했다. 참 우악스러운 수학 지도법이다. 암튼 2학년 극우뇌가 그럭저럭 끝까지 썼다. 한 칸에 숫자 하나씩. 검사하던 선생은 눈이 똥그래지더니 날카롭게 말했다. 438 다음에 439를 안 쓰고 바로 440을 썼네? 안 돼! 440부터 다 지우고, 439부터 새로 써! 440부터 1,000까지 지우려면, 지우개가 한 박스는 필요할 것 같다. 붉으락푸르락 지워 나가던 초2 여학생이 몇 줄을 채 지우지 못하고 폭발했다. (들은 그대로 옮긴다.) 공책을 냅다 던지면서,

"야 이 ×발놈아, 이 짓 하고 과외비 받아 처먹을 거야? 꺼져 버려. 이런 수학은 나 혼자도 얼마든지 할 수 있어. 에이, 실력도 ×도 없는 ×같은 놈!"

15-12. 입학을 두세 달 앞둔 여학생 역시 한글을 하나도 읽지 못했다. 걱정을 태산같이 하는 엄마에게 일러 드렸다. 2학년 2학기가 되면, 저절로 읽게 되니까 그때까지 편안한 마음으로 기다리세요.

그리고 필자도 놀랐다. 엄마가 정말 편안한 마음으로 기다리는 것이었다. 1학년 담임이 특별지도를 받게 해 주는 것이 어떻겠냐고 의논해도 전혀 흔들리지 않았다. 그렇게 참선하는 마음으로 기다렸는데, 드디어 지난봄, 아이가 3학년에 올라가더니, 마치 중학교에서 미끄러져 내려온 아이처럼 한글을 좔좔 읽더라는 것이다.

엄마가 더 좋아하는 점이 있었다. 극우뇌 아이들은 대개 학교 다니는 것을 그리도 싫어한다. 그래서 많이 걱정했다는데, 자기 아이는 학교 다니는 것을 그리도 좋아한다는 것이다. 학교에서 스트레스를 받아 본 적이 없어서 그런 것 같다고, 우리 연구원 이상의 해설까지 들려주는 것이었다.

16. 겨울에 벌어서 여름에 쓴다.

Further Explanation

16-1. 사람마다 계절나기가 다르다. 여름 내내 컨디션이 좋고 지내기가 편하다는 사람은 좌뇌인이다. 몸이 찬 체질이어서 그렇다. 반대로 겨울이 좋다는 사람도 있다. 강우뇌인, 극우뇌인이다. 몸이 뜨거운 체질이어서 그렇다. 사계절 큰

차이를 못 느낀다는 사람은 균형발달인이거나 꽃우뇌, 꽃좌뇌들이다. 체질이 유난히 뜨겁지도, 차갑지도 않은 까닭이다.

16-2. 극우뇌(자폐) 아이들은 몸이 유난히 뜨겁다. 식히기 위해서 땀을 많이 흘린다. 마시는 물도 사시사철 '찬물'만 찾는다. 몸속도 뜨거운 까닭이다. 세숫물, 손발 씻는 물도 미지근하면 질색이다. 이걸 모르고, 무엇이든 따끈따끈하게 데워 주는 엄마는 참 애처롭다. 여름에 밤새 에어컨을 틀고 자겠다는 아이들도 이 아이다. 그게 몸 컨디션을 좋게 해 주는 까닭이다. 새벽에만 꺼 주면 된다.

16-3. '여름에 몸 식히기'를 제대로 하지 못하는 극우뇌 아이는 늘어진다. 아토피도 늘어나고, 밤에 자주, 열에 들뜬 소리를 낸다. 호흡곤란이 오기도 하고, 심하면 경기(驚氣)에 시달리기도 한다. 이런 극우뇌 아이를 태어난 후 2~3년간 꽁꽁 싸서, 따끈따끈하게, 후끈후끈하게 길렀다면, 그 아이는 자폐, 언어장애가 아니라, 더한 것도 걸린다. 아이들이 서로 다름을 인정하지 않고 양육하다가 받는 벌은 의외로 무겁다.

16-4. 반면에, 이런 극우뇌 아이를, 겨울에 밖에 내놓아 보라. 한마디로, '펄펄 난다.' 왜? 기분이 좋기 때문이다. 차가움이 온몸을 짜릿하게 감싸 오면, 머릿속도 수정처럼 투명하게 맑아진다. 이런 일이 겨울 내내 반복되게 해 주시기 바란다. 아이 몸에 건강한 에너지가 축적될 것이고, 아이 천재성은 더 강화될 것이고, 여러 가지 신경들이 엉키는 현상은 자취를 감출 것이다.

추운 날일수록 더 펄펄 나는 아이들이 있다.
몸에 쌓인 열기를 발산하기 위해서다.
그럴수록 부모는 아이를 실내에 가두려 하고, 옷을 겹겹이 껴입힌다. 귀동냥한 육아 상식이 아이를 망친다.

16-5. 이 아이들에게 제일 좋은 겨울 환경은 스키장이다. 속도감까지 즐기고, 운동신경도 훈련할 수 있어서 일석삼조다. 눈썰매장, 놀이공원도 좋다. 겨울이면 어디든, 방구석만 아니면 좋다. 엄마나 아빠 중에 극우뇌가 계시면, 아이와 동반하시라. 어른 건강도 좋아진다.

이 아이들은 겨울에 비축한 에너지가 넉넉해야, 여름나기가 쉬워진다.

Do's & Don'ts

16-6. 홍콩에 살고 있는 예비 초1 남자아이가 왔었다. 자폐가 심했는데, 3년 전부터 시작해서 조금씩 '더 나빠지고' 있다는 것이다. 홍콩? 대충 알고는 있었지만, 혹시나 해서 다시 찾아 보았다. 틀림없었다. 겨울 평균기온이 영상 15도, 여름은 습하고 무덥고 태풍도 많고, 연간 강수량이 2,200mm 정도라고 나온다. 이 정도면 자폐 아이에게는 최악의 기후조건이다. 겨울에 벌어서 여름에 쓴다고 했는데, 겨울은 없고 일 년 내내 고온다습한 여름이라니, 이야말로 최악 아닌가? 홍콩이 세계 제1의 자폐강국이라는 통계의 이유를 알 것 같았다.

16-7. 좌뇌보강 3주 차인데, 마침 청명하고 쌀쌀한 것이 전형적인 우리나라 겨울 날씨였다. 아이와 엄마를 모시고 영종도 바닷가를 찾았다. 바닷가 카페에 자리 잡았는데, 이 아이가 점퍼를 벗어 던지더니, 혼자 바닷가로 강아지처럼 달려 나갔다. 바닷물과 모래사장 사이에는 치운 눈을 쌓아 둔 눈 더미가 듬성듬성 보였다. 이 아이가 거기서 신발까지 벗어 던지더니, 맨발로 눈 더미 위를 저벅저벅 걸어 다니는 것이었다.

16-8. 아들의 이런 모습을 보고, 카페에 계속 앉아 있을 한국 엄마가 있을까? 비명을 지르며 뛰어나갔다. 그러나 그런 엄마를 보고 그냥 앉아 있을 필자도 아니다. 뛰어나가는 엄마 허리를 낚아챘다. "그냥 두세요, 저기 우리 연구원이 같이 놀잖아요!"

> 무더운 여름이 너무 힘들어요. 드라이어 열풍은 너무 잔인해요.

16-9. 초3 남학생은 자폐가 제법 진행된 (2급 수준) 극우뇌였고, 그 아빠는 균형발달인이었다. 좌뇌보강 두 달이 넘어갈 즈음이었는데, 조금씩 차도를 보였다. 아빠가 미션을 워낙 철저히 실천하는 분이었다. 이 아빠는 아이를 주말에 사우나에 꼭 데리고 갔다. 미션 중의 하나인데, 엄마는 할 수 없는 일이니까.

하루는 아빠가 너털웃음을 치며 필자에게 말했다. "저런 애 처음 봤어요. 사우나에서 두 시간 동안이나 냉탕에서만 놀더군요. 한 시간쯤 지나서 그만 가자고 했더니, 고집을 어찌나 부리던지…. 더 놀라운 것은요, 그렇게 입술이 새파랗게 되도록 놀고 나온 아이가 옷 입다가 아이스크림이 보이니까, 그거 사 달라네요. 앉은 자리에서 두 개나 먹더라고요. 허허. 저 아이 속에는 뭐가 들었을까요?"

16-10. 이런 아이들을 집 욕조에서 씻게 할 때, 우리 부모들은 대개 미지근한 물이나 따끈한 물을 준비한다. 아이들이 싫다고 해도 그렇게 밀어붙이는 경우가 대부분이다. 그렇게 하지 않길 바란다. 아이들이 싫다는 것은 뇌에 해롭다는 뜻이다.

더 끔찍한 일도 계속된다. 아이 머리를 말려 주는데, 드라이어 뜨거운 바람을 왱왱 돌린다. 아이는 질겁할 것이다. 냉풍으로 말리는 것보다 몇 초나 더 빨리 해치우겠다고 아이에게 이런 '해코지'를 하는 것인지(미션 8 참조)? 앞으로는 청각에도 해로운 드라이어 동원하지 마시고, 선풍기 미풍으로, 느긋하게 말려 주시라.

16-11. 자폐나 언어장애 등에서 벗어나기 위해 필자를 찾아오는 아이들 중에, 증세가 좀 심하다 싶은 아이들은, 필자가 직접 스키장이나 바닷가에 데리고 갔다. 형편이 되면, 가족들에게 추가로 2박, 3박을 권한다. 결과는 정말 흐뭇하다. 나중에 부모님이 꼭 인사한다. 다녀오고 나서 아이가 눈에 띄게 달라졌다고.

물론, 자폐나 언어장애 따위가 이 한두 가지 놀이로 치료되는 것은 아니다. 여러 요소가 힘을 합쳐야 한다. 그렇기는 해도, 푸르른 창공, 드넓은 바다, 싸늘한 기온 이런 것들이 이 아이들에게 최적의 환경임을 잊지 말자.

매의 눈을 가진 부모님만 보실 수 있는 변화도 있다. '궤도 이탈 본능'이 약화된다는 사실이다. 이 아이들은 원래 궤도 이탈 본능이 강하다. 줄에서 빠져나오려 한다든가, 단체사진 찍자고 자리를 다 잡았는데 슬그머니 없어진다든가, 한 번도 안 가 본 길로 들어선다든가, 차도 건너편의 신기한 물건을 보고 불쑥 건너간다든가, (자신에게 필요하지도 않은) 친구의 물건을 몰래 가져온다든가…. 미션을 실천해서 8~9주 정도에 아이의 이런 본능의 약화를 발견하신 부모라면, 정말 관찰력이 좋으신 분이다. 물론 미션을 120% 실천한 분이겠지만. 이런 본능의 변화를 발견 못 하신 부모님들은 좀 더 분발하시기 바란다.

사람이 서로 다르므로

미션 8주 체크포인트

미션을 시작한 지 두 달이다. 그동안 부모님들이 열심히 하셨겠지만, 확신이 서지 않을 수도 있다. 중간 점검해 보시기 바란다. 옆길로 빠졌을지도 모르니까. ^^

필자가 미션에서 추구하는 바가 무엇인지, 감을 잡으셨다면, 일단 기본 점수는 받은 거다. 목적하는 바는 이렇다.

첫째는 아이 머리에 축적된 분노를 발산시켜 주는 일이다. 또 새로운 분노를 축적하지 않게 해 주는 일이다. 아이 머리(뇌신경)에 분노가 쌓여 있다는 것은 아이 머리가 시뻘건 쇳덩이처럼 달구어져 있다는 말이기도 하다.

둘째는 분노 발산의 목적은 손상된 뇌를 회복시키자는 것이다. 손상된 신경의 회복은 어느 날 갑자기 이루어지는 것이 아니다. 쌓인 분노를 쏟아 버리는 동안, 아주 조금씩, 이 구석 저 구석에서, 유기적으로, 손상이 회복된다.

...

손상이 회복된다는 증거는 아이 말과, 행동, 몸에서 나타난다. 우선 부모님 눈에 가장 크게 보이는 변화는 아이 기가 살아난다는 점이다. 철장 속에 갇혀 있던 독수리를 마당에 풀어놓았더니 이곳저곳을 퍼덕거리고 다니는 모습과 똑 닮았다고 보시면 틀림없다. 뇌 손상이 심했던 아이들은 반드시 이 '기고만장'의 단계를 거쳐야 한다. 어떤 부모는 '아이가 버릇이 나빠지는 것 아니냐' 걱정하시는데, 그렇지 않다. 대개는 10주를 넘기지 않고, 기고만장이 안정되면서, 점차 예쁜 행동으로 바뀐다.

이 아이들이 기가 살아나면서, 부모님의 돌변한(!) 행동이 진심인지, 일시적인지 자꾸 확인하려 들 것이다. 여기에 부모님이 넘어가시면 안 된다. 아이가 어떻게 테스트를 하던, 꾸준히 미션을 실천하는 자세를 보여 주셔야 한다. 이해와 사랑이다.

또, 미션 시작 후 8주 정도면, 가벼운 틱들도 사라진다. 배변의 모양도 좋아진다. 일주일에 한두 번 검정콩 비슷한 것을 몇 개씩 떨구던 아이가 바나나 똥을 쑤욱 밀어 낸다. 씻기 싫어하던 아이들도 가끔이나마 씻기 시작할 것이고, 아이스크림, 콜라, 과자에 걸신들렸던 아이들도 그 양이 눈에 띄게 줄어든다. 성장도 빨라지기 시작한다. 대부분 아이들은 신발이 작다는 불평을 말한다. 키는 16주쯤 지나야 표가 나는데, 대개 5% 안에 들던 아이들이 30% 수준으로 솟아오른다.

8주면, 아이 산만함도 부쩍 줄고, 눈 맞추는 시간은 조금씩 늘어난다. 전에 심통을 많이 부렸던 아이였다면 이즈음에 심통이 상당 부분 줄어들었을 것이다. 툭하면 울고 화내고 종일 험상궂은 얼굴을 하고 있던 아이들도 두 달 쯤에는 얼굴에 미소가 조금씩 돌기 시작할 것이다. 공공장소에서 부리던 말썽도 그 수법이 좀 점잖아진다.

또, 부모 기분을 파악하려 애쓴다. 나쁜 의미의 눈치 보기와는 전혀 다르다. 부모 기분이 나빠 보이면, 자신의 행동을 조심하려는 것이어서, 대견하다. 날이 갈수록 이런 눈치 보기가 애교로 진화한다.

이즈음이면 부모님들로부터 흔히 나오는 질문이 있다. '등교(등원)는 언제부터 잘하게 돼요?' 아, 이런 질문을 입에 달고 사는 부모님들은 좀 문제가 있다. 아직 미션이 추구하는 바를 파악하지 못했기 때문이다. 극우뇌 아이들에게 학교(유치원, 어린이집)는 득(+)보다는 실(-)이 훨씬 많은 곳이다. 스스로 내켜서 가겠다고 하기 전까지는, 보내지 않아야 한다. 다니기는 다니는데 아이가 힘들어하거나, 자잘한 문제들이 생긴다면, 쉬게 해 주는 것이 좋다. 부모의 자유 시간 확보에 연연하다가, 아이 손상된 뇌를 회복시켜 주지 못한다면, 그 원망을 어떻게 감당하리요?

말을 전혀 못 하던 아이라면, 미션 두 달 만에 뚜렷한 언어적 진전을 보이기는 어렵다. 부모 말을 좀 알아듣나 보다 하는 정도면 성공이다. 서너 단어라도 말할 만큼 뇌가 회복되려면, 4~5개월은 공덕(!)을 쌓아야 한다.

개인별 차이가 너무 많아서, 더 자세히 규정하지는 못한다. 대신, 책 후반부에 성공 사례를 여럿 실어 놓았다. 성공 사례란 '미션을 충실히 실천한 사례'에 다름 아니다. 나이별로, 증상별로, 다양하게 소개했으니까, 가장 비슷한 사례를 모델로 삼으시라.

아이를 가시밭길에서 가뿐히 꽃길로 건져 내는 비결은, 부모가 미션을 대할 때, 청개구리 기질을 버리는 것이다. 자폐 등등에 관련된 증상들을 하나씩 약화시키거나 사라지게 하는 일이 쉬운 일이 아니다. 쉬워서도 안 되겠지만. ^^

사람이란 정말 오묘하기 그지없다. 겨우 두 달 동안, 아이를 이해하고, 존중하고, 아이 특성에 맞게 양육해 주었을 뿐인데, 아이가 이렇게 변한다. 뇌가 그동안 어떻게 손상되었고, 뇌신경들이 어떻게 회복되기에 이런 변화가 나타나는 것일까? 언젠가는 전문가들께서 밝혀 주실 줄 믿는다.

9th Week

Missions of the Week

17. 독수리는 창공을 날고 싶다.
18. 가성비 높은 시터(Sitter)

17. 독수리는 창공을 날고 싶다.

Further Explanation

17-1. 극우뇌 어린이는 독수리에 비유된다고 했다. 자폐 걸린 어린이는 오랫동안 철장 속에 갇힌 독수리다. 자폐보다는 좀 덜한, 언어-지적장애, 강박장애, 조울증, 경기, ADHD 어린이 역시 새장 속에 갇힌 독수리다. 정신과 육신이 함께, 강압당하지 않고 자유로워야 하는데, 심하게 구속당하여, 뇌가 손상을 입은 결과가 저렇게 나타나는 것이다.

17-2. 왜 독수리에 비유할까? 호랑이, 멧돼지, 고라니, 토끼 등은 자기가 늘 다니는 길이 있다고 한다. 사냥꾼들은 이걸 역이용해서, 그 길목에 올무나 덫을 놓는다. 독수리는 다르다. 독수리는 창공이 자기의 공간이다. 거기에는 길도 없고, 지붕도 없고, 신호등도 없고, 덫도 없다. 독수리는 이런 공간에서 활동해야 건강한 삶을 영위할 수 있고, 천명을 다할 수 있는 것이다. 이런 본성이 딱 극우뇌인과 같아서, 독수리가 극우뇌인의 상징이 된 것이다.

17-3. 극우뇌인은 독수리 같은 삶을 살아야 한다. 다니는 길을 만들어 주고,

그 길로만 다니라고 강제하지 않아야 한다. 법이나 규제나 약속 따위에 얽매이게 되면, 극우뇌인에게는 그것이 바로 철창이다. 극우뇌인의 가장 큰 자산이 샘솟는 아이디어, 뛰어난 창의력이다. 이것은 철창 속에서는 솟아나지 않는다. 갇혀 있는 환경으로 인해 분노만 생겨나고, 이 분노가 창의력을 꽁꽁 묶어 버리는 것이다.

창의력이 없는 극우뇌인은 무엇인가? 허, 그건 무뇌충(無腦虫), 그냥 이리 뛰고 저리 뛰는 럭비공에 불과하다. 자폐 어린이에게 창공을 지배하는 독수리 같은 삶을 보장하시라. 자폐도 사라지고, 창의력도 살아난다.

17-4. 같은 극우뇌인이어도 어른보다 어린이에게 이런 '구속'의 악영향이 훨씬 크다. 어린이가 전염병에 취약한 것과 비슷하다. 새로 돋아나는 싹이 냉해를 잘 입는 것과 같은 이치다. 따라서 극우뇌 어린이가 자폐나 언어장애 등에 얽혀 있을 경우는 두말할 나위도 없지만, 아직 거기까지 가지 않았을지라도, 한껏 자유롭게 키우시기 바란다. '이렇게 해라'가 아니라, '어떻게 해 줄까?' 또는 '그렇게 하고 싶어?' 이런 원칙으로 키우셔야 한다.

나중에 사회에 나가서는 어쩌냐? 남에게 피해나 끼치고, 밉보이는 인간이 되지 않겠냐? 좋은 질문이긴 한데, 부질없는 걱정이다. 자유롭게 자란 극우뇌는 오히려 사회성이 좋아져서, 기다릴 줄도, 참을 줄도 알게 된다. 반면에, 강압적인 교육을 받고 자란 극우뇌는 어른이 되어서도 아무 데서나 분노를 터뜨리고, 제멋대로 생활하는 등, '양아치'가 되고 만다.

17-5. 우리나라에 자폐 어린이가 많은 이유 중의 하나로 유교 사상을 꼽을 수 있다. 남들에게 피해 주지 말아라, 겸손해라, 튀지 말아라, 효도해라…. 이런 것들을 꼽다 보면, 하나같이 극우뇌 아이들 양육 원리와는 정반대되는 것들뿐이다. 바꾸어 말하면, 극우뇌 아이들을 유교 사상에 입각해서 키우면 뇌 손상만 입히게 된다는 뜻이다.

그러나 우리 부모들은 어느 누구로부터도 이런 양육 원리를 배운 적이 없다. 서로 다른 아이를, 서로 다른 방법으로 키워야 한다는 원칙도 잘 모른다.

그저 부모는 어깨너머로 배운 상식과, '나름의 성의'를 다해 키운다. 아이는 제대로 크기도 하지만, 날벼락처럼 자폐가 되기도 한다. 정말 억울한 일이다. 그러나 이때가 그때다. 늦지 않았다. 미국 부모들은, 절대로 자기 아이를 '다른 아이들처럼' 키우지 않는다. 이 책, 이 대목을 보는 순간부터, 세상 하나뿐인 내 아이를 '내 아이'로 키우시기 바란다.

책상, 식탁, 피아노, 서랍장 등에서 뛰어내리는 아이들을 보며 교육학자들이 생각했다. '아, 이 아이들이 새처럼 날고 싶구나.' 그래서 만들어 준 것이 트램펄린이다. 대박이었다.

17-6. 뇌 손상(Brain Damage)이란 무엇일까? 어느 친절한 의사는 '뇌신경이 엉킨 현상'이라고 설명했다. 뉴런 등을 생각해 보니 쉽게 이해된다. 17-1에 적은 저런 장애들은 뇌 손상에 따르는 장애다.

필자는 뇌 손상을 양육 측면에서 설명해 보겠다. 넓은 마당에 잔디가 고르게 잘 자라고 있다. 주인이 때때로 물도 주고, 잡초도 뽑아 주고, 비료도 주어서, 아이들 축구장으로 써도 좋을 만큼 잔디가 탐스럽게 자랐다. 하루는 주인이 깜짝 놀랐다. 잔디밭 한구석에 방석만 한 나무판자가 떡하니 자리 잡고 있는 것이었다. 이게 어디서 날아왔지? 치워 보니 그 방석 크기만큼 잔디가 누렇게 죽어 있었다. 주인은 그 쓰레기를 멀리 던져 버렸다. 놀랍게도, 누런 잔디는 열흘쯤 지나자 언제 그랬냐는 듯, 다시 파랗게 살아났다.

필자는 사람의 뇌 손상도 이와 비슷하다고 생각한다. 주인이 나무판자를 늦게 발견했다면, 잔디가 다시 살아나는 데 좀 더 긴 시간이 걸렸을 것이다. 더 늦으면 아예 잔디 일부가 죽어 버리기도 할 것이다.

어른들이 과음하면, 필름이 끊기거나 머리가 하얘진다고 한다. 일시적인 뇌 손상이다. 그러나 2~3일 잘 쉬면 머리가 전처럼 돌아간다. 회복된 것이다. 아이들은 더 조심해야 한다. 강압이나 구속 등, 정신적 악영향에 의해서도 뇌 손상을 쉽게 받는 까닭이다.

Do's & Don'ts

17-7. 통계에 의하면, 홍콩이 세계 7대 자폐강국 중 1위다. 3~17세 인구 1만 명당 372명(미션 16-6 참조)이라고 한다. 홍콩이 왜 자폐 어린이 세계 제1일까? 이유가 보인다. 일단 홍콩은 중국과 더불어 극우뇌인이 많다. 추산컨대, 인구의 20%가 넘지 않을까 생각된다. 이렇게 '자폐 인적 자원(資源)'이 풍성한 데다가, 기후조건이 자폐인에게는 최악이다. 당연히 치유되는 사람보다 신규 발생이 많을 수밖에 없으니, 세계 1등은 당연해 보인다.

17-8. 우리나라는 홍콩에 이어 세계 제2위다. 1만 명당 자폐 어린이 수가 263명이다. 대단히 많다. 이유가 무엇일까? 우선 우리나라는 '자폐 자원'이라는

극우뇌인이 인구의 4% 수준이다(2017년 본사 조사). 20% 이상으로 추산된다는 중국(홍콩)에 비하면 반의반도 안 된다. 게다가 기후조건은 어떤가? 사계절 뚜렷하고, 습도 낮고, 하늘 높고, 그야말로 잘만 활용하면 자폐인에게는 최상의 조건이다. 그런데 왜 2등씩이나 되어서, 시상대에 올라가게 되었을까?

17-9. 그동안 우리 연구소를 찾은 극우뇌 어린이가 수천 명이다. 물론 그 부모님들과 많은 대화를 나누었다. 그 부모님들의 공통된 '양육 방침'이 있었다. 무엇일까?

"아이를 평범하게 키우고 싶어요."
"공부 잘하지 않아도 좋으니까, 문제만 일으키지 않으면 좋겠어요."
"그 재능이란 게, 김연아처럼 성공한다면야 집이라도 팔겠지만…."

이런 말씀하시는 부모님들이 모두 극우뇌 아이들의 부모님이다. '어이쿠' 하는 점이 있으신가? 바로 그거다. 부모님 모두가 극우뇌 아이를 "철장 속에 가두어 길렀어요." 하는 말을 표현만 달리하고 있다는 점이다.

> 그건 겸손의 역주행입니다.

17-10. 극우뇌 아이를 이런 방침에 따라 키우면, 제대로 클 아이가 하나도 없다. 창공을 날아다녀야 할 아이를, 철장 속에 꼭꼭 가두어 놓는데, 어떻게 제대로 크나? 모두가 뇌 손상을 입어서, ADHD, 분노조절장애, 강박장애, 지적장애, 언어장애, 그리고 자폐라는 늪에 빠지고 만다. 우리나라가 교육열이 높다고 세계적으로 칭송이 자자한데, 부디 이런 '멍청한 양육 방침'은 해외로 새어 나가지 않아야겠다.

18. 가성비 높은 시터(Sitter)

Further Explanation

18-1. 아이들 중에는 돌만 지났어도 저 혼자 잘 노는 아이가 있다. 두세 살만 되면 혼자 장난감을 가지고 조용히 논다. 아이가 집에 있는지 없는지 모를 정도다. 대개 좌뇌 아이들인데, 열도 키우겠다는 게 이런 아이들이다. 그러나 네댓 살이 되었어도 혼자서는 단 10분도 놀지 못하는 아이가 있고, 한두 살밖에 안 된 아이인데, 혼자 두면 잠깐 사이에 사고를 치는 아이도 있다. 우뇌 아이들이다.

18-2. 자폐 아이들이 노는 모습은 대개 세 가지다. 하나는 혼자 두면 문자 그대로 스스로 문을 닫고(自閉), 다른 별나라로 가 버리는 아이가 있다. 열 명 중 두세 명이 이런 모습을 자주 보이는데, 이건 너무 위험하다. 누가 지키고 있다가 다른 별나라로 여행을 떠나지 않게 해 주어야 한다.

또 다른 하나는, 극도로 산만한 경우다. 이 경우도 당연히 보호자가 필요하다. 마지막 하나는, 이것저것 섞어 찌개의 경우다. 당연히 이 경우도 보호자가 필요하다.

이 아이들을 '장기입원환자'에 비유하는 것도 이 때문이다. 우리는 입원환자에게 예의나 질서 따위를 요구하지 않는다. 한 자락 접어 준다. 거기에서 그치지 않고 누군가가 그에게 매달려서 극진히 시중을 들어 준다. 쾌유를 비는 마음이다.

18-3. 그런데, 이런 '장기입원환자' 간병을 엄마 혼자서 도맡으라고? 이건 무리다. 특히 집 안보다는 옥외 활동을 많이 시키라고 하는데, 그러려면 엄마가 다른 일은 전혀 하지 못한다. 맞는 말이다. 모든 엄마가 형편이 비슷하다. 그래서 시터(Sitter)를 구해 주시라고 권해 드린다.

18-4. 첫째, 엄마가 아무리 전업주부여도, 아이에게만 24시간 매달려 있다면 가성비가 너무 떨어진다. 숨 돌릴 여유, 다른 더 중요한 일을 처리할 시간이 필요하다. 둘째, 아이는 변화를 절실히 필요로 하는데, 엄마 한 사람과만 생활하면 변화를 즐기기 어렵다. 셋째, 엄마는 아이와 세대 차이가 크다. 아이들은 나이 차이가 적게 날수록 잘 어울려 논다. 아이는 사랑이 넘치는 엄마도 필요하지만, 소통이 잘되는 언니, 누나도 필요하다.

18-5. 시터는 대학생이 제일 좋다. 휴학생도 좋고, 방학 중이라면 중고교생도 좋다. 중요한 것은 학생들 성격이다. 쉽게 말해서, 명랑, 활발, 유쾌한 학생, 즉 우뇌 성향이 강할수록 좋다. 아이가 하자는 대로 해 주고, 많이 웃겨 주라고 주문하면 된다. (성적 좋은) 모범생들은 이런 일 잘 못한다.

이 학생들이 혼자서 한 주에 여러 번 오지는 못할 거다. 학생 2~3명을 구해서 요일을 정해 주고 나오게 하면 효과적이다. 투입금액 대비 수십 배의 효과를 본다. 시터는 장기간 고용하지 않아도 된다. 대개 4~5개월이면 시터의 필요성이 현저히 줄어든다.

Do's & Donts

18-6. 시터의 제대로 된 단어는 A play-sitter for children이겠으나, 여기서는 그냥 시터(sitter)라고 사용한다. baby-sitter(애기 봐 주는 보모)가 가장 흔하게 쓰인다. sitter는 이 밖에도 '간병인'이라는 뜻으로도 쓰이고, plant-sitter는 장기간 집을 비울 때 화초관리인을 말한다. Granny-sitter는 노인을 돌보는 사람이다.

18-7. 필자가 시터 구해 주라는 미션을 드리면, 차일피일하는 부모들이 적지 않다. 가욋돈이 아까운 까닭일 것이다. 그러나 한 명이라도 써 본 사람은, 월~금 다섯 명을 (필자 몰래) 쓰는 경우도 여럿 있었다. 일단은 아이들이 워낙 좋아하는데, 마다할 부모가 없다. 아이들이 왜 그리 좋아할까? 주야장천 잔소리만 해 대던 엄마가, 변해 봤자 뻔하지, 하던 차에, 매우 호의적인 누나, 형, 언니를 만났고, 최고급 비서 역할을 해 주는데, 아이는 그야말로 신세계를 만난 거다.

18-8. 5살 K 군은 자폐도 심하거니와, 아직 말을 단 한마디도 해 본 적이 없는 아이였다. 게다가 엄마가 잘 따지고 꼼꼼하기 그지없는 좌뇌인이다. 아이 입장에서는 얼마나 갑갑했을까? 나오던 말도 들어갈 만했다. 이 엄마가 미션을 실천하던 중, 시터를 쓰게 되었다. 처음에는 이런저런 핑계를 댔지만, 필자의 강권으로 여대생을 구해서, 하루 3시간씩 주 이틀 아이와 놀아 주게 했다.
　그런데 놀라운 일이 일어났다. 아이가 시터와 놀던 중 "안 돼."라고 말하더라는 것이다. 사정을 아는 시터도 얼마나 놀라고 좋아했을까? 아마도 이 아이가 세상에 태어나서 처음 말해 본 유의미한 단어였을 터이니 말이다. '좌뇌보강' 17주차 시점이었다.

18-9. 그 이후로 K 군의 단어 실력은 꾸준히 늘었는데, 엄마와 놀 때 새로운 단어를 2개 말한다면, 시터와 놀다가 튀어나오는 새 단어는 5개쯤 된다는 사실이었다. 깍쟁이 엄마가 시터를 계속, 여러 명 쓰는 것이 이해되었다.
　6살 L 양은, 언니가 오는 날이면 엄마에게 신용카드를 받아 놓고, 자신의 계획표대로 언니와 함께 하루 종일 시내 투어를 다녔다. 교사인 엄마가, 자기 아이 '좌뇌보강'을 받으며, 필자에게 고백했다. "그동안 선생 노릇 엉터리로 했어요. 이런 아이를 어떻게 다루어야 하는지 전혀 몰랐거든요."

18-10. 교대 학생을 시터로 맞았던 엄마 얘기를 빼놓을 수가 없다. 교대라면 상위 5% 이내의 학생이나 합격할 때다. 학생에게 천방지축인 아이 특징을 설명해 주고, 비위를 잘 좀 맞춰 주라고 주문했단다. 거실에서 한 시간쯤 같이 지내더니, 교대 학생이 엄마를 찾더란다. "저, 그만 가겠습니다. 교육학적 관점에서 아이 이런 행동을 도저히 수용해 줄 수가 없네요." 모범생들은 시험문제 답은 귀신같이 찾아내지만, 세상 보는 눈은 폭이 상당히 좁다.

18-11. 동일한 시터 학생을 오래 오게 하려고 애쓸 필요는 없다. 자폐 등의 미션 기간 중에는, 아이에게 잘 놀아 주는 일도 중요하지만, 변화를 주는 일도 비슷하게 중요하다. 한 학생이 주 1회 기준, 2~3개월 정도 오는 것이 적당했다.

10th Week

Missions of the Week

19. 그림 읽어 주는 엄마 아빠
20. 넘치는 칭찬은 자폐를 춤추게 한다.

19. 그림 읽어 주는 엄마 아빠

Further Explanation

19-1. 사람으로 태어나서 처음 연필을 잡았다. 종이가 있다. 이 아이가 무엇을 할까? '그린다.' 선인지, 곡선인지 모를, 그 무엇인가를 그린다. 그 아이는 무엇을 보고 그렇게 그릴까? 이게 대단히 중요한 대목이다. 아이가 무엇을 보고 그릴까? 놀라운 대답이 기다리고 있다. '머릿속에 떠다니는 광경을 보고 그린다.' 마치 '작곡가가 머릿속에 흐르는 선율을 악보에 옮기는 것'과 같은 얘기다.

19-2. 아이들의 이런 그리기는 꽤 오래 지속된다. 말을 자유자재로 구사할 때가 되어야 이런 그리기가 조금 줄어든다. 그리기는 자기 생각의 표현이다. 사람들이 자신의 표현된 생각을 알아듣기를 원한다. 아이들이 세상 사물을 이것저것 본 후에는, 그림에 색깔을 사용하기 시작한다. 머릿속에 여러 가지 색채도 저장된 까닭이다.

19-3. 자폐 아이들은 자신의 머릿속에 저장된 것을 그림으로 그려 내길 좋아한다. 말하기는 힘들고, 하기도 싫어져서 입을 닫은 지 오래다. 그래도 생각나는

것은 표현하고 싶다. 동물적 본능이다. 자폐 아이들은 그림을 그리더라도, 보통 아이들과는 많이 다르다. 자폐 아이들은 기차 그리기를 좋아한다. 기차 칸이 열 개 스무 개, 막 늘어난다. 머릿속 창의력이 닫혀 버려서(17-3 참조) 새로운 것이 생각나지 않으니까, 같은 것만 반복해서 그리게 된다.

19-4. 자폐 아이들은 장난감을 가지고 놀 때도 마찬가지다. (엄마 못 보는 사이에) 냉장고에 든 캔들을 꺼내서 높이 쌓아 올린다. 방바닥에 4각형 블록들을 기차처럼 한 줄로 주욱 연결시킨다. '내가 좋은 창의력을 가지고 있는데, 지금은 생각이 안 나요.' 그런 의사 표현으로 보면 된다.

자폐가 아닌 극우뇌 아이들은 장난감 가지고 노는 모습이 다르다. 이 아이들은 여러 가지 장난감을 방 가득히 진열해(어질러) 놓는다. 배열한 모양이 다양하고, 거기에는 각각의 역할과 스토리가 있다. 아이가 그 장난감들에게 역할에 맞추어 이것저것 시킨다. 감독처럼, 연출하는 것이다. 이 아이는 창의력이 작동하므로 이것이 가능하다. 이 아이들은 한 줄로 줄 세우지 않는다.

19-5. 자폐 아이들에게 그림을 실컷 그리게 하고, 그것으로 끝나면, 그건 절반만 성공한 것이다. 100% 성공하려면, 아이가 그린 그림을 놓고 같이 얘기를 나누어야 한다. 이때 주의할 점. 엄마가, 이건 뭐 하는 거야? 저건 뭐 하는 그림이야? 이러면 안 된다.

"아, 이건 호랑이가 토끼를 잡았구나?"라든가, "아빠가 이렇게 무서운 사람이야?"라든가, 엄마가 아이 그림을 대변해 주어야 한다. 아이는 아직 자기 그림을 정확히 설명할 능력이 없다. 언어적 뒷받침이 안 되는 것이다. 그러나 부모가 알아보고(못 알아보았어도 좋다.) 대신 설명해 주면, 아이 머리에서는 환희의 노래가 흘러나올 것이다. 환희의 노래가 껍질을 깬다.

19-6. 19-1과 2에서 아이들 머릿속에 이미지가 떠다닌다고 했다. 많은 이미지가 저장되어 있다는 뜻이다. 이건 언제 저장되었을까? 대부분 후천적이다. 태어난 이후 듣고 본 것들이 저장된 것이다. 우뇌가 발달한 아이일수록, 더 많은, 더 좋은, 더 재미있는 이미지를 저장하기 위해 부단히 애쓴다. 아직 글자를 읽지 못할지언정.

이 아이들은 만화나 동화책을 즐겨 본다. 그중에 어떤 것은 20~30번 정도 반복해서 본다. 표지나 책장이 너덜거릴 정도로 보고 또 본다. 부모님이 걱정한다. '반복'해서 보니 자폐 증상인가? 그렇지 않다. 그림의 주인공만 보는 것이 아니고, 그 배경, 소품들의 모양, 색깔, 특징까지 모두 저장해 두기 위한 노력이다. 재미있는 것이므로. 앞으로 적극 활용하고 싶은 것들이므로. 여기에서 부모님이 우려하는 자폐 증상이란, 이토록 열심히 저장했는데, 출력이 안 되는 현상을 말한다. 문이 닫힌 까닭이다. 그러니 기차만 그리게 된다.

Do's & Don'ts

19-7. 초1 담임선생님이 아이들에게 엄마 얼굴을 그리라고 했더니, 어떤 아이가 육모방망이를 어깨에 멘 도깨비를 그렸더라는 얘기는 고전이 되었다. 필자도 '좌뇌보강'을 위해 내원하는 아이들에게 가끔 시켜 보곤 하는데, 학교를 지옥이라고 그리기도 하고, 선생님을 멧돼지로 표현하기도 한다.

19-8. 실제와 다르게 무엇으로 그리던 그게 문제는 아니다. 자폐 어린이를 잘 키우려면 그 그림을 놓고, 우리 어른이, 그 아이와 스토리를 나눌 수 있어야 한다. 우리 연구소에 오던 초1 남자아이는 일 년 내내 기차였다. 처음에는 종이에 그리기만 하더니, 나중에는 그 그림을 가위로 잘라 연결해서 20칸 30칸짜리 열차로 만들었다. 필자에게 자랑삼아 보여 줄 때마다 물었다.

"엄마는 어느 칸에 타고 계셔? 아빠는?"

"동생도 태워 줄 거야? 담임선생님은 어느 칸에 타셔?"

여기서 놀라운 일이 벌어졌다. 담임은 지붕에 태울 거란다. 왜? 바람에 날아가 버리게요. 날아가면 선생님이 돌아가시잖아. ○○이가 같이 날아가서 독수리처럼 꽉 잡아채 올 거야? 네, 그럴게요. 이런 스토리를 나눌 때 아이 눈동자가 어떻게 변하는지 잘 보시라. 이런 과정을 거치면서, 아이 머리의 닫혔던 문이 조금씩 열리기 시작한다.

19-9. 자폐 여부 진단기준에 보면, 소통능력 부족을 반드시 꼽는다. 말로 표현하는 능력에 관한 한은 이것이 맞는 기준이다. 몸짓으로 하는 의사 표현도 이 아이들이 부족한 것이 사실이다. 그러나 이 아이들은 그림으로는 의사 표현을 어느 정도 해낸다. 다만 어른들이 못 알아보는 경우가 많을 뿐이다. 자폐 아이들의 그림을 외계어 듣듯 하지 마시고, 어떻게든 이해하기 위해 애써야 한다.

소통 능력이 부족한 것이 사실은 어른(부모)일 수도 있다. 마치 자폐 아이가 부족한 것처럼 책임을 전가한다면, 그건 너무 염치없다.

19-10. 취학 한 달을 앞둔 B 양의 엄마는 딸이 몹시 못마땅했다. "아직 한글

도 못 읽는 주제에, 〈도라에몽〉(일본 만화 번역한 것)을 500편 이상 사 모았어요. 한두 번 이상씩은 다 보았는데요, 특히 자기가 좋아하는 거 30편 정도는 20번 이상 보았을 거예요. 대충 보는 것도 아니고, 아주 천천히, 자세하게, 음미하는 것 같아요. 쟤가 자폐라 그런 거죠?" 필자가 "이 아이는 천재 재목입니다."라고 했더니, 엄마 얼굴이 새하얗게 바뀌었다. 필자가 조롱하는 줄 알았던 모양이다.

좌뇌 아이들은 그림책을 볼 때, 대개는 글자만 읽고, 그림은 대충 넘어간다. 나중에 주인공 옷 색깔이 무엇이었는지도 모른다. 뇌에 그런 이미지 정보 저장공간이 아주 적기 때문이다. 대신 문자는 이 잡듯 꼭꼭 씹는다. 어디에 쉼표가 있었는지, 글자가 몇 줄이었는지도 다 기억한다. 문자 저장공간이 아주 방대하기 때문이다.

우뇌아이들은 그림을 꼭꼭 씹는다. 이걸 부모님이 이해하셔야 한다. 살기 위한 본능이다. 이왕이면 질이 높은 그림책을 구해 줘야 하는 이유가 바로 이것이다. 극우뇌 아이들의 이런 특별함을 이해하시고 대책을 세워 줄수록, 아이는 자폐와는 반대의 길로 가게 된다.

20. 넘치는 칭찬은 자폐를 춤추게 한다.

Further Explanation

20-1. 칭찬의 효능에 대해서는 모든 부모가 잘 아실 터이다. 칭찬은 고래를 춤추게 한다. 마찬가지로, '칭찬의 7대 원칙'을 잘 따르면, 자폐 아이들(=극우뇌 아이들)을 춤추게 만든다.

자폐 어린이 칭찬의 7대 원칙

❶ 응분의 칭찬을 못 받으면 → 체벌당했다고 생각한다. 급격하게 기분이 나빠지고 → 공격적으로 변한다.

❷ 응분의 칭찬만큼만 받으면 → 감질나고, 짜증난다. → 확실한 칭찬을 받아내기 위해 → 튀는 행동을 한다(=칭찬을 짜낸다.).

❸ 과장된 칭찬을 받으면 → 기분이 조금 좋다. → 얼굴에 미소가 보이고 → 때로는 몸을 움직여 기분 좋음을 나타내기도 한다.

❹ 남들이 듣는 데서 칭찬을 받으면 → 그날의 분노가 확 씻겨 내려간다. → 칭찬받은 행동을 반복하기도 하고 → 새로운 칭찬거리도 만든다.

❺ 실제로는 잘못했는데 잘하고 있다고 칭찬받으면 → 점차 잘못을 고친다. → 잘못을 지적받으면 못 고치거나 더 나빠진다. → 뇌 특성이다.

❻ 미래에 관해 칭찬받으면 → 축복으로 알아듣고 확신을 갖게 된다. → 주술과 같은 효력을 발휘한다. → 반복적으로 해 주어야 한다.

❼ 과도한 칭찬에도 → 춤만 출 뿐 → '절대' 버릇 나빠지는 일이 없다. → 충분한 칭찬은 → 자폐, 극우뇌 아이들에게 삶의 에너지를 제공한다.

20-2. 위의 ⑤번 항은 '역으로 칭찬하기'다. 예를 들면 이런 식이다. 아이가 컵을 쓰러트려서 물이 쏟아졌다. 그때 이렇게 말해 주는 거다. "그놈 컵이 바보 같은 놈이다. 왜 자빠지냐? 우리 ○○이는 물 안 쏟는 사람이잖아! 그치?" 또는 아이가 동생을 주먹으로 때렸다. 동생이 운다. 그럴 때, "××야 울지 마. 오빠 주먹이 혼자 ×× 어깨로 날아간 거야. 오빠가 ×× 때린 거 아니야. 오빠는 쩨쩨하게 동생이나 때리고, 그럴 사람 아니야. 오빠는 대장이야, 대장! 알지?" 이쯤하면 ○○이 얼굴에는 만족의 미소가 넓게 퍼져나간다. 이런 일이 반복되어야 자폐의 껍질이 깨진다.

20-3. 자폐 어린이, 그 밖의 언어-지적장애, 강박장애, ADHD 어린이들을 키울 때, 칭찬은 정말 중요하다. 사람은 누구나 살아가는 데 필요한 에너지가 지속적으로 충전되어야 한다. 충전할 양이 사람마다 다르겠지만, 특히 이런 종류의 장애에 빠진 아이들에게는 정말 많은 양의 에너지가 공급되어야 한다. 상식적이거나 전통적 칭찬으로 때워 버릴 생각은 꿈에도 하지 마시라.

20-4. 이 아이들에게 에너지를 활발히 공급하는 3대 에너지원이 있다. ① 넘치는 칭찬, ② 많이 웃기, ③ 말 많이 하는 것이다. ②, ③은 앞으로 오는 미션에서 설명한다.

Do's & Donts

20-5. 거실 한쪽에서 아빠와 아빠 친구가 술 한잔을 나누었다. 대화 중 아빠가 거실 저쪽에서 놀고 있는 큰아들을 칭찬했다. 초4인데, 똑똑하고 공부 잘하고, 신문도 보고, 어쩌고…. 함께 놀던 작은아들도 물론 들었다. 그리고 예기치 않던 일이 생겼다. 초1 작은아들이 야뇨를 시작한 것이었다. 지금까지 한 번도 실수한 적이 없던 아이다. 그의 자폐 역사는 칭찬 갈증에서 시작되었다.

20-6. 칭찬을 아끼는 부모들이 많다. 왜 아끼냐고 물으면 대답은 비슷하다. 아이가 너무 우쭐해지거나, 건방져지거나, 버릇이 나빠질까 염려되어 아낀다는 것이다. 이것도 일부만 맞는 말이다. 균형 아이들이나 좌뇌 아이들은 그렇게 될 우려가 있다. 그래서 이 아이들에게는 '딱 칭찬받을 만큼만' 해 주는 것이 중요하다. 60만큼 잘했으면 60만큼만, 90만큼 잘했으면 90만큼만 칭찬해 준다는 개념이다.

그러나 강우뇌, 극우뇌와 자폐, 언어장애 등을 가진 아이들은 전혀 다르다. 이 아이들은 '딱 그만큼만' 칭찬해 주기를 두세 번만 반복하면, 자기를 '조롱하는 것으로' 받아들인다. 어른, 아이 가릴 것 없이 같다. 사람은 정말정말 서로 다르다. 다시 한번 얘기한다. 이들에게 응분의 칭찬만 해 주면, '하기 싫은 칭찬을 억지로 해 준다.'라거나, '나를 별로 사랑하지 않는다.'라고 생각한다. 이런 차이점을 반영하지 않으면, 아이를 제대로 키우기 어렵다. 꼭 기억하시기 바란다.

20-7. '역으로 칭찬하기'는 누구나 자신들이 듣기는 좋아하면서, 막상 남에게 제대로 해 주지는 못하는 것 같다. 필자가 대학생이 된 지 반년쯤 지났을 때다. 큰집에 놀러 갔더니 할머니가 반겨 주셨다. 여러 얘기를 나누다가 이런 말씀을 하셨다.

"거 길에 다니면서 담배 뻑뻑 피는 아이들, 거 부모 없는 아이들 같더구나. 너는 담배도 안 피운다니까, 핼미가 용돈 많이 줄게."

나중에 큰어머니께 듣기로는 할머니께서 '필자가 이미 담배를 피는 줄로 잘못 알고 계셨다'는 거다. 할머니의 역칭찬, 그 고단수에 고개를 숙였다.

20-8. '역으로 칭찬하기'를 하나 더 소개한다. 최근에, 필자와 친구 셋이 지방 나들이를 다녀왔다. 넷이 필자 차에 타고, 필자가 운전했다. 한 시간쯤 달린 후 목적지에 내리는데 친구 셋이 입을 모아 "수고했다."라고 했다. 그중 한 친구가

이랬다. "앞에 앉아 오면서 보니까 운전이 프로급이야."

이건 사실과 전혀 달랐다. 내비를 켰는데도, 옆길로 들어갈 뻔해서 아슬아슬하게 제 길로 바꾼 적이 한 번 있었고, 과속방지턱을 평지처럼 달린 적도 한 번 있었다. 그런데 프로급? 필자는 알아들었다. 그렇게 말해 주는 친구가 고마웠다. 돌아오는 길에는 정말 대통령 전용차처럼 운전했다. 어른도 이런데, 아이들이야 일러 무삼하리오.

20-9. 과장된 칭찬에 대하여 근본적으로 다른 반응 네 가지를 소개한다. 우선 좌뇌인들은, 과장해서 칭찬해 주면 '나한테 뭐 부탁할 게 있구나?' 이렇게 생각한다. 아예 '엄마, 그러지 말고, 시킬 일이 뭐야, 그냥 말해~' 이렇게 치고 나오기도 한다. 균형발달 아이들은 과장해서 칭찬해 주면 버릇 나빠질 가능성이 있다. 위험군(群)이다. 균형발달 어른들은 좀 다르다. 과장된 칭찬을 들으면, 그 사람을 경멸하는 마음부터 생긴다. '이 사람이 날 어린애로 보는 거야? 그따위 말로 나를 좌지우지할 수 있다고 생각하나 보지?'

우뇌인들은 과장해서 칭찬해 주면, 엄청나게 좋아한다. 간도 쓸개도 다 빼 준다. 극우뇌 아이들은 그 이상이다. 춤춘다. 손상이 있다면 치유 효과를 보인다. 물론, 소소한 부작용들이 있을 수 있다. 그렇다고 칭찬을 충분히 하지 않는다는 것은 너무 편협하다. 구더기 무서워 장을 안 담그는 사람은 없다. 부작용을 줄이도록 연구하는 것이 올바른 자세다.

극우뇌인 스티븐 호킹은 박사과정 때, 루게릭병으로 시한부 인생을 선고받았다. 그러나 그는 연구를 계속하여, 블랙홀 이론 등, 현대 우주물리학의 선구자로 우뚝 섰다. 그 힘은 어디서 나왔을까? 다름 아닌 그녀의 '칭찬'이었다. 극우뇌인에게 칭찬은 가장 큰 사랑이요 에너지의 원천이다.

11th Week

Missions of the Week

21. 귀가 고픈 머리를 채워 준다.
22. 수영장은 일석삼조의 공간

21. 귀가 고픈 머리를 채워 준다.

Further Explanation

21-1. 자폐 아이들에게 가장 행복한 순간은 언제일까? 아직 잠은 안 오는데 엄마는 잘 시간이라고 한다. 침대에 올라갔다. 역시 잘 기분이 아니다. 뭔가 좀 재미난 일이 없을까? 신나게 웃고 싶은데. 그때 엄마 목소리가 들린다. 동화책 읽어 줄까?

"옛날 옛적에… 아빠 여우 한 마리가 살았어요…. 아빠 여우가 엄마 여우에게 말했어요. 여보, 옆집 여우네 부부가 아기 토끼 두 마리를 잡아 왔나 봐…."

우와~ 아기 토끼를 어떻게 잡았지? 토끼집을 찾았구나, 엄마 토끼가 없었나?

"엄마 여우가 말했어요. 여보, 그 아기 토끼가 너무 불쌍하다. 옆집 여우 부부는 심술쟁이 부부라서 아기 토끼를 삶아 먹을 거 같아. / 그럼 안 되지. 우리가 가서 몰래 훔쳐다가 엄마 토끼에게 도로 갖다줄까? / 그거 좋겠다. 그런데 그건 우리 둘이서는 못 하잖아? / 큰아들 여우에게 같이 가자고 하자. / 아, 큰아들은 아까 졸린다고 자기 침대로 갔어. / 그럼 둘째 아들 여우에게 같이 가자고 하자. / 아, 둘째 아들은 배탈이 나서 화장실에 자꾸 가야 해. / 그럼 셋째 아들을 데리고 갈까?"

엄마는 마치 성우처럼 동화를 읽는다. 등장인물이 바뀔 때마다 목소리도 바뀐다. '어쭈구리, 우리 엄마가 제법이네….' 그렇게 싱긋거리는 사이, 아이는 어느새 별나라 여행을 떠난다. 자폐 아이들은 웃다가 잠이 들 때, 제일 행복하다. 보통 어른들도 비슷하기는 하겠지만.

21-2. 아이들은 항상 '머리가 고프다.' 이런 현상을 '호기심이 많다.'라고 표현하는 어른도 있다. 과히 틀린 말은 아니다. 머리가 고프건, 호기심이 많건, 이 아이들이 고픈 머리를 채우기 위해 독서를 열심히 할까? 아니다. 이 대목이 어른들에게 가장 위험한 대목이다.

이런 엄마가 아이에게 최고의 환경이라는 것을 모르는 엄마는 없다. 그러나 이렇게 실천하는 엄마는 매우 드물다. 혹, 실천하는 엄마들도 훈계적, 도덕적 내용을 주입시키려 애쓴다.

21-3. 자폐 어린이들은 오감 중에 청력이 가장 발달했다. 아주 미세한 소리도 잘 듣고, 다양한 소리도 다 구별한다. 듣기만 잘하는 것이 아니다. '듣고 → 이해하고 → 저장한 후 → 숙성시켜서 내 것으로 만들고 → 새로운 것을 창출하는' 과정들을 모두 잘한다는 뜻이다. 물론, 자폐 증상이 무거워질수록, 이 다섯 과정도 점점 더 무거워지겠지만, 애당초 이 아이들은 청력의 국가대표였다.

21-4. 청력 다음으로 발달한 것이 시력, 그중에도 이미지를 이해, 저장하는 능력이 뛰어났다. 그림, 색깔, 형상, 공간 정보 등을 잘 이해하고 기억한다. 그러나 문자정보는 예외다. 이 역시 시각에 의한 것이기는 하지만, 이상하리만큼 이해, 저장하는 능력이 뒤떨어진다. 이 아이들 대부분에서 난독증, 또는 독서혐오증이 발견되고 있다. 초등 2학년이 끝나 갈 무렵에야 난독증이 슬그머니 사라진다.

21-5. 결론은 분명해졌다. 이 아이들은 항상 '머리가 고프다'는 점. 그러나 동영상 등을 통한 정보취득에는 능하지만, 문자를 통한 정보취득은 거의 불가능하다는 점. 그러나 청각은 대단히 발달해 있어서, 책 읽어 주기를 통한 정보취득은 그 효과가 동영상 직접 보기와 맞먹는다는 점. 모두 이해되셨을 줄 믿는다. 많이 읽어 주시라. 잠재우기 위해서만이 아니다. 낮 동안에도 몇 번을 읽어 주면 아이는 대환영일 것이다. 귀가 즐겁고, 고픈 머리가 채워지는 까닭이다. 거기에 더하

여 엄마의 성우 뺨치는 연기력이 더해진다면, 아이의 하루는 더 즐거워질 것이다. 자폐는 즐거워하는 아이 머리에 오래 머물지 못한다.

Do's & Don'ts

21-6. 1980년대로 기억한다. 우리나라에 독서 광풍이 불기 시작했다. '아이를 훌륭한 인물로 키우는 최고의 수단은 독서를 많이 시키는 것이다.'라는 생각이 부모들 뇌리에 깊이 자리 잡게 된 것이었다. 대부분 신문이 이 캠페인에 앞장섰고, TV, 라디오 등 전파매체에는 전문가(의사 등)가 등장하여 독서의 유익함을 강조했다. 좋다. 독서 광풍도 맞고, 전문가들 주장도 맞는데, 좀 이상한 대목이 보인다.

21-7. 아이들에게 독서를 계속 권장하면 그 아이들이 독서를 열심히 할까? 정색하고 물어보면, 구체적으로 대답하는 어른이 별로 없다. 선생님들 대답도 비슷하다.
"네, 좀 하는 것 같아요." / "독서가 좀 는 것 같아요."
"어떤 애들이 독서를 열심히 하죠?"
"아무래도 모범생 애들이죠. 나머지는 뛰어놀기 바쁘고요."

21-8. 선생님이 힌트의 끝자락을 잡으셨다. 모범생 애들이 독서를 열심히 한다. 바로 그거다. 정확히 말하자면, 균형발달 아이들(=타입 3)이나 좌뇌 아이들(=타입 4)이다. 이 아이들은 문자정보 취득 능력이, 빠르면 4~5세 때 완성된다. 그때부터 글자를 술술 읽고, 이해할 수 있다는 얘기다.

그러나 앞에서 얘기했듯이, 극우뇌 아이들(=타입 1)이나 강우뇌 아이들(타입 2-B)은 대개 7~8세까지는 난독증에 시달린다. 이런 아이들에게 독서를 권하다니? 그건 고문이다. 인권유린이다. 차라리 본문 글자가 큼직큼직한 그림책이나, 아니면 동영상을 던져 주시라. 그러나 정성이 그윽한 부모님이라면, 책을 읽어 주는 게 더 좋다. 고픈 머리에 지식뿐 아이라, 사랑도 채워 주게 되니까.

21-9. 초등 고학년 또는 중학생이 되면 어떨까? 물론 난독증은 사라졌다. 그러나 우뇌 학생들에게 글자 빽빽한 책을 읽으라는 것은 고역이다. 그래서 잘 읽지 않는다. 다 컸으니 누가 읽어 주는 사람도 없다. 그러나 이들 역시 '머리가 고

프다.' 그리고 이들은 자신의 고픈 머리를 채우는 방법을
안다.

시청각 교재, 동영상물 등을 열심히 보는 것이다. 이들에게는 이것이 독서보다 더 좋은 '고픈 머리' 채우기다. 제발 '동영상 중독'이니 어쩌니 허튼소리 하지 않기 바란다. 모범생이 책을 많이 읽는다고 '독서 중독'이라고 비난하겠는가? '고픈 머리' 채우는 방식이 다를 뿐이다.

21-10. 자녀에게 책 읽어 주기에서, 정말 웃픈 얘기가 있다. 부모는 자녀에게 어떤 종류의 책을 읽어 줄까? 물론 내용이 건전하고, 권선징악적인 것을 읽어 주려 한다. 당연한 것 같지만, 극우뇌 아이들, 자폐 등등의 아이들에게는 전혀 당연하지 않다. 틀림없이, '재미없어! 싫어! 그만해!' 등의 말로 타박당할 것이다. 건전하고, 권선징악적인 얘기가 이 아이들에게는 바로 잔소리요, 훈계요, 구속이기 때문이다.

이 아이들에게 읽어 주는 책은 상상력이 넘쳐서 기발하고, 비현실적이고, 미래지향적인 내용이어야 한다. 그렇지 않고는, 이 아이들의 '고픈 머리'가 채워지지 않는다.

22. 수영장은 일석삼조의 공간

Further Explanation

22-1. 자폐의 포로가 되어 버린 극우뇌 아이들은, 사상체질학에서 불(火)에 해당한다. 물론 체온계로 재어 본들 영점 몇 도로, 겨우 유의미한 수준의 차이를 보일지 말지다.

이보다 더 분명한 것은 '정신적 뜨거움'이다. 성질이 급하고, 작은 일에도 화(火)를 잘 내고, 자기 마음대로만 하려고 하고, 에너지가 많고, 땀을 많이 흘리고, 피부에 열꽃이 잘 피는 현상 등이, 이 아이들의 체질이 불(火)임을 증명한다.

22-2. 불, 그대로 살면 안 되나? 허허, 생긴 그대로 살겠다고? 평생 그렇게 살아온 사람도 우리 주위에 워낙 많기는 하지만, 나이가 들수록 회한이 커질 것이

다. 불의 체질, 그대로 살면, 일단 스스로 못 견딘다. 머리가 벌겋게 달아오른 쇳덩이여서, 다혈질이다 못해 벼락질이 되어 버리는데, 그 상태로 평생을 어떻게 견디겠나?

둘째로는 질병에 너무 취약하다. 어릴 때는 앞에서 말한 각종 신경정신과적 장애에 시달린다. 청년기에는 사회에 적응을 못 한다. 장년기가 되면, 사회적응력이 좀 생기나 싶은데, 어느새 지뢰와 폭탄으로 전투력을 상실한 고철 탱크로 변해 있음을 발견하게 된다. 굳이 이렇게 살 이유가 없다.

22-3. 세상은 살기 마련이다. 시뻘겋게 달구어진 내 머리를 식혀 주는 것이 있다. 물(水)이다. 자폐 아이들, 그리고 자폐에 노출된 극우뇌 아이들에게, 물의 키워드는 '찬물'과 '자주'이다. 이 아이들이 마시는 물은 항상 이가 시릴 정도의 찬물이어야 한다. 사계절 내내 변함없다. 미지근한 물을 주면, 즉시 얼굴을 찡그리며 외면하거나, 아예 던져 버린다. 뜨거운 소화기관과 달구어진 머리에 미지근한 물이란 휘발류나 비슷하다.

22-4. 이 아이들에게는 생활용수도 항상 찬물이어야 한다. 세수하고 손발 씻는 물, 집에서 첨벙거리고 노는 욕조 물까지. 그래서 이 아이들에게는 옥외 수영장이 최고의 놀이터다. 찬물에 온몸을 담그고 노는 데다가, 창공이 눈앞에 펼쳐져 있으니, 시뻘건 쇳덩이를 식혀 주기에는 안성맞춤이다. 크게 어렵지 않다면, 자폐 아이를 수영장에 매일 데려다주시기를 권한다. 한번 가면 2~3시간은 놀겠다고 할 것이다. 그 이상도 좋다. 바닷물이 좋다는 것은 앞에서 설명했다.

22-5. 극우뇌 아이들은 원래 폐 기능이 발달했고, 성대도 좋다. 따라서 목소리도 굵고 묵직하다. 이들 중에서 나중에 세계적 성악가가 나오는 것이 이 때문이다(마리아 칼라스, 조수미, 루치아노 파바로티 등). 그러나 자폐, ADHD 등, 뇌 손상을 입은 아이들은 원래의 목소리가 나오지 않는다.

이 아이들이 맞춤 미션으로 양육되면서, 손상이 조금씩 풀리기 시작하면, 제일 먼저 보이는 변화가 목소리다. 이때를 부모님들이 놓치지 않아야 한다. 아이가 마음껏 소리를 지르게 해 주는 것이 중요하다. 수영장이든, 노래방이든, 집의 거실이든, 학교 운동장에서든, 실컷 소리를 지르도록 유도하시라.

경우에 따라서는 무선 마이크도 도움이 된다. 노래방 기분을 내게 해 주는 것이다. 꼭 성악가로 키우라는 것이 아니다. 이렇게 해 주면 분노의 찌꺼기 하나까지 모두 발산된다. 회복이 빨라지는 길이다.

22-6. 물 이야기에 하나 덧붙인다. 사상의학에 의하면, 양의 체질(=우뇌, 극우뇌인)인 사람은 '좋은 물'이, 음의 체질(=균형인, 좌뇌인)인 사람은 '좋은 공기'가 건강-장수의 기본요소라고 한다. 이 아이들에게는 시원한 생수, 또는 냉장고에 쟁여 놓은 보리차나 녹차가 '좋은 물'이다.

Do's & Don'ts

22-7. A 군은 경증이긴 하지만, 무시할 수 없는 자폐 증상으로 부모를 곤욕스럽게 했다. 우선 두 살 아래 동생을 학대 수준으로 괴롭혔다. 부모 말에는 완전 청개구리였고, 동네 아이들과는 전혀 어울리지 못했다. 우유를 마신다고 한 모금 입에 머금더니, 삼키지 않고, 일부러 거실 카펫에 푸우우~ 하고 뿜어 버리는 심술도 부렸다. 초등학교 입학을 딱 5개월 앞둔 시점이었다.

22-8. 우리 연구소 미션으로 치유된 아이들 중, A 군이 옥외 수영장 효과를 가장 크게 본 인물이어서 여기에 적는다. 마침 집에서 차로 10여 분 거리에 옥외 풀장이 있었다고 한다. 규모도 제법 컸다. 계절도 6~7월. 한번 데리고 가면, 아이가 물에 들어가서 4~5 시간을 계속 놀더라고 했다. 게다가 매일 가자고 해서 하루도 거르지 않았다. 이렇게 두 달을 다닌 것이다. 수영장 다닌 지 한 달이 좀 넘었을 때, 부모가 감격했다.
"아이가 부드러워졌어요. 이제는 사람 같아요. 학교에 보내도 되겠어요. 아이가 작년에 수영장 보내 달라는 걸 왜 안 보냈는지, 정말 후회돼요."

22-9. 사람이란, 아이건, 어른이건, 자기에게 좋은 것은 자꾸 하려고 한다. 하기 싫은 것은 나쁜 것이고 해로운 것이다. 그렇기는 해도, 사람이 자기 좋은 것만 하고 살 수는 없다. 그래서 부모는 아이가 하기 싫다는 걸 억지로 시키고, 하고 싶다는 걸 막는다. 대단한 역주행이다. 이런 걸 가정교육이라고 믿는다. 이 판단이 정확하면 참 좋겠는데, 부모들의 이런 판단이 틀려서, 아이 장래를 망치는 수가 많다. 자폐도 가정교육이 잘못된 과정에서

생기는 경우가 많다. 빨간 아이를 파랗게 만들려면, 욕심대로 되지는 않고, 뇌만 손상을 입기 때문이다.

22-10. 48개월 B 군 얘기는 더 감동이다. B 군은 증세가 심했다. 만 3살 때 어린이집 공개수업을 초토화시키는 사건으로 커밍아웃했다. 이어서 엉뚱한 질문과 과장된 몸짓 등으로, 경원의 대상이 되더니, 그 뒤로는 갑자기 터널에 꽂혔다. 엄마가 종일 아이를 태우고, 명령대로 터널을 찾아다녀야 했다. 주차할 때는 주차 위치와 각도가 잘못되었다고, 차가 흔들릴 정도로 난동을 부렸다. 한쪽 손은 언제나 엄마 머리카락을 쥐고 있었다.

이 아이가 좌뇌보강을 시작한 지 세 달이 가까웠을 무렵이었다. 물감 놀이를 하다가 아이 발에 물감이 묻었다. 찬물로 씻어 달라고 하기에, 따뜻한 물로 씻어야 잘 지워진다고 하니까, "그럼 마지막은 찬물로 헹궈 주세요." 하더란다. 엄마가 울컥했다는 사연이다. 좌뇌보강 전에는 해 달라는 대로 안 해 주면 세숫대야를 발로 차서 엎어 버리던 아이였으니까.

12th Week

Missions of the Week

23. 자폐 아이는 깔깔거리고 싶다.
24. 지구로 불러오는 사랑의 스킨십

23. 자폐 아이는 깔깔거리고 싶다.

Further Explanation

23-1. '네 컷 만화' 중 전설이 있다. 교육대학 등의 교재에도 자주 소개되었다고 한다. 엄마가 없는 사이 아빠가 돌쟁이 아이를 돌보고 있다. 이런저런 장난감을 흔들고 보여 줘도 계속 울기만 한다. 아빠가 비장의 카드를 꺼냈다. 물구나무서기를 해 보인 것이다. 아이는 본체만체한다. 거꾸로 서 있던 아빠가 힘이 달려서 얼굴을 바닥에 꽉 박으며 큰 대자로 널브러졌다. 그제야 아이가 박장대소하며 웃는다는 내용이다. 이런 아이가 누구일까? 대개 극우뇌, 강우뇌 아이들이다.

23-2. 어른 중에도 TV 등에서 코미디, 개그, 예능프로 따위를 열심히 찾아 보는 사람들이 많다. 우뇌가 강한 어른들이다. 또 있다. 그런 프로그램의 녹화 현장(방송국)에 찾아다니는 사람들은 누구일까? 이 역시 극우뇌나 강우뇌인이다. 왜 방송국까지 찾아갈까? 조금 더 많이 웃고 싶어서, 조금 더 배 터지게 웃고 싶어서, 다른 웃는 사람들을 보면서 더 웃고 싶어서, 조그만 화면보다 실물 크기로 보고 싶어서, 여럿이 함께 웃으면 웃음이 훨씬 더 잘 나와서 간다.

23-3. 아직 자폐나 언어장애가 아닌 아이들이 제일 자주 하는 말이 무엇인지 아는가? "엄마, 심심해~"다. 자폐나 언어장애 아이들은 이 말을 안 할까? 당연히 말은 못 한다. 하지만, 속으로는 훨씬 더 많이 한다고 보아야 한다. 어떻게 아냐고? 어른이, 아이 마음을 읽고, 알아서 재미있게 해 주었을 때, 말 못하는 이 아이들의 함박웃음이 그 증거다. 부모가 자폐 아이에 대해 이런 선행(善行)을 능동적으로 많이 베푸시길 바란다. 네 컷 만화의 저 아빠 이상으로.

23-4. 자폐-언어장애 아이들이, 자주, 배꼽 빠지게, 깔깔대고 웃으면, 머릿속에서는 어떤 일이 일어날까? 일단 쌓였던 분노가 빠른 속도로 발산된다. 실제로 느껴 본 분도 많을 것이다. 이처럼 쌓인 분노가 녹아 버리면, 인체에 유익한 '신경전달물질,' 즉, 엔도르핀, 도파민, 세로토닌, 또 그 밖의 '물질'들이 필요한 만큼 생산되는 것이다. 그중에는 KANT라는 '신경전달물질'도 당연히 생산된다. KANT란 자폐 등의 치료에 관여하는 '물질'인데, 그 정체가 밝혀질 때까지 편의상 필자가 명명한 이름이다(Korea Autism Neuro-Transmitter).

23-5. 사람은 살게 되어 있다. 배가 고픈데 먹을 생각하지 않고 느긋하게 있으면 그냥 죽는다. 그래서 어른이건, 아이건 배가 고프면 먹겠다고 막 달려든다. 이게 정상이다. 머리가 고픈 것도 마찬가지고, 머리가 아픈 것도 마찬가지다.

아이가 "나 심심해~"라고 하면, '나 웃고 싶어~'라는 뜻이고, 그건, '나 웃으면 아픈 머리가 나을 거 같아~'라는 뜻이다. 부모란 아이의 이런 말을 알아듣는 사람이다. 어른들이 스트레스나 피로가 쌓였을 때, 술 한잔이 생각나는 것도, 같은 이치다.

23-6. 이 아이들 중, 언어적 불편함이 없는 아이들에게 유별난 특징이 또 하나 있다. 표현이 강하다는 점이다. "엄마, 나가 죽어!" 또는 "선생님은 왜 나한테만 지랄이세요?" 또는 "엄마 머리를 반으로 잘라서 열어 볼 거야!" 또는 이보다 더 심한 말도 예사로 한다. 뇌 때문이다. 걱정하실 필요 없다. 이런 아이들이 성장하면서 강한 표현이 얼마간 순화되고, 제대로 순화된 사람들이 바로 개그맨, 유명 MC, 강사가 되는 것이다.

주의할 것은, 어릴 때 이걸 바로잡아 주려고 애쓰지 않아야 한다는 점이다. 물론 애쓴다고 절대로 고쳐지지 않는다. 그냥 적당히 할인해서 들으시면 된다. 내가 밉다고 저러는구나. 선생님이 칭찬을 안 해 주셨나 보군. 왜 화가 났지? 이런 식으로 50%건, 80%건 할인해서 들으시면 된다.

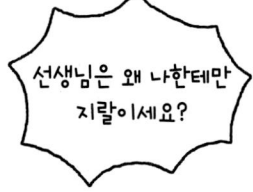

Do's & Don'ts

23-7. 필자의 연구소가 서울의 공덕동 오거리에 있을 때였다. 부모 따라 오는 아이들마다 비슷한 말을 한다는 것이 필자나 우리 연구원 안테나에 포착되었다. 아이들이 수시로 "엄마, 심심해~" 하는 것이었다. 같이 놀아 주는 전담 시터(Sitter)가 있는데도 이게 무슨 소리야? 다시 점검해 보니 아이들 말이 맞았다. 당시 우리 사무실에 있는 것이라곤, 책상, 컴퓨터, 의자, 소파, 그리고 책 몇 권이 전부였다. 이건 솔직히 모두가 어른용이다. 심심할 수밖에!

23-8. 대책을 세우려니 당시 실평수 25평에서는 어림도 없었다. 그렇다고 임대료 비싸기로 소문난 곳에서 하나님 위의 건물주님 배만 채워 드릴 수도 없고, 그래서 단안을 내린 것이 대전으로 이전이었다. 대전은 아이들 '놀이 전용방'만 실평수 25평이다. 천정 높이가 4미터가 넘어서(보통 사무실은 2.4미터) 느낌엔 50평 이상 되어 보인다. 여기에 트램펄린, 미끄럼틀, 그네, 해먹, 범퍼카, 대형 TV, 그리고 수백 권의 그림책과 수십 가지의 장난감을 구비했다. 이제는 '심심하다' 소리가 자취를 감췄다. 자폐를 쫓아 버리게 해 주는 상담소에 와서 심심하다니? 이런 일이 존재해서는 안 된다. 필자부터 솔선수범했더니, 아이들이 제일 먼저 좋아한다. 다행이다.

23-9. 극우뇌, 강우뇌는 실컷 웃어야 한다. 사실 어떤 사람이건 웃는 것이 싫다는 사람은 없다. 누가 조금만 웃기는 얘기를 해 줘도 마구 과장해서 웃는 사람도 있다. 또는 반대로 아주 조금 웃기는 얘기를 해 놓고 듣는 사람들이 막 웃기를 원하는 사람도 있다. 물론 배꼽 빠지게 웃기는 얘기를 해도 '피식'이 전부인 사람도 있기는 하지만(이건 틀림없이 좌뇌인이다). 암튼, 극우뇌, 강우뇌는 실컷 웃고 싶다. 자폐는 웃지 못해서 생긴 심술일지도 모른다.

23-10. 우리를 잘 웃겨 주는 사람은 누구일까? 같은 얘기라도 '갸'가 말하면 엄청 웃기는데, '걔'가 하면 하나도 우습지 않은 경우가 많다. '갸'는 누구일까? '갸'가 바로 극우뇌인, 강우뇌인이다. 이들은 이런 언어적 재능을 타고난다. 이들 중에서 정말 잘 웃긴다고 뽑힌 사람들이 바로 코미디언, 개그맨들이다. 이들의 어린 시절은 어떠했을까? 수시로, 실컷, 배꼽 빠지게 웃고, 데굴데굴 굴렀던 사람들이다. 만약, 자폐 아이와 가장 접촉이 많은 엄마가 '걔'라면 어떨까? 아이를 잘 웃기지도 못하고, 스킨십도 좋아하지 않고, 안타까운 경우다. 그래도 이런 엄

마는 속사랑이 뜨겁다. 자폐 아이도 자기 사랑해 주는 사람은 잘 안다.

23-11. 하나 알고 넘어갈 일이 있다. '남들이 웃는 꼴을 못 보는' 사람들도 적지 않다는 사실이다. 아빠가 아이들과 조근조근 얘기하며 하하거린다든가, 회의 중에 어떤 멤버가 재미있는 얘기를 해서 좌중을 웃음바다로 만들었을 때, 유난히 씩씩거리고, 판을 깨려는 사람들이 있다. 이들도 극우뇌, 강우뇌이기는 한데, 어릴 때 뇌 손상을 많이 입고, 회복을 시키지 못한 경우다. 이들은 이간질, 뒷담화, 잔머리, 거짓말의 국대급 선수이기도 하다. 우리가 잘 아는 정치인도 이 케이스다.

23-12. 초3 K 군은 홀어머니 혼자 키운다. 애정이 다른 엄마들과 비교할 바가 아니다. 그런데 이 외아들이 툭하면 한다는 소리가 "엄마, 그게 뭐야? 나가 죽어 버려."이다. 이 말을 들을 때마다 이 엄마는 서러움에 복받쳐 울곤 했다. 그러다가 하루는, 작심하고 연기를 펼쳤다. 필자의 솔루션을 받은 것이다. 방문을 열고 나가려는 폼을 잡으면서, "그래, 나가 죽을게. 차에 치여 죽을까? 아파트에서 떨어져 죽을까?" 아들이 달려와 엄마 다리에 매달리면서 외쳤다. "아니야, 죽지 마, 엄마 사랑해~"

이 솔루션의 숨은 의미를 잘 헤아려서, 표현이 강한 다른 아이에게도 응용하시기 바란다.

24. 지구로 불러오는 사랑의 스킨십

Further Explanation

24-1. 극우뇌 아이 중에 특히 자폐 아이들은, 밤새 머~언 별나라 여행을 다녀온다고 한다. 이 아이들은 꿈꾸는 내용도, 보통 아이들과는 너무나 다르다. 보통 아이들 꿈이 대개 현실적이고 지구적이라면, 이 아이들 꿈은 SF적이고 우주적이다.

그뿐 아니다. 새처럼 날아다니는 꿈을 꾸는 것은 기본이고, 어떤 아이들은 밤새 정체 모를 괴한(?)에게 쫓겨 도망다니기도 한다. 그 괴한은 창을 들었고, 다리도 없다. 자다가 깨어서 큰 소리로 우는 것이 대개는 이런 꿈 때문이다.

아이들은 꿈나라 여행지도 서로 다르다. 좌뇌 아이들이 동네 놀이터를 다녀온다면, 우뇌 아이들은 지구 밖 별나라로 다녀온다. 창의력, 상상력이 수면 중에도 작동하기 때문이다. 그래서 아침에 일어나기도 힘들다.

24-2. 어느 극우뇌 대학생의 하소연을 들었다. 아침에 일어나 침대에 걸터앉아 있노라면, '여기가 어디지?' 하는 생각이 자꾸 든다는 것이다. 친절한(=자기가 좋아하는) 누군가가 와서, 잠이 완전히 깨게 해 주고, 오늘은 학교 몇 시에 가면 된다고 알려 주고, 화장실에 따라와서 치약을 좀 찍어 주면, 그때부터 지구 생활을 제대로 할 것 같다는 것이었다.

24-3. 또 하나 다른 경우도 있다. 유치원부터 초등학교 고학년 극우뇌 아이들 중에 많이 보이는 현상이다. 물론 약한 자폐 아이들도 마찬가지다. 아침에 잠은 깼는데, 아직도 자는 척 일어나질 않는다. 이건 틀림없다. 그날 유치원이건, 학교건, 가본들 아무 낙이 없다는 뜻이다. 또는 꾸지람당하거나, 또는 뭔가 뜻대로 안 되는 일이 뻔히 예상될 경우에도, 어떻게든 빠져 보려고 머리를 굴리는 것이다.

24-4. 이런 경우에 엄마가 지혜를 발휘하셔야 한다. 일단 말, 또는 호령만으로는 안 된다. 이럴 때 스킨십이 해결책이다. 누워 있는 아이 팔이나 다리 등, 적당한 곳을 천천히 쓰다듬거나 가볍게 주물러 준다. 아이가 싫지 않다는 반응을 보일 것이다. 얼굴이나 가슴 등으로 쓰다듬는 범위를 좀 넓힌다. 그러면서 속삭인다. 대개 이런 내용이면 좋다.

"우리 왕자님, 밤새 먼 별나라에 다녀오셨어?"
"거기는 우리 왕자님 말을 잘 듣는 친구들이 많았지?"
"갈 때, 올 때는 뭐 타고 다녔어?"

갈 때, 올 때는 뭐 타고 다녔어?

이런 질문을 하면, 아이가 일단 생각하게 된다. 뭐라고 대답할까? 이처럼 생각하게 만든다는 것이 중요하다. 생각하면 잠이 빨리 깨고, 잠이 깨면 뭔가 의욕이 생기니까. 그리고 이 아이는 잠이 깨는 과정에서 엄마의 사랑을 느낀다.

Do's & Don'ts

24-5. 5살 Y는 유치원에 다니는데, 가지 않겠다고 떼를 써서, 아침마다 전쟁을 치른다. 그날도 스쿨버스가 왔다. 버둥거리는 아이를 억지로 태워 보냈다. 나중에 원장에게 들었는데, Y가 스쿨버스에서 내릴 때까지 계속 대성통곡했고, 유치원에서 수업하는 동안에도, 잠시도 쉬지 않고 울었다는 것이다. 원장이 "아이가 웬 힘이 그렇게 좋냐?"라고 했다기에 필자도 실소하고 말았다.

24-6. 이 아이를 그렇게 결사적으로 유치원에 보내는 이유가 뭐죠? 부모가 대답하지 못했다. '출근하기 위해서'라고 대답하기가 쑥스러웠을 것이다. 큰 병원에 가서 자폐 진단을 받게 하고, '맞춤양육법'을 전수하기 시작했다. 일단 2주 동안, 유치원을 쉬되, 하루하루를 엄마나 할머니와 놀러 다니도록 했다. 그리고 유치원에는 따로 부탁했다. 아이가 잘못하는 것을 지적하거나 훈계하지 마시고, 잘할 때까지 반복해서 연습시키는 등의 '공개 망신'을 주지 않으시면 고맙겠다고.

24-7. 2주 후부터는 아이를 다시 유치원에 보냈다. 별문제 없이 타고 갔고, 별문제 없이 수업하다가 왔다. 뭔가가 수상했다. 그러기를 2주. 부모가 병원의 진단결과지를 들고 왔다. 자폐는 중(中)증, 그 밖에 언어지연, 지적지연, 강박증, ADD 등이 관찰된다는 소견이 기록되어 있었다. 부모에게 이 결과지의 심각성을 자세히 설명해 주었다.

엄마가 바로 휴직하고, 전적으로 아이를 돌보았다. 이런 아이는 다중 속에 집어넣어 키울수록 증세는 악화 일로를 걷는다. 사랑의 스킨십이 필요한 아이인데, 그 반대로 또래나 선생의 조롱 속에 살게 할 이유가 없지 않은가? 돈 버는 일도 중하지만, 그것이 아이를 망가트리는 대가라고 해도 계속하시겠는가?

24-8. 어떤 엄마는 '지구로 불러오는 사랑의 스킨십'이라는 이 미션을 정말 예

쁘게 실천하셨다. 아들이 초2였는데, 아침마다 팔다리를 미션대로 쓰다듬고 주물러 주어도 잘 일어나지를 않더라는 것이다. 그래서 어느 날부터 양치를 해 줬다. 누워 있는 상태 그대로에 입만 벌리게 하고, 엄마가 살살살 양치질을 해 줬다는 것이다. 물론, 흐르거나 적시는 불편은 미리 예방했다. 해 주면서 보니, 아이가 그걸 '즐기고 있다'는 걸 알겠더라고 했다. 사람은 누구나 잠이 깨면 입안이 텁텁하기 마련이다. 그런데 입안도 화~하고 개운하다. 엄마 사랑도 상큼하다. 미션 실천 성공으로 환해진 엄마 얼굴이 달덩이 같았다. '미션 120% 실천'이라는 것이 이런 거다.

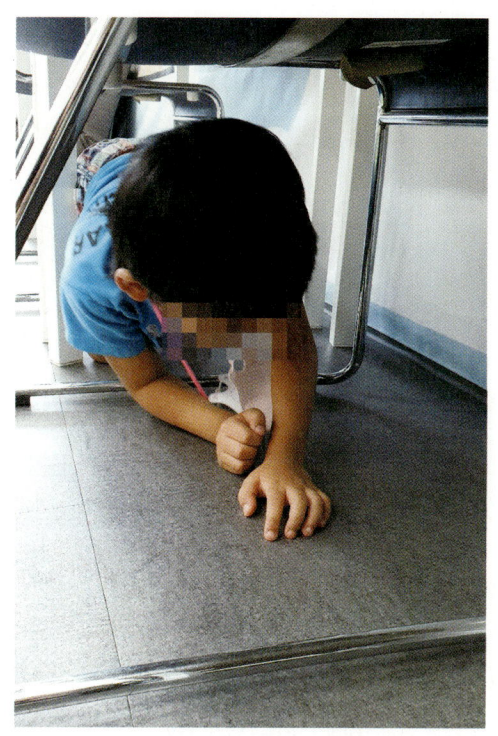

24-9. 이 아이들의 하루는 남다르다. 기회만 있으면 구멍으로 들어가고, 좁은 틈새를 빠져나오려고 애쓴다. 책상이 보이기만 하면 그 밑에 들어가 앉아 있고, 박스가 보이면 강아지처럼 그 속에 들어가 앉거나, 큰 박스가 있으면 눕혀 놓고 터널 드나들 듯이 왕복한다. 어릴 때 시내버스를 탔더니, 엉덩이로 바닥 먼지를 다 훔쳐 내기도 했다. 초등학교 다닐 나이쯤 되면, 동네 어디선가 나뭇가지를 주워다가 끌고 다니는 모습도 자주 목격된다.

학자들은 아이들 이런 현상에 대해, 원인이나 대책 따위를 명쾌하게 설명하지 못하고 있다. 그저 자폐 증상의 일종이라고만 한다. 필자도 아직 이 원인은 모른다. 그러나 아무리 자폐가 심하더라도, '사랑의 스킨십'을 충분히 받은 아이들은 이런 증상이 서서히 사라지더라는 사실은 분명하다. 물론 '스킨십' 하나의 요소만으로 사라지는 것은 아니겠지만.

사람이 서로 다르므로

언어치료 클리닉

우리나라에 어린이 언어지연이나 장애를 고쳐 준다는 클리닉이 몇 곳이나 될까? 물론 병의원을 제외한 숫자를 말하는 거다. 정부 통계나 그 밖의 집계가 있기는 하겠지만, 그런 통계에 잡히지 않은 곳이 더 많을지도 모른다. 대충 천 곳은 넘지 않을까? 암튼 이런 언어 클리닉이 많다는 것은 비극이다. 병의원이 척척 고쳐 준다면, 이런 사설 클리닉이 왜 생겨나겠나?

더 큰 비극은, 그런 클리닉들의 치료방법이다. 물론 필자 눈으로 직접 본 것은 아니고, 그런 곳을 섭렵한 우리 고객들이 들려주신 얘기를 종합한 것이다. 쉽게 말하자면, 그 클리닉들은 물건을 들고 그 물건 이름을 반복해 보인다는 것이다. 연필을 들고, "연필"을 수십 번 말해 주고, 말하게 하고, 핸드폰을 들고, "핸드폰, 핸드폰" 하는 식이라는 것이다.

또, 숙제를 내주는데, 집에서 특정 단어를 백 번씩 말하게 하라고 요구한단다. 하하, 이런 4류 코미디가 없다. 어떤 아빠는 "저게 무슨 치료냐? 저런 건 나도 하겠다."라며 분통을 터뜨렸다. 젓가락질 못 하는 아이에게 '젓가락질 똑바로 하라.'라고 하면, 할 수 있나? 아이가 말 못하는 이유를 전혀 모르는 클리닉이 뭘 믿고 언어치료 간판을 내걸었는지 모르겠다.

말 못 하는 경우를 세 가지로 나눌 수 있다. 첫 번째는, 구한말 미국인 선교사처럼 무슨 말이건 잘할 수 있지만, 아직 한국말을 배우지 않아서 못 하는 경우다. 두 번째로는 발성기관, 즉 성대, 혀, 입술 등, 어디가 고장이 나서 못 하는 경우다. 세 번째로는 아이 머릿속 언어중추와 관련 신경들이 엉켜서 못 하는 경우다.

지금 우리나라 언어클리닉들의 치료방법은, 첫 번째 경우와 두 번째 경우를 전제로 한 치료법인 것 같다. 이게 맞다고 생각하시는가? 아니다. 말 못 하는 어린이 대부분이 세 번째 경우, 즉 뇌 속 신경의 문제인 것이다.

어떤 언어장애 엄마의 글을 읽었다. 아이가 언어치료 3년이 되었는데, 다섯 단어를 말하게 되어서 성대한 파티를 열 계획이라는 것이었다. 유치원 갈 나이가 된 것 같던데…. 참 끈기(?)가 대단하신 엄마였다.

결론이다. 저런 언어클리닉에 오래 다닌 아이들일수록 우리 연구소에서 더 많은 상담 기간을 필요로 한다.

클리닉에 안 다닌 아이들보다 보통 6~10개월은 더 걸리는 것 같다. 이 책 후반부의 성공 사례를 보면 아실 터이다. 말을 한 단어도 못 하던 4~6세 아이라면, 대개 7~8개월 만에 50단어 정도를 말하게 되는 게 우리 연구소 수준이다.

우리는 아이에게 물건을 보여 주면서 그 이름을 말해 보라고 시키지 않는다. 엉킨 뇌가 풀리도록 생활환경만을 바꾸어 준다. 우리가 직접 바꿔 주는 것도 아니다. 부모에게 그 방법을 알려 드린다. 부모는 일주일에 한 번만 우리 연구소에 오지만, 아이에게 필요한 환경은 당연히 24시간 × 일주일간 유지된다.

이 아이들이 입이 떨어지면 무슨 단어부터 말하게 될까? 연필, 핸드폰부터 말하는 게 아니다. '엄마'부터? 부부 싸움을 많이 하는 부부라면, 엄마라는 단어도 상당히 후순위로 밀린다. 아이들은 자기 뇌신경이 '쉽다고 하는 단어부터' 말하기 시작한다.

자신 없는 언어클리닉은 양심선언하시기 바란다. 몇 달 안에 말할 수 있는 아이를 퇴행시킨다면 이보다 큰 죄악이 어디 있겠나? 그래도 하고 싶다면, 우리 연구소에 와서 배우시라. 가맹점이 되신다면 원인과 방법을 가르쳐 드릴 용의가 있다.

이보다 더 좋은 것은, 병의원들이 저 아이들을 술술 고쳐 주는 것인데, 그게 안 되고 있으니 안타까울 뿐이다. 아직 '의학적 근거가 없다.'라고 하니까. 아이들을 제물로 전국에서 무질서가 판치는 일이 하루빨리 사라지기를 바란다.

13th Week

Missions of the Week

25. 훈육은 은근슬쩍, 어물쩍
26. 눈 맞춤, 그 왜곡된 선입견

25. 훈육은 은근슬쩍, 어물쩍

Further Explanation

25-1. 필자가 다른 매체에 썼던 글의 일부를 인용한다.

"사람은 서로 다르죠. 그들을, 특성이 비슷한 아이들끼리 5대별 해서 A, B, C, D, E라고 부르겠습니다. 이 아이들을 키우다 보면, 참으로 깜짝 놀랄 만한 패턴이 발견됩니다. 예를 들어, C가 잘못했을 때, "다음엔 그러지 마라." 하면, C는 다시는 잘못을 반복하지 않아요.

더 놀라운 것은요, D나 E는 C가 꾸중 듣는 것을 보기만 해도 예방이 돼요. 알아서 깁니다.

B는요, 같은 지적(잔소리)을 여러 번 해도 잘 고치지 못합니다. 그래서 체벌도 당하죠. 본인도 고치고 싶은데 잘 안되는 겁니다. 그러나 사기(!)가 오르면 예쁜 짓도 많이 합니다.

A는요, 야단치거나 지적하면 '절대' 고치지 않습니다. 청개구리 중에도 황제급이라고 할까요. 이 아이들을 힘으로 제압하면요, 악쓰고 대들다가, 오줌 지리고, 눈도 풀리고, 온몸으로 저항하죠.

이런 A들을 B, C, D, E와 같은 방법으로 양육한다고요? 절대로 "노." 그러나 좋은 방법이 따로 있습니다."

25-2. 여기에서 A라고 분류한 아이들이 바로 극우뇌 아이들이다. 이 아이들을 정신적, 또는 육체적으로 튼튼한 철창 속에 가두어 양육하면, 자폐, 언어장애, 지적장애 등, 온갖 정신과적 질병에 빠져들게 되는 것이다. 즉, B, C, D, E와 같은 방법으로 양육하면 그렇다는 말이다.

그러면, 이 아이들은 사회규범을 잘 지키도록 지도하는 일조차 하지 말라는 말이냐? 좋은 질문이다. 지도해야 한다. 이들도 우리 사회의 어엿한 일원이 되도록 키워 내야 한다. 단, 지도방법, 양육방법이 보통 아이들과는 달라야 한다. '목적지는 같지만, 가는 길은 달라야 한다.' 이것이 핵심이다.

25-3. 앞에서(20쪽 참조) 우리나라 자폐 어린이 수가 세계 2위라고 소개했다. 기후조건이 나쁜 것도 아니고, 유전적으로, 또는 생물학적으로 그럴 요소가 많은 것도 아닌데, 왜 자폐 어린이가 세계 2위씩이나 될까? 필자는 그 이유의 많은 부분이 '부모의 잘못된 양육방법'에 있다고 강조해 왔다. 고등교육을 받은 부모들이거나, 극단적 궁핍 속에 사는 부모들일수록, 자폐 아이로 키워 낼 확률이 높다는 것이었다.

25-4. 이 아이들의 양육방법을 정리해 보자. 일단, 지적-꾸중-질책하지 않는다. 이 아이들이 뭔가 잘못했어도, "괜찮다.", "쟤가 잘못했다." 하면서 제3자나 어떤 물건을 대신 질책한다. 거기에 더하여, 뭔가를 도와줄까? 더 줄까? 하고 호의를 보인다. 이렇게 해 주면 아이가, 느린 속도이긴 하지만, 잘못을 조금씩 고쳐 나간다. 이런 내용을 앞에서 상세히 설명했다.

> 비교하지 마.
> 엄마도 비교되고 싶어?

25-5. 오늘 알려 드리는 방법은 위의 편들어 주기와는 조금 다르다. 이 아이들의 승부욕을 자극하는, 직접적인 방법이다. 예를 들어 보자.

"옆집의 길동이는 밖에 나갔다 오면, 자기가 그냥 손을 씻는대~ 그 녀석도 참!"
"앞집 영순이는 유치원 가방을 혼자 챙겨서 간대~ 쪼그만 게 제법이야~"
이렇게 지나가듯 얘기하고, 다른 얘기로 얼른 화제를 바꾸어야 한다.

만에 하나, '너도 걔 좀 닮아 봐라, 걔도 하는데 너는 왜 못하냐?' 하는 식으로 사족을 자꾸 붙인다면, 이건 최악이다. 은근슬쩍 건드려만 놓고 어물쩍! 극우뇌, 자폐 아이들은 이런 식으로 건드리기만 해도 대단히 잘 알아듣는다. 그리고 실천도 잘한다. 물론 실천하는 속도가 보통 아이들보다 조금 느리기는 하지만.

Do's & Don'ts

25-6. 21세기 초, 우리나라에 ADHD라는 핵폭탄이 요란하게 폭발했다고 앞에서 말씀드렸다(7쪽 참조). 수도권 초등학교 1학년 학생을 전수조사해서 ADHD 학생을 골라내려고 한 것이었다. 이때, 우리나라에 몇 가지 눈에 띄는 사회적 변화가 발생한다. 첫째, ADHD를 치료한다는 한의사가 나타나서, 가맹점을 모으고, 치료 비법(?)을 전수하였다. 이런 가맹점들이 전국에 적어도 100곳은 넘었을 것이다. 이런 곳들은 3년 정도 다녀도 낫는 기미가 보이지 않아, 지금도 송사에 휘말리고 있다고 한다.

25-7. 두 번째는 놀이센터다. 당시 아이를 데리고 소아과나 신경정신과에 가면 약물 처방 후에, 꼭 '놀이센터에 보내서 실컷 놀게 해 주라'고 조언했다고 한다. 당연히 놀이센터들이 우후죽순처럼 생겼다. 의사들이 직접 설립했거나, 친인척을 밀어줬다는 설이 무성했지만, 그게 중요한 건 아니다. 셋째, 대안학교가 우후죽순 생겨났다. 대안초등학교가 먼저 잔뜩 생기더니 뒤이어서 대안중학교-고등학교 과정도 생겼다.

25-8. 넷째는 지상파 방송이 ADHD 아이들만을 전적으로 취급하는 프로그램을 내보내기 시작했다. SBS 방송의 〈우리 아이가 달라졌어요〉가 그것인데, 예능 프로그램이다. 내용은 ADHD 아이들이 집중하지 못하고(=산만하고, Attention Deficit), 과잉 행동하는(Hyper-activity) 모습을 보여 준 후에 주인공인 오은영 청소년 신경정신과 의사가, 부모에게 이런저런 처방을 내려 주는 것이다. 물론 약물처방이 아니고, 난폭한 행동을 제어하는 방법, 산만한 아이를 얌전하게 만드는 방법 등을 알려 주는, 가정교육적 처방이었다.

25-9. ADHD로 의심되는 아이를 가진 부모들은 이 프로에 환호했다. 어린아이에게 정신과 약을 먹이지 않아도 된다니 그러했고, 가정교육적 처방을 한 달만 실천하면 된다니 그러했다. 더욱이나, 오은영 의사의 현란한 말솜씨와 연기자적 재능은 전국 부모들을 희망에 들뜨게 했다. 독자들께서 주의력을 집중해 주셔야 할 점이 바로 이 대목이다.

25-10. 지금 25번 미션은 '훈육은 은근슬쩍, 어물쩍'이다. 이것이 어떻게 하는 것인지는 25-4번과 25-5번에서 설명했다. "아, 오은영 씨와 '같은' 방법이로구

나!" 하실까 걱정되어 길게 덧붙이는 것이다. **'같은' 방법이 아니다.**

오은영 의사의 기본 처방은 아이에게 매를 아끼지 말라는 것이고, 보통 아이들과 똑같이 훈육하라는 것이다. 그러다가 나중에는 말을 좀 바꿨다. 아이가 일주일 만에 변한다고 했고, 약을 먹이면 도움이 될 것이라고도 했으며, 체벌하지 말라고도 했다.

말을 바꾸었건 말았건, 이렇게 ADHD를 쉽게 고친다면, 세상에 ADHD 아이로 고생할 부모가 어디 있을까? 이 점에 대해 오은영 씨는 대답할 의무가 있다.

25-11. 기막힌 후일담 하나가 있다. 오은영 씨 정신과 의원에 열심히 다니다가 차도가 없자, 우리 연구소로 온 부모가 상당수다. 개중에는 만 4년을 다녔다는 엄마도 있었다. "조금이라도 좋아진 점이 있겠죠?" 필자가 물었더니, 엄마가 되레 화풀이하듯 대답했다. "좋아졌으면 여기 왜 왔겠어요?" 왔을 때 초3 2학기이던 이 남자아이는 정확히 13개월 만에, 만족한 결과를 얻고, 상담을 마쳤다.

우리 연구소는 그들이 4년 걸려도 변화시키지 못했다는 것을, 무엇으로 변화시켰을까? 예의 그 '맞춤양육법'이긴 한데, '은근슬쩍, 어물쩍'하는 미션을 전수하고, 실천한 것이 주된 방법이다. 비법이라고 하기에는 쑥스러울 만큼 간단하다.

이 아이들은, 그 예능 프로그램에서 보여 주듯이, 링 위에 올려놓고 공개 스파링하듯 해서는 절대 못 고친다.

26. 눈 맞춤, 그 왜곡된 선입견

Further Explanation

26-1. 필자가 정말 이상하게 생각하는 점이 하나 있다. 세계 7대 불가사의는 있으니까, 8대 불가사의에 붙이고 싶을 정도다.

"대화할 때는 그 사람 눈을 보고 말해야지."

이런 걸 가르치면 할 수 있다고 생각하시는가? 가르쳐서 될 일이 아니라고 생각하시는가? 아마도 백 명이면 백 명이 다 가르치면 된다고 말할 것 같다. 이게 필자가 말하는 불가사의다.

26-2. 멀리 갈 것 없이, 우선 자기 자신을 확인해 보시기 바란다. 귀하는 상대

의 눈을 계속 바라보면서 대화할 수 있는가? 귀하가 만약 극우뇌이거나 강우뇌라면 자신 있게 '그렇다'고 말할 것이다. 솔직한 대답이다.

그러나 약우뇌, 균형발달, 좌뇌인이라면 선뜻 대답이 나오지 않을 것이다. 왜? 눈을 마주쳤다가 슬쩍 피하기를 반복하는 사람도 있을 것이고(약우뇌, 균형발달인), 상대방 몰래 눈을 봤다가 얼른 피해 버리는 사람도 있을 것이고(좌뇌인), 시종일관 눈을 마주치지 못하는 사람도 있을 것이기(강좌뇌인, 극좌뇌인) 때문이다.

26-3. 결론! 시선은 내 마음대로 되는 것이 아니다. 안력(眼力, 눈의 힘)에 따라 좌우되기 때문인데, 이것은 타고난다. 목소리가 굵고 가는 것이나 마찬가지다. 가르친다고 되는 것이 아니다.

26-4. 안력은 극우뇌 〉 강우뇌 〉 약우뇌 〉 균형발달 〉 약좌뇌 〉 강좌뇌 〉 극좌뇌 순으로 강하다. 극우뇌가 제일 강하고, 극좌뇌가 제일 약하다. 뇌 손상을 입은 경우를 제외하면, 이 원칙에 예외가 없다. 우리가 어떤 사람의 뇌타입을 구분할 때, 이 안력을 매우 중요한 기준으로 삼는 이유다.

26-5. 극우뇌 아이들은 눈빛이 제일 강렬하다. 레이저가 나온다고 한다. 그러나 이 아이들이 뇌 손상을 입고, 자폐, 언어장애, 지적장애, 강박장애, 경기 등의 장애를 보일 정도가 되면, 눈빛이 유의미할 정도로 약화된다. 평소 대화할 때도 눈을 잠깐씩만 마주치려고 한다. 그렇다고 부모님이 말로 고쳐 줄 수 있는 일이 아니다. 목소리나 마찬가지다. 부모님은 그저 모른 척, 미션만 열심히 실천하시면 된다. "엄마랑 대화할 때는 엄마 눈을 봐야지!" 이따위 18세기 교육자 같은 소리 하지 마시라.

26-6. 이런 잔소리를 하지 않았음에도, 아이가 눈을 마주치는 시간이 점점 길어진다고 느껴진다면? 아아, 그건 대단한 희소식이다. 아이 뇌 손상이 조금씩 회복되고 있다는 증거다.

Do's & Don'ts

26-7. 초2 딸아이가 엄마에게 하소연했다. "엄마 내 뒷자리 ○○○이가 수업시간에 내 뒤통수를 자꾸 때려~ 발로 옆구리도 찌르고 그래~ 쉬는 시간에는 내 필통을 가져가서 안 주기도 하고 그래~" 엄마는 성격이 급하고 목소리도 큰, 전

형적인 다혈질 엄마다. 동네에서도 '한 성질' 하는 것으로 유명하다. 이 엄마가 딸 얘기를 듣고 그냥 있을 사람이 아니다. "그래? 내일 엄마가 학교에 가서 그놈 혼을 내 줄게."

26-8. 다음 날, 수업 끝나고 나오는 딸을 운동장에서 만났다. 당연히 '그놈'도 만났다.

"야, 네가 우리 △△△ 뒷자리라는 ○○○이냐?"

"그런데요."

"너 △△△이를 수업 시간에 때리고, 장난치고, 옆구리 찌르고 그랬어?"

"그런 일 없는데요."

"뭐? 이 쪼그만 녀석이…."

그런데 이상하게도, 이 대목에서부터 기세등등하던 엄마 목소리가 확 누그러들었다. ○○○이 눈에서 레이저가 뿜어 나오기 시작한 것이다. 엄마 시선이 자동으로 내리깔리는 것을 어쩔 수가 없었다.

"그런 일 없다니까요~"

"야, △△△아 가자. 이런 거짓말쟁이하고는 말해 봤자 시간만 아깝다."

엄마도 평소 눈빛이 반짝인다는 말을 듣는 눈이다. 여자 목소리가 시원시원해서 좋다는 칭찬을 듣던 목소리다. 그런데 왜 갑자기 독수리 앞의 오리 신세가 되고 말았을까? ○○○이가 오리지널 극우뇌였고, 엄마는 그 아래라는 강우뇌에 불과했던 까닭이다. 딸 손을 붙잡고 돌아가는 엄마 등을 향해 ○○○이 한마디 덧붙였다.

"아줌마! 뭐 그딴 걸로 학교엘 찾아오고 그래요?"

엄마는 그날 처음 알았다고 한다. 다리가 후들거린다는 것이 어떤 느낌인지를.

26-9. 필자가 서울에서 대전으로 사무실을 옮겼을 때, 가장 어려운 것은 우리 상담 업무에 훈련된 사람을 구할 수 없다는 점이었다. 급한 대로 알바 대학생을 여러 명 구했다. 그중 한 여학생이 체격도 아담하고 말수도 적어서, 꼼꼼한 좌뇌인가 보다 하고 뽑았다. 그런데 지나면서 보니, 일

눈이 있는 사람은 누구나 안력(眼力)을 가지고 있다. '눈의 힘'인데, 이 힘은 사람마다 다르다. 키가 다른 것과 마찬가지다. 절대로 마음대로 되지 않는다. 높은 사람도 낮은 사람도, 많이 배운 사람도 적게 배운 사람도 마찬가지다. 뇌 타입별로는 타입 1의 안력이 가장 세고, 타입 5가 가장 약하다.

손이 빠르긴 한데, 꼼꼼하지가 않았다. 시키지 않았는데 옆길로도 나갔다. '어, 이 학생 뭐지?' 한번 불러서 얘기했다. 질책은 아니고 주의만 줬는데, 그 여학생 눈이 이글이글 타오르기 시작한 것이었다. 필자가 즉시 꼬리를 내렸다. 극우뇌, 자폐, 그러니까 성인 자폐로구나!

26-10. 필자가 성인 자폐를 그렇게 가까이에서, 그렇게 오랫동안 함께 일해본 것은 처음이었다. 보란 듯이 고쳐 주고 싶어서 지극정성을 다했다. 그러나 그녀와의 간격을 좁힐 수가 없었다. 일 년쯤 알바하고, 대학을 졸업할 때가 되어 그만두면서, 뭔가 좀 밝은 세상으로 나온 것 같다고 했다(그녀에게 자폐라는 말은 하지 않았다.). 필자에게 고마웠다는 이메일을 보냈는데, 짧지만 정말 정이 넘쳐 흘렀다. 앞으로 이글거리는 삶을 살아가기를 기도한다.

26-11. 50대 이상이면 '땡전'이라는 말을 알 것 같다. 지상파 방송의 정규 뉴스가 오후 9시에 시작하는데, 9시 땡 소리가 나자마자, 당시 전두환 대통령이 TV 화면에 뜨곤 해서 나온 말이다. 그때 전 씨의 그 부리부리한 눈을 기억하실 줄 믿는다. 카메라 렌즈를 뚫어지게 쳐다보면 그런 시선이 나온다.

이명박 대통령은 정반대다. 재임 중 TV에 나온 일은 많았겠지만, 근접촬영 했거나 카메라와 시선이 마주치는 사진은 없다. 전혀 없다. 본인이 카메라 렌즈를 바라볼 수가 없었고, 이를 아는 대통령이 방송사에 부탁했기 때문이었다. 이명박 대통령은 다른 나라 정상과 악수할 때도 상대 눈이 아니라 손을 쳐다보고 했다. 시선 맞추기는 내 마음대로 되는 것이 아니고, 연습한다고 되는 것도 아니다.

14th Week

Missions of the Week

27. 정리정돈이란 지독한 이기주의
28. 무리한 요구도 이유가 있다.

27. 정리정돈이란 지독한 이기주의

Further Explanation

27-1. 사람은 여러 가지 방법으로 정보를 취득하고, 이를 저장한다. 취득-저장한다는 면에서는 공통적이지만, 저장하는 방식은 사람마다 다르다.

크게 세 부류로 나누어 보자면, 첫째는 도서관의 서고에 책을 보관하는 것처럼, 정보를 잘 분류해서, 질서정연하게 저장하는 사람들이다. 물론, 자기가 하고 싶어서 그렇게 하는 것은 아니다. 머리가 스스로 그렇게 저장하는 것이다. 이 첫째 부류가 누구일까? 좌뇌가 발달한 사람들이다.

27-2. 둘째는, 아주 자유롭게 저장하는 경우다. 비슷한 정보끼리 모아서 따로 저장하지 않고, 큰 정보, 작은 정보를 구분해서 저장하지도 않는다. 저장하기 좋게 선반 등이 마련되어 있지만, 그냥 아무 곳에나 던져 놓는다고 보면 된다. 도서관 책꽂이로 비유하자면, 책을 세우기도, 눕히기도, 거꾸로 세우기도 해서 아무 칸에나 놓아둔다는 의미다.

이렇게 저장하면, 저장하는 데 걸리는 시간이 당연히 짧다. 우뇌가 발달한 사람들의 머리는 이런 식으로 저장된다.

27-3. 셋째는, 절반 정도는 자유롭게, 절반 정도는 질서정연하게 저장하는 경우다. 어떤 종류의 정보를 자유롭게, 또 다른 어떤 정보는 질서정연하게 구분하여 저장하는가 하는 것은 아직 밝혀진 바 없다. 다만, 그가 장기간 종사하는 분야와 업무에 따라, 저장방식이 다소 바뀌리라는 것은 추측하기 어렵지 않다. 좌우뇌가 비슷하게 발달한 사람들의 머리는 이런 식으로 저장된다.

27-4. 자, 이제 사람의 생활환경에 관해 얘기하자. 사람은 어떤 환경에서 생활하는 것이 가장 좋을까? 답은 의외로 간단하다. '자신의 머릿속 저장상태와 같은' 환경이다. 머릿속 저장상태와 다른 환경에서 살면 어떻게 될까? 정신이 없거나, 어벙한 상태가 이어지다가, 두통이 자주 찾아오고, 질병에도 취약해진다.

그래서 사람들은, 자신이 상주하는 공간, 즉 사무실이나 거실, 침실 등을 자신도 모르는 사이에(=본능적으로), 자신의 머릿속 저장상태와 비슷한 모습으로 만들어 간다.

27-5. 자폐 아이들은 머릿속 저장상태가 '대단히 자유롭다.' 그래서 행동도 자유롭다. 이 아이들이, 장난감 따위를 가지고 놀다가 다 놀았으면, 치우거나 정리해서 보관할까? 허허, 그런 일 절대 없다. 오히려 새로 어지르고 다닌다.

반면에, 이런 '꼴'을 보고만 있을 부모도 없다. "치워야지!" 매섭게 명령하는 3류 부모가 대부분이고, 가끔은 "엄마랑 같이 치우자." 하는 2류 엄마도 있을 것이다. 백에 하나, "다 놀았어? 그래, 그대로 둬, 괜찮아. 이따가 아빠가 치워 줄게." 하는 아빠가 있다면, 그는 1류 부모다.

극우뇌에게 정리정돈을 강제하면 자폐로 무섭게 달려가고, 이미 자폐인 아이를 압박하면 증상이 더 깊어진다. 정리정돈이란, 부모 일방적인, 부모 편의의, 부모만을 위한, 악법이다. 아이 입장으로는, 손목에 수갑 채워서, 법정구속당하는 격이다.

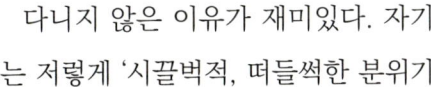

27-6. 일본 유수의 대학에서 수학 박사 학위를 받은 한국 아가씨가 있다. 그녀가 초등 1학년 때, 그의 어머니가 영어회화 학원에 등록시켜 주었다. 원어민이 가르치는 곳이다. 그녀는 이곳을 딱 이틀 다니고, 더 이상 가지 않았다고 한다. 물론 어머니께는 가는 것처럼 말했다.

다니지 않은 이유가 재미있다. 자기는 저렇게 '시끌벅적, 떠들썩한 분위기에서는 정신이 없어서 공부가 안 된다.'라는 것이었다. 전형적인 좌뇌인이다. 이런 사람은 물건뿐 아니라, 주위 사람도 정리정돈이 되어야 제정신을 유지하는 사람이다.

27-7. 필자에게는 나이 차이가 별로 나지 않는 사촌 형님, 아우가 한 사람씩 있다. 결혼도 비슷한 시기에 했고, 여섯 명이 의기투합해서, 여기저기 잘 놀러 다녔다. 그러나 고개를 갸우뚱거리게 하는 일이 있었다. 묘했다. 누구네 집이건, 집을 방문하면, 다들 오래 앉아 있지 못하는 것이었다.

필자도 당시에는 뇌 공부를 하기 전이어서 몰랐는데, 지금 와서 보니, 형수님은 강우뇌인이었다. 거실이나 안방 벽에 액자며 이런저런 것들이 주렁주렁 걸려 있었고, TV 양옆으로, 그리고 피아노 위에 화분이며 장식품들이 잔뜩 진열되어 있었다. 방문한 다른 두 집 네 명은 정신이 없었다.

제수씨는 반대로 강좌뇌인이었다. 거실에는 TV와 달력, 딱 그뿐이었고, 안방에는 장롱뿐, 다른 모든 것은 수납장에 구속시켜 버렸을 것이었다. 최소한의 가구만이 반듯반듯 정리되어 있는 집안, 다른 두 집 네 명은 숨을 못 쉴 것 같았다. 그래서 집보다는 밖에서 만날 때 훨씬 편했던 것 같다. 필자의 집? 생략한다.

27-8. 필자는 6년간 '초중학교 교사 연수'를 맡았었다. 필자가 각 학교에 출강해서 그 학교 교사 전원을 상대로 강의하는 식이다. 학교마다 10일간씩 출강했는데, 재미있는 일이 많았다.

우선 교사를 상대로 뇌타입을 검사해 보았는데, '좌뇌인:우뇌인:균형인' 비율이 '70:20:10'이었다. 놀라웠다. 우리 국민의 비율이 '25:50:25'인 것에 비하면, '교사가 좌뇌인 적성 분야'임을 웅변으로 증명했다.

더 재미있는 사실도 있었다. 각 교실마다 미화 작업을 해 놓은 것을 보면, 그 반 담임의 뇌타입을 바로 알 수 있었다. 교무실에 가서 선생님 책상을 보아도 정확한 판단이 가능했다. 선생님들도 자신이 가장 능률을 발휘할 환경을 만들어 놓은 것이었다. 당연하지만 신기했다.

27-9. 우리 연구소를 찾은 초등 6학년 여학생은 정반대였다. 산만한 엄마 때문에 미치겠다는 것이었다. 자동차 키, 핸드폰, 따위를 분실하지 않는 날이 없고, 때로는 구두를 어디에 벗어 놓고 실내화 바람으로 집에 온다는 것이다. 찾아오는 일은 전부 자기 몫이라고 했다.

거실 바닥에는 엄마가 벗어 놓은 치마나 바지가 구멍 두 개 뻥 뚫린 모습 그대로 버티고 있고, 소파 팔걸이에는 엄마가 벗어 던진 브라와 팬티가 안 보이는 날이 없다는 것이다. 이 여학생은 말하다가 눈물까지 글썽였다. 집안 걱정, 불쌍한 아빠 걱정하는 마음이 느껴졌다. 엄마가 그럴 수밖에 없는 이유를 설명해 주고, 비결도 얘기해 주었다. 희미하게 안도하는 얼굴이 정확한 여학생이었다.

27-10. 초1 여학생은 증세가 매우 심했다. 언어-지적장애가 중(重)증이었고, 종일 침이 목까지 흘러내렸다. 소나타 조수석에 올라타지 못할 정도로 다리가 불편했다(성공 사례 284쪽 참조).

이 여학생이 첫날 다녀간 후, 2시간쯤 함께 놀아 준 우리 연구원이 놀랄 만한 리포트를 남겼다. '장난감 한 가지를 가지고 놀다가, 다른 장난감 놀이를 하고 싶으면, 먼저 가지고 논 장난감을 다 정리해서 박스에 담아 놓았어요.' 다른 연구원들도 놀랐다. 그다음 주에 보니 이런 정리정돈 실력(?)이 확고부동했다. 이 아이가 그동안 정리정돈 문제로 닦달을 얼마나 많이 당했으며, 철장을 얼마나 자주 드나들었을지 짐작되실 것이다.

사람은 자기 뇌를 거스르지 못한다. 자폐 아이들이나 극우뇌 아이들에게 정리정돈을 강요하는 것이 얼마나 무지한 일인지, 이해되셨을 줄 믿는다.

28. 무리한 요구도 이유가 있다.

Further Explanation

28-1. 필자를 빵 터트리게 했던 **'한 컷 만화'**를 기억한다. 마트의 계산대 근처에 한 어린이가 '드러누워' 있는데, 그 가슴에 작은 깃발이 하나 보인다. '엄마는 반드시 돌아온다!'라고 쓰여 있다. 이런 경우를 당해 보지 않은 엄마가 행복한(?) 엄마일까? 만약 그렇다면, 나머지 불운한 엄마들도 행복하게 되실 비법들이 이 책의 미션들 속에 가득 담겨 있음을 알려 드린다. 확인하시기 바란다.

28-2. 우선, 이 아이들은 극우뇌, 자폐, ADHD 등등의 아이들이다. 마트 같은 장소에 아무 아이들이나 드러눕지 못한다. 보통 아이들은 저런 깡다구(?)가 없는 까닭이다. 이 아이들은 왜 무리한 것을 요구할까? 자신들의 요구가 무리라는 것을 모를까?

답은 두 가지다. 아는 아이들도 있고, 모르는 아이들도 있다는 점이다. 누가 누구일까? 뇌 손상이 심한 아이일수록 모른다. 이 아이들은 그저 '분노 발산'을 열심히 하고 있는 것으로 보면 된다.

반대로, 뇌 손상이 아주 약하거나 없는 아이일수록 자신들이 떼를 쓰고 있다는 것을 안다. 개중에는 의도적으로 해 보는 아이들도 많다. '내 맘대로가 발동'하는 개념이다.

어느 쪽이건, 극우뇌, 자폐, ADHD 등등의 아이들과는 맞설 생각을 하지 않아야 한다. 새로운 뇌 손상을 입지 않으려는 몸부림이기 때문이다. 본능적이다.

28-3. 아이들의 무리한 요구 중 단연 첫째는, 비싼 장난감을 사 달라는 것이다. 고가는 아니지만, 비슷한 것을 자꾸 사 달라는 경우도 있고, 몇 번 가지고 놀다가 푸대접할 것들도 있다.

두 번째는, 아마도 길 가다가 눈에 띄는 먹을거리를 사 달라는 경우일 것이다. 부모 눈에는 별로 위생적인 것 같지 않아서 응해 주지 않는데, 아이가 자꾸 떼를 쓴다. 울고, 물고, 드러눕고, 던지고, 발로 차고…. 눈 뜨고 보아 주기 힘들 정도로 행패를 부린다.

입학하고 나면 양상이 좀 달라진다. 게임 머니를 충전해 달라고 떼를 쓴다. 한두 푼이 아니다. 오십만 원, 백만 원을 우습게 안다. 어떻게 해야 할까?

28-4. 우선, 아이들 행동의 이유를 알아야 한다. 특히 자폐 아이들은 항상 '머리가 고프다.' 부모가 고픈 머리를 열심히 채워 주면 좋겠는데, 그렇지 못하고, 시터가 있으면 좋겠는데 충분하지 못하다. 결국 혼자 TV를 보거나, 장난감과 대화하는 수밖에 없다.

둘째로는, 사랑을 확인하고 싶어서다. 이 아이들은 항상 '가슴도 고프다.' 따로 설명하지 않아도 아실 줄 믿는다. 사랑을 뭐 이 따위로 요구하느냐? 하실 수도 있겠다. 이 아이들은 원래 '표현이 강하다. 할인해서 들어야 한다.'라는 말을 상기하시기 바란다.

셋째로는, '발산 행위'라는 점이다. 발산은 누가 하나? 분노 축적이 많은 아이들이다. 분노가 많이 축적되었다는 뜻은 신경과적 장애에서 허우적거리고 있다는 뜻이다. 그래서 유난히 이 아이들은 '발산'하기 위해 애쓴다. 발산은 본능이다. 꼭 필요한 본능이다.

> 때 쓴다고 매도하지 마세요.
> 저는 살기 위한 몸부림이에요.

28-5. 대책이다. 일단은 요구를 수용해 주시라. 아이 증상이 심할 때는 요구 열 번을 모두 수용해 주시고, 증상이 좀 완화되면 열 번에 일고여덟 번, 이렇게 줄여 가시면 된다.

반드시 주의할 사항이 있다. 아이 요구를 거절해야 할 때, 온갖 정성을 다해서 설명하고 이해를 구하라는 점이다. 아이가 왕자인 듯이, 공주인 듯이, 인격적 그 이상으로 대접하며 설득해야 한다.

어떤 엄마는 "시끄러워!" 또는 "돈 없어!" 또는 "너네 아빠 보고 사 달라고 해!" 심지어는 "너 죽을래?" 하는 분도 있다. 이런 식으로 강압하면 아이가 포기하기는 한다. 동시에 마음의 문을 닫고, 깊이 침잠한다는 사실도 알아 두셔야 한다.

28-6. 요구를 수용할 때도 주의할 사항이 있다. 수용하려면 아예 흔쾌히 해 주시라. 안 돼, 안 돼, 하다가 마지못해 수용한다? 이건 최악이다. '결정장애'를 가진 엄마들이 주로 이렇게 하는데, 정말 나쁘다. "그래? 우리 ○○○이가 이걸 가지고 싶었구나. 진작 얘기하지, 왜 여태까지 참았어?" 이런 식으로 '칭찬-격려성' 얘기를 해 가며 요구를 들어준다면, 엄마는 같은 돈 쓰면서도, 일거양득, 일타 4매의 효과를 얻게 될 것이다.

Do's & Don'ts

28-7. 초1 K 군은 '무리한 요구'라는 주제를 떠올리면, 제일 먼저 생각나는 아이다. 다른 아이들의 추종을 불허한다. 이런 식이다. 밤 10시가 넘었는데 ○○빵이 먹고 싶다고 한다. 지금 문 닫았다고 해도 들은 체 만 체다. 엄마는 아이 손에 이끌려서 코 꿰인 송아지처럼 동네를 한 바퀴 돌아와야 한다.

낮에는 더 심하다. 배고프니까 맛있는 거 좀 사 오라고 한단다. 뭘 사 올까 물으면 알아서 사 오라는 식이다. 엄마가 아들 식성도 모르냐고 호령이다. 막상 사 오면 한두 입 베어 먹고는 팽개친단다. 맛도 없는 이 따위를 사 왔느냐고.

28-8. 독자께서는 감을 잡으셨을 것이다. 이 아이는 지금 무리한 것을 요구하는 수준을 넘었다. 자기 엄마에게 작심하고 심통을 부리는 거다. 아이가 왜 이럴까? 강좌뇌인 엄마는 그 이유를 잘 모른다. 하나 더하기 하나는 둘이고, 평생 거짓말 한번 안 하고 살아온 사람이다.

아이는 정반대다. 기가 세고, 거짓말은 일상용어다. 2~3년(?)에 걸쳐 아이 머리에 분노가 축적되었는데, 아이도, 엄마도, 그리고 아빠까지도 그 이유를 모르는 것이다. 정신과적 몇 가지 증세가 악화를 거듭했다.

28-9. 아이가 초2가 되더니, 게임에 빠져들기 시작했다. 이건 빵 셔틀과는 차원이 달랐다. 게임 머니를 충전시켜 달라고 엄마를 겁박하기도 하고, 회유하기도 하는데, 엄마는 그야말로 미칠 지경이었다. 엄마 몰래 엄마 핸드폰에서 한 달 빠져나가는 돈이 백만 원, 백오십만 원, 이랬다.

이 아이 문제는 결국 부모가 해결하지 못하고, 우리 연구소에 다니면서 해결되었다. 강박증과 지적장애, 경도자폐, 분노조절장애까지 털어 내는 데 거의 일 년 걸렸다.

28-10. '좌뇌보강' 중이던 아이 세 명을 데리고 여름 동해에 갔던 적이 있었다. 물론 그 부모님들과 우리 연구원 자녀도 동행했다. 아이들을 바다에 풀어놓고 마음껏 놀게 했다. 마침 학교 운동장 절반쯤 되는 바다 호수가 있었다. 물 깊이는 아이들 허리쯤 되고, 물은 수정처럼 맑아서 바닥이 훤히 보였다. 흠이라면 바닥 군데군데에 조개류들이 붙은 바위가 있다는 점이었다. 아이들을 여기에 몰아넣었더니, 마치 천국에라도 왔다는 듯, 환희의 에너지를 발산하고 있었다. 필자가 목표한 바였다.

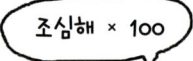

28-11. 그런데 여기서 놀랄 만한 모습을 발견했다. 한 어머니가 아이들이 노는 둔덕에 서서 "아무개야, 조심해!"를 크게 외치는 것이었다. 한두 번 그러다 말겠거니 했는데, 세상에나! 1분에 한 열(10) 번은 "조심해!"를 외쳤다. 필자가 다가가 그 어머니를 보며 웃었더니, 그녀도 웃었다.

그리고 또 외쳤다. "아무개야, 조심해!" 아들은 들은 체 만 체, 돌고래가 되어 있었다. 필자가 실례를 각오했다. 왼팔로 그 어머니 허리를 꽉 껴서 살짝 들고, 바닷가 가장 가까운 카페로 운반해 간 것이다. 들려 가는 동안에도 어머니는 바다를 보며 아이에게 소리쳤다. "아무개야, 조심해!" 아이가 왜 ADHD, ASD 증세가 심했는지, 짐작하실 터이다.

어떤 학자는 ADHD를 이렇게 풀이했다. Artistic, Daring, Hand Talking and Dreamer. 필자가 구분하는 두뇌특성 중 하나가 극우뇌이고, 극우뇌 아이들이 대부분 ADHD를 가지거나 거치는 것을 볼 때, 이 풀이는 극우뇌의 특성을 잘 집어내었다고 생각한다. 다만 자폐로 옮겨가게 되면, 이런 좋은 특성들이 사라지게 되는데, 그것이 안타까울 뿐이다.

15th Week

Missions of the Week

29. 훈훈한 실내는 자폐(自閉) 공간
30. 보통 아이보다 열 배 예민하다.

29. 훈훈한 실내는 자폐(自閉) 공간

Further Explanation

29-1. 사람, 동물은 물론 식물까지도, 자신이 좋아하는 기후조건이 따로 있다. 사람은 사람끼리 서로 같을까? 아니다. 많이 다르다. 유명한 스포츠 선수 중에는, 한여름에 컨디션이 좋고 성적이 죽죽 오르는 선수가 있는가 하면, 여름철에는 바닥을 기다가 봄가을에는 펄펄 나는 선수도 있다.

유명인 아닌 일반인도 마찬가지다. 계절에 따라 컨디션 정도가 아니라, 건강 상태까지 현저하게 달라지기도 한다.

29-2. 같은 사람끼리인데도 왜 이렇게 서로 다를까? 체질이(=뇌가) 다르기 때문이다. 우뇌는 뜨거운 뇌고, 좌뇌는 찬 뇌다. 우뇌가 많이 발달한 사람은 많이 뜨겁고, 조금 발달한 사람은 조금 뜨겁다.

그래서 우뇌가 발달한 사람은 땀이 많고, 일 년 내내 냉수를 찾는다. 겨울에도 옷을 여러 벌 껴입는 걸 매우 싫어한다. 어린아이들은 강제로 입히면 당하기는 하지만, 피부가 짓무르거나 아토피 증상 등을 보인다.

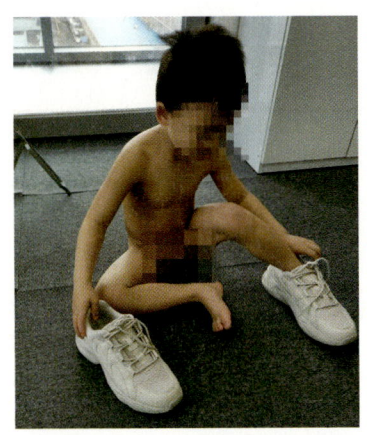

자폐 아이들은 자신을 인격적으로 대해 주는 (마음이 편한) 곳에 가면, 벗으려고 한다. 이 아이들의 표현 방식이다. 꾸역꾸역 입히지 않아야 한다. 자폐 어른들은 밤잠을 자다가 무의식 중에 누드가 되기도 한다.

29-3. 자폐 어린이는 우뇌가 대단히 발달한 아이들이다. 몸에 열이 많다. 머리는 시뻘겋게 달궈진 쇳덩이에 비유된다. 이런 아이들은 시원하게 키워야 한다. 특히 여름에 조심해야 한다. 항상 에어컨을 켜 주고, 선풍기 앞에서 살게 해야 한다.

욕조라면, 찬물(데우지 않은 수돗물)에서 첨벙거리는 시간이 많을수록 아이에게 좋다. 집에서는 옷을 아예 안 입혀도 괜찮고, 입힌다면 위에 메리야스 한 장 정도면 족하다. 나갈 때는 아랫도리 겨우 가려 준다는 개념으로 입히면 된다. 옷은 화학사가 전혀 섞이지 않은 순면 제품이라야 한다. 그래야 통풍이 잘되고, 피부를 상하지 않게 한다.

29-4. 이 아이들은 자면서도 '활동'을 많이 한다. 침대보다 방바닥에 재우라는 이유다. 온 방을 굴러다니는 것이 좋다. 이때, 주의할 점이 있다. 방바닥이 따끈따끈하면 '절대' 안 된다. 미지근해도 안 된다. 이건 아이를 찜통에 넣고 찌는 것과 같은 행위다. 냉돌이 좋다. 여름에는 당연히 냉돌이어야 하고, 겨울에도 '심한 냉기'만 올라오지 않으면 된다.

이 아이들은 이불이라는 걸 덮을 수가 없다. 온 방을 굴러다니기 때문이다. 그걸 부모님이 쫓아다니며 덮어 주려고 하지 마시라. 그저 잠옷 겸해서 메리야스 하나만 입혀 주시면 밤새 이불에 구속되지 않고 '활동'을 잘할 것이다. 잠자리는 침대보다는 널찍한 마루가 좋고, 바닥 깔개는 통풍이 잘되는 매트리스가 좋다.

29-5. 이 아이들이 새벽에 가끔 '춥다'는 소리를 한다. 밤새 충분히 식혔다는 뜻이다. 그때는 얇은 이불을 덮어 주시라. 일어날 때까지 그대로 덮고 잘 것이다. 자폐 아이들은 이렇게 자야 제대로 잔 것이다.

29-6. 부모는 대개 어린아이들을 키울 때, 특히 겨울에는, 실내를 따뜻하고 훈훈하게 해 주려고 한다. 좌뇌 아이라면 맞는 생각인데, 자폐 아이를 키울 때는 생각을 바꾸셔야 한다.

자폐 아이들에게, 훈훈하고, 습기 많은 실내는 쉽게 말하면 '지옥'이다. 그만큼 심각하다는 뜻이다. 이 아이들은, 여름-겨울 할 것 없이, 실내가 서늘할 정도로 시원하고, 환기가 잘되고, 건조해야 한다.

29-7. 아이가 둘이면 키울 때 신경을 많이 쓰셔야 한다. 하지만 유리한 점을

잘 활용한다면, 오히려 더 쉬워질 수도 있다. 만약 아이가 둘인데, 큰아이가 자폐고 작은아이가 좌뇌(또는 균형)라고 가정하자. 이 경우 아빠 엄마 중 한 분은 분명히 극우뇌이고, 한 분은 좌뇌(또는 균형)일 것이다. 유전법칙이 이러하다. 371쪽의 글을 다시 한번 음미하시기 바란다. 암튼, 아빠가 같은 극우뇌라면,

29-8. 이럴 경우, 특히 밤에 잘 때, 극우뇌인 아빠와 자폐인 큰아이가 같은 방에서 자게 하면, 여러 가지가 유리하다. 가장 넓은 거실을 침실로 사용할 수 있다면, 그렇게 하시기 바란다. 잔다고 해서 좁은 공간으로 들어가는 건, 보통 사람들이나 하는 일이다.

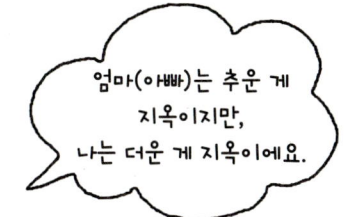

극우뇌 아빠와 자폐 아이가 같은 공간에서 잔다면, 두 분 다 후덥지근하지 않아야 하고, 방바닥에서 열이 올라오지 않아야 하고, 환기가 잘되어야 하니, 아이에게 쾌적한 기후조건이 저절로 만들어진다. 한겨울만 아니라면, 두 분 다 창문을 빼꼼히 열어 놓고 자는 것을 원할 것이다.

29-9. 간혹 벽에 낙지처럼 양손, 가슴, 배를 붙이고 자는 아이를 발견할 수도 있다. 왜일까? 덥다는 뜻이다. 벽 특히 외벽은 실내 기온보다 조금이라도 차다. 아이가 밤에 얼마나 더웠으면 그렇게까지 했을까? 반성의 계기로 삼으시라. 이런 일이 반복되면, 아이 뇌도 험한 길을 걷게 된다.

30. 보통 아이보다 열 배 예민하다.

Further Explanation

30-1. 초등 저학년 아이들이 놀고 있다. 뭔가가 자기 마음대로 안 되었는지, 한 아이가 또래에게 욕설을 퍼부었다. "야, 이, 돌대×리 같은 놈아, 그것도 모르냐!" 이때 또래 아이들의 반응은 제각각이다. '책머리에'서 소개했던 A, B, C, D, E 그룹별로 반응을 살펴보자.

E는 힐끗 쳐다보고 반응이 없다.

D는 초연하다. "그래, 나 돌대×리다. 왜?"

C는 엉뚱하게(?) 생각한다. "쟤가 별것도 아닌 일에 왜 저렇게 화를 내지? 다른 그럴 만한 이유가 있나?"

B는 즉각적이다. "야, 돌대×리는 네가 진짜 돌대×리지. 왜 남 핑계야?"

A는 주먹이 이미 날아갔다. 그리고 호령한다. "쪼그만 놈이 감히 누구보고 돌대×리래?" 이 정도로 끝내지 않고, 한바탕 육탄전을 벌이기도 한다.

왜 이렇게 다르게 반응할까? 뇌특성이 다른 까닭이다. '인간 본성'이 다르기 때문이라는 표현을 쓰기도 한다. 뇌특성이건, 인간 본성이건, 아이들의 이런 차이를 인정하지도, 수용하지도 않는 부모님을 볼 때마다 참 슬프다. 그들은 자기 아이가 그저 아무개(주로 D나 E)의 행동을 모방하라고 요구하기 때문이다.

30-2. 자폐 아이들 10명 중 아홉 명은 앞의 A그룹이다(나머지 한 명은 E그룹). 여기서 대부분 부모는 A그룹 아이들의 특성을 짐작하실 줄 믿는다. A 아이들이 너무너무 '예민'한 것이다. 같은 현상을 놓고, 다른 아이들이 느끼는 것보다 10배 이상 강하게 받아들이는 것이다.

보통 아이들이 하나만큼 기분 나쁜데, 이 아이들은 열만큼 기분 나쁘고, 보통 아이들이 하나만큼 재미있는데, 이 아이들은 열만큼 재미있어서 요절복통하는 것이다.

A그룹 어른들이 극대노와 극환호를 하루에도 몇 번씩 왕복하는 것이 이 때문이고, 눈물 뚝뚝 흘리며 서럽게 울던 아이가, 눈물 계속 흐르고 있는데 깔깔거리는 것도 이 예민함 때문이다. 이 아이들이 나중 세계 최고 반열의 미술가, 음악가, 문학가, 발명가, 연기자로 올라서는 것도 이 예민함 때문이고, 히틀러, 스탈린, 푸틴, 카다피, 도조 히데키 같은 전쟁광으로 변신한 것도 이 예민함 때문이다.

30-3. 자폐 아이들이 극우뇌에서 자폐로 변신한 것도 이 예민함 때문이다. '자폐란, 힘으로 내려찍는 어른에 맞서는 생존의 소라 껍질'이라고 표현한 학자도 있다. 에너지 많은 극우뇌 아이들에게 부모님들이 흔히 하는 말이 있다.

"엄마가 저녁 준비할 때는, 혼자서 TV 보고 있으랬지?"

"밥 먹다가 뛰어다니면 안 되지. 밥 다 먹고 놀아."

"이게 세수한 거니? 손등에는 물도 안 묻었다!"

"너는 먹으라는 밥은 안 먹고, 왜 만날 과자 쪼가리냐?"

"×××에 갈 건데 아직 옷도 안 입었어? 안 갈 거야?"

만약 극우뇌 아이에게 평소 이런 식의 타박/핀잔/꾸중/지적/야단을 상습적으로 치셨다면, 부모님은 그동안 아이에게 도끼를 휘두른 셈이다. 극우뇌 아이가 워낙 예민하기 때문이다. 이런 도끼질을 자주 하셨다면, 아이의 정신세계는 이미 깊은 바닷속 저 밑바닥에 뒹구는 텅 빈 소라 껍질 속으로 숨어들었을 것이다.

30-4. 이 아이들은 유난히 스킨십을 좋아한다. 유난히 업히려 하고, 유난히 안아 달라고 한다. 밤잠을 자면서도 한 다리를 엄마 배 위에 얹고 잔다. 자다가 깨서 엄마가 옆에 없는 것을 알면 금방 울음이 나온다.

낮에는 더한다. 엄마가 바빠 보이면 치맛자락이라도 붙들려 하고, 엄마가 잠깐 화장실에 간 사이에도 큰 소리로 엄마를 부르고 난리다. 육체적 스킨십뿐 아니고, 정신적으로도 부모와 완전히 밀착하려고 한다. 좌뇌 아이들은 이러지 않는다. 왜 이 아이들만 이렇게 껌딱지가 될까?

30-5. 이 아이들도 자신이 예민하다는 것을 안다. 그 때문에 연약하다는 것을 안다. 그래서 이 아이들은 보호막을 찾는 것이다. 그것이 부모다. 부모만 한 보호막이 어디 있을까? 빗줄기 요란한 산골짝에서도 부모는 이 아이에게 캠핑카 같은 분이시다. 부모는 눈사람 만드는 이 아이에게 함박눈 같은 분이시고, 망망대해를 헤매는 이 아이에게 부모는 크루즈선 같은 분이시다.

이 아이는 부모에게 치대야 한다. 달라붙어야 하고, 부모의 정신세계로 스며들어야 한다. 이것이 이 아이들 삶이다. 그때마다 반갑게, 정성스럽게, 성품을 다하여 대해 주시라.

Do's & Don'ts

30-6. A 군은 당시 만 3살이었다. 엄마를 단 1분도 놔주지 않았다. 엄마 역시 지극정성으로 아이를 돌봤다. 보통 아이식 행동을 자주 요구하기는 했지만(그것이 아이에게 견고한 철장임을 엄마는 정말 몰랐다.). 낮에는 주방일이나 세탁 등을 할 겨를이 없어서, 아이를 재워 놓고 일하는 것이 일상이 되었다.

그 와중에 웃지 못할 일도 있다. 밤에 불을 다 끄고, 아이 팔베개를 해 주며, 몸을 최대한 밀착시킨 뒤에, 아이가 좋아하는 옛날얘기로 두런두런 무드를 잡으면, 아이는 금세 쌕쌕 소리를 낸다. 그 소리가 가는 코골이 소리로 바뀌고도 한참 지나면 진정한 적막이 찾아온다.

엄마는 아이로부터 분리작업을 시작한다. 최대한 조심스럽게 일어나서, 발소리를 죽여 가며 방문 쪽으로 걸어간다. 이때, 등 뒤에서 들려오는 뇌성벽력 같은 소리, "어디 가?" 매번 소스라쳐 놀라는 엄마는 신기하다고 했다. "서×질하러 가다가 들키면 그런 느낌이겠죠?"

30-7. 하루는 A 군이 자꾸 밖에 나가자고 했다. 나갈 형편이 아니어서, 엄마가

조정안을 냈다. 우리 베란다에서 놀자. 당시는 요즘처럼 베란다 확장 이런 게 없을 때다. 거실에서 베란다로 나가면 바로 밖이다. 물론 1.5미터 정도 높이의 안전난간이 설치되어 있다. A 군 집은 5층 아파트의 3층이다. 거기서 모자가 술래잡기 등을 하며 깔깔거리고 놀았다.

그때 문득, 저 아래 1층 현관 근처에 아는 엄마가 지나가는데, 오래전부터 꼭 만나야 할 사람이었다. A 군 엄마는 그 엄마를 불러 세운 후, 잠깐 뛰어 내려갔다가 오기로 했다. 아이에게는 "엄마 금방 올게~" 했고, 아이도 끄덕였다.

잠시 후, 그 엄마와 바삐 대화를 나누던 엄마는 "엄마~" 소리에 3층을 올려다보았다. "헉!" 아이가 안전난간 위에 올라서서 막 비상을 준비하고 있었던 것이다(그 이후 다급했던 모습은 여기 적지 못한다.).

암튼 엄마가 뛰어내리는 아이를, 럭비공 받듯이, 받았다. 가벼운 찰과상뿐이었다고 한다. 나중 엄마에게, 아이가 짐스럽다거나 귀찮다고 생각한 적이 없었느냐 물었더니, "자주 있었던 것 같아요."라고 했다. 너무 달라붙지 말라는 말도 했다고 했다. 자폐 아이들은 이걸 귀신같이 안다.

30-8. B 군이 온 것은 만 4살이 몇 달 지나서였다. 말을 한마디도 못 했고, 간단한 말만 알아듣는 정도였다. 대학병원의 진단을 받았는데, 우리 연구소에 온 아이들 중 상태가 가장 나빴다. 화분의 모래를 와작와작 씹어 먹었고, 사슴처럼 나무 잎사귀도 마구 뜯어 먹었다. 책상 위에 올라서고, 물건들을 다 흩어 놓았다. 냉온수기를 마구 틀었고, 그 옆의 차와 커피들을 뒤집어엎었다.

어른들이 싫어할 짓은 다 골라서 했다. 주 양육자인 엄마와 몇 주간에 걸쳐 원인을 추적했다. 이런 아이는 발병요인을 제대로 찾기만 하면, 문제 해결은 의외로 쉬워지기 마련이다. 엄마가 강한 좌뇌인이었다.

30-9. B 군은 위로 형과 누나 하나씩을 둔 셋째다. 이 셋째가 태어난 후 엄마 아빠 사이가 유난히 나빴다고 한다. 아이가 조금씩 커 가는데도 두 분은 자주 다투었다. 두 돌이 될 때까지, 별생각 없이(?) 일상생활처럼 부부간 승패를 겨루었는데, 어느 날 보니 두 돌이 지난 아이가 엄마 아빠 소리를 아직 못 하더란다.

이것이었다. 두 분 사이가 그토록 안 좋았다면, 아이에게 다정하게 대했을 리가 없다. 게다가 엄마는 정신적-육체적 스킨십을 싫어하는 강한 좌뇌인이다. 아이가 치대면, "아이, 저리 좀~"을 예사로 말했단다. 이유가 나왔다. 아이는 좋다고 달려드는데, 엄마는 귀찮다고 밀어내는 것. 이 아이들은 이 순간 엄청난 모욕감에 휘말린다. 분기탱천하는 것이다. 분노는 뇌를 병들게 한다.

> 극우뇌를 천재로 키워내는 것은 부모의 성품이다.

16th Week

Missions of the Week

31. 시선의 중심에 서고 싶다.
32. 모자간 보이지 않는 끈

31. 시선의 중심에 서고 싶다.

Further Explanation

31-1. 어느 음대 교수가 물었다. 성악 실기시험에서 김은 평소에는 A이고, 박은 B 근처입니다. 그런데 관객들 많이 모셔 놓고 발표회를 하면 김은 항상 C이고, 박은 항상 A⁺입니다. 애들이 왜 이럽니까? 이것도 뇌 때문인가요(필자의 저서 중에 《너 때문이 아니고 뇌 때문이야》라는 제목을 인용해서 유머러스하게 물어온 것이다.)? 독자들께서는 어떻게 생각하시는가?

31-2. 명쾌하게 답해 드린다. 뇌 때문이다. 좌뇌와 우뇌의 기능이나 특성이 서로 다르다는 것은 익히 알고 계실 터이다. 대부분 부모는 '좌뇌는 논리적이고 우뇌는 창의적이다.'라는 점을 먼저 꼽으실 것 같다. 맞다.
그러나 이건 기초에 불과하다. 좌-우뇌 기능이나 특성이 서로 다른 점은 수백 가지도 넘는다. 그중에도 '나서는 뇌, 숨는 뇌'가 보여 주는 기능 차이는, 인간 뇌의 오묘함을 멋지게 대변한다.

31-3. 좌뇌는 주위가 조용하고 안정된 곳에서 기능이 충분히 발휘된다. 앞에

서 소개한 수학 박사의 어린 시절 얘기나, 필자가 좌뇌를 도서관 서고에 비유한 것도 같은 맥락이다. 그래서 좌뇌가 발달한 학생은 공부할 때도, 조용하고 좁은 방에서, 혼자 해야 능률이 오른다. '숨는 뇌'가 그 뜻이다.

그러나 우뇌는 정반대다. 한없이 자유롭고, 말을 많이 해야 하고, 매사를 자기 마음대로 좌지우지해야 한다. 그러면서 박수도 많이 받고 싶다. 그래서 우뇌가 발달한 학생은 공부도, 혼자서 못 한다. 서너 명이 모여서, '야, 이거 봐라, 그게 맞다. 저게 틀리다, 그렇게 풀어도 돼…?' 이렇게 해야 몇 개라도 기억에 남는다.

31-4. 자, 되돌아가서, 31-1을 설명한다. 좌뇌 학생은 교수와 반주자 정도가 참석한 연습실에서는 당연히 노래를 잘한다. 그의 뇌가 좋아하는 환경이 완벽하게 갖추어졌기 때문이다. 그러나 발표회는 최악의 환경이다. 일단 사람이 너무 많다. 시선이 모두 자기를 쏘아보고 있다. 엄청난 부담이다. 게다가 장소까지 너무 넓다. '숨는 뇌'로서는 정신을 못 차린다. 숨을 곳이 없는 까닭이다.

반면에, 좌뇌에게 최악의 환경이라는 '군중'은 우뇌에게는 절호의 찬스다. 그 많은 사람이 자신을 주목하고 있으니 신나는 일이고, 모두가 쨱 소리 없이 자신의 행동, 소리 하나하나에 집중하며 기대하고 있으니, 이건 정말 우뇌에게는 최고의 환경이다. 평소에 몇 사람만 모여도 혼자 떠들고 싶던 우뇌가 수백수천 명 관중이라니 얼마나 반갑겠는가? '나서는 뇌'라는 말이 이 뜻이다. 그래서 우뇌는 이런 환경에서는 평소보다 훨씬 노래가 '잘 나온다.'

31-5. 자폐 어린이나 극우뇌 어린이는 '나서고' 싶은 특성이 뭇 우뇌 중에서도 가장 강하다. 그래서 '극' 자가 붙었을 것이다. 이들은 나서는 정도가 아니라, 매사에 자신이 일등이어야 한다. 수업 끝나고 화장실 달려가는 것도 일등, 시험지 써서 내는 것도 일등, 급식도 일등, 집에서 밥 먹고 숟가락 놓는 것도 일등…. 이처럼 일등을 하겠다는 것은 다른 뜻이 없다. 시선을 한 몸에 받고 싶다는 것이다. 박수를 유도하겠다는 뜻이다.

시선을 한 몸에 받지 못하면 어떻게 될까? 계속되면 자폐나, 언어-지적장애가 된다. 이미 되었다면, 더 악화된다. 더 심하면 팔다리에 이상이 오기도 한다. 경기, 조울증, 편두통, 호흡곤란에 시달리기도 한다.

Do's & Don'ts

31-6. 초1 C군의 어머니는 걱정이 태산 같았다. 아들이 입학한 지 얼마 되지도 않았는데 매일 지각한다는 것이다. 많이 늦는 것도 아니고, 꼭 수업 시작 10~20분쯤 되었을 때, 교실에 도착한다는 것. 언어지연이 조금 있을 뿐인데, 왜 이러냐고? 뭔가 짚이는 점이 있었다. 며칠 만에 담임과 통화했다. 엄마 말이 대부분 맞았다.

아이가 꼭 15~20분씩 지각한다는 것. 수업 중인데 교실 뒷문으로 살짝 들어오지 않고, 선생님이 설명 중인 교단 쪽 앞문으로 들어온다는 것. 왜 늦었냐고 물으면, 싱글싱글 웃으면서 엉성한 거짓말로 둘러댄다는 것. 자기 자리에 앉은 후에는, 아이 시선이 다른 아이들과 눈 맞춤 하기 위해 좌-우-뒤쪽으로 헤맨다는 것.

31-7. 독자들께서는 혹시나, 혹시나 하셨을 것이다. 맞다. C 군은 시선을 한 몸에 받고 싶어서 지각하는 것이다. 반 아이들이 모두 줄 맞추어 앉아 있다(당시에는 25명 정도였다.). C 군이 드르륵 문을 열고 들어가면, 모든 시선이 자신을 향한다! 이건 극우뇌에게는 정말 짜릿한 순간이다. 왜 늦었느냐는 담임의 질문에 대답을 멋들어지게 둘러댄다. "차가 많이 막혀서요." 걸어서 3~4분 거리에 사는 녀석이 교통체증이라니! 아이들이 까르르 웃기라도 한다면, 이건 그야말로 천국이다.

31-8. 이런 유치하고도 비사회적인 버릇을 고쳐 줄 방법은 없을까? 의사가 처방전 끊어 주듯, 또는 한의원 약 달여 먹이듯, 그런 방법은 없다. 그러나 고칠 수는 있다. '총량의 법칙'을 활용하면 된다. '총량의 법칙'이란, 아이들이 '청소년기에 말 많이 하기, 칭찬 많이 받기, 앞에 나서기, 주목받기 등에서 일정량을 채우면, 성인이 되어 유치하게 게걸거리지 않는다.'라는 법칙이다.

이 아이들을 이 법칙대로 성장기에 충분히 주목받게 해 주고, 앞에 나서게 해 주고, 칭찬-박수 많이 받게 해 주면, 신기하게도 커서는 그토록 눈 밖에 날만큼 행동하지 않는다. 쉽게 말하면, 배고프다는 사람에게 먹을 것 주고, 덥다는 사람에게 시원한 것을 충분히 주라는 것이다.

문제가 있다면, 부모님들이 아이가 주목받고 싶어 해도, 그건 나쁜 거라고 아예 싹을 잘라 버리거나, 칭찬받고 싶어 해도 버릇 나빠진다는 식으로, 아이 욕구를 뭉개 버리는 것이, 진짜 문제다.

31-9. 청소년기 때 총량에 이를 만큼 받지 못한 상태에서, 어른이 되면 어떻게 될까? 정말 유치하고도 반사회적인 행동을 많이 한다. 뒷담화하기, 이간질하기, 술주정하기, 푼돈 떼어먹기, 공짜 바라기, 공개적인 약속 안 지키기 등등이다. 우리 정치인 중에도, 유난히 국민 눈살을 찌푸리게 하는 인간들이 있다. 이들도 그들이다.

31-10. 잘 풀린 경우도 있다. 복지학을 전공한 Y 교수는 늦게 박사학위를 받고, 40대 중반에야 지방 대학의 교수 자리를 얻었다. 초기에는 강의 준비를 꽤 열심히 해 갔다. 그러나 달이 지나갈수록 강의 준비를 점점 게을리 하는 자신을 보고 놀랐다. 이 자리를 얼마나 어렵게 얻은 자린데, 왜 이럴까?

그러나 학기 말의 '교수 평가' 점수를 보고 Y는 안도했다. 이유도 알았다. 학생들의 초롱초롱한 시선이 온통 자신에게 집중되기만 하면, 말은 점점 더 유창해지고, 유머도 막 튀어나오고, 오래전에 기억했던 숫자까지 마구 생각나서, 강의가 점점 더 풍성해진다는 것이다. 강의 준비를 열심히 해 본들, 그대로 강의하고 나오는 일이 거의 없다는 것. '나서는 뇌'의 장점을 잘 살린 경우다.

32. 모자간 보이지 않는 끈

Further Explanation

32-1. 교육학을 전공하는 학생이라면, 누구나 들었을 얘기다. '엄마와 아이 사이에 보이지 않는 끈(The invisible string)이 있다.' 이 말은 소통 측면에서 두 가지 뜻을 갖는다. 첫째는, 엄마가 아이에게 특별히 설명하지 않았어도, 아이가 엄마 마음을 읽고 있다는 뜻이고, 둘째는, 아이가 생후 몇 개월밖에 안 되어 말을 배우지 못했을지라도, 엄마가 정성껏 설명하면 그 느낌을 안다는 뜻이다.

32-2. 극우뇌나 자폐 아이들이라면, 엄마와 사이에 존재하는 끈이, 보통 아이

들에 비해 훨씬 더 굵다고 보면 된다. 이 아이들이 보통 아이들에 비해 훨씬 더 스킨십을 많이 하려 하고, 조금만 떨어져 있어도 분리불안 증세를 보이는 것이 이 때문이다. 요즘은 엄마들이 직장에 다니는 경우가 많다. 이런 경우일수록 이 끈을 잘 활용하셔야 한다.

아직 말 못 하는 어린아이라도 귀가하시면, 그날 일과에 대해 '보고'를 많이 하시라. 또, 기저귀를 갈아 줄 때도 "에쿠쿠, 똥 쌌구나! 휴~ 냄새~" 이렇게 비난성 호들갑을 떨지 마시고, "에고~ 끈적거려서 기저귀 갈고 싶었지?" 이처럼, 아이가 부담을 갖지 않게, 다정하게 말하시라.

유치원이나 어린이집에 아이를 내려놓고 출근하더라도, 2~3분만 할애하시라. 엄마가 회사 가서 이리저리할 테니, 너도 엄마 많이 생각하고, 이따 저녁에 만나면 재미있는 얘기 많이 하자…. 이처럼 진정성 있는 대화를 나누시라. 명령하지 말고! 엄마가 이렇게 할수록, 보이지 않는 끈은 더 굵어지고 강해질 것이다. 그럴수록 아이는 아름다운 청소년기와 성년기를 보내게 될 것이다.

32-3. 엄마의 행동도 뒷받침되어야 한다. 극우뇌 아이들은 한결같이 입이 짧다. 이 아이들에게는 유익한 음식의 스펙트럼이 좁다. 게다가, '아무거나 골고루 먹어야 한다.'라는 망국적 사회분위기가 팽배해서, 이 아이들은 정말 어려움이 크다. 키나 체구가 또래들보다 눈에 띌 정도로 왜소한 이유가 바로 이것이다. 못 먹고 어떻게 잘 크겠는가?

32-4. '엄마표 김밥'을 권한다. 김밥 굵기는 아이들 입에 쏙 들어갈 크기면 된다. 내용물이 중요하다. 우선 흰쌀밥보다는 보리, 밀, 좁쌀 등을 약간 섞은 것이 좋다. 절대 넣으면 안 되는 반찬이 있다. 단무지, 당근, 우엉 등, 우리 김밥에 '습관적으로' 넣는 것들이다. 이건 우리 보통 사람들에게는 괜찮지만, 이 아이들에게는 엄청 해롭다. 이미 김밥을 싫어하는 아이들이 있다면, 단무지 따위의 '뿌리 채소'가 김밥 속에 버젓하니 자리 잡고 있었기 때문이다.

야채도 별로다. 평소 아이들이 '즐겨' 먹는 것이 좋다. 어묵, 게맛살, 으깬 참치, 햄, 양념 돼지고기, 다진 소고기면 좋다고 할 것이다.

김밥을 썰어서 냉장고에 넣어 두고, 배고프면 스스로 꺼내 먹도록 하시라. 데울 필요 없다. 이 아이들은 밥도 찬 것이 좋다. 이런 바탕에서 아이가 더 잘 먹도록 조리법을 진화(進化)시키는 건 온전히 엄마 몫이다.

32-5. '보이지 않는 끈'에서 웬 김밥 얘기냐? 엄마표 김밥이라면 그게 끈이다. 생각해 보시라. 아이가 엄마 안 계신 동안, 출출해서 냉장고의 김밥을 한두 토막

꺼내 먹었다. 시원한 식감도 좋은데, 내용물이 입에 착착 붙는다. 또 먹고 싶다. '어쭈 제법 맛있네. 이게 과자보다 더 좋아! 우리 엄마도 음식 솜씨가 좋은가 봐.' 아이 머리에 이런 생각이 심어지면 대성공이다.

어린아이지만, 엄마에 대한 신뢰도는 점점 높아질 것이다. 이렇게 되면, 아이 육체적인 성장도 정상 궤도를 걸을 것이다. 이런 것이 보이지 않는 끈이다. 이런 엄마 밑에서는 자폐 아이가 생길 수 없다.

Do's & Don'ts

32-6. 엄마와 아이 사이의 보이지 않는 끈은 항상 존재할까? 그렇지 않다. 아이가 그 끈을 느끼지 못할 만큼 미약한 경우도 많다. 예를 들어 영유아기 시절에 엄마가 타박 아닌 타박을 주곤 한다. "왜 젖을 자꾸 토하냐~ / 잠 좀 자라. 얘는 갓난애가 잠이 이렇게 없어? / 쉬는 왜 이렇게 자주 하냐~ / 앞집 애는 잘 웃던데, 넌 왜 웃지도 않아?" 등등. 엄마는 물론 아무 악의 없이 한 말이다. 그러나 아이는 그렇지 않다. 정확한 말뜻은 모르겠지만, '사랑의 말'이 아니라는 것쯤은 안다. '부정적 메시지'를 구별하여 인식하는 것이다.

32-7. 더 중요한 점. 극우뇌 아이들이나, 자폐-언어-지적장애 아이들은 이런 부정적 메시지를 더 잘 알아듣고, 축적한다는 점이다. 예민하기(@xx쪽 참조) 때문이다. 부정적 메시지가 반복적으로 축적되면 어떻게 될까? 엄마에 대한 집착으로 나타난다. 분리불안을 보이고, 심하면 강박 증세로 발전하기도 한다.

스킨십을 많이 원하는 것은 매우 점잖은(?) 축에 속한다. 아무튼 어린아이들의 이런 불안 증세가 심화하면, 새로운 장애 증상이 나타나거나, 더욱 퇴행한다.

'말'을 할 수 없는 아이들은 의사소통을 어떻게 할까? 갓난아이들은 '울음'으로 의사를 표현했고, 할머니들은 그 '말'을 알아들었다. 모자간의 소통은 스킨십으로 완성된다. 엄마는 보이지 않는 그 끈을 될수록 굵게, 구리선보다는 광케이블로 유지할 줄 알아야 한다. 말 못하는 기간에 소통을 많이 한 아이일수록, 원만한 성품을 갖추게 된다.

32-8. 보이지 않는 끈이 존재한다는 사실은 양육을 매우 능률적으로 해낼 수 있다는 뜻이다. 자폐 등등의 아이들이 이 끈을 믿고 의지하기 시작하면, 아이들의 눈빛도 달라질 것이다.

32-9. '아무거나 골고루 먹는다.'에 대해 꼭 해 둘 말이 있다. 우선 어른들 자신이, 아무거나 골고루 잘 먹는지? 반문해 보시기 바란다. 사회 분위기가 워낙 그렇게 돌아가니까, '난 아무거나 잘 먹어.' 하시는

분이 많은데, 식당에서 실제 주문하는 걸 보면 전혀 그렇지 않다. 각자 호오(好惡)가 분명하다. "똑같이 이거 주문하자." 이런 소리 자주 하면, 패싱 대상이 된다.

왜 이런 현상이 나타날까? 왜 내 입(몸)에 맞는 것과 안 맞는 것이 따로 있을까? 이것이 바로 우리나라 체질의학의 기본 개념이다. '그 사람의 몸에 맞는 음식이 따로 있고, 사람은 그것을 본능적으로 구별하는 능력이 있다.'라는 것이다. 편식이 아니다. 그런데 왜 몸에 맞건 안 맞건 아무거나 먹으라고 할까?

32-10. 필자의 아버지는 우리나라 일제 강점기에 소학교(小學校) 교사를 역임하셨다. 아버지께 직접 들은 얘기를 소개한다. 태평양 전쟁 말기로 접어들자, 일본인들의 수탈이 점점 심해졌다. 집집마다 놋그릇, 수저까지 총알 만드는 재료라고 다 징발했다. 특히 우리나라는 일본군의 식량 조달처였다. 그들이 우리나라 흰쌀을 그리도 좋아했다는 것은 잘 알려진 사실이다.

개돼지도 아무 거나, 골고루 먹지 않아요.

워낙 징발이 심해지자, 당연히 우리 국민 먹을 것이 없었다. 특히 어린아이들은 비참했다. 할 수 없이 조선인 교사들이 일본인 교장에게 물었다. '아이들 먹일 것이 없습니다. 어찌 할까요?' 며칠 후 돌아온 교장이 대답이 놀라웠다. "아무거나 골고루 먹여라." 초근목피(草根木皮)가 우리 식탁에 올라온 것이 그때부터였다.

더 놀라운 점이 있다. 80년 전에는 아무거나 먹는 게 불가피했을지언정, 지금은 왜 망발인가? 지금은 먹을거리가 수천수만 가지인 데다 음식마다 특성이 다 다르지 않은가? 지금 초-중학교 급식에서 '아무거나 골고루' 먹이는 **80년 전의 작전**이 국민 건강에 얼마나 심각한 **폐해**를 끼치는지 알기나 하시는가?

32-11. '아무거나 골고루' 방침의 가장 큰 피해자가 따로 있다. 누구일까? 극우뇌인이다. 맞는 음식의 스펙트럼이 가장 좁기 때문이다. 어른도 마찬가지다. 자폐 등의 장애를 가진 아이라면 그 피해가 더 클 수도 있다. 이들은 그들이 즐겨 먹는 것을 실컷 먹게 해 주어야 한다. 이 원칙은 모든 국민, 모든 뇌타입에 적용되어야 한다. 지금은 '분식 장려'하던 그 시기가 아니다. 남의 입에 빗장을 지르지 말자.

미션의 깊은 뜻이 보이기 시작한다면

　미션을 시작한 지 어느덧 4개월이다. 증상이 심하지 않았던 아이들, 이를테면, ADHD, 틱, 분리불안, 짜증, 떼쓰기, 야뇨, 강박장애, 이렇게 일곱 가지의 아이들은 졸업했거나, 졸업할 시점이다. 댁의 아이는 어떠하신가?

　필자의 연구소를 매주 방문하여 점검받고 상담한 아이들은 모두가 이 시점에 졸업했다. 일단, 수업 방해가 거의 없고, 또래들과 폭력도 거의 다 사라진다. 틱도 웬만한 것은 다 없어지고, 야뇨 실수, 대소변 가리기도 정상이 된다.

　가장 반가운 변화는 사회성이 좋아진다는 점이다. 어떤 아이를 자기 친구로 만들기 위해, 비위를 맞추기도 하고, 자기 장난감을 양보하기도 하고, 참기도 하고, 기다리기도 한다. 자기만 알고, 이기적이던 4~5개월 전에 비하면 엄청난 변화다.

　게다가 키, 체중도 빨리 늘고, 신발도 빠른 속도로 작아진다. 과거에는 먹고 싶다는 것을 못 먹게 하는 환경이었는데, 이제는 몸이 원하는 대로 먹게 해 주니 소화기관이 당연히 안정된 것이다(사실은 마음이 편해진, 즉 분노가 발산된 영향으로, 육체도 빠른 발전을 보게 된 것이지만.).

　초등 2~3 정도 되는 아이라면, 이 시점에 꼭 하는 말이 있다. 다른 학교로 전학시켜 달라는 것이다. 대단히 반가운 말이다. 현재 다니는 학교 아이들은 자신에 대해 나쁜 이미지를 가졌을 터인데, 자신이 변했으므로, 이제는 새로운 인생을 살고 싶다는 뜻이다. 부모님이 기쁜 마음으로 응해 주셔야 한다.

...

　혹시, 우리 아이는 4개월이 되었는데도, 졸업할 만큼 변화가 생기지 않았다는 부모가 있을지도 모르겠다. 앞에 예시한 7가지의 경증이었는데도 그렇다면, 그건 문제가 있다. 어떤 분은 이 책만 보고, 미션을 실천한 것이라, 효과가 더딘 것 같다고 하실 것 같다. 그러나 이런 식으로 자기 위로에 빠지지 않아야 한다.

　이 책은 원래 방문 상담과 같은 효과가 나오도록 훨씬 더 자세히 설명했다. 하나의 미션마다 '미션 + 미션 설명 + 관련 사례'를 한 묶음으로 제시하고 있는데, 방문 상담자에게는 이토록 이해하기 좋게 설명한 적이 드물다.

4개월이 되었는데도 아직 증상이 깨끗해지지 않은 아이들은, 부모님이 지난 미션들을 복습하시는 것이 빠른 방법이 될 터이다. 자세히 설명했는데, 그걸 꼭꼭 씹지 않는다면, 책값의 수백 배를 투자하여 방문 상담을 받으셔야 한다. 너무 억울하지 않나?

우리 연구소를 방문 상담하신 부모님들 대부분은 2~3개월이 지나갈 무렵, '아, 옛날 미션을 다시 보니, 그 진정한 의미가 무엇인지 이제 알겠어요.' 한다는 사실도 참고하시기 바란다.

· · ·

자폐, 언어-지적장애, 지체장애, 경기, 까치발, 손톱 뜯기 등 증상이 심한 아이들은, 아무리 나이가 10세 이하이긴 하지만, 앞으로 몇 달 더 노력하셔야 한다. 뇌신경이 심하게 엉킨 경우들이므로, 회복을 위하여는 최소한의 시간이 필요하다.

이 아이들은 빠짐없이 난독증을 가지고 있을 텐데, 대개는 초2 후반에나 사라진다. 이 난독증은 우리 미션으로 사라지는 시기를 당길 수 없는 증상이다. 난독증 아이들을 다그치지 말고, 이해와 사랑으로 양육하시기 바란다.

이 아이들은 대개 소근육이 약하다. 질긴 것을 씹지 않으려 하고, 젓가락질 등이 서툰 이유다. 닦달해서 될 일이 아니다. 대근육도 약하다. 구기나 줄넘기, 달리기 등을 잘하게 해 주려고 무리하게 연습시키지 않아야 한다.

17th Week

Missions of the Week

33. 그들의 언어는 우리와 다르다.
34. 하던 짓도 멍석 깔면 멈춘다.

33. 그들의 언어는 우리와 다르다.

Further Explanation

33-1. 각종 문헌에서, 자폐 어린이 특징을 살펴보노라면, 비슷한 말이 자주 나온다. 소통 능력이 부족하다, 비언어적 의사소통이 안 된다, 감정의 상호교환이 어렵다, 문장으로 말하지 못한다, 상대의 끝말을 따라 한다…. 자폐 어린이들의 언어적 특징을 잘 지적하고 있다.

이 아이들이 왜 이럴까? 머릿속 언어 관련 신경중추가 손상을 입은 것인가? 그렇다는 논문들이 여럿 있다. 이유는 그뿐일까? 필자는 다른 하나의 이유를 눈여겨보게 되었다. 이 아이들은 우리 보통 사람들과는 '언어가 다르다.'라는 점이다.

33-2. 가족들이 이 아이를 대할 때, 가장 자주 듣는 말이 아마도 "싫어!"일 것이다. 그것도 조용한 말투가 아니다. 고함치듯, 딱 잘라 말하듯, 앙칼지게 말한다. 아무리 가까운 가족이라도 '정나미가 다 떨어진다.' 여기서 우리 보통 사람들이 인내심을 발휘하고, 탐구심을 불태워야 한다. 저 '싫어!'가 우리 보통 사람들이 말하는 그 '싫어~'와 같은 뜻일까? 아니면, 뭔가 다른 뜻일까? 필자가 대답한다. 다르다. 절대 같은 뜻이 아니다.

33-3. 자폐 아이들이 사용하는 '싫어!'는 거부 의사라기보다는 의문문에 더 가깝다. 보통 아이들의 용어로 바꾸면, '그게 무슨 말이에요? / 왜 해야 돼요? / 뭔데요?'라는 말이다. 자기가 잘 모르는 것을 제안받았는데, 잘할 수 있을까? / 망신당하지 않을까? 등의 두려움 때문이다. '싫어!' 속에는 '그러니까 제가 알아듣게 보충 설명 좀 해 주세요.' 이런 뜻도 포함된 거다. 다만, 어휘력, 소통능력이 부족하여, 많은 생각을 이처럼 간단하게 표현할 뿐이다.

33-4. '싫어!' 소리를 들은 가족은 어찌해야 할까? 우선 '정나미'가 날아가 버리지 않도록 잘 붙들어 매야 한다. 그리고 재빨리 마음속으로 사과하시라. '미안하다. 내가 어린 너의 그 진정한 말뜻을 알아듣지 못했구나.' 겉으로 미안한 표시를 하면 더 좋다. 그리고 아이를 안심시킨다, 격려한다, 희망을 갖게 해 준다. 이런 식이다.

"놀이터에 네가 좋아하는 형아들이 놀고 있어. 재미있을 거야."
"너 예뻐하는 누나들이 너 보고 싶대~"
"어제 아빠가 먹어 보셨는데 참 맛있대. 너랑 아빠랑 식성이 같잖아~"
"손에 붙어 있던 균이란 놈이 우리 왕자님 얼굴에 옮겨 붙지 않을까?"
"너 잠들 때까지, 엄마가 재미있는 책 읽어 줄게."

33-5. 진정성 있게, 보충 설명을 이런 식으로 해 주면, 아이가 '싫어'를 거두어들이고, 당초 엄마(가족)의 제안에 따라올 것이다. 자폐가 불치의 병이라고는 하나, 가족이 그 아이를 이해하고, 공을 들이면 들인 만큼 그 굴레에서 뚜벅뚜벅 걸어 나오게 된다. 어려운 점 하나! 이 아이들의 본성을 '이해'하지 못하면, 아무리 공을 들여도 헛수고다.

Do's & Don'ts

33-6. 필자의 연구소가 성남에 있을 때다. 초1 여학생의 엄마와 상담하다 보니, 그 학생과 직접 대화해 보아야겠다는 판단이 섰다. 당시 우리 연구소 건물 옥상에는 멋진 정원이 꾸며져 있었는데, 이런 종류의 전국대회에서 2등 상까지 받은 수준이었다. 엄마는 우리 연구원과 대화하시라 해 놓고, 필자가 초1 아이에게 제안했다.

"○○아, 우리 옥상에 놀러 가자."
"싫어!"

"너, 나비가 날개 나오기 전에 어떻게 생겼는지 알아?"

아이가 고개를 가로저었다. 연필 끝을 보여 주며 설명했다.

"요만~하게 생겼는데, 요 쪼그만 게 꼬물꼬물 기어다니기도 한다! 그런 거 봤어?"

소파에 앉았던 아이가 일어섰다. 필자가 손을 내밀자 아이가 필자의 손을 잡았다.

33-7. 또 다른 초1 여학생은 필자와 마주칠 때마다 똑같은 말을 했다.

"아빠! 아빠! 소장님 우리 아빠 해요."

"그럴까?" 아이를 번쩍 들어 안아 주면서 묻는다.

"내가 ○○○ 아빠면, 너네 엄마는 나를 뭐라고 불러야지?"

"여보라고 해야지요." 그러고는 싱글싱글 웃는다.

"그럼 엄마한테 가서 그렇게 말해 봐~"

당장 달려가더니 엄마를 데리고 온다. 둘이 허깅이라도 진하게 하라는 표정이다. 허깅하고, 뽀뽀하는 시늉하고, 아이를 다시 들어 안았다. 셋이 한 덩이가 되었다. 아이가 환하게 미소 지었다. 엄마는 아이의 이처럼 환한 얼굴을 처음 본다고 했다.

아이가 '우리 아빠 해요'라는 말의 뜻이 이해되셨는가?

33-8. "△△△이가 나 때렸어." 자폐 어린이나, 또는 자폐까지는 안 갔지만, ADHD급 어린이도 자주 쓰는 말이다. 암튼, 누가 이런 말을 하건, 사실관계를 따져 보면, 대개는 때린 사실이 없는 것으로 나온다. 그럼 이 아이들이 거짓말한 것일까? 거짓말이라기보다는 이것이 '보통 사람과 다른 이 아이들의 언어'라고 보는 것이 옳다. 그래야 문제를 잘 풀어 나갈 수 있는 까닭이다.

이 말의 뜻은 '△△△이가 나와 놀아 주지 않는다.' 또는 '△△△이가 나를 왕따 시킨다.' 이런 뜻이다. 이럴 때 부모님은 미션 3에서 알려 드린 대로 편들어 주기를 잘하시면 된다. 보통 사람의 그것과 다른 '이 아이들의 언어'를 가족들이 빨리 이해하고, 대처해 주실수록 아이들의 뇌도 빨리 창공을 날게 된다.

33-9. 이 아이들 언어를 이해하지 못하는 경우를 하나 더 소개한다. 치대는 것이다. 사실은 '치댄다'는 단어 자체가 아이들을 이해하지 못하는 부모의 모욕적 표현방식이다. 아이들 입장에서 통역하자면 '엄마, 나 심심해, 같이 놀아 줘.'쯤 된다.

아이들의 이 말을 못 알아듣는 부모는 반응이 비슷하다. '아이, 저리 비켜~ / 아이, 쫌~ / 엄마 이거 해야 돼 / 하지 마~' 이럴 때 아이가 느끼는 좌절감, 절망감은 정말 크다. 정신적 질병의 단초를 제공하는 것이다.

34. 하던 짓도 멍석 깔면 멈춘다.

Further Explanation

34-1. '하던 짓도 멍석 깔아 주면 안 한다.' 우리 옛 속담이 혹시 이 아이들을 보고 만든 것은 아닐까 하는 생각이 든다. 자폐나 극우뇌 아이들은 공부하는 면에서도 청개구리인 까닭이다. 학교, 유치원이란 이 아이들에게는 깔아 놓은 멍석이다. 가기 싫어할 수밖에 없다. 어떤 어린이집은 아이들에게 한글이나 영어 알파벳, 발음기호, 숫자 등을 가르친다고 한다. 이건 멍석 수준이 아니다. 차라리 고기 굽는 불판 수준이다. 이럴 수가! 그들도 당연히 교육자다. 아이들에게 비교육적인 방법을 동원하여 무지한 부모 마음을 사겠다니? 교육자로 다시 돌아갈 것을 정중히 요청한다.

34-2. 이 아이들이 학교나 유치원을 왜 깔아 놓은 멍석으로 인식할까? 구속당하기 때문이다. 자유를 빼앗기기 때문이다. 학교나 유치원은 각종 제약이 많다. 법이 많고, 규칙도 많고, 약속도 많다. 해야 할 것, 하지 말아야 할 것 따위도 많다.
  학교란 이런 것을 배우러 다니는 곳이기도 하다. 이 아이들은 그게 싫은 것이다. 자기를 구속하는 방법을 왜 배우려고 하겠는가? 아침에 일어나서부터 유치원 버스가 오기까지 한 시간 동안, 어찌나 미꾸라지 같은 짓을 하는지, 부모가 이성을 잃게 된다는 하소연도 많이 들었다. 이유는 명확하다. 구속하는 곳에 가기 싫은 것이다.

34-3. 더 기막힌 일도 흔하다. 아이가 하교-하원하면, 엄마가 가정통신문부터 확인한다. 아이 숙제가 뭔지 알아내기 위해서다. "숙제 해 놓고 놀아~" 아이를 책상 앞에 앉힌다. 어이구야~ 세상에나~ 지금까지 계속 멍석 위에 올라앉아서, 꾹꾹 참으며 꼭두각시 노릇하다가 집에 왔는데, 또 멍석이야?
  전국의 엄마들께 알려 드린다. 초등 1학년 말까지, 모든 아이들에게 이러시면 안 된다. 하교-하원해서 오면, "힘들었지? 음료수 한잔 마시고, 좀 쉬어. 놀이터에 나갈까?" 이렇게 해 주시라.
  초2부터는 구분하셔야 한다. 균형이나 좌뇌 아이들(합하면 전체의 절반)에게는, '숙제부터 하고 놀아라.' 해도 된다. 그러나 우뇌, 극우뇌 아이들에게는 4~5학년까지는 이렇게 하시면 안 된다. 집에 와서까지 공부하는 것은 교육적 효과

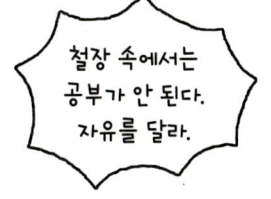

철창 속에서는 공부가 안 된다. 자유를 달라.

가 거의 없는 반면, 뇌를 손상시키는 일에만 기여(?)하기 때문이다.

34-4. 초1 남학생이었는데, 3급 자폐 진단을 받은 아이였다. 하루는 아이와 접시 던지기 놀이를 했다. 아이 머리에서 땀이 많이 흘렀다. 필자가 아이에게 말했다. 저 방에 가면 냉장고가 있어. 네가 제일 좋아하는 음료 하나 골라 올래? 아이가 가져왔는데 뚜껑을 열지 못했다. 필자가 열어 주지 않고, 뚜껑에 고무줄을 감아 주었다. 자, 열어 봐, 잘 열릴 거야. 이 모습을 지켜보던 아이가 한마디 던졌다. "으응, 마찰력!" 필자는 기절초풍하고 말았다. 초1이 마찰력을 어떻게 알아?

34-5. 멍석을 깔지 않은 곳에서 배운 것이었다. 저녁에, 다 같이 식사하면서, 아이가 TV를 힐끔힐끔 보았는데, 그때 배운 것 같다는 엄마 증언이었다. 필자가 웃으면서 엄마에게 물었다. "밥 얼른 먹고, 소파에 앉아서 봐라." 하지 않으셨어요? 했더니, 엄마 대답이 더 재미있었다. "저도 그때 밥 먹으면서 마찰력이라는 걸 처음 배웠어요." 엄마도 극우뇌인이다.

미니 교육 토론 1 - 무지한 교육열

34-6. 우리나라 교육열은 세계적으로 칭찬이 자자하다. 그러나 '높은 교육열만큼 높은 교육적 성취를 이루느냐?' 하는 질문에는 누구나 고개를 가로저을 것이다. 그래서 역대 대통령마다, 역대 교육부장관마다 '공교육개혁'을 외쳤다. 그러나 누구도 성공한 적이 없다. 그러니까 후임 대통령이나 장관들이 또 개혁을 외치게 되는 것이다.

이런 행태를 반세기 이상 반복하는 정부를 바라보며, '혹시 저들이 무엇을 개혁해야 하는지 모르는 것 아닌가?' 하는 의구심이 든다. 정부가 잘못하는 것, 학부모가 잘못하는 것, 두 가지로 나누어 생각해 본다.

34-7. 첫째 정부(=교육당국자)가 잘못하는 것을 보자. 정부는 아이들이 '서로 다름'을 인정하지 않는다. 몰라서 못 하는 것인지, 알긴 아는데 '많은 아이를 동시에 교육'해야 한다는 핑계로 안 하는 것인지, 어느 쪽인지 명확하지는 않다.

미국의 어떤 고등학교는 수학 과목에만 17단계의 학급을 운영한다고 한다. 자기 수준에 맞는 클래스에 가서 들으라는 것. 서로 다름을 인정하는 것이다. 우리는 어떤가? 이와 비슷한 '우열반'을 편성하려다가 어마어마한 여론의 질타를 받았다. 결국 자기 수준에 맞는 클래스를 찾아 사교육 열차를 타게 되었다. 우리 공교육은 '획일성과 형평성'만을 내세운다.

정부가 잘못하는 두 번째, 아이들이 나이가 같으면 능력도 다 같은 줄 안다. 현실은 어떤가? 난독증 때문에 한글을 초2 말이나 되어야 깨우치는 아이들이 10%쯤 되고(만 5세 때 깨우치는 아이들도 10% 정도), 구구단을 초2 때 이해하는 아이들이 전체의 1/3, 초5나 되어야 이해하는 아이들도 1/3이나 된다. 이런 분명한 차이를 공교육이라고 꼭 무시해야 하나? 반영해 줄 방법이 정말 없나? 필자의 대답은 '대단히 좋은 방법이 있다.'이다.

> 똑같지 않지만 똑같이 가르쳐야 해요. 안 그러면 난리가 나요.

정부가 잘못하는 세 번째, 아이들에게 너무 많은 과목을 가르친다는 사실이다. 지금 우리 아이들은 초등 6년간 약 20개 과목, 중고교 6년간 약 30개 과목을 배워야 한다. 이 중 약 절반이 '평생 한 번도 써먹지 않는 지식'이라는 사실을 아시는가? 왜 학생들이 자신의 장래에 필요하지도 않은 잡다한 지식을 모두 공부해야 하는가? 필요한 사람만 배우면 안 되는가? 공교육은 반드시 '획일적'이어야 하는가?

34-8. 학부모가 잘못하는 것은 어떤 것일까? 첫째, 자녀들의 뇌 능력을 '전혀' 이해하지 못한다는 점이다. 혹시 일부 이해하더라도 무시해 버린다는 점이다. 아시다시피, 사람의 뼈가 자라듯, 사람의 뇌도 자란다. 태어나서부터 초~중학교 기간에, 뇌가 가장 왕성하게 자라고, 만 15세, 즉 중3이면 뇌 조직이 완성된다.

이 기간에 뇌를 '혹사'하면 어떻게 될까? 당연히 왕성하게 자라지 못한다. 물동이를 머리에 이고 다닌 조선 여자들이 키가 자라지 못했던 것과 같은 이치다. 뇌를 '혹사'한다는 것이 무엇인가? 뇌가 가진 능력 이상으로 사용한다는 것이다.

지금 세계적으로 중학교 입학시험을 치르는 나라가 아주 드물다. 왜 있던 중학 시험을 다 없애 버렸을까? '초등 6년간이란 뇌가 가장 잘 자라도록 여건을 조성해 주어야 할 기간이니, 경쟁을 빌미로 혹사시키지 말라.'라는 것이 그 취지다. 이러함에도 불구하고, 우리나라 엄마들은 자기 자녀들 뇌를 경쟁적으로 '혹사'시킨다. 타의 추종을 불허한다.

34-9. 학부모가 잘못하는 두 번째, 아이들이 서로 다름을 알기는 알지만, 그러면서도 내 아이를 다른 집 모범생 아이처럼 키워 내려고 헛수고를 많이 한다는 사실이다. 그래서 이웃집 모범생 아이가 문제집을 무얼 쓰는지, 먹이는 건 무얼 먹이는지, 심지어는 책상-조명-침대의 브랜드까지 알아내려고 하는 것이다. 내 아이도 똑같은 것을 제공해 주면, 그 아이처럼 모범생이 되리라고 믿는 것이다.

이것만으로는 부족해서, 수능시험 만점 학생의 엄마 강연회에 구름처럼 몰려다닌다. 그 학생 공부 방법을 자기 아이에게도 적용하면, 자기 아이도 수능 만점을 받으리라 믿을 것이다. 정말 어마어마한 무지가 아닐 수 없다. 무지할수록 용감하다고 했다. 학부모는, '획일' 원칙에 따라 공교육을 이끌어 가는, 교육당국자보다 한술 더 뜨는 완력의 소유자다.

34-10. 학부모가 잘못하는 세 번째, 세상 모든 것을 배워 가는 시기인 유소년들의 부족함을 인정하지 않는 것이다. 세대 간 갈등이 여기에서 시작한다. 대부분 부모는 6살인 자녀를 26살 청년으로 안다.

그리고 요구한다. '밥 먹어라.' 하면, 사관생도들처럼 아이가 와~ 달려와서, 식탁에 착석하고, 절도 있게 빠른 속도로 먹고, 빈 그릇 싱크대에 갖다 놓고, 양치하고 와야 한다. 이런 행동을 6살 어린이에게 요구하는 것이다.

식사뿐인가? 아침에 일어나는 것, 옷 입는 것, 자기 방 관리, 여기에 '공부' 문제까지 가해지면, 아이는 그야말로 초죽음이 된다. 아니면 엄마에게 대들든가.

34-11. 교육, 양육의 목적이 무엇인가? 쉽게 답한다. '가지고 태어난 것을 잘 키워 주는 것'이다. 사회의 일원으로 떳떳한 삶을 살게 해 주는 것이다. 그런데 만약, 가지고 태어난 것을 다 퇴화시켜 버렸다면? 잘 키운다고 키웠는데 뇌 손상만 입게 해 주었다면? 슬프기 그지없지만, 목표에 역행한 것이다.

꼭 알아 두셔야 한다. 아이들이 중2 이전 10여 년 동안에 배우는 지식이라고 해 본들, 그 양이 '한 줌'밖에 안 된다. 그러나 아이들 뇌가 거의 완성되는 중3부터 이후 10년 동안에 배우는 지식은 '대형 컨테이너 하나 분량'도 넘을 것이다.

또, 배우는 '효율'은 어떤가? 중2 학생이, 초등 6년간 배운 것을 다 잊어버린 것 같아서, 6년 치를 몽땅 복습시켰는데, 겨울방학 한 달 만에 완전히 마스터하더라는 것이다. 상황이 이러함에도, 어린 시절에 '반의 반 줌'만큼이라도 지식을 더 얻게 하겠다고 무리를 거듭한다. 꼭 그렇게라도 아이들 뇌를 망가트려야 하겠는가? 수학 점수 5점, 10점 더 올리는 것과 뇌 손상을 맞바꾸어도 되겠는가?

인생의 성공 여부는 중3 이후 10년간 머리를 얼마나 잘 활용하느냐에 달렸다. 배우는 족족 입력되는 까닭이다. 그렇다면, 이 기간의 아이들 뇌는 누구나 그렇게 잘 돌아갈까? 허허, 천만에! 그럴 리가 없다. 중2 이전 10년간, 뇌 손상을 잔뜩 입혀 놓았다면, 그 이후에 이 아이들은 뻔하다. '바닥을 깔고 자빠졌을' 것이다. 진짜 승부는 중3부터 대학 기간에 결판난다.

18th Week

Missions of the Week

35. 아이 말을 잘 들어 주는 부모
36. 어린이집, 유치원, 학교 선택은?

35. 아이 말을 잘 들어 주는 부모

Further Explanation

35-1. '말 잘 듣는 아이!' 우리나라 모든 부모의 로망이다. 아이가 공부 잘하고, 좋은 대학 들어가고, 큰 회사에 취직하거나, 'ㅇㅇ사'가 되는 것? 물론 좋다. 그러나 그보다 더 중요한 것이 있다. 부모 말을 잘 듣는 것이다. 아무리 출세하더라도 '엉덩이에 뿔 난 짓'이나 한다면, 그런 자식은 안 본다. 다 큰 자식도 이러할진대, 초중고생, 성장기 시절의 아이가 부모 말을 잘 안 듣는 것은 꿈에도 용납하지 못한다. '호적 파 가라!' 소리가 나오는 것이다.

35-2. 자녀가 부모 말을 잘 듣고, 말고 하는 것이, 기싸움이나 부모의 겁박 능력에 따라 좌우될 수 있을까? 여기가 대단히 중요한 대목이다. 아이를 찍어 눌러서 말을 잘 듣게 할 수 있다고 생각하시는 부모님은, 하, 이건 심각하다. 생각을 바꾸시기 바란다. 그게 인력으로 되는 것이 아니다. 위 표를 보자.

파란색과 초록색을 합치면 대략 절반이다. 이들은 힘으로 부모 말을 잘 듣게 할 수 있다. 좀 더 넓게 잡아서, 빨간색 일부를 포함하면, 모든 아이들의 약 60%, 즉 열 명 중 여섯 명은 부모의 완력이나 가벼운 지시로 말을 잘 듣게 만들 수 있

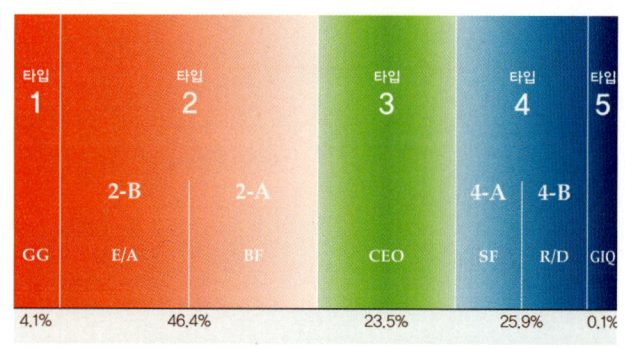

다. 그러나 나머지 40%는 안 된다. 우리나라 청개구리 설화를 떠올리시면 된다. 그런 설화가 근거 없이 생겨난 게 아니다. 사회상을 반영한 것이다.

35-3. '아이들을 말 잘 듣게 만든다.' 이것이 양육의 최고선이냐 아니냐 하는 논쟁은 여기에서는 다루지 않겠다. 다만, 저 표의 빨간 아이들, 즉 우뇌가 강한 아이들이 왜 청개구리냐? 하는 점이다. 청개구리를 키우는 부모님들이 이 이유를 알고 양육에 반영하면, 그게 성공하는 길이다.

우뇌란, 창의적인 뇌다. 그래서 의심하고, 비판하고, 반대하고, 안 가 본 길로 간다. 그러기에 발상의 전환이 가능하다. 현재에 만족하지 못해서 무언가 다른 방법을 찾는 것이 본성인 까닭이다.

다시 말하면, 이런 '청개구리 기질'은 뇌 때문이라는 말이다. 뇌를 뜯어고치지 않는 한 바꿀 수가 없는 것이다. 청개구리 짓을 할 때마다, '허, 그 녀석, 또 뭔가 새로운 것을 찾는 게지?' 생각하시고 흐뭇하게 넘기시기 바란다.

35-4. 극우뇌나 강우뇌 아이들 중에 '쓰레기 같은' 아이들이 있다. 누구일까? 바로 말 '잘 듣는' 아이들이다. 창의력 넘치는 뇌가 일단 고장이 나면, 에너지가 떨어지고 무력해져서, 말을 잘 듣는 뇌로 바뀌기 때문이다.

자폐-언어장애-지적장애 등의 아이들이 바로 창의적 뇌가 고장 난 아이들이다. 말 잘 들으려고 노력하다 보니, 자신도 모르는 사이에 엉뚱한 장애에 걸려 버린 것이다.

에너지 많고, 청개구리 같은 아이를 키우시는 부모님이라면, 이제껏 꿈꾸어 왔던 그 '로망'을 과감히 접으시기 바란다. 대신, 아이가 청개구리이긴 하지만, 다른 장점은 무엇일까? 하는 점에 촉각을 곤두세워야 한다. 이것이 바로 청개구리 아이를 잘 키워 주는 비결이다.

35-5. 말 잘 듣는 아이(초록-파랑), 말 잘 안 듣는 아이(빨강)가 각각 성장하여 사회에 나왔다. 어떤 모습일까? 각각 긍정적인 사람, 비판적인 사람으로 자리매김하게 된다.

어느 쪽이 우리 사회가 더 필요로 하는 사람일까? 아, 그건 일률적으로 재단하여 구분할 수 없다. 때에 따라, 장소에 따라, 다른 특성의 사람을 구성원으로 요구하는 까닭이다. 중요한 것은 손상 여부다.

Do's & Don'ts

35-6. 초2 남자아이와 유치원 여동생이 부모님을 따라 시골에 갔다. 친할아버지 할머니가 농사짓고 사시는 곳이다. 논밭이 평수가 꽤 넓었고, 마당도 넓었으며, 고래 등 같은 기와집에 일꾼도 두어 명 두고 사는 부농이었다. 그만큼 할아버지 자부심도 커서, 여름방학이면 손주들을 꼭 불러 내렸다.

아파트에만 살던 초2 손자와 동생은 '내 세상이다~' 하고 메뚜기처럼 뛰어다녔다. 서울 살던 동네에 비하면 시골 동네는 광활했다. 동네를 가로지르는 길이며, 개천이며, 각종 가축들이며, 게다가 집 안 구조까지…. 모든 것이 새로웠다. 특히 손자 녀석은 신세계의 기쁨을 만끽했다.

35-7. 하룻밤을 자고 난 다음 날이었다. 에너지 넘치는 손자의 행보가 계속되었다. 마당 구석에 정돈된 농기계를 건드려 보고, 광에 들어가서 이것저것 위치를 바꾸어 놓고…. 이런 '꼴'을 그냥 보고만 계실 할아버지가 아니다. 좋은 말로 말렸다. 그렇다고 이런 간섭에 '옛썰' 하면서 멈출 아이도 아니다.

할아버지가 데프콘 2를 3로 발령하고, 4로 전 가족 비상까지 끌어 올렸다. "만지지 마라 → 위험하다 → 어이쿠 저런 → 이노오옴 → 몽둥이로 맞아야겠다." 할아버지와 숨바꼭질을 거듭하던 손자는 '이노오옴' 소리에 폭발했다.

저녁 식사 시간이 다 될 즈음이었다. "야, 동생아, 서울 우리 집으로 가자. 여기선 못 놀겠다." 아이가 얼마나 난리를 치는지, 저녁도 못 먹고, 짐을 챙겨 상경길에 올랐다는 것이다.

35-8. 그는, 처음에는 어른들의 뜻에 따라, 대학에 진학했다. 의학과 문학을 공부할 수 있는 곳이었다. 하지만 자신의 적성에 맞지 않았고, 이런 과목들을 위해 비싼 등록금을 내고 싶지 않아서, 한 학기 후 자퇴한다. 그러나 그 대학에 그가 꼭 듣고 싶은 과목은 있었던 것 같다. 열심히 알바를 하고, 때로는 무료급식소까지 활용했다. 부모의 눈을 피해 친구 집 마루바닥에서 잠을 자면서도 그가 들은 과목 중 하나가 '서예'인데, 이것이 나중 매킨토시 창안에 영향을 주기도 했다고 한다.

'그'가 바로 스티브 잡스다. 우리 인류에게 깜짝 놀랄 선물을 그토록 많이 안겨 준 그의 젊은 시절은 '말 잘 듣는 삶이 아니었다.'

우리 부모들은 언제부터인가 아이를 목줄에 매어 끌고 다니는 것이 옳은 양육인 줄 안다. 그건 170쪽의 파란 아이들에게나 옳다. 나머지 3/4은 목줄이 없어야 옳다.

35-9. 유대인 가정에 태어난 그는 어릴 적부터 영화를 매우 좋아했다. 학교 공부는 게을리 하면서 영화에 빠져들었다. 급기야는 13살 나이에 영화를 만들기까지 했는데, 그가 감독이고 가족들이 그를 위해 배우로 출연했다.

17살 때는 500달러를 들여 만든 영화 〈불꽃〉을 감독, 각본, 촬영까지 맡아 완성하여서, 동네 극장에 개봉한 적도 있었다. 극장주는 이 아이는 커서 영화계를 놀라게 할 것이라고 감탄했다. 딱 1개 동네 극장에서 별다른 홍보도 없이 사흘 동안 상영했던 이 영화는 501달러의 수익을 거두었다고 한다.

'그'가 불세출의 거장 스티븐 스필버그다. 그는 '말 잘 듣는 아이'가 아니었다. 부모가 그의 '말을 잘 들어 주는' 가정에서 자란 것이다.

36. 어린이집, 유치원, 학교 선택은?

Further Explanation

36-1. 자폐, 언어-지적지연, 강박, ADHD 등을 가지거나, 가지지 않았거나, 이런 극우뇌 아이들을 유치원에 보내려면, 어떤 곳이 제일 좋을까? 이건 엄마들의 '촉'이나, 엄마들 사이의 '카더라' 통신에만 의지해서는 안 된다. 사람의 서로 다름을 전제하지도 않고, 솔루션도 모르는 학자들이나, 언론에 의지해서도 당연히 안 된다.

어려울 것 없다. 미션을 설명하면서, 앞에서 이 아이들의 특성을 여러 가지 얘기했다. 그 특성을 충족시켜 줄 수 있는 유치원을 고르면 된다. 학교도 마찬가지다.

36-2. 이 아이들 특성을 꼽아 보자. 구속받기 싫어한다. 지시-명령받기 싫어한다. 남에게 고개 숙이지 않으려 한다. 또래들과 갈등이 잦다. 실내보다는 실외 활동을 좋아한다. 규칙적인 생활을 싫어한다. 공개 장소에서 망신시키면 큰일 난다. 잘못했어도 사과하지 않으려 한다. 스킨십을 좋아한다. 승부에서 지는 것을 엄청 싫어한다. 시선의 중심에 서고 싶어 한다. 박수받고 싶어 한다. 나서고 싶어 한다….

자, 이런 특성을 가진 아이라면,
① 한 반 학생이 많은 유치원, ② 적은 유치원 /
① 담임이 원칙만 고집하고 빡빡한 분, ② 쾌활하고 융통성이 많은 분 /

① 공부(학습)를 많이 시키는 유치원, ② 놀이 중심으로 운영되는 유치원 /

① 경쟁을 많이 시키는 유치원, ② 경쟁을 안 시키는 유치원 /

① 유치원 건물이나 공간이 비좁은 유치원, ② 널널하고 자연친화적인 유치원 /

① 수업을 주로 의자에 앉아서 진행하는 유치원, ② 앉을 새가 없이 뛰고 움직이는 유치원 /

중에, 어느 곳을 선택하시겠는가?

36-3. 확실하게 감을 잡으셨을 줄 믿는다. 위 여섯 가지 질문의 정답은 모두 ②번이다.

이 아이들은, 유치원이나 학교가 공립이냐, 사립이냐 하는 것은 아무 의미가 없다. 이 아이들은 그저 선생님의 관심을 조금이라도 더 받고, 칭찬 한 마디라도 더 듣는 곳이 좋은 곳이다.

규칙 잘 지켜야 한다고, 움직이지 말고 똑바로 앉아 있어야 한다고, 조용하라고, 강압하지 않는 곳이 좋은 곳이다. 물론, 이 아이들의 '유별난' 특성을 이해하고, 대책을 아는 담임선생님을 만난다면, 더할 나위 없겠지만.

자폐나 극우뇌 어린이들에게 유치원이나 학교는 어떤 곳이 좋을까? 선생님 능력이 같다면, 학생 수가 적고, 자연 친화적인 곳일수록 좋다. 창의성, 자주성을 훼손시킬 염려가 적은 까닭이다.

Do's & Donts

36-4. B 군의 엄마는 아이가 만 3살이 되자 어린이집에 보내기 시작했다. 변호사만큼은 아니지만 말을 잘하고, 예능 출연자만큼은 아니지만 재롱을 잘 부리는 아이여서, 가족들은 그냥 집에서 키우자는 의견이었지만, 박사 코스를 시작한 엄마라 아이와 놀아 줄 시간이 없어서, 마음을 굳게 먹을 수밖에 없었다.

3~4개월쯤 지났을 때인데, 엄마 고개를 갸우뚱거리게 만드는 일이 생겼다. 아이가 도대체 말을 하지 않는 것이었다. 아이가 어린이집 다녀온 후, 조부모와 지낼 때도 그렇고, 엄마가 연구실에서 귀가한 후에도 마찬가지였다. 웬일이지? 삐쳤나?

아이가 입을 닫은 상태로 7~8개월이 지나자, 엄마는, 이게 무슨 변고일 수도 있겠다 싶었다. 약 반년 동안 안 다녀 본 곳이 없었다. 소아정신과의원, 언어치료센터, 무슨 놀이센터⋯. 그리고 48개월쯤 찾아온 곳이 우리 연구소였다.

36-5. 원인을 알아야 맞춤처방이 가능하다. 양육에 관여하는 아빠와 조부모님을 오시라 해서 물어보고, 심지어는 어린이집까지 찾아가서 확인했다. 원인은 어린이집, 그중에서도 B 군의 담임이었다. 그렇다고 담임이 죄인이라고 말할 수는 없다. 그는 8~9명의 어린이를 돌보아야 하는 입장이다. 아이들을 똑같이 다루었을 뿐이었다.

부족함이 있었다면, 36-3항처럼 해 주지 못했다는 점이다. B 군 같은 극우뇌 아이의 유별난 특성을 알지도 못했고, 당연히 대책도 몰랐던 것이다. 물론, 어린이집 선생이 유별난 아이들의 유별난 양육법을 알아야 한다는 법도 없다.

그는 그저 할 일을 했을 뿐이다. 굳이 원죄를 추궁하자면, 자기 자식의 특성을 모른 부모에게 문제가 있다고나 할까?

36-6. 이 아이의 변호사 비슷한 말문을 열고, 이 아이의 예능 출연자 비슷한 재롱을 되찾는 데는 한 달 모자라는 1년이 걸렸다. 기간이 많이 걸린 듯하지만, 이건 기적이었다. 나이는 어렸지만, 4~5가지 장애의 증세가 그만큼 심화되어 있었던 까닭이다.

36-7. 여기서 우리 부모가 좋은 교훈을 얻는다. 어떻게 해야, 아이의 타고난 재능을 잘 '살려' 줄까? 어떻게 해야 아이를 저런 장애에 빠지지 않게 할까?

❶ 내 아이의 '정체'를 빨리 알아야 한다. 대부분 부모는 자기 아이가 어릴 때부터 '상당히' 유별난 언행을 하더라도, 그냥 넘어가려 한다. '괜찮아지겠지, 누구나 다 그래, 나도(아빠도) 옛날에 그랬어, 저 정도야 뭐~' 이런 식이다. 암을 1~4기로 나누는 식으로 나누어 보자면, 이때가 2기쯤 된 것임에도 불구하고.

❷ 담임의 협조를 구해야 한다. 엄마들은 대개 두 부류로 나뉜다. 하나는, 아, 우리 애는 아무 문제가 없는 앱니다…. 이러면서 허세를 부리는 사람, 둘째는, 아이 문제점을 솔직히 터놓고 협조를 구하는 사람. 당연히 담임은 이처럼 정확한 정보를 소상히 알려 주는 학부모를 더 잘 도와주게 된다. 자동적이다.

36-8. 담임의 협조를 구하랬더니, 오히려 담임을 협박하다가, 아예 갈아 치운 고위공무원이 있었다. 교육공무원이 같은 교육공무원인 교사를 '자기 아이를 특별대접 하지 않았다'는 이유 하나로 직위해제시켜 버린 거다. 여기에서 끝나지 않고, 아이가 한 학년 올라가자, 새 담임에게도 겁박을 일삼았다.

그뿐 아니다. 이 사실이 사회문제로 대두되자, 자신이 저지른 악행의 원인을 제3자에게 뒤집어씌우기까지 했다. 도요토미 히데요시의 나쁜 점을 다 닮았다. 이 공무원의 목표는 무엇이었을까? 이렇게 해서 그 아이가 좋아졌을까? 교사에 대한 학부모의 갑질은 하면 할수록 멸망을 향해 달린다.

19th Week

Missions of the Week

37. 영웅심을 타고나는 아이들
38. 눈높이와 위계질서

37. 영웅심을 타고나는 아이들

Further Explanation

37-1. '표준국어대사전'에서는 영웅심(英雄心)을, '비범한 재주와 뛰어난 용기를 나타내려는 마음'으로 정의한다. 그러면, 그 '비범한 재주와 뛰어난 용기'를 가장 많이 '가진' 사람은 누구일까? 뇌타입별로 생각해 보면 구분해 내기가 쉬울 것 같다.

극우뇌인/우뇌인/균형발달인/좌뇌인/극좌뇌인. 다섯 가지 뇌타입 중에서 '비범한 재주'는 다섯 뇌타입이 나름대로 다 가졌다.

예를 들면, 극우뇌인은 뛰어난 발명가적 능력을, 우뇌인은 뛰어난 예술적 능력을, 균형발달인은 새로운 원리를 이끌어 내는 능력을, 좌뇌인은 뛰어난 비교-정리 능력을, 극좌뇌인은 뛰어난 수학-물리적 능력을 가졌으니 말이다.

결국, '비범한 재주'는 대부분 가졌다는 얘기다. 그렇다면 '뛰어난 용기를 나타내려는 마음'은 누가 가장 많이 가졌을까? 앞의 미션별 배경 설명을 잘 읽은 독자들은 금방 답을 얻었을 것이다. 극우뇌인이다.

37-2. '뛰어난 용기를 나타내려는 마음'을 구체적으로 표현하면 이렇게 될 것

같다. 앞에 나서고 싶어 한다, 지는 것을 지독히 싫어한다, 남을 지배하려 한다, 남을 좌지우지하려고 한다, 남에게 지배당하지 않으려 한다, 뭇사람 시선의 중심에 서고 싶어 한다, 많은 사람에게 박수받고 싶어 한다…. 나열하다 보니, 이게 모두 영락없는 극우뇌인 특징이다. 이래서 극우뇌는 '왕의 DNA'를 가졌다고 비유되는 것이다.

다른 네 타입의 사람들은 '뛰어난 용기를 나타내려는 마음'이 없을까? 우뇌인 중 강우뇌인이 조금 있을 것 같다. 나머지 균형발달인, 좌뇌인, 극좌뇌인은 '뛰어난 용기'를 가지고 있지도 않고, 뭔가를 남에게 '나타내려는(=보여 주려는) 마음'도 가지고 있지 않다. 결론은 '영웅심'을 가진 것은 극우뇌인뿐이라는 것이다.

37-3. 문제는 우리 사회의 '교육관'이다. 학부모들의 교육에 관한 '상식'이 어떻게 축적되었을까 하는 점이다. 그들이 과연 자기의 자녀가, 나서려 하고, 안 지려고 하고, 남을 지배하되 지배당하지 않으려 하고, 시선의 중심에 서려 하고, 박수받고 싶어 할 때, 이런 점들을 이해하고, 용납하고, 키워 줄까?

대부분은 '절대 아니다.' 수백 년 유교적 사상이 그들의 두뇌를 적셔 놓았기 때문이다. 그들은 이런 자녀에게 반대로 '겸손과 순종'을 가르치려 애쓴다. 안 되면 매를 들어서라도 유교적 사상이 몸에 흥건히 배어들게 해 주려 한다.

37-4. 이런 교육관이 괜찮을까? 허허. 괜찮을 리가 없다. 우뇌, 균형, 좌뇌 아이들에게는 큰 문제가 없을지 모르겠으나, 극우뇌 아이들에 한하여는 '생사의 갈림길'에 서게 만든다. '겸손과 순종'을 강요하면, 극우뇌 아이들은 그야말로 'to be or not to be'가 되는 것이다.

이런 혼돈 속에서 살아남은 아이들이, 자폐, 언어-지적장애, 심지어는 지체장애라는 구렁텅이에서 허우적거리게 되는 것이다. 우리 사회 모두가, 이런 엄청난 잘못을 인정하고, 개선해야 한다. 늦었지만, 지금이라도 시작하자. 늦지 않았다.

37-5. 미국의 전통적인 몇 가정에서 필자가 직접 보았던 사실이다. 그곳 부모들은 자녀들에게 절대로 '옆집 누구를 본받아라.' 소리를 하지 않았다. 대신 그들은 '이 세상에 너라는 사람은 딱 너 하나뿐이다. 너의 자랑스러움을 더 빛내라.'라고 가르쳤다. 또 그들은 절대로 '겸손과 순종'을 가르치지 않았다. 대신 '지배할 수 있는 능력을 키우도록' 격려했고, 도와주었다.

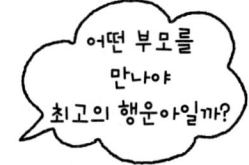
어떤 부모를 만나야 최고의 행운아일까?

37-6. 우리나라에는 영웅심을 가지고 태어나는 아이들이 100명 중 4명꼴이다. 이들은 우리 인류에게 새로운 발명품을 안겨 줄 사람들이고, 문화-예술을 발

전시켜 우리의 삶을 풍요롭게 해 줄 사람들이다. 그런데 이들에게도 꼭 '겸손과 순종'을 강요해야 하겠나? 이들이 '왕의 DNA'를 가졌다고 표현한 양육전문가에게 꼭 괘씸죄를 뒤집어씌워서 테러까지 가해야 하겠나?

100명 중 4명, 이 아이들의 영웅심을 잘 키워 줄수록, 국력도 상승한다. 이 아이들 한 명은 장차 인류 백만 명, 천만 명을 먹여 살릴 인재다. '내가 모르는 것은 틀린 것이다.'라는 식의 악다구니를 퍼붓지 않아야 한다. 더 이상 '코페르니쿠스 죽이기'에 나서지 말자.

Do's & Don'ts

37-7. 입학 전에는 별문제 아닐 것으로 생각했는데, 막상 입학시키고 나니, 날마다 엄청난 사고들이 연이어 발생했다. 젊은 부모는 여태껏 그런 불상사를 듣도 보도 못한 입장이어서 놀라움을 말로 할 수가 없었다. 서너 달을 허둥댔다. 재잘거리던 아이 말솜씨가 도리어 어눌해지고, 아이 얼굴에서 '그 어떤 바보스러움'이 감지되자, 여름방학과 동시에, 우리 연구소로 달려왔다.

미안하기 짝이 없는 말이지만, 필자는 참 행운아다. 이처럼 '자폐라는 구렁텅이로 한 발을 쑤욱 담그는 그 생생한 순간'을, 자주, 이 두 눈으로 보게 되었으니 말이다. 그러나 사실은 그 아이가 더 행운아였다. 두 달만 늦게 왔으면, 아예 구렁텅이에 두 손, 두 발 다 쑥 빠져서 일 년 정도는 숨 쉬기도 어려울 것이 분명했으니까.

> 아이의 자유를 제한한 대가로 부모가 자유를 얻겠다고?

37-8. 이 아이가 우리 미션대로 양육되기 시작한 지 두 달쯤 되었을 때니까, 2학기도 한 달쯤이 지났을 것이다. 하루는 아이가 학교에서 돌아오더니, 소파에 털퍼덕 앉아서 두 다리를 보조 의자에 얹어 놓고 한 말씀하시더란다. "시원한 거 좀!"

엄마가 미션을 떠올리며 애교를 부렸다. 예쁜 쟁반에 주스를 한 컵 받쳐 들고 아이 코앞에 가서 아뢰었다. "우리 왕자님, 시원한 주스 한잔 드시와요~" 아이 대답이 엄마의 예상을 완전히 뒤엎었다. "음, 그래야지!"

이런 아이에게 '겸손과 순종'을 가르친다는 것은 신의 섭리를 거스르는 짓이다. 천재를 자폐로 만드는 것은 필경 유교적 사상에 젖은 어른들이다.

37-9. 이 아이들은 왕자나 공주 대접을 못 받고 있다고 느끼면, 분노가 축적되고, 결국은 폭발하게 된다. 이 아이들의 영웅심을 살려 주고 키워 주려면 어떻게 해야 할까?

① 칭찬 → 이왕이면 듣는 사람(=백성)이 많을 때 해 준다.
② 지시, 명령 투의 말을 절대 하지 않는다. ← 부모들이 가장 어려워하는 사항이다.
→ (×) 신발 끈 매야지. → (○) 혼자서 신발 끈 맬 수 있지?
→ (×) 시간 지났다. 얼른 가자. → (○) 거기에 가면 ○○○ 해 달라고 하자.
→ (×) 그만하고 자자. → (○) 꿈속에서 엄마 만나면 무슨 놀이 할까?
③ 주위에 피해 준다? ← 과민 반응 하지 않기 → 아직 어리므로 큰 흉이 되지 않는다.

- 가위 좀 찾아 봐! → (○) 네, 가위 여기 있습니다, 왕자님.
- 업어 줘! → (○) (2~3달만 꾹 참으시고) 최대한 떠받들어 주기.
- 앞으로 → (○) 모든 자존심 팽개치시고, 목에 힘도 빼시고, 갑질도 하지 마시라.
- 오로지 → (○) '아이 하나 위한 미친년'이 되시라. 아이도 느끼고, 변화한다.

38. 눈높이와 위계질서

Further Explanation

미니 교육토론 2 - 눈높이란?

38-1. 인터넷에서 '눈높이'라는 단어를 검색했더니, 온통 학습지 출판사들 광고뿐이다. 그들이 아이들 눈높이를 얼마나 잘 안다는 말인지, 사뭇 궁금하다. 사실 학습에 있어서, 배우는 아이들이 어떤 눈높이를 가지고 있느냐 하는 것은 '기본 중의 기본'이다. 이걸 모르고서는 교안을 작성할 수도 없고, 교과과정을 만들 수도 없다.

그렇다면 우리나라 교과과정은 어떤 눈높이에 맞춰서 수립되었을까? 만에 하나, "일제 강점기 시절의 것을 그대로 쓰는 중이다."라는 대답이 나올까 싶어 슬그머니 겁이 난다. 비슷한 일을 너무 많이 겪었기 때문이다. '아무거나 골고루 먹으라.'라는 국가정책도 일제 강점기 시절 쓰레기다. (159쪽 참조)

38-2. 실제 아이들 눈높이를 한번 살펴보자. 이 결과는 필자가 몇몇 초등학교 선생님과 함께 초등학생 560명을 조사하여 얻은 데이터다.

이 표의 뜻은 이렇다(빨강반은 우뇌 학생, 초록반은 균형발달 학생, 파랑반은 좌뇌 학생을 의미한다.).

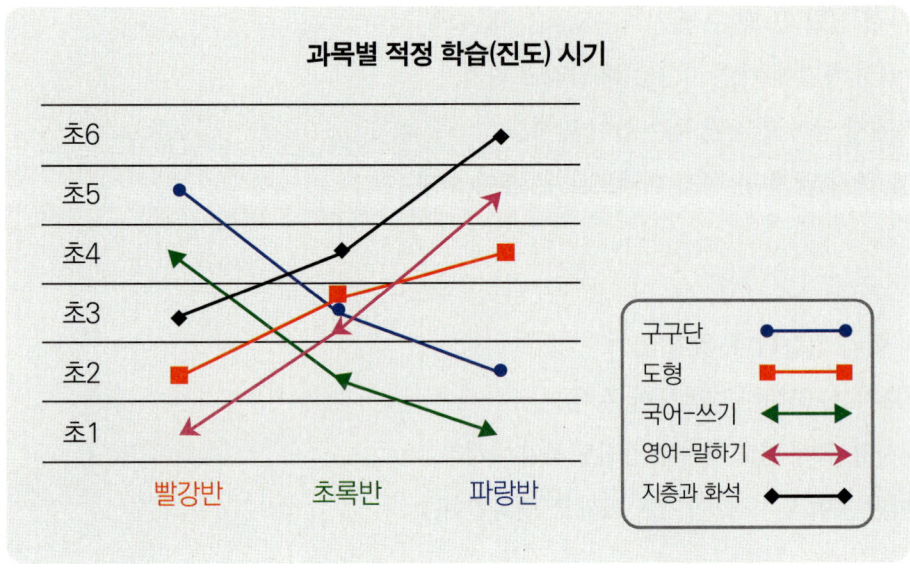

① 수학의 구구단을 좌뇌 학생은 초2 당해 학년에 다 깨우쳤고, 균형 학생은 1년 늦은 초3 때, 우뇌 학생은 3년 늦은 초5가 되어야 깨우쳤다(이 표에는 없지만, 극우뇌 학생은 초등학교를 졸업할 때까지 분수의 개념을 이해하지 못했다.).

② 수학의 평면도형을 균형 학생들은 당해 학년인 초3에 다 깨우쳤고, 우뇌 학생은 그보다 1년 빠른 초2 때, 좌뇌 학생은 그보다 2년 늦은 초4 때 이해했다.

③ 국어의 받아쓰기를 좌뇌 학생은 당해 학년인 초1에 다 깨우쳤고, 균형 학생들은 초2 때, 우뇌학생은 초4가 되어서야 해낼 수 있었다.

④ 영어의 말하기를 우뇌 학생은 초1 수준을 초1에, 균형 학생은 초1 수준을 초3에, 좌뇌 학생은 초1 수준을 초5에 터득했다.

⑤ 과탐의 지층과 화석 단원을 우뇌 학생은 초3에, 균형 학생은 초4에, 좌뇌 학생은 초6에 그 내용을 이해했다.

38-3. 앞의 조사결과를 볼 때, 우리나라 초등학교 교과과정은 어느 과목을 보더라도, 아이들의 눈높이에 맞추지 않고 있다. 그저, 아이들이 '나이가 같으면 능력도 같다.'라는 전제하에 '획일적'으로 교과과정을 수립한 것으로 보인다.

공교육은 그럴 수밖에 없는 사정이 있기는 하다. 전국적으로 한 학년 학생이 수십만 명이다. 그들이 서로 다르기는 한데, 어떻게, 얼마나 다른지, 그 차이를 어떻게 교육에 반영해야 할지, 아는 전문가도 없을 것이고, 혹 조금 아는 사람이 있다 한들, 입도 뻥긋 못 할 것이다.

38-4. 서로 다른 자녀를 키우는 부모는 어떻게 해야 하나? 이 점을 말하기 위해 앞에 아이들 눈높이를 길게 설명했다. 공교육은 '획일적' 교육이 불가피하더라도(좋은 방법이 없는 것은 아니나, 채택이 안 될 뿐이다.) 부모교육은 철저히 '자녀맞춤' 교육이어야 한다.

왜? 첫째, 자기 자녀의 뇌특성을 가장 정확히 알 수 있는 사람이 부모이니 그렇고, 둘째, 자기 자녀와 가장 많은 시간을 보내는 사람이 부모이니 그렇다. '눈높이'와 '맞춤,' 이 두 가지는 (우리나라 실정상) 부모와 자녀 사이에만 설치할 수 있는 다리인 것이다.

38-5. 38-2에서 밝힌 것처럼, 극우뇌와 우뇌 아이들은 수학, 과탐, 받아쓰기 등에서 상당히 뒤떨어진다. 이 사실을 아는 부모는 아이가 학교에서 돌아오자마자 붙들고 숙제를 시키고, 학원에 뺑뺑이 돌린다. 뒤떨어지는 과목을 따라잡으라는 '불같은 사랑'이다.

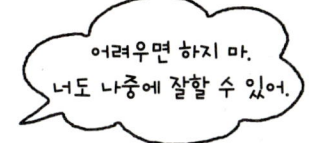

그러나 실은 이게 사랑이 아니라 '불고문'이다. 따라잡기는커녕 다른 잘하는 과목마저 뒤떨어지게 만든다. 이런 '불고문'은 이제 끝내야 한다. 극우뇌 아이들은 이런 '불고문' 때문에 언어-지적-강박 등이나 심지어는 자폐의 구렁텅이로 빠져들게 되는 것이다.

38-6. 눈높이에 따른 맞춤교육은 어떻게 하면 될까? 뒤처지는 과목에 대하여는 무조건 안심시키시라. '그래, 어려우면 하지 마, 지금 안 해도 돼. 나중에 잘하게 될 거야. 그 대신에 네가 좋아하는 거 ○○○○ 실컷 해~'

이 원리는 균형 아이들, 좌뇌 아이들에게도 마찬가지다. 머릿속에 그런 것을 잘 이해할 신경이 생기지 않았는데, 잘 따라올 아이는 없다. 음치가 노래방 자주 간다고 가수로 변신하지 않는 것처럼.

Do's & Don'ts

38-7. '눈높이'에는 앞에서 얘기한 것과 전혀 다른 뜻도 있다. 극우뇌나 자폐 아이를 키우는 부모님이 알아 두셔야 할 일이어서 몇 줄 덧붙인다. 우리가 영화나 드라마에서 흔히 보는 사극(史劇)에 자주 나오는 광경이다.

왕이 몇 계단 높은 곳 의자에 온갖 위험을 다 떨며 앉아 있고, 신하들은 그 아래에(신하들끼리 마주 보며) 청승맞게 두 줄로 늘어서 있다. 드라마만 이렇게 하는 것이 아니라, 실제로도 그렇게 했다. 어떤 나라는 신하들이 아예 머리를 바닥에 푹 박고 엎드려 있기도 했다. 왕과 신하 사이에 왜 이런 구도가 설정되었을까?

다른 예를 보자. 왕이 무지개다리 건너가실 때가 되었다. 골골거리며 침상에 누워 있고, 자녀나 신하들이 그 침상 주위에 모여 있다. 이때에도 잘 보아야 한다. 침상 주위에 모여 있는 인물 중에 한 사람도 서서 내려다보는 사람은 없다. 모두의 머리가 누워 있는 왕의 머리보다 위에(높게) 위치하지 않아야 하기 때문이다. 만약 내려다보는 신하가 있다면, 그에게는 역모 가능성이 점쳐질 정도다.

현대에도 비슷한 모습이 보인다. 재판정은 어느 나라나 판사의 자리가 높다. 원고, 피고, 변호인, 검사, 배심원 모두의 자리가 판사보다 낮아서, 판사가 이들을 내려다보는 구조를 이루고 있다.

38-8. 왜들 이럴까? 이유는 분명하다. 위엄을 인정하고, 갖추어 주기 위함이다. 우리 보통 사람들은 이런 현상을 자연스럽게 받아들인다. 왕이나, 대통령, 총리, 판사 같은 사람이 자신보다 높은 자리에서, 자신을 내려다보고 있더라도, 별 불편함을 느끼지 않는다.

그러나 꼭 알아 두시기 바란다. 자기보다 지체가 낮거나 비슷한 사람이, 자신을 내려다보고 있다든가, 반대로 자신이 자기보다 낮거나 비슷한 누구를 계속 올려다봐야 할 때, 이를 도저히 못 참는 사람도 있다는 사실이다. 어른이라면 요령껏 자리를 옮겨서 앉겠지만, 아이들은 그냥 폭발하기도 한다. 이게 누구일까? 극우뇌 아이들이다.

38-9. 부모님이나 선생님들이 주의하셔야 한다. 특히 극우뇌를 포함한 아이들 사이에 이런 상황이 벌어져 있다면, 자연스럽게 자리가 바뀌도록 순발력을 발휘하시기 바란다. 이런 일로 극우뇌 아이가 폭발하면, 그것은 그 아이 뇌 속에 비상사태가 발생하였다는 뜻이다. 비상사태는 고장의 주원인이다. 고장은 장애를 부른다.

서울의 초2 K 군은 등교를 위해, 거실에 털퍼덕 주저앉아 가방을 싸고 있었다. 속에 있던 것을 다 꺼내고, 새로운 무엇을 넣고 하는 참인데, 이 모양이 신기했던지 유치원 다니는 여동생이 그 옆에 서서 내려다보고 있었다. "가방 싸는 거 처음 보냐? 저리 가." "가방에 뭐가 그리 많아?" "저리 가라니까!" 동생이 움직이지 않자 오빠가 폭발했다. K 군은 어린 것이 자신을 내려다본다는 사실을 견딜 수가 없었다. 극우뇌는 저절로 이렇게 된다. "엄마~ ○○○이 좀 때려 줘. 날 보고 바보래~"

필자의 상담을 받은 경상도 초1 남학생은, 학기 초 담임(여자)으로부터 필요 이상의 '고함'을 듣고, 6개월간(여름방학 포함) 등교를 거부했다. 극우뇌 아이였다. 결국 필자와 엄마의 조정으로 10월부터 다시 등교하게 되었는데, 아이가 제시한 등교 조건이 무엇인지 아시는가? 하하하. 하루 한 시간씩, 3일 동안, 교실 앞쪽에 있는 담임선생의 책상 위에 올라앉아서, (같은 반 학생들을 내려다보며) 수업하겠다는 것이었다.

그 3일을 흡족하게 보내고, 응어리가 다 풀어져서 정식으로 등교를 시작한 첫날, 이 아이가 교실 바닥에 엎드려서 담임선생님께 넙죽 큰절을 올렸다고 한다. 극우뇌의 특이함은 배워도 배워도 끝이 없다.

38-10. 우리나라 사회 분위기 상, 자기 자녀를 왕처럼 대접한다는 것이 정말 쉽지 않다. 부모들 역시도 어린 시절 그들의 부모로부터 왕자나 공주 대접은커녕, 개-돼지 취급만 받지 않아도 행복했을 터이니 그러하다. 그러나 극우뇌 아이들에게는 반드시, 눈높이를 높여서 극진하게 대접해야 한다. 이 아이들은 초등학교 1학년 나이만 되어도 "어? 저 사람이 왜 나를 막 대하지?" 이런 생각들을 한다. 생각만 하는 게 아니고, 적극적으로 대응도 한다.

초1 P군은 아빠가 주말마다 사우나에 데리고 가서, 온 동네에 멋쟁이 아빠로 소문이 나 있었다. 그런데 회수가 거듭될수록 P군은 재주껏 이를 피했다. 그냥 보고만 있을 아빠도 아니었다. 둘 사이의 긴장도가 높아지더니, 드디어는 폭발했다. 아이가 침대 밑에 숨어서 나오질 않고, 먹지도 싸지도 않았다. 울기만 했다.

그 부모가 필자를 만난 지 며칠이 지나서야 그 이유가 밝혀졌다. P군은 극우뇌인데, 좌뇌인인 아빠가 사우나에 데리고 갈 때마다 주의사항(=잔소리)을 매번 100가지도 넘게 하달했다는 것이다. 좌뇌인 특유의 꼼꼼함과 차분함, 완벽함 등을 총 동원하고, 초1밖에 안 된 아들의 인격적 대접은 대학교 이후로 미루어 놓을만큼 작심하고 훈육했다고 하니, P군의 분노가 얼마나 컸을지 짐작된다.

극우뇌 아이들은, 눈높이를 맞추어, 인격적으로 훈육할 때만, 그 효과가 만족할 만하다는 점을 잊지 않으셔야 한다.

극우뇌 아이들의 반려동물 사랑은 지극하다. 그러나 자세히 보면 그렇지도 않다. 특히 자폐 아이들은 씻겨 줍네, 빗겨 줍네 하면서 얘들을 은근슬쩍 학대하고, 끙끙거리는 모습을 즐긴다.

20th Week

Missions of the Week

39. 조것이 노력을 안 해.
40. 특별한 아이와 쉽게 소통하기

39. 조것이 노력을 안 해.

Further Explanation

미니 교육토론 3 – 타고난 재능과 노력

39-1. '조것이 머리는 있는 것 같은데, 노력을 안 해.' 아마도 우리나라 부모님들이 가장 자주 하는 말이 아닐까 싶다. 그런데 이 말처럼 엉터리 말도 없다. 짧은 문장 안에 '모순'이 넘치고 흘러서, 말하는 사람의 무지를 속속들이 까발리게 되니 말이다. 웬 홍두깨 같은 소리냐고?

우선 '머리가 있다.'라는 말부터 생각해 보자. 머리가 '좋다'라는 뜻이겠지. 무엇을 잘하면 머리가 좋다고 인정받을까? 우리 초-중학교 단계에서는 암산을 잘하거나, 전 과목 시험 점수가 좋으면, 머리가 좋다고 평가받는다. 암산을 잘하면 정말 머리가 좋을까?

〈레인 맨〉이라는 영화를 보셨는지 모르겠다. 여기 주인공은 수백 쪽짜리 전화번호부를 통째로 외운다. 암산으로 대여섯 자리 곱셈을 식은 죽 먹듯 하고, 카지노에서 카드의 배열 순서를 훤히 꿰어서 동생이 큰돈을 따게도 해 준다.

이런 사람이 머리가 '좋은' 사람인가? 영화는 이런 기행의 주인공(배우 더스틴

호프만)을 '서번트 증후군에 걸린 자폐성 장애인'이라고 말한다. 암산 잘하는 것 정도로는 '머리가 있다'고 말하기가 어렵겠다.

39-2. 전과목에서 1등급을 받는다면? 일단 초중학교 시절에는 이것이 가능하다. 필자는 6학년 내내 올백이었다. 뇌가 아직 미완성이어서, 신경들이 유연하다. 게다가 배우는 내용들이 비교적 쉽다. 이때 받은 성적이 진정한 실력이라고 말하기 어렵다는 뜻이다.

인간의 뇌 조직은 대개 만 15세에 완성된다고 한다. 따라서 진짜 실력은 고등학교 때 점수가 말해 준다. 뇌신경들도 제 기능을 발휘하기 시작했고, 교과목 내용도 난이도가 높아져서, 행운의 점수를 기대할 수 없기 때문이다. 수포자, 영포자들이 폭증하는 것도 대부분 고교 시절이다.

따라서, 암산을 잘한다, 전 과목 점수가 우수하다, 이런 것을 기준으로 '머리가 있다, 없다' 하는 것은 난센스다. 뇌가 완성되기 전, 어린 시절에 잠깐 보여 주는 신기루일 가능성이 크기 때문이다. 이런 일로 영재학원에 어쩌고 하는 호들갑을 떨지 않아야 한다. 영재학원에 보내면 오히려 '좋았던 다른 머리'를 망가트려서 오는 경우도 흔하다.

39-3. 그다음, '노력을 안 한다.'라는 말을 살펴보자. 에디슨이 이런 말을 했다고 한다. 우리 초등 시절 교과서에서도 본 기억이 난다. "천재는 1%의 영감과 99%의 노력으로 이루어진다." 이 말의 취지는 충분히 이해된다. 그러나 알아 둘 점은 1800년대 후반이던 에디슨 시대에는 뇌나 신경에 관한 연구가 없었을 때다. '영감'이라는 단어를 사용한 것도 이를 증명한다.

뇌의 신비가 하나둘 밝혀지고 있는 요즈음은, 에디슨이 사용한 '영감(Inspiration)'이라는 단어가, '재능(Talent)'을 말하고 있음을 알아차려야 한다.

노력은 누가 하는 것일까? **노력은 '그런 재능'을 타고난 사람만이 하는 것이다.** 운동 재능(=운동 신경)을 타고난 아이가 운동을 자꾸 하려 하고, 노래 재능을 타고난 아이가 음악학원에 가기 마련이다. 수학 재능을 타고난 아이가 혼자서라도 수학 공부를 자꾸 하려 한다.

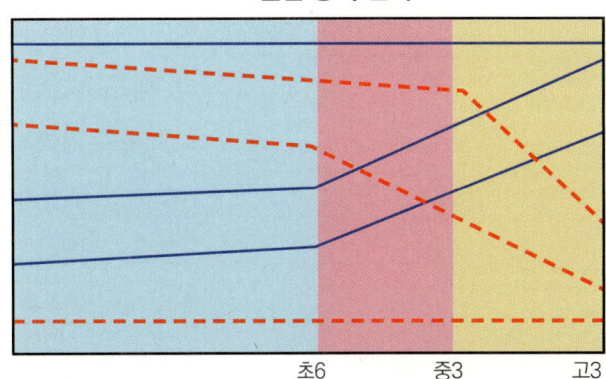

12년간 성적 변화

초6　중3　고3

대부분 부모는, 자신이 결사적으로 공부했으나 정복하지 못했던 과목을, 자기 자녀들에게 정복하도록 강요한다. 헛일이다. 사람은 서로 다른데, 똑같은 과목에 똑같이 도전하면, 다른 결과가 나오기 마련이다.
표의 빨간 점선은 중고교로 갈수록 성적이 떨어지는데, 이들이 노력을 안 한 것이 아니다. 파란 실선이 하는 공부법을 따라했기 때문이다. 자녀 머리에 맞는 공부법을 찾아 주기 위해 부모님이 노력하셔야 한다.

따라서 에디슨의 말을 요즘 뇌과학에 맞추면 이렇게 바꿀 수 있겠다. "천재란 타고난 재능이 1%라도 있는 사람이 99%를 노력으로 채울 때 이루어진다." 재능을 타고났어도 최대한 노력하지 않으면 천재가 되지 못한다. 또는 타고난 재능이 1%라도 없으면, 아무리 노력해도 소용없다. 이런 뜻이라고 본다.

39-4. 결론은 분명하다. 노력은 아무나 하는 것이 아니다. '타고난 그 재능'이 눈곱만큼이라도 있으면, 노력한다. 아니, 말려도 달려든다. 그러나 그 재능이 티끌만큼도 없으면? 당연히 '그 노력'을 절대 하지 않는다. 아니, '못 한다'는 표현이 더 정확할 것 같다.

> 수학 재능을 타고났다면,
> 당근 열심히 하겠죠
> 하는 만큼 성적이 나오니까

어른들 중에 보라. 직장에서 회식 후, 대개 노래방으로 몰려가는데, 이때 꼭 빠지는 사람이 있다. '노래 재능'이 없는 사람이다. 초등학생인데 유난히 여기저기에 부딪히고, 넘어지고, 다쳐서 멍 자국이 항상 몇 개씩 남아 있는 아이도 있다. '운동신경'이 없는 아이다. 연봉 2억이 넘는 직장인인데, 통장 잔고는 항상 바닥을 기는 사람이 있다. '재테크 재능'이 없는 사람이다. 이렇듯 '그 어떤 재능'이 없는 사람에게, 노력을 안 한다고 비판해도 될까? 여배우 최진실은 이런 악의적 비판 때문에 극단적 선택을 했다.

39-5. '조것이 머리는 좀 있는데, 노력을 안 해.' 이 소리를 가장 많이 듣는 아이들이 바로 극우뇌 아이들이다. 듣다듣다 분노가 치밀어서, 극단적 선택은 아니지만, 자폐나 언어장애 같은 구렁텅이로 추락해 버리는 것도 이 아이들이다. 이 아이들에게 '노력을 안 한다.' 입에 붙어 있는 이따위 소리, 그만 잊어버리시라. 대신, 부모가 틈틈이 해 줄 말이 있다. '그거 하고 싶어? 어, 그래, 실컷 해 봐~' 이렇게 격려하시고, 밀어주시기 바란다.

아이가 무언가를 하고 싶어 한다는 의미는 분명하다. 아이가 '그 재능을 타고났다'는 뜻이다. 재능을 타고난 아이를 천재로 승화시키느냐, 정신과적 장애아로 추락시키느냐 하는 것은 극우뇌 아이를 키우는 부모 고유의 권한이다. 동시에 부모의 엄중한 책임이다.

Do's & Don'ts

39-6. 29세 청년이 왔었다. 자기가 어떤 재능이 있는지 궁금하다는 것이다. 필요한 검사를 해 본 후 보충해서 물었다.

"청년은 지금 무얼 하고 있소?"

"외국의 어느 프로야구단 프런트에서 3년간 일하다가, 다른 야구단으로 옮겨 같은 일을 또 3년 했습니다. 아무리 참고 참아도 이젠 정말 지겨워서 못 하겠어요. 너무 적성에 맞지 않습니다."

"대학은 어떤 곳을 다녔소?"

"스포츠 관련 학과를 나왔습니다."

"스포츠를 전공할 머리가 아닌 것 같은데?"

한동안 침묵이 흐르다가 어렵게 대답이 나왔다.

"아닙니다. 음대에 진학해서 작곡을 공부하고 싶었는데…. 어머님 반대가 심하셔서…."

청년이 소설 같은 얘기를 이어 나갔다.

청년의 아버님은 이름만 대면 누구나 알만큼 유명한 오케스트라 지휘자라고 했다. 다른 유명인들처럼 여자들이 많이 따랐던 모양이고, 아버님도 그들을 적극 사랑하셨던 것 같다. 이 때문에 어머님은 평생의 한이 맺히게 되셨던 것이고. 맏아들이 장래 작곡가가 되고 싶다고 했을 때, 어머니는 인간으로서 가능한 최강의 반대 의견을 내셨다.

"너까지 음악을 한다면, 나는 즉시 자살하겠다."

39-7. 청년은 아버지를 능가할 수도 있는 '음악적인 머리'가 있는 사람이었다. 어머니도 이 사실을 어느 정도 감지했던 것 같다. 그래서 그 어머니는 그 '노력'을 막은 것이다. 아예 원천 봉쇄 해 버렸다. 자신이 원하는 머리가 아닌 까닭이었겠지. 이런 '자녀 삶의 방향 비틀기'가 비단 이 어머니뿐일까? 우리는 자녀교육이라는 미명을 핑계로 자신의 자녀에게 얼마나 엉뚱한 짓을 하고 있는지 반성해야 한다. 모차르트의 아버지나 에디슨의 어머니가 되지는 못할지언정, 베토벤의 삼촌, 히틀러의 어머니가 될 이유는 없지 않은가?

39-8. 필자는, 원했던 대로, 자연과학 계열의 대학에 진학했다. 입학 후 자리가 좀 잡히자, 제일 먼저 한 일이 피아노를 배우려고 수소문하는 일이었다. 그러나 실패했다. 당시에 피아노란 대학 강당이나 큰 교회에서만 볼 수 있는 귀중품이었던 것이다.

졸업 후, 군복무를 마치고 와 보니 집에 가곡집이 두 권 있었다. 아버님이 사다 놓으셨을 터인데, 동서양의 주옥같은 가곡들이 100여 곡 실려 있었다. 〈가고파〉, 〈봄이 오면〉 등 아는 곡도 몇 곡 있었지만, 대부분 부를 줄 모르는 곡들이었다.

지금 생각하니, 정말 신기한 일이었다. 누가 시킨 것도 아니었는데, 이 곡들을 한 곡 한 곡 읽어서, 결국은 전곡을 부를 수 있게 된 것이었다. 피아노도 없이. 이걸 요즘 부모님들이 보면, '음악 머리는 조금밖에 없는데, 노력은 제법 한다.'라고 하실까? 하하하.

39-9. 그 후로 교회 찬양대에서 열심히 노래를 불렀다. 좋은 지휘자, 좋은 성악 선배들을 만나 실력이 늘어난다는 기쁨도 누렸다. 내친김에 대학교수에게 성악 개인지도를 받아보았다. 결론은 '노'였다. 찬송가 편곡도 시도했다. 역시 결론은 노. 오히려 편했다. '헛노력'을 하지 않아도 되었으니까.

그러다가 강원도 원주라는 곳으로 거처를 옮기게 되었다. 인구가 30만 가까이 되는 그리 작지 않은 도시인데도, 사회적 환경이 열악했고, 모든 것이 부족했다. 출석하던 교회에 대원 열댓 명 정도의 찬양대가 있었는데, 지휘자가 없어서 쩔쩔매고 있었다. '누가 흉볼 사람도 없으니, 내가 좀 해 주지, 뭐.' 덥석 맡았다.

그런데 이게 웬일? 지휘는 생전 처음인데 내가 왜 이렇게 잘하지? 성악도 노, 편곡도 노, 악기도 노였는데, 이건 예스였다. 필자 나이가 50대 후반이었다. 그 뒤로 지휘를 계속하게 되었는데, 귀도 더 열리고, 소리 만들어 내는 기술도 더 늘어 갔으나, 체력이 받쳐 주지 않아서 안타까움이 컸다. 이럴 줄 알았으면 일찍 시작하는 거였는데. 하하하.

40. 특별한 아이와 쉽게 소통하기

Further Explanation

40-1. 매주 미션을 두 개씩 꼬박꼬박 실천해 오신 분이라면, 5개월이 지난 지금쯤은 자폐 아이들이나 극우뇌 아이들에 대한 '정체'를 거의 다 파악하셨을 줄 믿는다. 그뿐만 아니라, 우뇌/균형/좌뇌 등 나머지 뇌타입의 아이들에 대해서도 대충 감을 잡으셨을 터이다.

내가 낳은 내 자녀가 '어떤 머리'를 가졌나? 이것을 미리 아는 것과 모르는 것은 정말 큰 차이다. 천당과 지옥 간의 차이만큼이나 큰 차이다. 생각해 보시라. 내 아이가 어떤 행동을 할지, 어떤 모습으로 자랄지 등을 미리 훤히 꿰고 있는 것과, 반대로 깜깜 절벽으로 앉았다가 허둥지둥하는 것이, 아이 키우는 일에 얼마나 극단적인 영향을 미치겠는가?

자녀의 머리를 미리 알고, 그 솔루션까지 미리 안다면, 이건 그야말로 신의 축복이라 할 수 있다.

40-2. 어른들도 마찬가지지만, 아이들은 특히 뇌타입에 따라서 서로 다른 정

도가 매우 선명하다. 차이를 구별하기 쉽다는 뜻이다. 예를 들어 보자. 아이들의 활동 에너지는 철저하게 극우뇌 〉우뇌 〉균형발달 〉좌뇌 〉극좌뇌 순이라고 앞에서 설명했다. 예외가 거의 없어서, 아이들의 평소 행동만 비교해 보아도, 저 아이 뇌타입이 무엇인지 짐작이 될 정도다. 성질의 급하고 느림도 위의 순서와 같다. 극우뇌로 갈수록 성격이 급하고, 극좌뇌로 갈수록 느려지는 것이다.

그러나 준법정신이나 책임감, 약속 지키는 정도는 어떨까? 완전히 반대다. 극좌뇌 〉좌뇌 〉균형발달 〉우뇌 〉극우뇌 순서로 작아진다. 이 책의 챕터 1에서는 다섯 가지 뇌타입별 차이를 25개 항목에 대해서 비교해 놓았다. 이 대비 표를 신문 읽듯 술렁술렁 넘길 것이 아니라, 꼼꼼히 곱씹어 가며 음미한다면, 귀하도 신의 축복 대상으로 선정될 것이 틀림없다.

40-3. 이번 미션에서는 챕터 1의 대비 표에 취급하지 못한, 26번째의 요소에 대해 설명한다. 아이들과 대화하는 기술이다. 대부분의 엄마는 아이가 학교(또는 유치원, 어린이집)에서 돌아오면 반갑게 묻는다. "오늘 학교 어땠어?" 또는 "오늘 유치원에서 뭐 했어?" 이런 질문을 받은 아이들은 뇌타입에 따라 대답이 제각각이다. 예를 들면 이렇다.

좌뇌/극좌뇌 아이들: 등교해서부터 하교 때까지 있었던 일들을, 발생 순서대로, 핵심 사항을 강조해 가며, 객관적 입장에서 말할 수 있다. 단, 말할 여건이 조성되어 있어야 말한다.

균형발달 아이들: 등교부터 하교 사이의 일을 머릿속에서 주욱 스캔하고, 엄마가 알아 둘 가치가 있는 사항만을 얘기한다.

우뇌 아이들: 일단은 "재미있었어." 또는 "재미 하나도 없었어." 식으로 대답한다. 자신이 속한 팀이 이겼다거나, 자신이 박수받은 일이나, 아무개가 바보같이 행동한 일들이 있으면 신나게, 귀찮을 정도로 따라다니면서, 얘기한다.

극우뇌 아이들: 저런 질문을 받으면, 머리가 하얘진다. 대답을 못 한다. 기껏, "응." 또는 "어." 정도다.

자폐 아이들: 소통이 어려울 테니 여기에 적지 않는다.

40-4. "학교에서 어땠어?" 정도의 질문에도 대답을 거의 못하는 극우뇌, 자폐 아이들과는 대화 방법이 없을까? 아니다. 있다. 질문 방법을 바꾸어 주면 된다. 앞서 예시한 학교에서 어땠어? 또는 뭐 했어? 등은 너무 무성의하고, 너무 포괄

적이다. 너무 우악스럽다. 좌뇌의 도움을 받지 못하는 우뇌는 이런 포괄적 사항을 '일목요연하게 정리'하는 능력이 없다. 애당초 '자유롭게 저장'한 것도 같은 이유다(미션 27 참조). 그래서 생각나지 않는 것이다.

"국어 시간에 △△△이가 또 떠들었어?"
"선생님이 오늘은 무슨 색깔 옷을 입고 오셨어?"
"급식에 또 미역국 나왔어?"

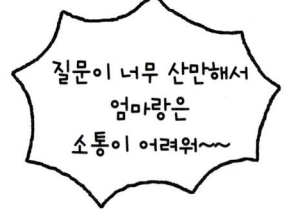

이렇게 구체적으로, 콕 집어서 말을 걸면, 이 아이들은 대답을 제법 잘한다. 묻지도 않은, 연결된 사항을 덧붙여 대답하기도 한다.
"어, 선생님이 오늘 연한 하늘색 옷을 입고 오셨어. 근데 우리 선생님은 연한 색 옷만 좋아하셔. 다른 진한 색 옷 입은 걸 한 번도 못 봤어."
이렇게 되면 대화 성공이다. 반성하자. "학교에서 어땠어?" 또는 "학교에서 뭐 했어?" 또는 "짝꿍이랑 무슨 말 했어?" 등은 대단히 산만한 말 걸기다. 산만한 질문은 균형이나 좌뇌 아이들에게만 던져야 한다.
자폐 전문가 의사 선생님들은 자폐 어린이들이 소통 능력이 매우 떨어진다고 알려 주시는데, 혹시 저런 포괄적 질문을 던지고, 일괄 재단하신 것은 아니었는지? 아니었기를 빈다.

40-5. 대화를 아이 입장에서 생각해 보자. 부모님이나 다른 어른이 뭐라고 물어봤는데, 대답할 아무 말도 생각나지 않는다. 이때 아이 자신이 느끼는 좌절감이나 절망감이 얼마나 클지 짐작되시는가? 반대로, 옆에 있던 동생은(아마도 균형이나 좌뇌) 또박또박 대답을 잘한다. 어른들의 칭찬이 쏟아진다.
아이 삶에서 이런 일이 반복될 경우, 이 아이의 정신은 방황한다. 너무 창피하다. 그래서 갈 곳은 뻔하다. 스스로 소라 껍질 속으로 들어간다. 그리고 문을 잠가(自閉) 버린다.

40-6. 자폐냐 아니냐를 구분하는 핵심 요소 중 하나가 소통 능력이다. 자폐인은 어른이든 아이든, 이 소통 능력이 '현저하게' 떨어진다고 한다. 소통 능력의 측정 방법은 의사마다, 학계마다 조금씩 다른 것 같은데, 그게 문제는 아니라고 본다.

경증자폐로 진단받은 초1 C 양은 그럭저럭 학교엘 다녔다. 주말에는 부모님과 함께 우리 연구소에 들르곤 했는데, 이 아이가 주중에도 "소장님한테 가자."라며 조른다는 것이다. 이유가 밝혀졌다. 주말에 C 양이 오면 "아~ 아~ 아~" 소리를 내며 필자 방으로 달려왔다. 필자 무릎에 폴짝 올라앉아서 대화를 시작한다.

(아이 손가락의 반지를 가리키며) 그 반지 누가 사 준 거야? / 엄마.
색깔이 진짜 예쁘다. 누가 골랐어? / 응, 응, 내가.
세수할 때 빠지지 않아? / 한 번 빠졌어요. 이제는 빼놓고 세수해요.
잘 때는 끼고 자? / 잘 때는 안 빠져요. (반지 낀 손가락을 보이며 쌩긋 웃는다.)
(필자 책상의 대형 돋보기를 집으며) 응, 근데 이거는 뭐예요? / 그거 돋보기!
뭐라고요? / 내가 눈이 나빠서 글자가 잘 안 보이거든. 글자 크게 보이는 돋보기야.
(돋보기를 필자 얼굴에 갖다 댄다.) 우와! 소장님 눈이, 눈이 내 주먹만 해. / 진짜로?
우와~ 소장님 눈이 이렇게 크면 좋겠다. 소장님 눈은 너무 작아. / 반지도 보자.
우와~ 반지 무지 크다. 이렇게 크면 비싸서 안 돼. 다시 작아져라~ / 작아졌네!

40-7. C 양과는 이런 식으로 30분 정도 대화를 계속했다. 위 대화는 물론 극히 일부이기는 하지만, 독자들께서는 어떤 점을 느끼셨는지? 대화를 하면서, 아이 말문이 트인달까, 시간이 지날수록 아이 말솜씨가 늘어난다고 할까, 그런 현상이 뚜렷했다. 그 부모가 증인이었다. 쟤가 집에서는 누구랑 저렇게 오래 얘기하는 일이 없는데, 소장님하고는 말을 잘할뿐더러, 대화 자체를 재미있어 한다는 것이다. 그래서 주중에도 또 가자고 조른다는 것이다.

40-8. 독자들께서는 위 대화 기록을 보며 특이점을 찾아내셨는지? 사실은 간단하다. 소장이, 아이가 대답하기 쉬운 질문, 관심이 있을 만한 질문만 하고 있다는 점이다. 그리고 추임새를 잘 넣어 주고 있다는 점이다.
이게 핵심이다. 자폐 어린이가 소통 능력이 부족하다고 하는데, 그게 정말 소통 능력이 부족한 건지, 아니면 소통하는 상대가 소통하기 어려운 말만을 자꾸 던지기 때문은 아닌지? 반성해 보시기 바란다.

40-9. 필자의 먼 친척 중에 정말 소통 능력이 부족한 분이 한 분 계셨다. 필자

보다 열 살 정도 많은 분이었다. 한번은 추석 명절 때 성묘 갔다가 만났는데, 필자가 차를 바꾼 것을 보시더니, "차 바꿨어? 무슨 돈으로 산 거야?" 하셨다. 필자는 극우뇌가 아닌데도, 순간 할 말을 잊었다. 뭐야? 자금 출처를 대라는 소린가? 다행스럽게도 그분의 평소 어휘력이 좀 산만했다는 것이 기억나서 그냥 "할부로 샀어요. 별 부담 안 되던데요." 해 버렸다. 그분도 "맞아. 현찰 다 주고 살 필요가 없지." 하고 끝나서, 가슴을 쓸어내렸다.

가까운 친척 중에도 이에 못지않은 분이 있었다. 필자가 통화하거나, 누구와 대화하는 것을 먼발치에서 보면 꼭 물었다. "무슨 말 했어요?" 필자는 이런 식의 질문을 받으면, 왜 대답이 술술 풀려나오지 않는지, 정말 답답하기 그지없다. 필자도 자폐 증상이 숨어 있는 건가? 필자도 소통 능력을 더 키워야 될 것 같다.

40-10. 우리 아이들 중에는 '분노조절장애(Intermittent Explosive Disorder)'라는 진단을 받는 아이들이 적지 않다. 이런 아이들이라면 필경 언어지연, 아스퍼거, 폭력성, ADHD 등의 진단을 받을 가능성도 높아진다. 이 아이들이 왜 분노를 조절하지 못할까? 왜 말보다 주먹이 먼저 나가고, 왜 자기 생각을 차근차근 말로 표현하지 못할까? 이런 장애들을 타고난 것일까?

모르모트로 실험한 학자가 있었다. 실험자가 모르모트에게 쾌적한 환경을 제공하고, 때맞춰 좋아하는 사료 잘 공급해 주면, 모르모트는 실험자에게 아주 호의적인 반응을 보여 준다. 그러나 실험자가 돌변하여, 수시로 그 모르모트를 송곳으로 찔렀더니, 처음에는 피하다가, 나중에는 덤벼들듯이 으르렁거리더라는 것이다.

이런 현상은 실험실 쥐뿐만이 아니다. 다른 야생동물들, 반려동물들까지도 모두가 같은 반응을 보인다. 이럴 때 우리가 그들을 분노조절장애라고 불러도 될까? 그렇지 않다.

마찬가지로, 우리 아이들을 분노조절장애라고 부르기 전에, 우리 어른들이 생각해 보자. 우리가 상습적으로 이 아이들에게 '송곳질'을 하지는 않았는지, 먹이기를 잘못 먹이지는 않았는지, 해로운 환경에 방치하지는 않았는지? 이 아이들이 소통을 잘하지 못하는 원인을 어른들이 제공한 것은 아닌지?

사람이 서로 다르므로

천재는 되고 왕의 DNA는 안 돼?

의학적으로 말하는 자폐, 언어장애, 강박장애, 분노조절장애 등에 잘 걸리는 아이들은 몇 가지 분명한 공통점을 가졌다. 꼽아 보자.

- 외부 자극을 실제보다 10배쯤 강하게 받아들인다.
- 매사를 자기 마음대로만 하려고 한다.
- 사회성이 지극히 부족하다. 대개는 친한 친구가 한 명도 없다.
- 아무리 사람이 많아도 자기가 1등이어야 하고, 1:1 승부에서는 꼭 이겨야 한다.

- 앞에 나서기 좋아하고, 뭇시선을 한 몸에 받고 싶어 한다.
- 무리 속에 조용히 있으면 몇 분도 견디지 못하고 튀는 행동을 한다.
- 자신이 잘못했어도 사과하지 않는다.
- 몇 명이 팀을 이루어서 1/n씩 분담하는 일을 하지 않는다.

- 편식이 워낙 심해서, 키나 몸무게가 평균치보다 떨어진다.
- 말이 빠르고, 표현이 강하고, 목소리가 크다. 뛰어난 언어적 능력을 가졌다.
- 인격적 대접을 받지 못하면 격렬하게 반발한다.
- 희로애락의 감정 변화가 순간적이며, 잘 웃고, 잘 울고, 화도 잘 낸다.

더 있지만, 이 정도면 어떤 아이인지 그 모습이 그려질 터이다. 이런 사람이 우리 국민의 4.1%를 차지한다. 100명 중 4명꼴이다. 단, 착각이 없기 바란다. 이런 특징을 가졌다고 해서 모두가 위에 쓴 자폐, 언어장애 등의 증상을 보인다는 뜻은 아니다.

이런 아이들이 영유아기를 거치고, 어린이집, 유치원, 초등학교에 다니는 동안, 온전할 리가 없다. 96명의 아이들과 너무나 다르게 태어났으니까. 문제를 일으키고, 불려 다니고, 선생님들의 투약 권유를 받게 되고, 심하면 학교폭력에 연루된다. 방황하던 부모님들이 돌고 돌아 우리 연구소에도 오게 된다. 대부분 부모님은, 필자가 2017년에 출간한 《세계적 천재들도 너만큼 산만했단다》라는 책을 보고 오신다. 이 책은 4.1%나 되는 저 아이들에 관한 특징, 양육대책 등을 기록한 책이다.

이런 문제아들을 데리고 오신 부모님을 상담해 드리는 일은 간단하지 않다. 우선, 자신들의 아이가 앞에 적은 저런 못된(=유아독존적) 특성을 가지고 태어났다는 사실을 믿고 싶지 않은 까닭이다. 유교적 영향을 많이 받은 우리나라 부모는 더욱 그러하다.

상담해 드리는 위치의 필자는, 당연히 문제아의 부모님들을 격려하고 희망을 주기 위해 애쓴다. 사람이란 나쁜 점만 가지고 태어나는 것은 아니라고. 또 나쁜 점 같아 보여도 잘 키워 주면 좋은 점으로 얼마든지 바뀐다고.

역사를 살펴보자. 저런 특성의 소유자들이 나중 어른이 되면 어떤 모습일까? 우리가 잘 아는 인물들을 열거해 보면 더 이해하기 쉽겠다.

① 모차르트, 베토벤, 슈만, 서태지, 조수미, 셰익스피어, 최인호, 미켈란젤로, 고흐, 스티븐 스필버그, 제임스 카메론, 히치콕, 리즈 테일러, 김지미
② 다빈치, 갈릴레오, 에디슨, 스티브 잡스, 빌 게이츠
③ 태종, 연산군, 사도세자, 이회창, 김장환, 나폴레옹, 조조, 히틀러, 패튼, 덩샤오핑, 푸틴

이분들의 어릴 적 일탈 행위들을 얼마씩은 들어 보셨을 줄 안다. 우리 보통 사람들과는 너무나 다르고, 너무나 문제가 많은 아이였다.

그렇다고 저런 특성의 소유자들이 다 이렇게 인류의 기념비적 인물이 되는 것은 아니다. 히틀러 이상의 폭군도 많았고, 보복 운전자, 싸움닭, 뒷골목의 양아치로 자신의 이름을 더럽히다가 가 버린 사람도 많다. 아무튼 앞에 나열한 인물은 분명하다. 인류 역사상 최고의 ① 예술가, ② 과학자, 그리고 ③ 정치가들이라는 점이다. 한마디로 말하면, 각자의 분야에서 '왕 같은' 사람들이었다.

자폐, 언어-지적장애, 강박장애, 분노조절장애, 등의 진단을 받은 아이들이나, 아직 증상은 약하지만 문제가 많은 아이를 데리고 온 부모에게, 필자가 어떻게 말해 주어야 할까? 어떻게 안심시키고, 어떻게 격려해 주어야, 부모가 의욕을 가지고 아이를 잘 키워 나갈까? 각 부모에게 조언해 주는 내용은 대개 비슷하다.

우선, 이런 특별한 아이를, 보통 아이들 키우는 방식으로 키우면, 어른이 되어 폭군, 보복 운전자, 싸움닭, 양아치 등이 되더라. 그러나 이 아이를, 이 아이 두뇌특성에 맞는 방법으로 키워 주면, 앞에 예시한 30명을 따라잡을 듯한 기세로 크더라.

이런 와중에 이 아이가 '어떤 특성의 아이다.'라는 말을 해야 한다. 어떤 말이 적당할까? 앞에 예시한 30명을 보자. 이들을 싸잡아 '천재'라고 말하기에는 무리가 많다. 뛰어난 지도자도 많은 까닭이다. 그래서 나온 말이 '왕의 DNA'를 가졌다고 말해 주게 되었다. '천재'는 다소 진부하고 무성의한 느낌을 준다. (기승을 부리는 영재학원 때문에) 상업적인 냄새까지 풍긴다. 그러나 '왕의 DNA'는 참신하고, 약간의 유머까지 풍기고, 위의 역사적 인물을 다 포함할 수 있어서 참 좋았다.

한마디로 전부를 대표하는 말을 찾기는 어렵다. 그러나 '왕의 DNA'라는 단어로 필자와 부모 간에는 정확한 메시지가 전달되었고, 부모가 의욕적으로 변했고, 그래서 서로 즐거웠다.

필자에게 '왕의 DNA'라는 말을 들은 부모가 수백 명이다. 그 누구도 이 말을 주위 사람들에게 떠들어 (전파) 대지 않았다. 그것이 우리의 예의범절이고 생활 기준이니까. 더군다나, "내 아이가 '왕의 DNA'를 가졌으니, 내 아이를 특별히 대접해 달라." 이런 말을 제3자에게 요구하는 일은 상상도 못할 일이다. 비열한 행동이니까.

그런데, 그 상상도 못할 일이 실제로 벌어진 것이다. 더 놀라운 것은 그 주인공이 일반인도 아닌 교육부 공무원이다. 더 놀라운 것은 '특별 대접을 해 달라.'라고 부탁한 정도가 아니라, 요구대로 안 해 준다고 아예 아이 담임선생을 직위해제시켜 버린 것이다. 이런 어마어마한 일이 그 기관 내에서 어떻게 가능한지, 그건 필자가 알아내지 못했다.

앞으로 두 번 더 놀라야 한다. 담임 직위해제에서 그치지 않았다. 아이가 한 학년 올라가고 새 담임을 맞이하자, 새 담임에게 또 특별 대접을 요구했다. 작년 담임의 직위해제 실적(?)을 들먹이면서. 정말 꼬리가 길어서 밟혔다. 새 담임이 교원노조에 하소연했고, 드디어 사회문제로 대두되었다. 그러자 마지막 놀라운 일이 벌어진다. 그 교육부 공무원이 '지지브레인이라는 연구소의 자문대로 했다.'라고 책임을 떠넘긴 것이다. 그분이 문제 아이 때문에 필자에게 상담받은 것은 맞지만, 필자가 어찌 '담임을 잘라도 된다'는 어마어마한 말을 했을까? 이런 식이라면, 다른 부모들에게는 누구를 자르라고 자문했단 말인가?

내막을 모르는 각종 매체들이 벌떼처럼 달려들었다. 기사 내용을 보니, "교사를 직위해제한 원죄가 '왕의 DNA'라는 단어를 사용한 연구소에 있다."라는 말 같았다. 허허. 이런 비논리라니! 행간에서 교육부 공무원의 죄를 좀 나누어지라는 의미도 읽혔다.

게다가 '왕의 DNA'라는 단어 자체에 대한 불쾌감도 컸다. 그럼 그런 거 안 가진 사람은 다 졸(卒)이냐? 이런 괘씸죄를 추궁하는 것 같았다. 너 따위 영세업자가 사기 치는 것을 증명하겠다며 우리 고객들을 들쑤신 매체도 있었다. 고객들의 반발에 제정신이 들었는지, '영세업자 홍보대행'으로 변신한 매체도 있기는 했지만.

"내가 모르는 것은 틀린 것, 나쁜 것이다."라고 하지 말자.

다시 처음으로 돌아간다. '왕의 DNA'를 가졌다는 말은, 아이에게 숨은 재능이 많음을 알려 주는 말이고, 천재라는 좀 식상하는 단어를 대체하기 위한 말이다. '왕의 DNA'는 인류 역사상 뛰어난 모든 분야의 인물들을 포함하기 위한 말이고, 흔해진 '천재'나 '영재'와 구별하려는 말이다. 그리고 문제 많은 아이를 가진 부모에게, 용기와 희망을 주기 위한 말이다. 유머를 곁들여서.

21st Week

Missions of the Week

41. 거짓말 하나는 뿌리 뽑을 거야
42. 천의 얼굴을 가진 아이들

41. 거짓말 하나는 뿌리 뽑을 거야

Further Explanation

41-1. 아이가 만 3살이나 되었을 즈음인데, 아이 말에 살살 거짓말이 섞여 나온다. 처음에는 귀엽기도 해서, 그런가 보다 하고 넘어갔는데, 시간이 갈수록 귀엽기는커녕 징그럽다. 새빨간 거짓말을 뻔뻔하게 해 대는 까닭이다. 대한민국 부모 중에 이런 '꼴'을 봐줄 부모는 아마 한 분도 없을 것 같다.

아이 거짓말이 점점 더 '새빨개진다'고 판단될 즈음, 부모님들은 결심한다. "저 놈의 거짓말 하나는 완전히 뿌리 뽑고 말겠어." 잘 생각하시는 거다. 부모가 아이들 거짓말을 수용하거나 조장해서는 안 된다.

그러나 그 거짓말의 '정체'에 대해서는 부모님들이 꼭 알아 두실 일이 있다. 거짓말이라는 게 무엇인가? 새로운 무엇인가를 꾸며서 말하는 일이다. 학술적으로는 이것을 창의력이라고 한다. 거짓말은 누가 잘할까? 당연히 창의력이 좋은 사람이 거짓말을 잘한다.

41-2. 거짓말은 크게 두 가지다. 새빨간 거짓말, 그리고 하얀 거짓말. 새빨간 거짓말이란 우리가 지칭하는 그 거짓말이다. 자신의 책임을 모면하거나, 남에게

뒤집어씌우거나, 더 많은 자신의 이익을 도모하기 위해서 하는 나쁜 거짓말이다. 우리나라 정치가들이 입만 열면 뱉어 내는 그런 거짓말을 일컫는다.

반면, 하얀 거짓말은 선의의 거짓말이다. 다른 사람들과 좋은 관계를 유지하고, 상대를 배려하기 위해 활용하기도 한다. 문제가 되는 것은 새빨간 거짓말, 부모님들이 뿌리를 뽑겠다는 그 거짓말이다.

41-3. 거짓말도 뇌타입과 관계가 있을까? 있는 정도가 아니라, 대단히 긴밀한 관계가 있다. 참으로 신기한 일이다. 이 책 챕터 1의 표를 보시기 바란다.

  1번 항목 창의력: 타입1 〉타입2 〉타입3 〉타입4 〉타입5
  19번 항목 거짓말: 타입1 〉타입2 〉타입3 〉타입4 〉타입5

즉, 창의력이 가장 좋은 것은, 타입 1(극우뇌)이고, 뒤로 갈수록 약해진다.
또, 거짓말을 가장 잘하는 것도, 타입 1이고, 뒤로 갈수록 잘 못한다.
이것만 보아도, 창의력과 거짓말이 '동행'함을 알 수 있다.
다시 말하면, 어른이건, 아이건, 극우뇌인과 강우뇌인은 거짓말이 그들의 평상시 언어다. 어떤 경우에는 유머라는 형식으로, 어떤 경우에는 청중의 더 많은 관심을 끌기 위해, '가감'하기를 커피 마시듯 한다.
좌뇌인들은 어떨까? 특히 극좌뇌인과 강좌뇌인 중에는 '평생' 거짓말 한번 못해 봤다는 분들이 허다하다.
왜 이런 극단적 차이가 생길까? 뇌 때문이다. 거짓말 생각이 잘 나느냐, 안 나느냐, 그 차이가 엄연하기 때문이다. 우뇌는 어떤 현상을 볼 때, 그보다 더 좋은 방법이나, 괜찮아 보이는 대안이 '샘솟듯' 솟아오른다. 그것도 '번개처럼' 솟아오른다.
이처럼 솟아나는 생각을 막을 수가 없다. 그 생각이 말로 바뀌어 입 밖으로 튀어나오는 것을 참을 수도 없다. 우뇌의 특성인 까닭이다. 사람은 그냥 뇌 특성의 지배를 받을 뿐이다.

41-4. 극우뇌나 자폐 아이들 거짓말의 '정체'가 대충 파악되셨을 줄 믿는다. 이제 부모가 고심하셔야 할 대목은, 저 거짓말에 어떻게 대처하느냐 하는 점이다. 이건 정말 쉽지 않다. 머리를 많이 쓰셔야 한다. 거짓말 잘하는 아이들을 잘 대하는 엄마들 대응 사례를 보자.

딸: 내 개구리가 산을 막 파먹어서, 산이 절반으로 작아졌어.
엄마: 그 개구리 배 터지면 어쩌지?

딸: 그 정도 먹어서는 안 터져. 산이 맛있어서 소화를 잘 시키거든!
엄마: 산 파먹다가 이는 다치지 않았을까?
딸: 내 개구리는 이빨이 쇠보다 단단해. 안 다쳤어.
엄마: 그 개구리랑 반쪽짜리 산을 그림으로 그려 봐. 멋있을 거 같아.

아들: 엄마, 내일 체육 시간에 줄넘기할 거래. 줄넘기 살 돈 줘.
엄마: 얼만데?
아들: 5천 원.
엄마: 옆집 길동이는 2천 원에 샀다던데?
아들: 그건 제일 싼 거야. 금방 고장 난대.
엄마: 그래? 맞아. 울 아들이 싸구려가 아니지. 5천 원짜리는 초등학교 졸업할 때까지는 쓰겠다, 그치?
아들: 아냐~ 내년까지만 쓰고, 동생한테 물려줘야지~
엄마: (5천 원을 주면서) 이번 주 용돈 준 거는 아직 남았지?
아들: 어~

41-5. 거짓말을 뿌리 뽑을 수는 없다. 어떤 회초리나 몽둥이로도 안 된다. 머리에서 용솟음쳐 나오는 생각을 본인도 어찌할 수 없는 까닭이다. 그러나 이 특유의 능력을 그냥 버리게 해서는 안 된다. 위의 사례처럼 잘 대응해 주면 그 창의력이 점차 좋은 쪽으로 기능을 발휘하게 된다.

잘 대응해 준다는 것은, 아이가 시도하는 거짓말에 대해 지적하거나 비난하지 않고, 재미있는 얘기로, 생산적인 제안으로 이끌어 주는 것을 말한다.

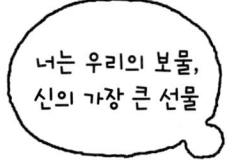

어린아이들 머리는 끊임없이 발전한다. 때로는 20대 초반까지도 발전한다. 어느 쪽으로 발전할까? 재미있는 쪽으로, 보람을 느끼는 쪽으로, 박수받는 쪽으로, 발전한다. 지적이나 비난이 왜 나쁘다고 하나? 그 지적이나 비난을 만회하기 위해, 덮어 버리기 위해, 더 새빨간 거짓말을 '발명'해 내기 때문이다.

세계적인 스포츠맨, 성악가, 연주자, 또는 학자들을 길러 내는 사람을 '훌륭한 지도자'라고 한다. 훌륭한 지도자는 어떤 사람인가? 야단 잘 치고, 기합 많이 주는 사람인가? 체벌 많이 하는 사람인가? 아니면, 제자의 재능을 발굴해 주고, 인정해 주고, 발전시킬 의욕이 생기도록 격려해 주는 사람인가?

Do's & Donts

41-6. 20여 년 전, 고3 여학생의 논술을 지도해 준 적이 있었다. 과거 필자에게 연수받았던 교사가, 자기 딸이라며 몇 년 만에 와서 부탁하는 터라 거절할 수가 없었다. 연극영화과에 진학해서 시나리오를 쓰고 싶다고 했다. 연극영화과의 논술 기출문제를 보니 좀 특이했다. 아무 관계가 없어 보이는 사진 4컷을 주고, 스토리를 만들어 내라는 식이었다. 창의력, 논리력을 테스트하겠다는 건데, 좋은 방법이라 생각되었다. 기초에서부터 지도해 나갔는데, 난관에 부딪혔다. 스토리를 전혀 만들어 내지 못하는 것이었다. 강한 좌뇌 학생이었다. 이러면서 왜 연영과로 가겠다는 건지?

입시 날은 다가오고…. 방법을 바꿨다. 필자가 '모범 스토리' 3건을 써 주고, 무조건 외우게 했다. 이건 정말 잘 외웠다. 시험장에서 사진 4컷을 받으면, 모범 답안 3건 중에서 가장 갖다 붙이기 좋은 것을 골라, 냅다 쓰라고 했다. 이것도 시키는 대로 잘했다. 드디어 1차 합격통지서 도착. 면접하러 갔더니, 잘 썼다고 칭찬을 많이 하시더란다.

논문 내용 중에 케냐의 자연풍광을 우리 삶에 연결시켜 묘사하는 대목이 나오는데, 그것도 칭찬하시며, 케냐에 가 본 적이 있는지 물으시더란다.

41-7. 그런데 이상했다. 최종 합격통지서가 오지 않는 것이었다. 어머니가 울며 전화하셨다. "면접에서, 케냐에 가 본 적이 없다고 대답한 것까지는 그렇다고 쳐요. 그런데 글쎄…. 가 본 적도 없이 그렇게 잘 썼냐고 하니까…. '수업 시간에 읽은 글이 생각나서 그대로 옮겨 쓴 것'이라고 대답했대요. 엉엉엉." 이 고3 학생이 거짓말을 둘러대지 못한 것은 학생의 '뇌 때문'이다. 생각나지 않는데, 어떻게 말을 하겠는가?

41-8. 아이 상담은 대개 엄마 몫이다. 그러나 가끔 아빠가 꼬박꼬박 오시는 경우도 있다. 좀 지나다 보면, 이유를 알게 된다. 한 아빠가 독대를 신청했다. 와이프 거짓말 때문에 도저히 못 견디겠다는 것이었다. 대표적인 사연 8가지만 적는다.

남편 양복을 세탁소에 맡겼는데, 거기서 분실했다. → 실제로는 친정 남동생에게 선물.

생활비로 다 나가서 애들 학원에 못 보낸다. → 갖다주는 봉급이 다른 집의 두 배.

신발장에 둔 남편의 등산화(고급)를 도둑맞았다. → 동네 친한 여자 남편에게 기증했음. 그 남자가 신고 다니는 것을 남편이 직접 봄.

식사를 조금밖에 하지 않았다. → 집 안 구석구석에 간식을 숨겨 놓고, 혼자 몰래 먹음.

같이 다니는 교회에서 남편을 헐뜯었다. → 듣던 교인들이 분개해서 남편에게 제보함. 남편의 어린 시절을 잘 아는 교인들이 속지 않음.

동네 여자들에게 술 사 주고 '형님' 대접받았다. → 동네 술집, 약방, 세탁소 주인이 제보함.

시댁 쪽 가족 모임에 아프다는 핑계로 매번 빠진다. → 친정 쪽은 주중에 뻔질나게 다님. 오히려 남편이 시부모에게 불효한다고 뒷담화하고 다님.

아이들 담임의 상담 요청에도 학교에 가지 않는다. → 담임이 아빠에게 직접 연락하심.

41-9. 그밖에도 믿기 어려운 일들이 많다. 아빠에게 말씀드렸다. 거짓말을 심하게 하는 이유가 ① 어렸을 때 뇌 손상, ② 칭찬 갈증인 것 같다. 뇌 손상이야 지금 어떻게 해 볼 방법이 없지만, 칭찬은 가능하지 않나? 사실과 다르더라도 칭찬을 마구마구 해 주시라. 제법 달라질 것이다. 아빠는 그렇게 하겠노라고 대답했는데, 일 년쯤 후, 헤어졌다는 소식을 들었다. 어른들이 저런 유치한 거짓말을 해 댄다면, 말기 암에 이른 셈이다.

41-10. 필자가 내 어머니로부터 선물을 처음 받은 것은 초3 때였다. 그 이전에도 무지무지 많은 선물을 받지 않았을 리 없지만, 굳이 선물이라며 멍석을 깔고 주셨기에 기억에 남는다. 《피노키오》라는 만화책이었다. 지금 생각해 보면, 그 당시 사회적 혼란상이나 경제적 궁핍함으로 볼 때, 이런 책을 누가 출판했고, 어떻게 구하셨는지, 궁금하기 짝이 없었다. 책 그림이나 내용, 장정이 훌륭한 책이었으며, 핵심은 아이가 거짓말을 하면 코가 쑥쑥 자라난다는 내용이었다.

필자는 당시 이 만화를 열 번도 더 보았다. 그리고 볼 때마다 웃었다. "이런 거짓말이 어딨어?" 했는데, 동시에 꼭 뒤따라오는 생각도 있었다. "코가 자라건 안 자라건, 나도 거짓말은 안 하는 게 좋겠는데?" 실제로 필자는, 그 후로 거짓말을 별로 안 해 보고 살았던 것 같다. 특히 중3 이후로는 확실했다. 삶의 환경 자체가 거짓말을 동원해야 하는 경우가 별로 없었나? 그랬던 것도 같은데, 분명하지는 않다.

내 아이를 낳아 키울 때가 되니, 《피노키오》가 자꾸 생각났다. 어머니가 왜 그 책을 나한테 '선물'하셨을까? 내가 거짓말을 많이 했나? 안 했을 리가 없다. 몇 가지 '실적'이 생각나기도 한다. 그렇다면 어머니의 선물은 '대박'을 친 셈이다. 물론 '삶의 대박'을 친 것은 아니지만.

아무튼, 한 가지 의문이 든다. 만약 우뇌 아이들이 어린 시절 《피노키오》 같은 선물을 받았다고 해서, 필자처럼 대박 효과를 보여 줄까? 단언할 수는 없다. 그러나 기대가 된다. 우뇌들은 용솟음치는 창의력의 소유자들이니까, 《피노키오》 만화를 보면, 그 만화책보다 한 차원 높게, 창의력이 넘실대는, 새로운 '대박 만화'를 엮어 낼 수 있지 않을까?

42. 천의 얼굴을 가진 아이들

Further Explanation

42-1. 교사연수 시간이었다. 한 선생님이 질문하셨다. 학부모와 상담 중에, "아이가 이러이러한 문제가 있는데, 어머님과 제가 저러저러한 식으로 연합전선을 펴면 더 효과가 크겠다."라고 제안했단다.

그런데 어머니 반응이 놀라웠다.

"어느 집 아이 얘기를 하시는 건지 모르겠는데, 우리 아이는 절대로 이러이러한 행동을 하지 않는다. 집에 오면 하는 언행이 거의 일정하다."

담임은 난처했다. 그 어머니가 허세 부리거나, 거짓말하는 것으로 보이지 않았던 까닭이었다.

42-2. 필자가 그 선생님에게 '아이들이 천의 얼굴을 가졌다.'라는 점을 이해시키는 데, 그리 오랜 시간이 걸리지 않았다. 물론 우리나라 오랜 속담이라 과장이 들어가 있는 말이지만, 현장 경험이 풍부한 선생님들인지라, 이해가 무척 빨랐다. 우뇌 아이들이 천의 얼굴을 가졌다면, 균형 아이들은 오백의 얼굴, 좌뇌 아이들은 일이백의 얼굴을 가졌다고 보면 된다. 그만큼 때와 장소에 따라서 아이들이 다른 모습을 보인다는 뜻이다. 긍정적으로 말하면, 어리지만 적응력이 높다는 뜻이다. 이건 본능이다.

42-3. 42-1에서 보여 준 선생님과 학부모의 논쟁으로 돌아가 보자. 담임선생님의 말이 결코 틀린 것이 아니었다. 제대로 관찰했고, 해법까지 나름 잘 찾아내었다. 반면, 엄마의 말 역시 틀린 것이 아니었다. 엄마는 집에서 아이가 하는 언행을 면밀하게 관찰했고, 가정교육의 큰 방향까지 제대로 잡아 놓았던 것이다. 담임과 엄마가 얼굴을 붉힐 만했다.

그렇다고 아이가 나쁜 취지로, 이중적으로 행동했다고 할 수도 없다. 아이는 그저 '본능적'으로 움직였을 뿐이다. 그렇게 카멜레온처럼 변신하고, 에너지가 넘치고, 새로운 아이디어가 24시간 용솟음치는 것이 저 아이들이다.

자, 여기에서 우리 어른들의 고뇌가 깊어져야 한다. 세 부류의 아이들 중, 특히 천의 얼굴을 가졌다는 저 우뇌 아이들을 어떻게 키워 줘야 할 것인가? 장차 이 아이들은 혼자서 백만 명을 먹여 살린다고 하고, 나라의 자랑스러운 얼굴이 된다고 하고, 인류의 삶을 풍성하게 해 주는 인물로 성장한다고 한다.

42-4. 이 아이들이 갈구하는 첫 번째 키워드는 '자유'다. 축구장 크기의 원을 그려 주면서, 이 밖으로만 나가지 말고, 이 안에서 네 마음껏 놀아라. 이런 자유가 필요하다.

이 아이들이 갈구하는 두 번째는 '존중'이다. 이 아이들이 어릴 때는 오버액션이 많고, 산만하고, 무질서하다. 그래서 어른들의 질타를 많이 받는다. 그러나 질타로 이런 산만함을 잡지는 못한다. 절대로 못 잡는다. 오히려 각종 정신과적 장애를 유발할 뿐이다. 이 아이들의 오버액션, 폭력성, 산만함, 무질서 등을 순화시키는 것은 '존중'이다.

이 아이들을 제대로 키우는 세 번째 키워드는 '유머'다. 부모에게는 제일 어려운 대목이다. 앞에서 소개한 대화들을 되풀고 음미하면서 유머 유도법을 배우시기 바란다. 자폐나 언어장애, 지적장애 아이들이 가장 환호하는 반응을 보이는 것이 유머라는 점도 기억하시기 바란다.

Do's & Don'ts

42-5. 초3 M 군은 극우뇌 중에도 손상이 좀 많은 편이었다. 언어지연, 지적지연이 있었고, 사회성이 부족하여 친구를 사귀지 못했다. 목소리도 비정상으로 가늘었고, 말하는 속도도 무척 느렸다. 말을 겨우 더듬지 않는 수준이었다. M 군이 매일 접하는 사람은 다섯 명이었다. 엄마, 아빠, 담임선생님, 세 살 아래 남자 동생, 그리고 한 살 위 동네 형. 이 중 아빠, 남자 동생, 동네 형은 M 군과 같은 극

우뇌였고, 엄마는 균형인, 담임은 좌뇌인이었다.

M 군은 취학 전까지는 외할머니가 키워 주셨다. 그러나 외할머니가 극우뇌 아이들 특성을 이해하지 못하는 분이셨다. 보통 아이들과 똑같이 키우다 보니, 아이가 짜증이 많아지고, 서럽게 우는 날도 늘어 갔다. 이때 이미 자폐증상을 보였던 것 같은데, 할머니도, 엄마도 이를 알아채지 못했다.

입학한 M 군은 담임 앞에서는 칭찬을 갈구하는 한 마리 강아지였다. 어떻게 하면 칭찬받을까, 별별 눈에 띄는 행동을 담임 앞에서 반복했다. 엄마 앞에서는 유능한 조련사였다. 엄마가 100% 자신에게만 집중하고, 자신을 위해서만 노력하도록 엄마를 닦달했다.

아빠에게는 전반기 후반기가 달랐다. 전반기에는 아빠에게 애교 덩어리였다. 딸아이 같아 보일 정도로 아빠 앞에서 애교를 뽕뽕 뿜었다. 그러나 아빠가 동생을 더 사랑한다는 사실을 확인한 후로는 완전히 북한군으로 대했다. 이것이 후반기다. 아빠를 향해 SOB라는 단어를 서슴없이 내뱉었다.

동생에게는 연산군이었다. 초1짜리 동생을 자전거에 쇠사슬로 묶어 놓은 것을 행인이 발견하고 경찰에 신고하여 조사를 받기도 했으니까.

42-6. 이 아이들에게 위계질서란 대단히 중요하고, 부모에게는 매우 어렵다. 앞에도 기록했듯이 이 아이들은 다른 누구의 지배를 받지 않으려고 한다. 오로지 지배하기만 하려고 한다. 이건 가족이나 형제간에는 더욱 뚜렷해진다. 형이 극우뇌이고, 동생이 다른 뇌라면, 상하 질서를 세워 주기 쉽다. 동생이 별로 반발하지 않을 테니까. 그러나 동생이 극우뇌이고, 형이 보통뇌라면 이건 대단히 어려워진다.

그래도 할 수 없다. 형의 양해를(수십 번이라도) 구해서, 동생의 지배욕을 채워 주는 것이 좋다. 보통뇌인 형의 이해를 얻어 내는 것은 가능하나, 동생인 극우뇌는 이해시킬 수 없는 까닭이다. 극우뇌를 고쳐 주려다가 발생하는 사고가 바로 언어-지적장애, 자폐 등이다.

42-7. 알아 둘 점이 있다. 극우뇌인 형의 위상을 분명히 세워 주고, 부모가 동생을 편애하지 않으며, 동생이 형에게 진심으로 복종하게 만들어 주면, 극우뇌인 형이 변한다. 스스로 동생의 보호자가 되어 주는 것이다. 어리더라도 지배자의 덕목을 갖춘다는 뜻이다.

42-8. 천의 얼굴을 가진 아이, 에너지가 넘치는 아이, 거짓말을 밥 먹듯 하는 아이, 지배하되 지배당하지 않으려는 아이, 뭇시선의 중심에 서야 하는 아이, 끊

임없이 칭찬 듣고 싶고, 우렁찬 박수 속에서 살고 싶은 아이, 나중에 백만 명을 먹여 살린다는 천재, 자기 마음대로 안 되면 말보다 주먹이 먼저 나가는 아이, 자유가 제한당하면 스스로 세상 문을 닫아 버리는 지독한 자유인…. 이 아이를 어떻게 키워야 잘 키우는 것일까? 어떤 환경을 만들어 주어야 천재의 반열에 올라서는 것일까?

'존중'이라는 단어를 한 번 더 기억하시기 바란다. 왕자처럼 대해 주는 존중도 좋고, 대학생처럼 대해 주는 존중도 좋다. 잠잘 시간 침대에 누웠을 때, 잠들 때까지 책을 읽어 주거나 옛날얘기를 해 주는 존중이어도 좋고, 집안 대소사에 대해(이미 결정은 되었더라도) 함께 의논하거나 아이 생각을 물어보는 존중이어도 좋다.

이 아이들이 이런 따뜻하고 진심 어린 존중을 받으면, 어딘가 불안하던 뇌가 빠르게 안정된다. 뇌가 안정된다는 것은, 언행에 거칠던 모습이 가라앉고, 빠르게 천재성을 찾아간다는 뜻이다.

22nd Week

Missions of the Week

43. 죄인이 아니다. 이웃에 당당하라.
44. 허리, 다리, 간이 약하기는 하나….

43. 죄인이 아니다. 이웃에 당당하라.

Further Explanation

43-1. 미션을 시작한 지 5개월이 지났다. 이제는 아이가 공공장소에서 남에게 피해를 준다거나, 웃음거리가 될 만큼 이상하게 행동하지는 않을 것이다. 이런 모습은 대개 미션 시작 후 3~4개월이면 사라지는 것이 정상이다. 물론 예외도 적지 않다. 이번 미션은 지금까지 아이에게 '직접적으로 작용하는' 미션들과는 다르다. 아이들의 '모자라 보이는' 행동에 대한 부모의 자세에 관해 얘기한다.

43-2. 극우뇌 아이들이란 천재의 재능을 타고나는 아이들이다. 앞에서 여러 번 얘기했다. 한편, 자폐, 언어-지적장애, 지체장애(소아마비 비슷한), 강박장애, 조울증, 경기, ADHD, 분노조절장애 등에 걸려드는 것도 대부분 이 극우뇌 아이들이다. 모차르트, 에디슨, 히틀러, 스티브 잡스, 고흐 등의 어린 시절을 살펴보면 금방 이해되실 터이다.
이 극우뇌 아이들의 운명은, 생후 몇 개월이 되면서부터, 양극단으로 갈리기 시작한다. 천재의 길이냐, 아니면 장애 어린이의 길이냐? 물론 예닐곱 살까지 갈림길에서 머뭇거리는 경우도 있기는 하다.

여기서 우리 부모가 가슴을 칠 일이 있다. 이 아이들이 가시밭길로 빠지는 이유를 부모도, 의사도, 다른 누구도 모른다는 사실이다. 가시밭길로 빠지는 이유는커녕, 자기 아이가 왕의 DNA를 가지고 천재과로 태어났다는 사실조차 모르는 것이다. 이런 사실을 안다면, 이 어리디어린 아이를, 가시밭길이 아니라 꽃길로 인도하지 않을 부모가 어디 있겠는가?

특히, 의학계의 주장은 참으로 안타깝다. '자폐가 대부분 선천적'이라고 하는데, 자기네들이 못 고치는 이유가 선천적이어서 그렇다는 뜻인지, 뭔지, 참 궁금하다. 그러면서 전문가와 상의하라고 하는데, 그 전문가가 누구인가? 의학계가 차라리, '잘 모르겠다. 선천적인지 후천적인지 밝혀지지 않았다.'라고 Coming out하시는 게 맞지 않을까? 지금 자폐 부모들을 가장 곤혹스럽게 만들고, 절망으로 인도하는 것은 신경의학계다.

43-3. 필자는 동서양 학문을 접목하여 연구하면서(4~5쪽 참조) 참으로 얻은 것이 많다. 그 덕분에, 가시밭길에서 헤매는 어린이들이 찾아오는 족족 꽃길로 인도해 주고 있다. 그 과정에서 얻은 깨우침을 정리하면 이렇다.

① 사람은 서로 다르다는 점(5개 뇌타입으로 대별됨.).
② 찾아오는 아이들은 대부분 극우뇌 아이들이라는 점.
③ 극우뇌 아이들 양육법은 매우 특이하며, 이 양육법을 모르고 보통 아이들 양육법을 끌어다 쓰면, 예외 없이 가시밭길로 뛰어들더라는 점.

43-4. 필자가 지금까지 드린 40여 개의 미션을 한마디로 압축하면 이렇다. "보통 아이들 양육법대로 양육하면 절대 안 됩니다. 극우뇌 특유의 양육법만을 적용하세요. 미션이란 극우뇌 양육법이고 자폐 치료법이고, 예방법입니다."

43-5. 오늘의 미션이다. 부모와 아이 사이는 보이지 않는 끈으로 연결되어 있다고 한다. 그 끈은 굵을 수도 있고, 가늘 수도 있다. 아이는 이 끈을 통하여 부모와 교감한다. 자신을 향한 부모의 생각을 파악한다.

이 아이들은 부모의 마음가짐에 따라 크게 좌우된다. 부모가 나를 자랑스럽게 생각하시는가, 귀찮게 여기시는가, 한심하다고 생각하시는가? 이에 따라 아이가 실제로 자랑스럽게 자라기도 하고, 귀찮은 아이로 자라기도 하고, 한심한 아이로 자라기도 한다.

이 아이들은 부모가 자신을 보석처럼 인식하고, 그렇게 취급해 주기를 바란다. 부모가 자신을 왕처럼 생각하고, 그렇게 대접해 주기를 바란다. 자신이 이 세상 최고가 될 것을 믿고, 그렇게 밀어주기를 바란다. 그래서 이 아이들은 언제나 부모의 머릿속과 가슴속을 알기 위해 애쓴다. 아이가 부모의 행동 하나하나에 대단히 예민하게 영향을 받는다는 뜻이다.

43-6. 아이가 혹시 자폐나, 그 밖의 장애 증상을 보일 수 있다. 그곳이 공공장소이거나 보는 눈이 많은 곳일 수도 있다. 그런 곳에서 부모는 절대 주눅 들지 않아야 한다. 관중들의 안색이 바뀌거나, 시선들이 싸늘해진다 싶으면, 그들은 분명, 극우뇌가 어떤 아이들인지, 천재과 아이들이 어떻게 다른지 모르는 사람들일 것이다. 근처에도 가 본 적이 없을 터이다. 그러니 이렇게 얘기해 주시라.

> 자폐 어린이의 고픈 머리를 채워주는 열쇠

"저런 행동이 천재과 아이들의 성장통이래요. 진짜 그랬으면 좋겠어요."
"천재는 저절로 쑥쑥 크는 줄 알았더니, 그게 아닌가 봐요. 에디슨도 어릴 때 저랬다던데…."
"이왕 될 바에야, 히틀러보다는 스티브 잡스를 닮으면 좋겠는데…."
"저런 애가 천재 재목이라는 사실을, 알려 주는 기관도 없고, 키워 주는 기관도 없으니, 나라를 위한 큰 재목을 우리 같은 경험 없는 부모가 어떻게 키우라는 건지…. 참 답답해요. 다른 선진국도 이럴까요?"
"천재의 참뜻을 제가 잘 모르기는 하지만… 하여튼 우리 애가 우리 친척 아이들 여러 명 중에서 제일 독특하기는 해요."

43-7. 이런 대화는 두 가지 빛나는 효과를 발휘한다. 첫째, 아이가, 부모의 저런 말을 직간접으로 듣거나, 아니면 보이지 않는 끈을 통해 알게 되었을 때, 아, 그때 아이의 마음을 어떻게 묘사해야 하나? 기세가 하늘을 찌르고도 남는다고 하면 부족하지 않을까?

암튼 아이의 고장 났던 뇌신경들이 제자리에 척척 들어가 맞춰지고, 환희의 음악 소리가 울려 퍼지면서, 잔뜩 위축되었던 아이가 꽃길로 뛰어오르는 기간은 점점 짧아질 것이다. 아이 머리에 영웅심이 충만해져서 환호작약하게 되면, 그는 이미 천재의 반열에 들어선 것이다.

둘째, 부모의 마음이다. 당연히, 자기확신으로 가득 차게 된다. 어떤 부모는 천하를 얻은 것 같다고 했다. 아이는 죄인이 아니다. 신의 은총이다. 주눅 들지 마시라.

Do's & Donts

43-8. 우리 연구소 고객을 상대로 한 통계다. 결혼한 극우뇌인 남성 10명의 배우자 여성은, 균형인 6명, 좌뇌인 2명, 우뇌인 1명, 같은 극우뇌인 1명꼴이었다. 이 중, 같은 극우뇌인 커플들은 대개 아이가 서너 살 되기 이전에 이혼했다. 부부 양쪽 모두가 지배하려고만 하고, 어느 쪽도 양보와는 거리가 먼 때문인 것 같았다.

엄마가 우뇌인일 경우, 아이들을 그런대로 이해하는 편이어서, 양육은 이럭저럭 해 나가고 있었는데, 부부 사이가 순탄치 않았다. 두 사람 다 더 자유롭기를 원하는 까닭일 것이다.

엄마가 균형인일 경우, 양육이나 부부관계에서 가장 무난했다. 웬만한 것은 엄마 쪽이 수용하거나 해결해 주고, 극우뇌 남편의 부족한 면을 잘 채워 주는 까닭이었다. 극우뇌 남자에게는 가장 바람직한 '배우자 뇌타입'이라 생각된다.

43-9. 엄마가 좌뇌인일 경우, 극우뇌 아이 양육에 문제가 많았다. 사람은 누구나, 특히 주부들도 누구나, 자기 기준에 맞춰 집안일을 처리한다. 좌뇌 주부는 집안을 칼같이 정리하고 간결하게 정돈하며, 침실 바닥은 사시사철 따뜻하게, 실내는 훈훈하게 유지한다. 아이들 목욕물도 따끈따끈해야 한다. 온 가족의 기상 시간, 삼시세끼 식사 시간은 항상 정확하고, 그 외 간식이라는 것은 허용되지 않는다.

TV 따위는 틀더라도 조용해야 하며, 외부에서 집 안이 보이지 않도록 커튼도 거의 닫아둔다. 음식은 쌀밥에 소고기뭇국이 단골이고, 나물이 아니면 모두 따끈하게 먹어야 한다. 빵이나 라면 등 밀가루 음식은 '백해무익'하다고 체험하고 있으므로 식탁에 올라올 일이 없다.

자~ 이게 좌뇌 주부의 집 안 모습이다. 좌뇌 엄마 밑에서 자라는 극우뇌 아이가 왜 힘들겠는지 이해가 되셨으리라 믿는다. 여기에 예로 든 좌뇌 엄마의 생활 기준은, 극우뇌 아이의 그것과 '완벽하게 정반대'다.

극우뇌 아이의 바람직한 양육환경은 이렇다. 집 안은 물건들이 자연스럽게 놓여 있어야 하며, 침실 바닥은 서늘, 실내 온도는 신선해야 한다. 목욕물은 시원해야 하고(온기를 못 느낄 정도) 식사 시간은 정해 놓지 않고, 그저 배고픈 시간이 식사 시간이어야 한다. 식사와 간식을 왜 구분하는지 모른다. TV 등 집 안은 좀 시끌시끌한 것이 좋고, 커튼 없이 바깥과 실내가 일체감 느낄수록 좋다. 식사는 밀가루 음식과 해산물이 최고이고, 무엇이든 시원한 상태로 먹고 싶다. 생각해 보자. 좌뇌 엄마가 이런 극우뇌 아이의 취향을 얼마나 충족해 줄까?

43-10. 유치원 다니는 Y 양의 아빠는 필자를 볼 때마다 하소연이 줄이어 나왔다. 아이 우유를 먹일 때인데, 어느 날 우유가 '상당히' 뜨겁다는 걸 발견했다는 것이다. 물론 아내에게 즉시 우려를 표시했는데, 일언지하에 반박당하고 말았단다. 우리 연구소에 와서 알았지만, 아이는 극우뇌고, 엄마는 좌뇌인이었다.

"우유는 따끈한 게 좋아. 나도 그 정도로 따끈하게 마신다고."

아빠의 탄식이 이어졌다. 저렇게 뜨거운 게 어린애 뱃속에 들어가서, 그 열이 몸 구석구석에 쌓였을 텐데, 무사할 수가 없겠지요?

40개월쯤 되었을 때인데, 겨울에 세 식구가 외출하게 되었단다. 집을 나서는 아이를 보니, 딱 눈 두 개만 보이고, 나머지 모든 부분은 입히고 또 입히고, 칭칭 감아서, 굴러다니는 새끼 판다곰 같더라고 했다.

43-11. 당초 미션이 '이웃에 당당하자.' 즉 정신적인 측면에 관한 것이었다. 그런데 뜨거운 우유나 겹겹의 옷 같은 물리적 측면에 관해 얘기한다고 이상하게 생각하지 않으면 좋겠다. 정신적인 문제, 물리적인 문제, 모두 좌뇌인 엄마들이 고집하는(?) 사항들이어서 강조하는 것이다. 아이를 엄마 기준으로 키우면 안 된다. 아이는 아이 기준으로 키워야 한다. 정신적, 물리적 어느 한쪽만 역행해도, 갈림길에 선 아이는 가시밭길을 향해 달려간다.

44. 허리, 다리, 간이 약하기는 하나….

Further Explanation

44-1. 사람의 체질은 타고난다. 부모의 그것을 물려받는다는 뜻이다. 체질학이란 한의학에서 말하는 용어인데, 주로 오장육부의 기능적 차이를 연구한다. 여기에는 건강, 골격, 성격, 재능 등이 포함된다. 체질학은 이런 기능적 차이를 4상체질, 또는 8체질로 나누고 있으나, 필자는 뇌과학에 의거해 사람을 5대별 하고 있다. 타입 1부터 타입 5까지가 그것이다. 타입별 특성은 28쪽 이하에 체계적으로 설명되어 있다. 자폐, 언어장애, 지적장애 등의 주인공인 타입 1, 즉 극우

뇌인의 특징을 좀 더 자세히 알아보자.

44-2. 극우뇌인은 일반적으로 허리, 다리 기능이 약하다. 약하다고 해서 당장 걷기가 힘들다거나 하는 뜻은 아니다. 하교할 때, 좀 먼 거리(버스 두 정거장 정도)라면 걷기 싫어하는 수준이다. 아빠가 집에서 TV 볼 때, 소파에 앉지 않고 누워서 보려고 하는데, 앉으면 척추에 약간의 부담을 느끼는 그런 수준이다.

이런 현상은 뭔가 의욕적이지 않은 일을 할 때 더 뚜렷하다. 반대로, 무대에서 화려한 조명을 받으며 춤추고 노래하라고 하면, 종일이라도 펄펄 날 것이다. 물놀이나 스키 등, 대단히 신나는 일을 할 때도 극우뇌는 시간을 잊는다.

그렇기는 해도, 다른 사람들, 즉 타입 2~5에 비하면 허리, 다리가 약한 것은 사실이다. 그리고 극우뇌인은 다리가 가늘다. 요즘 연예인이나 그 밖의 젊은 여성들은 다리 가는 것이 무슨 큰 자랑인 줄 안다. 조금이라도 더 내놓고 다니려 안달이고, 여기에 기죽는 다른 타입 여성들은 굶기를 밥 먹듯 하는데, 다리는 굶는다고 가늘어지지 않는다.

44-3. 극우뇌인은 간 기능이 약하다. 어른이나 아이나 비슷하다. 이 때문에 피로 회복이 더디고, 소화 기능에도 좋지 않은 영향을 미친다. 성격이 버럭질이 되는 단초를 제공하기도 한다. 이들은 일반적으로 체격이 아담하다. 키나 체중이 평균치에 미치지 못한다는 뜻이다. 어려서부터 소화능력이 좋지 않고, 입도 짧고, 성장기 내내 먹기 싫은 음식을 먹도록 강요받으니, 체격이 우람해질 이유가 하나도 없다.

이들은 운동신경도 발달하지 않았다. 축구 국가대표 이천수, 이강인 같은 선수도 있기는 하나, 예외다. 극우뇌인은 일반적으로 소근육, 대근육이 발달한 사람이 별로 없다. 단, 초등~중학교 시절에 50~100m 단거리에서 두각(?)을 나타내는 아이들이 보이기는 하나, 이 역시 일시적이다. 본인들 말로는, 심장이 터지는 것 같아서 포기했다고들 한다.

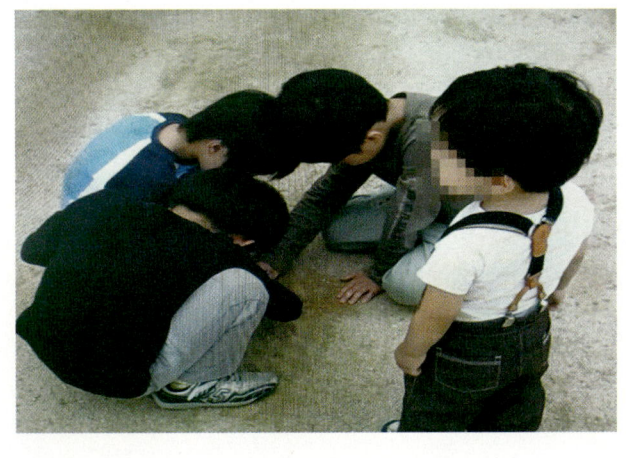

44-4. 이 아이들의 약한 허리-다리 기능은 꼭 보완해 줄 필요가 있다. 제일 좋은 수단이 수영이다. 이 아이들이 대기(大氣)보다 수중에서 놀기를 더 즐기니 그러하고, 운동할 때 특정 근육에 무리가 없으니 그러하다. 나이는 일찍 시작할수록 좋고, 중학교를 마칠 때까지는 거의 매일 수영장에서 살게 해 주면, 허리-다리에 근력이 붙어, 나중 삶에 아무 불편이 없을 것이다. 수영이 간 기능 보완

이나, 운동신경 활성화에도 도움이 된다는 것은 따로 설명하지 않는다.

44-5. 춤추는(Dancing) 능력은 운동 신경과는 별개인 것 같다. 이 아이들은 일반적으로 춤을 대단히 잘 춘다. 특히 지도자가 몸놀림에 관한 시범을 보여 주면 한두 번에 그대로 따라 한다. 그뿐만 아니다. 몇 번 해 보다가는 이를 더 예쁘게, 더 멋지게 만들어 내는 능력도 가지고 있다. 이미지를 이해하고 저장하는 능력이 좋으니 당연하다.

44-6. 극우뇌인은 폐(肺) 기능이 대단히 뛰어나다. 꽃가루나 먼지 등에 알레르기 현상을 보이는 일이 없고, 장시간 탁한 공기에서도 잘 버틴다. 이들이 숲보다는 바다를 즐겨 찾는 것은 신선한 공기를 향한 간절함이 적은 까닭이다. 그래서 이들은 늙도록 담배를 잘 끊지 못한다.

이들은 대단히 뛰어난 성대를 가지고 있다. 목소리가 묵직하고 크며, 오래 떠들거나 노래해도 별로 지치지 않는다. 목소리의 힘이 좋아서, 토론이나 발표 등에서 대단히 유리하다. 삶에 있어 매우 유용한 무기가 될 정도다. 말하는 속도가 빠른 편이긴 하지만, 손상이 크지 않다면, 조정할 수도 있다. 아주 조금.

Do's & Don'ts

44-7. 자폐 등의 아이들 부모에게 '맞춤양육 미션'을 실천시키다 보면, 드디어 아이에게서 변화의 조짐이 보이기 시작한다. 대개 4주를 지나면서다. 징징거리지 않는다거나, 대변 모양이 좋아졌다거나, 단것을 적게 먹는다거나, 틱이 사라졌다거나…. 그러나 필자가 더 기다리고 만날 때마다 확인하는 변화가 있다. 목소리가 커졌는가? 하는 점이다.

필자는 극우뇌 아이들의 목소리를 들으면, 그것이 원래의 정상적인 목소리인지, 아니면 뇌 손상을 입은 후의 목소리인지, 별 오차 없이 구분해 낸다. 자폐나 그 밖의 신경과적 장애에 빠지는 아이들은 목소리부터 변한다. 성대가 그만큼 예민한 까닭이다. 그래서 회복도 예민한 성대가 앞장선다. 성대가 회복되기 시작했다는 것은, 기관지와 폐가 본래의 기능을 찾기 시작했다는 뜻이다. 그것은 엉켜 있던 뇌신경이 제자리를 잡기 시작한다는 뜻이다. 필자가 왜 목소리 변화를 중히 여기지 않겠는가?

44-8. 10년쯤 전에 필자를 찾았던 32세의 아가씨는 자신의 '정체'에 대해 한

없이 궁금해했다. 초등 시절 수업 방해가 심했고, 친구도 없었으며, 틱 때문에 오래 고생했다. 아무나 지배하려 했고, 청개구리 기질이 강했다. 나는 왜 이러지? 당시의 직업은 어느 연극 극단의 조감독이었다. "제가 자라 오는 동안 우리 엄마에게 제일 많이 들었던 말이 뭔지 아세요?" 필자가 알 리가 없었다. "야, 목소리 좀 줄여라." 이 말이었어요. 이게 열쇠였다. 그녀는 극우뇌였고, 그 귀중한 목소리로 자연스럽게 연극계에 투신한 것이었다. 20대 초에 만난 그녀의 남친(균형인)이 그녀 엄마의 지적질을 격려로 바꾸어 주는 역할을 충실히 했었고. 그 둘은 그 후 이탈리아로 유학길에 올랐다.

44-9. 앞에서 극우뇌 아이들은 에너지가 많다고 여러 번 얘기했다. 물론 이것은 아이들이 아직 어려서, 간 기능이 제 몫을 다 해내고 있을 때 얘기다. 이 아이들이 자폐 등등의 수렁에 빠지면, 그 에너지 많던 아이들이 현저히 달라진다. 엉킨 뇌신경으로 인해 간 기능이 조금씩 비활성화되고, 이에 따라 피로 회복이 더디어지니까, 당연히 '에너지가 넘치는 상태'를 유지할 수 없게 되는 것이다.

아이들의 자폐 여부를 가늠하는 기준이 여러 가지 있다. 목소리 크기와 활동 에너지도 매우 유용한 기준이 된다. 물론 의사 선생님들은 이런 분야까지는 고려하지 않는 것으로 안다. 이것은 한의학이니까.

44-10. 이 아이들이 폐 기능이 좋아서, 탁한 공기의 영향을 적게 받는다고 했다. 그러나 이에 못지않게 심각한 점이 있다. 극우뇌(와 강우뇌)는 조금이라도 오염된 물에 대단히 예민하다. 타격을 쉽게 받는다. 콩팥과 췌장 기능이 조금 떨어지는 까닭이다.

요즘은 전국 누구나 질 좋은 생수를 마시므로 별문제는 없을 것이다. 음식을 조리할 때 사용하는 각종 물, 그리고 아이가 직접 마시는 음료수 관리에 빈틈이 없어야 한다. 극우뇌, 강우뇌가 많은 유럽 국가에서 오래전부터 생수 산업이 발달한 것은 결코 우연이 아니다.

23rd Week

Missions of the Week

45. 책, 신문, 시청각을 한 손에
46. 바다, 하늘, 계곡, 스키장, 광장

45. 책, 신문, 시청각을 한 손에

Further Explanation

45-1. 필자의 세대는 정보의 가뭄 속에서 살았다. 기껏 대할 수 있는 것이 학교에서 배우는 교과서, 한자투성이의 일간신문, 운 좋으면 잠깐씩 듣는 라디오…. 어른들께서 그토록 읽으라고 강조하시던 '책'도 집에는 없었다. 학교 도서관에 가서 줄을 서야 했다.

이런 가뭄은 우리 자녀 세대가 되면서 꽤 풀렸다. 신문들은 하나씩 한글 가로쓰기로 바뀌었고, 각종 전기-전집류들이 다량 출현했으며, 동화책도 늘어났고, 흑백이지만 TV도 나왔다. 당연히 어른들의 '책, 신문' 읽기 강조는 점점 더 힘을 얻었다. 좋은 책, 좋은 출판물들이 봇물 터지듯 했으니까.

45-2. 세상은 이렇게 변하는데, 요즘 부모 세대들이 하는 말을 들으면 안타까움이 밀려오곤 한다. "저 녀석이 읽으라는 책은 안 읽고, 만날 폰만 들고 살아요. 중독 아닐까요?"

45-3. 중독 아니다. 우선, 사람마다 '문자 이해도'가 서로 다르다는 사실을 인

정하셔야 한다. 어떤 사람은 책, 신문 등, 소위 글자를 읽으면 무슨 말인지 이해가 잘되고, 기억도 잘 되는 사람이 있다. 좌뇌인이다.

반대의 사람들은 글자를 읽는 것 자체가 싫다. 그러나 그림으로 보여 주면 바로 이해한다. 소위 '문자혐오증'을 가진 사람들, 우뇌인이다. 학생 시절, 수학의 계산 등에서는 손가락질의 대상이더니, 같은 수학의 '도형'을 배울 때는 펄펄 나는 아이가 바로 이들이다.

어른들도 마찬가지다. 신상품을 구입해도 사용설명서 따위를 읽는 일이 없다. 물건을 보면 다 알기 때문이다. 이처럼, 우뇌인은 문자가 아니라, 이미지, 형체, 그림, 소리, 색깔 등을 통한 정보취득이 훨씬 쉽고, 빠르고, 잘 기억한다.

45-4. 따라서 우뇌인들은 굳이 책이나 신문, 그 밖의 인쇄물들을 읽으려 하지 않는다. 비능률이기 때문이다. 이런 우뇌인을 구해 준 신의 선물이 바로 스마트폰이다. 스마트폰 속에는 책도 있고, 신문도 있다. 소설도 있고, 영화도 있고, 음악도 있다. 그 밖에 우뇌인들이 좋아하는 모든 것이 다 들어 있다.

필자의 학생 시절, 도서관에 줄을 서야 얻을 수 있던 지식들과 플러스알파가, 내 손안에 모두 들어 있는 것이다. 그리고 그 속의 정보들은 보고 듣는 족족 이해되고 기억된다. 독서 안 해서 지적(知的)으로 처진다고 손가락질당하던 부모 세대의 우뇌인들과는 전혀 다른 세상에서 살게 된 것이다.

45-5. 물론 우뇌인들이 스마트폰에서 유익한 정보만 취득하는 것은 아니다. 잔인하거나 반사회적인 게임, 부도덕한 영상물도 많이 본다. 그러나 아이들에게 해로운 것만을 못 보도록 막을 재주는 없다. 차라리 성장통으로 치부하고, 부모님들이 유익한 영상물을 찾아 권장하거나, 아이와 함께 즐기는 분위기로 만들어 가는 것이 현명할 것이다. 이건 영상물이 드물던, 문자 정보 시대에도 마찬가지였다.

만약, 극우뇌 아이들에게 폰을 완전히 막아 버리면 어떻게 될까? 이는 아이를 창도 출입문도 없는 독방에 가두어 두는 것과 같다. 특히 극우뇌 아이들은 만 4~5세가 되면 지식욕이 대단히 왕성해진다. 이런 욕구를 '문자'로는 단 1~2%도 채워 주지 못한다. 대부분 극우뇌 아이들은 초2~3까지는 난독증에 시달리는 까닭이다. 폰, TV, 그림책 등을 접할 수 있다는 것이 극우뇌, 자폐 아이들에게는 큰 다행이다. 몬테소리와 가베는 이런 특별한 아이들이 상당수 존재한다는 것을 발견하고, 이해하고, 이 아이들을 위해 창의력(솔루션)을 발휘한 사람들이다.

Do's & Don'ts

45-6. 40대 초반의 아빠였는데, 초4 아들을 위해 매주 부인과 함께 상담하러 왔다. 상담하노라면, 필히 필자 앞에 부부가 나란히 앉게 마련이다. 처음에 한두 번은 몰랐는데, 횟수가 거듭하면서 엄마의 눈은 더욱 초롱초롱해지는 반면, 아빠의 고개는 자꾸 숙여졌다. 뭐지? 처음엔 의아했지만, 바로 알게 되었다. 아빠가 책상 밑에서 게임을 하고 있었던 것이다. 숙인 얼굴이지만, 너무 환하다 못해 웃음이 막 터질 듯해서 필자도 감을 잡은 것이다. 아빠가 극우뇌인이었다.

당연히 엄마가 남편을 쿡쿡 찔렀다. 그 엄마를 필자가 또 말렸다. 아빠가 직장에서 상사와 어려움을 겪고 있다는 것, 가정에서는 부인에게 여러 가지로 밀리고 있다는 것을 파악하고 있던 터였다. "아빠, 그냥 하셔도 괜찮아요. 그리고 엄마, 아빠는 멀티태스킹이 잘되는 분이라서, 제 말 다 듣고 있어요. 그리고 지금 아빠가 인생의 걸림돌들을 제거하는 데에는, 이 방법이 가장 싸게 먹히는 방법이에요." 논리적 설명이어서 그랬는지, 엄마도 금방 이해했다. 엄마는 좌뇌인이었다.

45-7. 우리는 흔히 '스트레스를 해소한다.'라는 말을 자주 쓴다. 이는 우리가 여기저기에서 스트레스를 많이 받는다는 뜻이기도 하고, 이를 꼭 해소하고 넘어가야 한다는 뜻이기도 하다. 젊은이들이 전쟁 중에 받은 트라우마를 해소하지 못하고, PTSD에 빠져 허우적거린다는 얘기를 많이 들었을 것이다. 스트레스를 어떤 학자는, '신경이라는 가느다란 끈들이 팽팽해져서 끊어질 듯한 상태'라고 표현했다.

스트레스는 꼭 풀어야 한다. 특히 극우뇌인은 예민해서 스트레스를 잘 받는다. 잘 받는 만큼 잘 풀어야 한다. 그나마 다행인 것은, 극우뇌인의 스트레스를 풀어 줄 도구가 많다는 점이다. 그중에도 가장 효과 만점인 것이 영상물이고, 게임이다.

45-8. 필자는, 자폐 등등으로 고생하는 아이들에게, 영상물을 무한정으로 풀어 주라고 주문한다. 대부분 부모는 필자를 '정신 나간 사람'으로 바라본다. 그럴 만하다. '해악으로 가득 찬 영상물, 게임'이란 인식이 우리 사회를 장마철 구름처럼 뒤덮고 있으니까. 극우뇌라는 특별한 사람들의 존재를 아는 사람이 없으니까. 96명에게 사용되는 양육 방법이나, 특별한 4명에게 적용되는 양육 방법이, 모두 똑같은 거 아니냐고 도리어 목에 핏대를 세우는 사람들이 대부분이니까.

자, 제정신으로 돌아가자. 영상물, 게임은 극우뇌인, 강우뇌인에게는 일타 4매의 비책이다. ① 세계 최고의 도서관인데, 극우뇌인들이 365일 줄지어 찾으니 그러하고, ② 어떤 중한 스트레스에 빠져 있어도 뚝딱 고쳐 주니 그러하고, ③ 자폐 등 가시밭길을 걷고 있는 어린이를 꽃길로 건져 올려 주니 그러하고, ④ 자폐 등 가시밭길 언저리를 배회하는 어른-아이를 밝은 세상으로 인도하니 그러하다.

45-9. 입학 보름 만에 담임과 싸우고, 등교를 거부한 남자아이가 있었다. 주 1회 필자의 연구소 다니는 일로 6개월을 보내다가, 가을에 복학(!)하게 되었다. 다른 아이들 진도를 따라갈 수 있을까 걱정되어, 담임이 쪽지시험을 치렀는데, 만점이 나왔단다. 다른 공부를 전혀 시키지 않았다는 엄마의 말을 듣고 담임이 멘붕이 되었다. 이런 대화를 듣던 아이가 한마디 하더란다. "그 정도는 게임하다 보면 다~ 알게 돼요."

46. 바다, 하늘, 계곡, 스키장, 광장

Further Explanation

46-1. 누구나 자신이 좋아하는 환경이 따로 있다. 우선 동물들의 경우를 보자. 조류 즉 새들은 허공중이 최고다. 길도 경계선도 벽도 없는 하늘, 아무런 구속이 없는 그 하늘이 좋아 그곳에서 산다. 물론 닭이나 오리처럼 땅에서 얼찐대는 새도 있기는 하지만.

육상동물은 어떨까? 호랑이, 코끼리, 늑대들처럼 진짜 땅 위에서 삶을 이어 가는 친구들도 있지만, 나무 위로 올라가기를 즐기는 표범, 원숭이들도 있고, 땅굴을 파고 들어가기를 좋아하는 토끼, 두더지 따위도 있다. 무언가의 보호를 받고 싶은 것이다. 수중 동물은 예외가 없다. 잡아먹히기도 하고 잡아먹기도 하면서, 모두가 물속에서 산다. 그렇게 태어난 것이다.

46-2. 만약에 독수리에게 땅굴을 파고 살아라, 물속에서 살아라고 하면 살까? 못 산다. 죽는다. 만약에 호랑이에게 하늘에서 살아라고 하면 살까? 역시 죽는다. 왜 시간 낭비하며 뻔한 소리 하느냐고 하실지 모르겠다. 여기에 아주 중요한 점이 있다. 사람도 똑같다는 점이다.

자폐 등등에 잘 걸리는 아이들은 대부분 극우뇌라고 했다. 극우뇌 아이들은 어떤 환경 속에서 건강하게 잘 자랄까? 어떤 환경에서 이 아이들의 정신이 상쾌하고, 타고난 재능을 발휘하게 될까? 어떤 환경을 만들어 주면, 그게 제일 좋다고 그 속에서 삶을 이어 가려고 할까? 반면에, 어떤 환경에 처하게 되면, 아이들 정신이 피폐해지고, 분노가 쌓이고, 이것이 넘쳐 폭발하게 될까?

46-3. 감을 잡으셨을 터이다. 극우뇌에게 제일 좋은 생활환경은, 탁 트인 하늘, 탁 트인 바다, 광활한 초원, 널찍한 워터 파크, 호수 공원, 시원시원한 수영장, 순백의 스키장, 하다못해 눈 쌓인 동네 놀이터, 시골 조부모님 댁의 널널한 잔디마당, 사운드 오브 뮤직에서 아이들에게 도레미송을 가르치던 그런 초록의 뒷동산 같은 곳들이다.

이처럼 해방감, 자유로움이 느껴지는 환경을 이 아이들은 갈구한다. 자신도 모르게. 그래서 이 아이들에게는 잠수함 같지 않은 환경, 구속감을 느끼지 않는 공간에서 지내게 해 주는 것이 정말 중요하다. 뉴스에서 가끔 보셨겠지만, 시합이 한창인 축구장에 뛰어나가는 어린이도 이유가 있다. 우리 어른들이 그 아이를 모를 뿐이다.

46-4. 공교육이라는 환경에 대해서도 한 번 더 짚어 보자. 우리나라 공교육(어린이집, 유치원, 초등학교)이 '예비 자폐' 또는 '자폐 어린이'에게는 어떤 환경일까? 극우뇌 아이들, 즉 '예비 자폐' 아이들 말을 빌리면 '지옥'이란다.

학교란 질서와 규칙의 바탕 위에 이루어지는 곳이다. 그러나 그것을 극우뇌 아이들 입장에서 보면 모두가 '구속'이다. 자유를 제한하는 것이다.

사실이 그렇기는 해도, 예비 자폐 아이들을 위해서, 학교의 모든 구속을 다 해제하라고 할 수는 없다. 학생이 맞춰 가야 한다. 어떻게 맞춰야 하나? 한마디로 하면 '학교를 설렁설렁 다니게' 하는 것이다.

드높은 하늘과, 망망한 바다, 산들바람 등은 극우뇌인, 자폐 어린이들이 그토록 그리워하는, 최상의 환경이다.

46-5. 전 미국 대통령 오바마는, 한국 부모의 교육열이 세계 최고라고 했다. 필자는 이 말을 생각할 때마다 아슬아슬하기 그지없다. 한국 부모들이 이 말을 칭찬인 줄 알고, (속말을 써서 죄송하지만) '하던 짓'을 계속하거나 더 강화할까 봐 겁이 나기 때문이다.

뇌가 왕성하게 자라는 초등학생들에게 과도한 학습 부담을 주는 것은 교육'열'일 뿐이지 현명한 처사는 아니다. 뇌를 상하게 하는 까닭이다. 세계 각국이 앞다퉈 중학교 입시를 없애지 않는가? 초등 시절에 뇌를 혹사할 만한 환경을 아예 조성하지 말라는 취지다.

46-6. 이보다 더 무지막지한 교육'열'이 있다. 극우뇌 아이들은 초등학교 시절 유난히 학교 진도를 못 따라간다. 언어, 예능 과목을 제외한 대부분 과목에서 그렇다. 난독증, 연산능력 부족 등, 온전히 뇌 때문이다.

그런데 우리 부모들은 그 꼴을 못 본다. 몽둥이와 돈을 동원한다. 혹시 미취학기를 운 좋게 무사히 지내 온 아이들이라 하더라도, 초등학교 때 각종 장애에 걸려들게 만드는 것이다. 학교를 '설렁설렁, 쉬며 놀며' 다니게 하라는 말이 이해되었기를 바란다.

자폐 등등에 잘 걸리는 극우뇌 아이들은 초등학교 졸업까지가 고비다. 중학교 2학년만 되면, '공부 뇌'가 필요한 만큼 자라서, 미진하던 과목도 거의 따라가고, 자신의 장기 과목도 부각되기 시작한다. 물론, 초등 6년 동안 아이 뇌를 망가트리지 않았다는 전제하에서다.

Do's & Don'ts

46-7. 초등학교에 입학한 K군은 1학기 내내 다른 아이들과 어울리지 못했다. 집에서 혼자 전쟁놀이를 했다. 눈 깜빡이는 틱은 여전했다. K군은 아빠와 자주 부딪혔다. 아빠는 결혼 초 술 취한 채 폭력을 사용해서 경찰이 출동한 일도 있었고, 청년 시절 받은 심리검사에서는, '양복 입은 5살짜리 아이'라는 진단을 받았던 인물이다. 지금도 운전 중에 버럭버럭 소리를 지른다. 아이 역시 이런 아빠의 모습에 불안을 넘어 분노했다. 아빠는 초등 아이가 분노한다고 수그러들 사람이 아니다. 아이에게서 강박증, 언어지연 등이 나타나기 시작했다.

상황이 파악되자, 아이를 스키장에 자주 데려가도록 권했다. 그 후, 필자가 놀랄 일이 생겼다. 아이와 엄마가, 강원도 어디 스키장이 있는 동네로 아예 분가해 나간다는 것이었다. 필자가 내심 환영하며, 세부 실천사항까지 일러 주었다. 아이도 3학년부터 그곳 학교로 전학했다. 전교생이 30명이 채 안 되는 곳이었다. 3개월쯤 지난 후 필자가 그곳을 방문했을 때, 엄마가 말했다. "우리 가정의 모~~~든 문제가 다 해결되었어요."

46-8. 필자가 서울에서 사무실 두 곳을 운영하다가 대전으로 이전한 것은 몇 가지 플러스 요인 때문이었다. 임대료-관리비 부담이 적은 점, 전국 부모들이 오시기 좋은 점. 게다가 분양받은 사무실은 천장 높이가 4미터인 점. 필자가 유혹에 넘어간 것이 바로 이 점이었다. 서울에는 이런 건물이 없다. 왜 높은 천장을 찾나? 극우뇌, 자폐 아이들에게 유익하기 때문이다. 사실 전국의 아파트들은 천장 높이가 대개 2.3~2.4미터, 이 아이들에게 정말 나쁘다. 실내 활동 시간을 줄이고, 열심히 데리고 나와야 한다.

46-9. 2차대전사, 어디에서 읽은 기억이 난다. 미국이 잠수함 근무자를 모집하며, 육상근무자 봉급의 4배를 주겠다고 제시했는데, 애당초 쳐다보지도 않는 청년도 많았고, 어떤 지원자는 잠수함 실제 근무 2주 만에 고액 봉급 포기하고 육상근무로 바꿨다는 것이다. "돈이고 뭐고 다 필요 없으니 숨 좀 쉬면서 살고 싶다."라는 것이 그들의 토로였다고 한다. 이들이 누구였을까 궁금하지 않으신가?

46-10. 자폐건 아니건, 극우뇌 아이들이 유치원이나 학교엘 다니기 시작하면, 엄마들이 한결같이 힘들어하는 일이 있다. 아침에 깨우기다. 한두 마디로 일어나는 일이 절대 없다. 이런 사실을 전제로 재미있는 얘기를 하나 소개한다.

코로나 터지기 2~3년 전, 겨울방학이었다. 상담 중인 아이들 9명과(물론 그 부모도) 함께 강원도 어느 스키장엘 갔었다. 저녁이 준비되는 동안 아이들이 필자가 앉아 있던 거실로 몰려와서 놀았다.

극우뇌 아이들이 한 방에 9명이나 몰려 있는 것을 아무도 본 적이 없을 것이다. 상상도 가지 않을 것이다. 자폐 아이도 5명이나 끼어 있었는데, 천정은 유난히 낮아 보였다. 싸우고, 지지고, 볶고, 저녁도 먹고…. 그렇게 밤 10시가 되자 필자가 마이크를 잡았다.

얘들아, 내일 스키장이 몇 시에 연다고? / 9시요~
스키랑, 부츠랑 빌려야 하니까 스키장에 8시 30분에는 도착해야 되겠지? / 네~
그럼 우리 펜션에서 몇 시에 떠나야지? / (10분 거리인데) 8시요~
그럼 세수하고, 아침밥 먹고, 옷 입고 떠나려면 몇 시에 일어나야지? / 7시요~
그럼 지금 각자 방으로 돌아가서 자고, 내일 아침 7시에 만나자~ / 네~

하고 싶은 말은 이것이다. 이튿날 새벽 5시, 6시부터 아이들이 일어나서 엄마, 아빠를 깨우고 보채더라는 것이다. 9명 모두가 예외도 없이. 필자가 물었다. "이 아이들을 왜 아침에 깨우기 힘든지 아시겠어요?" 부모님들의 눈이 반짝였다.

24th Week

Missions of the Week

47. 위기의 순간, 완치와 재발 사이
48. 이들에게 안정된 직업이란?

47. 위기의 순간, 완치와 재발 사이

Further Explanation

47-1. 우리 연구소는 ADHD 등등의 경증을 위한 좌뇌보강을 시작하면 대개 3~5개월 만에, 그리고 자폐, 언어장애 등등의 중증(重症)을 위한 좌뇌보강을 시작하면 대개 10~15개월에 마치게 된다. 좌뇌보강 종료, 즉 '맞춤양육 상담을 마치는' 시점을 우리는 매우 독특하게 정한다. 대개 부모의 판단에 따르는 것이다. 부모가 연구소 측에 이런 요지로 말한다.

"우리 아이 이 정도면 아무도 몰라보겠어요. ㅎㅎ 마쳐도 되지 않을까요?"

부모의 입에서 이런 말이 나올 때는 아이 상태가 어떻게 변했는지 짐작되실 터이다. 만족할 만큼 좋아졌다는 의사 표현이다. 이때는 필자도 분명히 의사를 밝힌다. 대개는 부모 의견에 동의한다.

간혹, 부모보다 필자가 먼저 "보강 그만해도 되지 않겠어요?" 하는 경우가 있다. 예를 들면, 말을 전혀 못 하던 아이가 꼭 1년 만에 50단어 정도를 말하게 되었다. 듣는 말은 다 알아듣고, 간단한 심부름도 한다. 얼굴 표정도 좋아져서, 웃기면 웃는다. 이럴 때, 부모는 '아이가 문장으로 말할 때까지 좌뇌보강을 계속했으면…' 하는 심정일 것이다. 당연하다.

그런데 사실 그건, 앞으로 부모가 집에서, '그동안 배운 대로 실천만 잘하면' 자동으로 해결되는 문제다. 별도의 추가적 미션이 없어도 될 상황인 것이다. 소장이 먼저 마치자고 제안하는 경우가 이런 경우다. 특히 좌뇌보강을 계속할 때 고객이 부담해야 하는 비용, 왕복하는 시간 등도 고려해야 하니까.

47-2. 아이 좌뇌보강을 마칠 때가 다가오면, 몇 가지 변화가 더 생긴다. 우선, 아이가 우리 연구소 멤버들과 아주 친하게 지낸다. 몇 달 전, 깨트리고, 쏟고, 넘어트리던 그 아이가 아니다. 필자 방으로 와서 아는 체도 하고, 안기기도 한다.

부모도 마찬가지다. 일단 아빠는 인사가 달라진다. 처음에는 고개만 까딱했다면, 이제는 허리를 구부린다. 손도 변한다. 처음에는 당연히 빈손이었는데, 이제는 꼭 선물을 들고 온다(대개는 건강식품, 필자가 많이 허약해 보였나? ㅎㅎㅎ).

엄마는 조금 더 확실하다. 처음에는 후줄근한 가사복에 운동화였는데, 이제는 가장 아껴 입는 옷을 입고 온다. 물론 화장도 그에 맞추고.

몇 개월이든, 상담을 마치면, 간단한 졸업 파티를 열어 주는데, 이 졸업식을 제일 좋아하는 것이 아이들이다. 자신의 변화를 알고, 자신감을 얻은 까닭이다.

47-3. 그렇게 쫑파티까지 치르고 나면, 그야말로 '마지막 수업'이 끝난 거다. 학교로 치면 졸업한 셈이고, 병의원으로 치면 완치된 셈이니까, 다시 만나거나 연락할 일이 없다. 부모님이 조용히 계시는 한.

그런데, 지금부터가 위험한 시기다. 대부분의 부모들이 자신감에 차는 것이다. 이젠 우리 아이도 보통 아이들과 같구나. 우등생이 될 수 있겠구나. 행동도 모범생과 똑같이 만들어야지.

그래서 미션을 살살 위반하기 시작한다. 가히 동물적이다.
① 제일 뒤처지고 힘들어하는 수학을 위해 학원 뺑뺑이를 돌린다. 수학 머리가 늦게 트이니까, 억지로 시키지 말라고 그토록 일렀음에도 불구하고.
② 규칙적인 생활을 몸에 배게 해 주려고 여러 가지 제약을 가한다. 잔소리를 반복한다. 아이에게는 '자유'가 가장 큰 선물임을 그토록 일렀음에도.
③ 영상물, 게임에 관한 규제를 점차 강화한다. '중독 우려가 있다는 속설'의 노

예로 되돌아가는 것이다. 영상물, 게임이 이 아이들에게는 '독서 그 이상'으로 유익한 것이라고 그토록 일렀음에도.

④ 정리정돈을 강요한다. 아이를 위해서가 아니고 부모를 위해서다. 정리정돈이 이 아이들을 숨도 쉬기 어렵게 만드는 엄청난 '구속'이라고 그토록 일렀음에도.

⑤ 미션 뒤집어엎는 것이 어디 이뿐이랴. 이 부모들은 아이가 지옥에서 무사히 살아나오자 그 시절을 깨끗이 잊는 것 같다. 자기들 아이는 4%에 속하는 특별한 아이인데, 이 아이를 나머지 96% 아이들 양육법에 맞추어 키우겠다는 몸부림을 '다시' 시작하는 것이다. 이 일을 어찌할꼬?

미션 깨기 → 퇴행
→ 천재 포기
→ 진상질, 싸움닭 선수

47-4. 미션을 깨는 형벌은 준엄하다. 쫑파티 후, 한 일 년간은 별 이상을 몰랐다고 한다. 그러나 2년 차 절반쯤을 지나니까, 아이가 "생각이 안 나." 소리를 자주 하더라는 것이다. 그렇게 만 3년을 지내고 나니까, 다른 건 큰 문제가 없어 보이는데, 지적인 면에서는 어떻게 손을 쓸 수 없는 상태가 되더라고 했다. 소위 '재발'이다. 또 뇌 손상을 입은 것이다.

재발은 심각하다. 만약 다리뼈가 부러졌다. 이걸 현대 의학기술로 잘 접합시켰다. 그렇다고 이 다리뼈가 부러지기 전처럼 튼튼할까? 그런데, 부러졌던 부위가 또 부러지면 어떻게 될까? 생각만 해도 무섭다. 재발되지 않도록, 아껴서 사용해야 한다.

만약, 정상 극우뇌 아이부터 최고 중증이라는 1급 자폐 아이까지를 100단계로 나눌 수 있다면, 필자는 그 100단계 각각의 아이를 다 만나 본 사람이다.

47-5. 물론, 이것이 일반적인 현상이라고 말할 수는 없다. 미션을 어기는 것도 부모에 따라 정도의 차이가 워낙 크니까. 그러나 분명히 알아 두셔야 한다. 이 미션들은 아이가 장성해서 결혼할 때까지, 그리고 손자녀 중에 극우뇌 아이가 있다면, 그들에게까지 실천해야 하는 양육법이다.

96% 보통 아이들 양육법을 이 아이들에게 차용하면 폭망하는 길 하나뿐이다. 특히 좌뇌 엄마들께 최고 수위의 경고를 날려 드린다. 좌뇌 엄마 기준으로 키우면 '절대' 안 된다.

Do's & Don'ts

47-6. 초6 극우뇌 아들을 키우는 엄마는 세상을 살고 싶지 않은 얼굴이었다.

이 엄마는 아들이 다니는 학교의 교사다. 새카만 후배 교사인, 아들 담임으로부터 조심스러운 조언을 두어 번 받았다. 아이가 수학 과목에서 많이 뒤처지니까 어머니께서 특별지도를 좀 해 주십사고.

그러잖아도 아이를 수학학원, 별도의 개인지도까지 받게 해 주고 있었는데, 담임의 이런 말을 들으니 놀라지 않을 수 없었다. 작심하고 아들을 불러 앉혔다. 나름 재미있는 얘기도 해 가면서, 아이 수학 실력을 은근슬쩍 점검하다가, 엄마가 멘붕에 빠지고 말았다. 6학년이라는 아이가, 분수 즉 1/3, 2/5 이런 것에 대한 개념이 전혀 없는 것이었다.

바둑돌, 식빵, 햄버거로 설명하다가, 나중에는 피자까지 배달시켜서 설명했는데, 그래도 모르더라는 것이었다. 분수의 덧셈이나 뺄셈, 이런 걸 잘 못한다면 그나마 위안이 되겠는데, 분수 그 자체를 이해 못 하니 어찌해야 하는지. 엄마가 강물에 투신하려다가, 누군가의 권유로 필자를 찾았다는 것이다.

47-7. 사람은 노력해서 더 잘하게 되는 것이 있고, 아무리 노력해도 안 되는 것이 있다. 우리가 흔히 말하는 음치, 기계치, 길치 등이 그것이다. 노력해도 안 되는 이유는 **그 신경이 아예 없거나, 너무 미약하기 때문이다.** 운동신경이 없는 사람 역시 아무리 노력해도 안 된다. 대학 시절 친구와 야구 글러브를 끼고 받기-던지기를 연습했는데, 그 친구는 필자가 슬슬 던져 주는 공을 단 한 번도 받지 못했다.

그런데, 이게 학업 얘기로 바뀌면 좀 심각해진다. 초등학교부터, 과목별로, '××치'가 출현하는 까닭이다. 그러나 우리 부모들은 이 사실을 받아들이지 않으려고 한다. 21세기 들어서, 일본의 대단히 유명한 수학자가 이런 말을 남겼다. "왜 모든 어린이가 노력만 하면 수학을 잘할 거라 믿는가? 엄청난 착각이다."

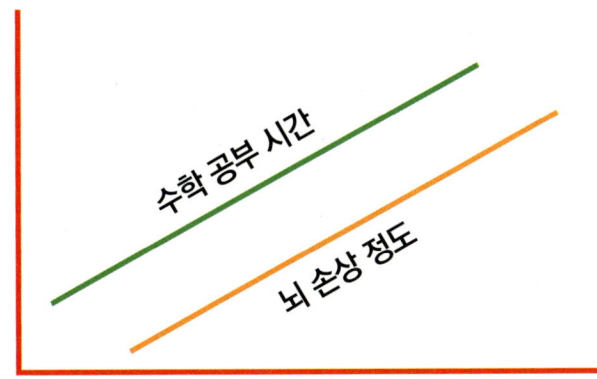

앞의 교사 엄마에게 이 수학자 얘기를 해 드렸다. 초6 아드님은 극우뇌다. 아마 구구단도 초5나 되어서 이해했을 거다. 극우뇌 아이들이 언어적 머리는 어릴 때부터 발달하지만, 수학적 머리는 좌뇌 아이들보다 5~6년 늦게 트이더라.

그렇다고 실망하지는 마시라. 초중학교 시절에 뇌 손상을 입지만 않으면, 대학 시절에 수학을 전공해서 수학 박사가 된 사람도 여러 명 있다. 어떤 특정 머리(=신경)가 3~4년 일찍 트이느냐 늦게 트이느냐 하는 것은, 대학생쯤 되고 나서 보면, 정말 별것 아니다. 투신하지 마시라.

이해가 충분히 되셨던 모양이다. 이 어머니는 지금 아이의 언어적 재능을 키워 주느라 즐거운 나날을 보내고 있다.

47-8. 아이를 지옥에서 건져 준 미션이다. 이걸 왜 엎는가? 왜 깨는가? 추측해 본다. 자폐 등등에서 빠져나온 내 아이가, 이제는 정상인이다. 그러니, 이제는 모든 과목에서 뒤처지지 않고, 사회생활 전반에서 모범적인 사람이 되어야 하지 않겠나? 부모님들이 대개 이런 강박증에 빠지는 것 같다.

키야아~ 초등 6년간 배우는 게 뭐 그리 대단하다고, 지식이래야 한 줌어치도 안 될 터인데, 중학교 2~3학년만 되면 한두 달에 다 마스터할 분량인데…. 어렵사리 고친 장애를 재발하게 만들었다는 말인가?

이로 인해 부부간에도 다툼이 많다고 한다. 미션을 그대로 유지하자. 아니다. 조금만 수정하자. 여기서 수정안이 득세하면, 그게 바로 비극의 시작이다. 그동안의 정보를 취합하면, 재발할 경우, 그 시점이 대개 좌뇌보강 끝나고 3~4년쯤인 것 같다. 부끄러웠던지, 염치가 없다고 생각했는지, 필자에게 연락도 하지 않는다. 무소식이 희소식이려니, 믿고 있건만.

47-9. 초1 때 왔던 C 양 얘기를 하지 않을 수 없다. 당시 증세가 가장 심했던 아이여서, 필자와 우리 연구원 모두가 지극정성을 다했다. 부모도 최선을 다했다. 그리고 모든 것이 깨끗해졌다. 너무 기적적이어서 그러했던지, 부모님이 한두 달 더 다닌 후에 마치자고 했던 기억이 새롭다.

몇 년이 지난 어느 날, 우연히 엄마와 소식이 닿았다. 아이가 초등학교를 졸업한다는 것이었다. 필자가 너무 반가워서, 사진이라도 한 장 보내 달라고 했다. 꽃다발을 안고 있는 졸업 사진을 받았는데, 필자가 깜짝 놀랐다. 아이 얼굴이 이상한 것이다. 왜?

엄마가 실토했다. 위 47-8과 똑같은 과정을 거친 것 같았다. 수학 점수 몇 점 더 받게 하겠다고 공부시키다 보니, 아이가 지적으로 문제를 일으키더라고 했다. 결국 중학교는 '특수반이 있는 학교'로 배정받았다는 것이다.

이글거리는 분노를 참고 필자가 엄마에게 물었다. 이 집은 엄마 아빠가 다 유학파이시고, 말이 잘 통하는 분들이었다.

"부부간 다투실 때 저에게 전화라도 한 통 하시지 그랬어요?"

"당연히 수학 공부 시키지 말라고 하실 텐데, 저희는 좀 시키고 싶었거든요."

이것이, 필자가 24주 차, 마지막 미션을 길게 쓰는 이유다.

48. 이들에게 안정된 직업이란?

Further Explanation

48-1. '코리안은 머리가 좋은 민족이다.' 누가, 어떤 근거로 한 말인지는 자세히 알 수 없으나, 지금도 이러한 믿음은 세계 석학들 사이에서 통용되는 것 같다. 필자도 이에 동의한다. 그러나 한 가지 의문이 든다.

머리가 좋은 민족인데, 배출되는 천재는 왜 그리 적은가? 물론 어디까지가 천재이고 아닌지 구별하는 것이 쉬운 일은 아니다. 그러나 세계적으로 그 권위를 인정받는 각종 상(賞)을 받은 사람이라면 천재라고 해도 되지 않을까?

예를 들면 이렇다.

노벨상 중, 평화상을 제외한 각 부문 수상자, 필즈상-아베상-울프상 수상자, 세계 4대 영화제 감독상 수상자, 세계가 인정하는 음악 콩쿠르 각 부문 1등 수상자, 그 밖에 이에 버금가는 상들이 더 있을 것이다.

또, 이런 상이 생겨나기 전의 세계적 인물들, 예를 들면 갈릴레오, 모차르트, 베토벤, 미켈란젤로, 다빈치, 고흐, 바흐, 헨델, 셰익스피어, 소크라테스, 아인슈타인, 에디슨, 그리고 현세이긴 하지만 어떤 상을 줄 수가 없었던 피카소, 스티브 잡스, 파바로티, 조수미, 박세리, 손흥민, 빌 게이츠, 그리고 히틀러까지.

48-2. 노벨상을 보자. 노벨상이 시작된 지 124년이라 하고, 대한민국 건국이 80년이 다 되어 간다. 인구가 5천만이다. 그런데 노벨상 과학 분야 수상자가 한 명도 없다. 스웨덴, 러시아, 캐나다, 스위스, 오스트리아, 일본, 이스라엘 등, 우리나라와 국력이 비슷하거나 뒤처지는 국가들이 20명 이상씩의 수상자를 배출했다.

우리보다 인구가 훨씬 적고, 국력도 좀 떨어지는 네덜란드, 폴란드, 덴마크, 노르웨이, 남아공, 아일랜드, 대만 같은 나라들도, 이미 10명 이상이 노벨 경제-과학상을 받았다.

우리나라처럼 수상자가 한 명도 없는 나라도 있다. 가봉, 기니, 네팔, 라오스,

말라위, 말레이시아, 모나코, 북한, 소말리아, 우간다, 우즈베키스탄, 콩고, 쿠바, 파라과이 등, 그들 이름을 나열하기도 민망하고 참담하다. 최근에 허준이 교수가 수학계의 노벨상이라는 필즈상을 받았는데, 기쁘기는 하지만, 이걸 위로로 삼을 수는 없다. 망망대해의 일편엽주다.

48-3. 우수한 우리 민족이 왜 세계적 천재를 많이 배출하지 못할까? 몇 가지 이유가 있겠지만, 필자의 생각을 공유한다. 천재를 직접 길러 내셔야 할 우리 부모님들도 깊이 생각해 보시라는 뜻에서.

천재의 재능은 타고난다. 그리고 빠르면 3~4살부터 그 싹을 보이기 시작한다. 이들은 무언가 다른 재능을 가지고 있는 까닭에, 어릴 때부터 하는 행동이 보통 사람과 비교할 때 매우 다르다. 너무나 상식적이지 않고, 너무나 일탈행위가 많은 것이다.

에디슨이나 아인슈타인의 초등 1학년 담임들이 이 아이들을 보고 극도의 절망감이나 분노를 성적통지표에 담아서 부모님께 보냈을 정도로. 그러나 이들의 부모는 달랐다. 내 아이가 남다른 재능을 타고난 것을 믿고, 그 재능을 살려 내기 위해 남다른 노력을 기울였다. 시간이나 돈을 올인했을 것이고, 다른 중요한 무엇을 포기하기도 했을 것이다.

> 가봉, 기니, 네팔, 라오스, 말라위, 말레이시아, 모나코, 북한, 소말리아, 우간다, 우즈베키스탄, 콩고, 쿠바, 파라과이…와
> **대한민국의 공통점은?**

48-4. 우리나라 부모들은 어떻게 하나? 그동안 필자의 연구소를 찾은 부모님들은 대부분 극우뇌 아이들을 데리고 왔다. 소위 '천재과' 아이들, 1~2가지 뛰어난 재능을 꼭 타고나는 아이들이다. 부모들도 이런 사실을 어렴풋이 아는 것 같았다. 그러나 그들의 희망은 거의 비슷했다.

"아이가 평범했으면 좋겠어요."

처음에는 겸손의 말이겠거니 해서 그냥 넘어갔는데, 뒤이어 오는 부모들도 계속 같은 말을 하는 것이었다. 화가 치밀어 올랐다.

"평범하다니요? 중간쯤 가면 좋겠다고요? 뛰어난 재능을 가졌는데, 어떻게 중간만 가요? 그럼 대학도 인서울로 안 보낼 작정인가요?"

"아뇨~ 대학은 좋은 델 가야…."

48-5. 깊은 얘기를 나누어 보니, 부모들 생각은 대충 이렇게 정리되었다. 천재성이 있더라도, 얼마나 뛰어난 건지 모른다. 올인해서 밀어주면 이회창, 최인호, 김연아, 조성진, 임윤찬 같은 인물이 되나? 누가 그런 보장을 해 주겠나? 기껏 유학 갔다 와서, 학원 강사나 뛰는 꼴을 어떻게 보나? 차라리 천재 노리지 말고, 국내 괜찮은 대학에 들어가서, 큰 회사(=안정된 직장) 다니는 게 바람직한 방향이

라는 생각이 자꾸 든다는 것이다.

48-6. 필자가 해 준 대답은 이렇다. 위 말에 결정적 모순이 있다. 첫째, 극우뇌 아이들은 국내 괜찮은 대학에 들어가기가 대단히 불리하다. 시험 과목이나 실력 측정 방법이 좌뇌들에게만 유리하게 정착되어 있는 까닭이다.

둘째, 운 좋게 큰 회사, 안정된 직장에 들어갔다 한들 오래 붙어 있지 못하고 튀어나온다. 상사의 '아니꼬운' 행동을 못 참기 때문이다. 그 아니꼬운 행동이란 게, 보통 사람에게는 별문제 될 것이 아닌데, 극우뇌에게는 아니꼽게 보여서, 자기 성격을 못 참고 들이받는 것이다.

앞에서 미션 설명할 때, '자유로움' 얘기가 이런 것이다. 규제, 책임, 약속 이런 것을 강요당하면 저절로 폭발한다. 여기 상담하러 오신 아빠들 중, 사표 써서 넣고 다니는 분들도 꽤 많다.

48-7. 머리 좋은 민족이 천재를 적게 배출하는 이유는 또 있다. 능력 있는 제자 키워 주기를 다분히 감성에 의한다는 사실이다. 철저히 실력에만 의존하지 않는 것이다. 이건 우리나라 학계가 박사를 양성-배출할 때, 인맥-지연-학맥 등에 의존하는 것과 비슷해서 자세한 설명을 생략한다.

오죽하면 우리나라 박사를 우리 스스로가 대우해 주지 않는 지경에 이르렀을까? 이런 환경에서 노벨상 수상자가 많이 배출될 리가 없다.

48-8. 천재 배출이 어려운 세 번째 이유는, 실력을 우선하지 않는 사회분위기다. 구미 선진국은 실력만 뛰어나면, 일단 인정해 주고, 기회만 오면 중요한 포지션으로 계속 발탁된다. 인종이나, 나이, 학력 따위에 크게 구애받지 않는다.

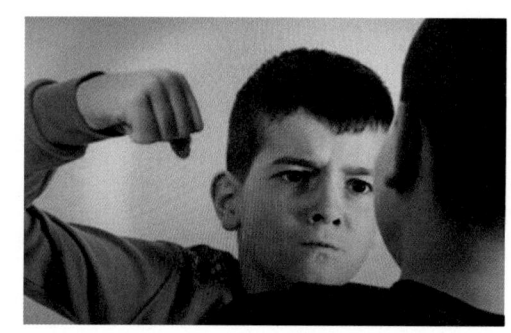

그러나 우리나라는 다르다. 실력만으로는 어렵다. 뒷배가 있어야 한다. 그래도 아직 희망을 버릴 정도는 아니다. 사회 분위기가 점차 실력을 우대하는 방향으로, 아주 조금씩이기는 하지만, 변화하고 있는 까닭이다.

48-9. 자, 우리가 여기서 현실적인 것을 하나 선택하고 넘어가자. 내 자녀에게 천재성이 보일 때, 어떤 방향으로 밀어주겠는가?

선택지 A: 천재성을 가지고 있더라도, 무시하고, 안전제일주의로 간다. 철저히 좋은 대학에 가도록 훈련해서 안정된 직장인이 되도록 한다. 진학하는 대학이나 직장은 경제적 안정을 최우선으로 결정해야 한다.

선택지 B: 어떤 분야에 천재성이 보이면, 올인해서 밀어준다. 물론 본인이 그에 상응하게 노력한다는 전제하에서다. 결과가 어떻게 나올까 미리 걱정할 필요는 없다고 본다. 중간에 아니다 싶으면 중단하거나 방향을 바꾸면 된다. 경제적으로 윤택하지는 못해도, 자기가 좋아하는 것 하면서 사는 게 최고다. 먹고사는 문제를 최우선시하던 시대는 오래전에 지나갔다.

Do's & Don'ts

48-10. 아이를 데리고 오시던 부모 중에 A라는 아빠가 있었다. 극우뇌였다. 처음에는 아이 얘기를 했지만, 차차 자신의 문제에도 의견을 청했다. 이분은 대학을 문과 계열로 다녔는데, 어찌어찌 가구회사의 디자이너로 취직했다. 미술적 재능이 잠재해 있었던지 디자인 일을 해 보고 싶었다고 한다. 벌써 신입 시절에 새로운 스타일의 가구를 디자인해서 회사 매출을 상당히 올리기도 했다. 그러나 대우는 소걸음이었고, 특히 고참 디자이너들의 교묘한 방해, 실적 빼앗기 등이 A를 괴롭혔다.

극우뇌는 이런 거 못 참는다. 참아 본들 정신과적 질병에 걸리기만 한다. 과감히 그 회사를 뛰쳐나왔다.

48-11. 몇 달을 쉬었다. 그러나 가구 디자인이 뇌리를 떠나지 않았다. 자본금이 별로 들지 않는 블루 오션이 뭘까? 아내와 의논 끝에 결단했다. 공방(工房)을 차리는 것이었다. 고가구를 디자인하고, 만들기까지 하는 공방. 처음부터 끝까지 전부 내 손으로 하는 작업이었지만, 시제품의 인기가 상당히 좋았다. 주문생산을 시작했다. 맞춤 제작이라 가격도 넉넉히 받았다.

이때 아빠는 40대 중반. 목공기술자 두 명을 거느리고, 돈 잘 버는 사장님으로 변신해 있었다. 그러나 사실 아빠가 '좋아 죽겠는 것'이 따로 있었다. 퇴근 후 아내 앞에서, 옛날 회사 고참 직원들 안주 삼아 과음하지 않아도 되는 것, 아이와 놀아 줄 때 잡념 생기지 않는 것, 그리고 가구 찾으러 오신 분이 그리도 좋아하는 모습 등….

삶의 낙이 이보다 더 좋을 수가 있겠냐는 것. 타고난 재능을 한껏 살리니 뒤따르는 복이 푸짐했다. 건강이 받쳐 주니, 디자인 아이디어도 날로 발전했다. 스티브 잡스만 천재가 아니다. A 아빠도 천재의 길을 찾아 운명을 바꾼 행운아였다.

48-12. 신문에서, 7~8년쯤 전에 읽은 것 같다. 미국의 한 소년이 고등학교에 안 다니면 안 되느냐고 부모에게 진지하게 매달렸다. 평소 창의력이 뛰어난 아이라는 것을 아는 부모는 쾌히 허락했다. 고등학교 안 가는 대신, 네가 하고 싶은 것 마음껏 해 봐. 그 후, 자세한 얘기는 기억나지 않는데, 아무튼 소년이 16세에 백만장자가 되어서 그곳 언론을 화려하게 장식했다는 얘기였다.

자기가 하고 싶은 일이란 즐거운 일이고, 즐거운 일을 하다 보면, 당연히 좋은 결과가 나오게 마련이다. 천재적 능력은 개발하기 나름이다. '안정된 직장' 또는 '평범한 삶' 이런 거나 추구하다가는 '술에 절어 사는 인생'이 될 가능성만 커진다.

48-13. 필자는 아이건, 어른이건, 극우뇌인을 정말 많이 만났다. 관련 책까지 출간하고, 입소문까지 나다 보니 더 기회가 많았던 것 같다. 덕분에 지금은 모르는 사람이라도, 두세 번만 만나면, 이분이 극우뇌인이로구나 하는 것을 구별하게 된다. 만나지 않고, 신문-방송 등을 통해 그분의 언행에 관한 정보가 축적되기만 해도, 이 역시 극우뇌인임을 구별해 내게 된다. 필자의 눈도 눈이지만, 극우뇌인이 워낙 특이한 까닭도 있을 것이다.

48-14. 필자가 최근 약 10년간, 사무실을 차리거나, 이전하거나, 확장하느라고, 관련 기술자들을 여럿 만나게 되었다. 인테리어 대표, 목수, 전기, 배관, 타일, 가구 등의 분야별 전문가들이었는데, 그들과 일을 해 나갈수록 필자의 놀라움도 컸다. 영업하는 일은 대개 우뇌인들이, 미적감각이 필요한 일은 극우뇌인들이, 손재주가 필요한 일은 좌뇌인들이 맡고 있었던 것이다.

와아, 어쩌면 이렇게들 자기 적성에 맞는 분야를 제대로 찾아서, 실력도 발휘하고, 고임금도 받으며 살까? 감탄하면서 기회 있을 때마다 그분들에게 물어보았는데, 약속이나 한 듯, 대답은 필자의 예상과는 달랐다.

"학교 때 공부하기 싫어서 놀기만 하다가, 우연히 이 길로 들어섰어요."
"지금 하는 일이 재미없으신가요?"
"재미요? 재미있죠. 일거리가 계속 이어지기만 하면, 이게 최고예요."

우연히 이 길로 들어섰다고들 하셨는데, 겸손이다. 학교 시절, 공부하기 싫어서 놀기만 했지만, 머릿속에 숨어서 기회를 엿보고 있던 재능이 머리를 박차고 뛰쳐나왔을 것이다. 사람의 이런 본능은 정말 강력하다. 필자는 '최고로 재미있다.'라는 저분들의 삶이 정말정말 부럽고 또 부럽다. 이분들이 어떤 승용차를 몰고 다니는지, 자녀들이 어떤 대학에 다니는지는 여기서 얘기하지 않겠다. 자신의 재능 분야에서, 평생을 최고로 재미있게, 지내는 사람보다 더 행복한 사람은 없다.

사람이 서로 다르므로

천재 아이를 천재로 키워 내기

내 아이가 자폐일까? 알 수가 없다. 진단 잘하신다는 의사께 예약한다. 몇 달을 기다린 후에, 그 전문가님의 소견을 듣는다. XXX 자폐이고, 증세가 심한 정도는 YYY 단계이다. 아이가 왜 이렇게 되었는지, 부모가 주의해야 할 사항은 무엇인지, 이런 것은 말해 주지 않는다. 당연하다. 아직 의학적으로 아무것도 밝혀진 것이 없으니까. 그리고 그는 의사니까.

필자는 의사가 아니다. 그러나 동서양 학문을 접목하기 위해 애썼다. 그중, 자폐와 조금이라도 관련 있는 것들이 여럿 보이는데, 이를 종합해 본다. 자폐의 본질을 이해하고, 아이를 양육하는 데 도움이 되기 바란다.

자폐는 천재병이다. 아이가 자폐 증상을 본격적으로 보이면, '아, 이 아이가 천재 재능을 가진 아이로구나!' 하고 믿어도 된다는 뜻이다. 그렇다고 천재가 모두 자폐 증상을 보인다는 뜻은 아니다.

여기서 잠깐! 천재라는 단어에 대한 오해를 털고 가자. 천재란 모든 분야에 뛰어난 사람이 아니다. 학교 시험성적이 좋은(=소위 공부 잘하는) 학생들을 지칭하는 말도 아니다. 천재란, 어느 특정한, 아주 좁은 분야에서, 엄청나게 뛰어난 능력을 가진 사람을 일컫는 단어다.

자폐에 걸렸다(=증상을 보인다)는 아이들은 누구일까? 두 부류가 있다. 첫째는 삶의 에너지가 많고, 성격이 급하고, 예민하고, 대단히 창의적이고, 무엇이든 자기 마음대로 하려는, 황제급 청개구리들이다. 필자는 이들을 극우뇌인으로 분류한다. 두 번째 부류는 극좌뇌인이다. 삶의 에너지가 없다시피 하고, 느려터지고, 어른 말 잘 듣고, 자기주장이 없어 보이고, 존재감이 없는 아이들이다. 외톨이 같은 삶을 즐긴다.

국가별로 보면, 두 부류의 비율이 상당히 다르다. 한국 자폐인들은 극우뇌 vs 극좌뇌 비율이 9:1 정도다. 한편, 미국은 8:2, 인도는 7:3, 말레이시아는 6:4, 일본은 5:5 수준인 것으로 추정하고 있다. 유럽 여러 나라들이나 남미 국가들은 '극우뇌' 자폐인이 훨씬 많을 것으로 본다. 비용 지원을 받을 수 있다면, 자세한 현황을 직접 조사하게 되기를 희망한다. 훨씬 더 능률적인 자폐 치료가 가능해진다.

이 책은 '극우뇌' 자폐 아이들을 기준으로 썼다. 같은 자폐라는 단어를 사용하지만, 두 부류의 자폐는 그 본질이 전적으로 다르다. 양육방법도 전혀 다르다. 따라서, 이 책에 쓰인 양육법을 '극좌뇌 자폐' 어린이에게 적용하면, 큰일 난다. 효과는 당연히 없을 것이고, 심각한 부작용이 나타날 수 있다. 다시 한번 강조한다. 이 책은 '극우뇌' 자폐 아이들을 상담하고 치료한 기록이므로, '극좌뇌' 자폐 아이들의 양육지침서로 삼지 않으셔야 한다.

자폐 후보생

자폐의 길로 들어설 가능성이 높은 아이들은, 갓난아이 시절부터 보통 아이들과는 확실히 다르다. 생활에서 흔히 보이는 모습을 보자. 식성이 까다롭고 잘 먹지 않는다. 엄마 껌딱지다(=분리불안). 눈빛이 유난히 초롱초롱하다. 체중이 평균 이하다. 낮에는 방긋방긋 잘 웃는다. 그러나 밤에는 자다가 깨서 우렁찬 목소리로 울어 댄다. 간신히 재워 놓으면, 또 30분이 못 가서 깨고, 악을 쓰며 운다. 루치아노 파바로티가 아주 재미있는 얘기를 했다. "이렇게 우렁차게 우는 아이들은 아무리 오래 울어도 목소리가 쉬지 않는다. 횡격막을 이용해서 울기 때문이다." 파바로티 자신의 경험담(?)일 수도 있겠다.

2~3살쯤 되면 진전된(?) 모습을 보인다. 부모를 때린다(=폭력). 짜증을 잘 낸다. 잘 운다. 가끔 토한다. 집 안에서 (짧은 거리도) 뛰어다닌다. 밖에 데리고 나가면 안 들어오려고 한다. 안 씻으려 한다. 잘 때 꿈을 많이 꾸는 것 같다. 잘 때 이불을 덮지 않는다. 땀이 많다. 열감기에 잘 걸린다. 편식이 심하다. 과자, 젤리류를 좋아한다. 말을 잘하던 아이가 어느 날부터 입을 닫는다.

유아기에 이런 생활 모습을 보이는 아이는 대부분 '예비 자폐생'이다. 여기서 희비가 엇갈린다. 만약 이런 아이의 이후 생활환경이 '자폐 조장적'이면, 이 아이들은 90% 이상 자폐가 된다. 그러나 아이가 운 좋게도 '두뇌맞춤 환경'이나 그 비슷한 조건에서 생활하게 되면, 이 아이들이 자폐로 발전(?)할 확률은 20~30%선 이하로 뚝 떨어진다. 이는 우리에게 엄청난 사실을 알려 준다. '자폐를 예방할 수 있겠구나!'

부모가 아이의 '두뇌맞춤 환경'을 모르고 키우면, 바로 자폐가 되나? 그렇다. 되기는 되는데, 몇 단계를 거친다. 즉, 떼쓰기가 심해진다. 자주 드러눕고, 폭력도 빈번해진다. 의사 표현을 울음으로 하고, 야뇨, 틱, 아토피 등이 올라온다. 이 단계들을 거치면서, 경기, 이갈기 등을 보이기도 한다.

자폐 전조 증상

ADHD는 이 아이들에게 필수 코스처럼 따라다닌다. 학교는 물론, 어린이집, 유치원에서부터 수업 방해가 심하고, 아이들과 어울려 놀지 못한다. 사회성 제로다. 모둠수업은커녕 여럿이 줄을 서거나 줄을 맞춰 걸어갈 때 자꾸 삐져나온다. 또래에게 해코지를 즐긴다. 장난을 넘어서는 수준이다.

ADHD 증상 이후에는, 강박증, 이갈기, 과호흡이나 호흡곤란, 조울증, 까치발 등이 나타난다. 병의원에 데리고 가고 싶을 만큼 증상들이 분명하다. 아이가 이쯤이면, 이미 언어지연, 지적지연 등에서 헤매고 있을 것이 틀림없다. 그래서 필자는 이 증상들을 자폐의 형제자매라 부른다.

자폐 증상은 단독으로 나타나는 일이 없다. 위에 예시한 각종 신경정신과적 증상을 거쳐 왔거나, 아니면 동반한다. 특히 언어-지적장애 증상은 자폐와 혼연일체다. 굳이 다른 점을 꼽자면, 자폐는, 아이 성장환경이 자신의 두뇌특성과 다르고, 틀리고, 나쁠 때까지 참고(?) 기다리다가, 비로소 나타난다는 점이다. 위의 여러 가지 다른 증상들은 자폐의 예표 증상인 셈이다. 자폐가 저런 정신과 증상들의 형님으로 대접(?)받는 것이 이 때문이다.

깨달음

자폐를 잔뜩 키워 가지고 오는 부모들 해명은 비슷했다. "저러다 말겠지, 했어요." 또는 "우리 집안에 자폐가 없었으니까, 믿지 않고 싶었죠." 긍정적으로 대처했던 부모들은 오히려 처절했다. "방방곡곡을 뒤지고 다녀도, 증상은 점점 심해지고, 별다른 희망도 없고, 정말 하루하루가 지옥이었죠."

정리해 보자. 자폐 아이를 둔 부모는, 다음 다섯 개 지혜주머니만 잘 간직하시라.

1. '나는 자폐에 걸릴 체질입니다.'라고 신호를 보내는 유아기 어린이: 여기 모든 미션을 잘 이해하시고, 이에 역행하지 않도록 양육한다. (예방)
2. 자폐 예표증상을 보이는 어린이: 예표증상들이 다 사라질 때까지, 여기 모든 미션을 철저히 실천한다. (자폐 예방, 예표증상 치료)
3. 자폐가 본격적으로 발현하는 어린이: 여기 모든 미션을 120% 실천한다. 선택적 실천은 최고의 방해물이다. (자폐 치료)
4. 자폐가 발현 중인 10세 이상 청소년: 여기 모든 미션을 150% 실천한다. 가능성을 믿고, 성품을 다할수록, 성공할 확률이 높아진다. (일부 치료)
5. 나는 천재 아이를 키우고 있다. 천재는 괴짜다. 일탈행위가 심하다. 이런 아이를 보통 아이, 모범생 아이로 만들려고 노력하지 않는다. (재발 방지)

CHAPTER
3

부모가 변하니
아이는 꽃이 되었다

사람은 서로 다릅니다.
자폐 아이들은 그중에서 조금 더 다를 뿐입니다.
'흔한 육아철학'을 털어 버리십시오.
자폐가 사라지고, 천재성이 살아날 것입니다.

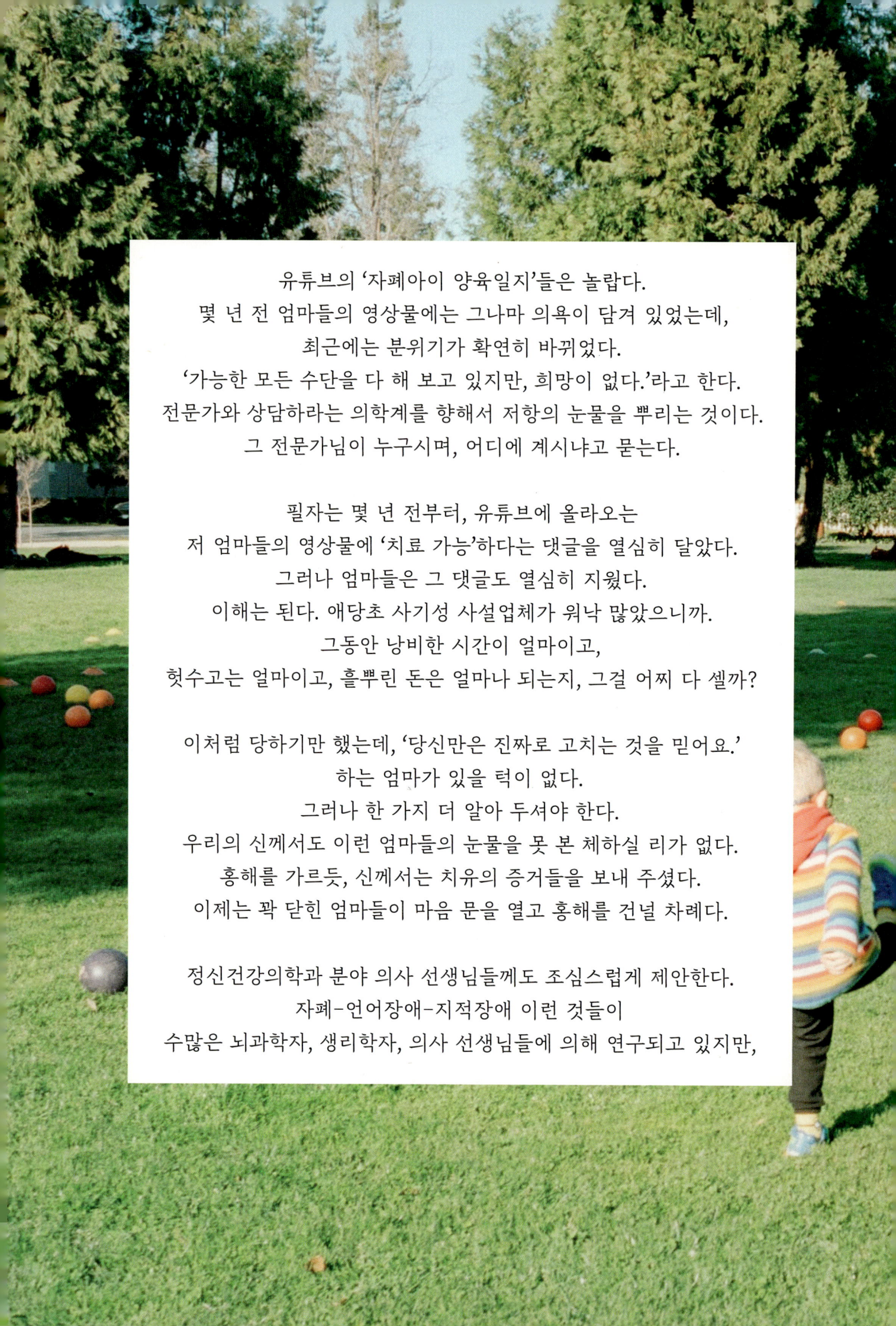

유튜브의 '자폐아이 양육일지'들은 놀랍다.
몇 년 전 엄마들의 영상물에는 그나마 의욕이 담겨 있었는데,
최근에는 분위기가 확연히 바뀌었다.
'가능한 모든 수단을 다 해 보고 있지만, 희망이 없다.'라고 한다.
전문가와 상담하라는 의학계를 향해서 저항의 눈물을 뿌리는 것이다.
그 전문가님이 누구시며, 어디에 계시냐고 묻는다.

필자는 몇 년 전부터, 유튜브에 올라오는
저 엄마들의 영상물에 '치료 가능'하다는 댓글을 열심히 달았다.
그러나 엄마들은 그 댓글도 열심히 지웠다.
이해는 된다. 애당초 사기성 사설업체가 워낙 많았으니까.
그동안 낭비한 시간이 얼마이고,
헛수고는 얼마이고, 흩뿌린 돈은 얼마나 되는지, 그걸 어찌 다 셀까?

이처럼 당하기만 했는데, '당신만은 진짜로 고치는 것을 믿어요.'
하는 엄마가 있을 턱이 없다.
그러나 한 가지 더 알아 두셔야 한다.
우리의 신께서도 이런 엄마들의 눈물을 못 본 체하실 리가 없다.
홍해를 가르듯, 신께서는 치유의 증거들을 보내 주셨다.
이제는 꽉 닫힌 엄마들이 마음 문을 열고 홍해를 건널 차례다.

정신건강의학과 분야 의사 선생님들께도 조심스럽게 제안한다.
자폐-언어장애-지적장애 이런 것들이
수많은 뇌과학자, 생리학자, 의사 선생님들에 의해 연구되고 있지만,

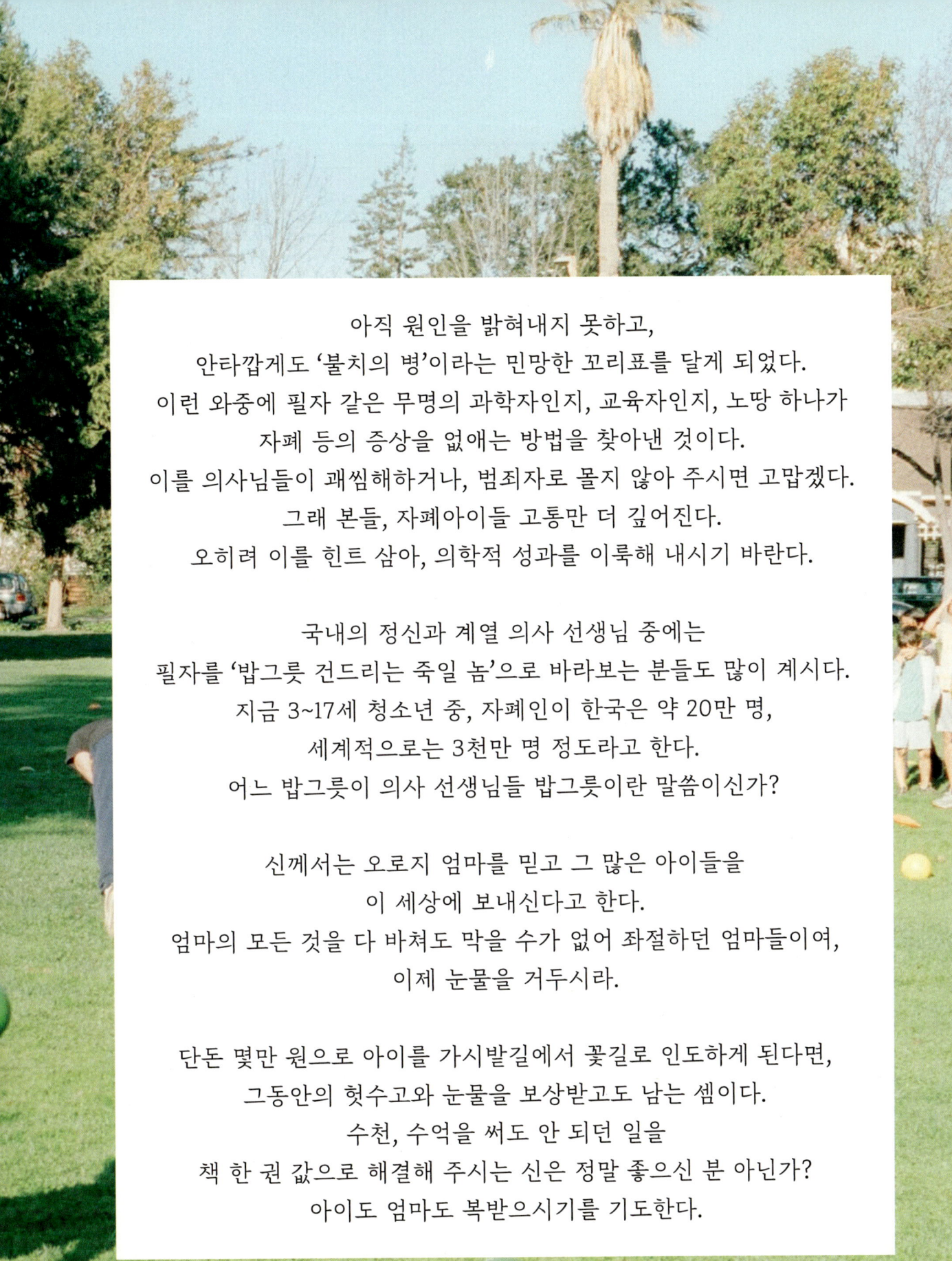

아직 원인을 밝혀내지 못하고,
안타깝게도 '불치의 병'이라는 민망한 꼬리표를 달게 되었다.
이런 와중에 필자 같은 무명의 과학자인지, 교육자인지, 노땅 하나가
자폐 등의 증상을 없애는 방법을 찾아낸 것이다.
이를 의사님들이 괘씸해하거나, 범죄자로 몰지 않아 주시면 고맙겠다.
그래 본들, 자폐아이들 고통만 더 깊어진다.
오히려 이를 힌트 삼아, 의학적 성과를 이룩해 내시기 바란다.

국내의 정신과 계열 의사 선생님 중에는
필자를 '밥그릇 건드리는 죽일 놈'으로 바라보는 분들도 많이 계시다.
지금 3~17세 청소년 중, 자폐인이 한국은 약 20만 명,
세계적으로는 3천만 명 정도라고 한다.
어느 밥그릇이 의사 선생님들 밥그릇이란 말씀이신가?

신께서는 오로지 엄마를 믿고 그 많은 아이들을
이 세상에 보내신다고 한다.
엄마의 모든 것을 다 바쳐도 막을 수가 없어 좌절하던 엄마들이여,
이제 눈물을 거두시라.

단돈 몇만 원으로 아이를 가시밭길에서 꽃길로 인도하게 된다면,
그동안의 헛수고와 눈물을 보상받고도 남는 셈이다.
수천, 수억을 써도 안 되던 일을
책 한 권 값으로 해결해 주시는 신은 정말 좋으신 분 아닌가?
아이도 엄마도 복받으시기를 기도한다.

일러두기

❶ 당초 이 책의 목적에 맞추어, 초등 저학년 이하의 사례만 수록하고자 하였다. 그러나 고학년, 그 이상의 부모님들께도 가능성을 알려 드려야 한다는 회원님들 조언에 따라, 초4 이상 고등학생의 사례까지, 10건을 더 넣었다.

❷ 여기에 기록한 BEFORE나 AFTER는, 상담을 진행할 당시, 부모님이나 시터가 말해 주신 내용을 '그대로' 옮겨 적은 것이다. 우리 연구원이 관찰한 것도 있다. 누가 말해 준 것이든, 말을 조금 다듬기는 했을지언정(윤문), 필자의 의견을 삽입하지는 않았다. 한편, 상황 설명이 계량화된 것보다는 그렇지 못한 것이 더 많다. 양해 바란다. "아이가 목소리가 커졌다." 또는 "아이 기가 많이 살았다." 또는 "말이 많이 늘었다." 이런 걸 어떻게 계량화할 수 있겠는가?

❸ AFTER는 가능한 한, 상담 회차별로 구분하여 기록하였다. 부모님이 아이를 키우며 관찰한 변화를 알려 주신 것이므로, 실제보다 1~2주 늦게 기록되었을 수도 있다.

❹ 미션의 회차와 성공 사례의 회차를 연결해서는 안 된다. 이 책의 미션은 일반화된 것이고, 개인별 성공 사례는 '개인별 맞춤미션'에 따른 변화이기 때문이다.

❺ 어록은 상담 당시 오간 내용 중, '빵 터졌던 말'이거나, '특히 공감되었던 말'이다. 아이가 한 말이 아닌 것은, 말 끝 괄호 속에 화자를 표시하였다.

❻ 여기의 사례 33건은, 발현하는 특징이나 개선되는 과정이, 조금이라도 다른 경우들을 고른 것이다. 전부 무순이다. 대표적인 경우를 고르다 보니, 33명이 되었다. 우연이지만 뜻깊다. 더 소개하고 싶은 경우도 200여 명인데, 서운해하지 않았으면 고맙겠다.

❼ 'Top 10'이라고 표시한 것은, '상태가 가장 심했던' 10명이라는 뜻이다. 과정을 마쳤을 때, 부모의 기쁨이 훨씬 더 컸다.

❽ 이처럼 아이가 깨끗해졌다는 것은 대단히 아름다운 일이다. 그러나 당사자는 이런 일이 대중에게 공개되는 것을 원하지 않는 분도 계시다. 따라서 여기 소개하는 사례는, 철저히 개인정보가 누출되지 않도록 조심하였다. 당사자의 부모나 가까운 친척 정도라면 알아볼 수도 있겠지만 그건 개인정보 '누출'이라고 말할 수는 없을 것이다.

❾ 상담 기간 란에는 상담 시작 월, 끝난 월을 기록했고, 묶음표 속에 상담 회차를 넣었다. 상담 기간에 비하면, 상담 횟수가 훨씬 적다는 것을 발견할 것이다. 이는 상담 후반기에는 매주가 아니라, 격주, 또는 3주에 1회씩, 간격을 벌려 상담하였으므로 보이는 현상이다.

❿ 상담을 끝내거나, 또는 격주나 3주마다 하는 등의 일정은, 대부분 부모님과 연구소 간의 합의에 따랐다. 부모가 먼저 상담 종료를 제안하는 경우는, 이제 부모가 연구소 조언 없이도 아이를 제대로 양육할 수 있다는 자신이 생겼을 경우다.

꽃이 되었다 01

이름/지역	○우○ (남) / 53개월 / 경북	Top 10
상담기간	2021. 10. ~ 2022. 12. (44회)	
병의원 진단	언어장애, 지적장애, 자폐 1등급, ADHD, 사시, 강박장애	

첫날부터 연구원들을 공포에 떨게 하다.

BEFORE

- (부모 상담) 언어클리닉에 1년 이상 다녔다. 효과가 전혀 없었다. 아직 말을 못 하고, 소통도 안 된다. 유의미한 '엄마' 소리도 들어 보지 못했다.
- 자폐 증상이 심하다. 갑자기 소리 지르기, 급가속 뛰기, 호명 반응 없고, 제자리에서 빙글빙글 돈다. 눈 맞춤 안 되고, 또래 물건 갑자기 빼앗고, 아무나 밀치고, 파괴적인 행동을 많이 한다.
- 아무거나 입에 넣는다. 가장 신경 쓰이는 문제다. 모래, 흙, 돌, 나뭇가지, 나뭇잎, 휴지, 각종 장난감 등 가리지 않고 입에 넣는다.
- 화장실에 자주 간다. 가자고 해서 데리고 가면, 한 방울도 안 누는 경우가 많다.
- 자꾸 높은 곳에서 뛰어내린다. 그냥 놀다가도 잘 다친다. 세발자전거도 제대로 타지 못한다. 밤이 늦었는데도 자지 않으려 한다.
- 아이스크림을 너무 먹는다. 얼음도 자기가 냉장고에서 꺼내 와작와작 깨물어 먹는다. 욕조에서 물장난하는 것을 좋아한다.
- 식당, 마트에 가면 정신을 못 차린다. 어디에서 무슨 사고를 칠지 몰라 항상 손을 잡고 있어야 한다. 잠깐만 놓쳐도 사라진다.
- 밖에 나가지 않으려는 때가 많다. 혹시 나가면 놀던 장소에서 이동 안 하려고 하고, 모래놀이를 주

로 한다. 저녁에 어두워져도 집에 들어가지 않겠다고 떼를 쓴다. 현 상태 고수가 목적인 것 같다.
- 아이가 주변인을 자주 이로 깨문다. 잇자국이 선명할 정도로 깨문다. 엄마, 시터를 자주 깨물고, 세 살 위 누나는 알고 미리 도망 다닌다.
- (연구원 관찰) 냉온수기의 물 마구 흘리기, 화분 넘어트리기, 화분 잎사귀를 뜯거나 꺾기, 화분의 모래 씹어 먹기, 컵 던져서 깨기, 책상 위 물건 쓸어내리기, 서랍 열어서 물건 꺼내기, 휴지 계속 뽑아내기….
- (소장) 연구소 방문 첫날, 아이는 연구소 기존 질서를 완전히 파괴하겠다는 듯, 150평 공간을 초토화시켰다. 말을 듣지도, 하지도 않는다. 이런 행동에 연구원들이 겁을 먹고, 접수하지 않기를 원했다.

AFTER

5주	눈 맞춤이 많아졌다. 미소가 생겼다. 자려고 누워서 혼자 키득거린다.
7주	졸리면 불 끄고 눕는다. 재워 주면 잔다. 베이비 버스를 틀고 잔다.
7주	엄마에게 **"안 먹어."**라고 했다. 생애 처음 하는 말이다. 좋아하지 않는 음식 주니까 불쑥 나왔다.
9주	기억력이 조금 좋아졌다. 숨겨 놓은 물건을 잘 찾고, 웬만한 말은 다 알아듣는 것 같다.
12주	호명 반응을 보인다. 이름을 부르면 고개 돌려 웃거나, 눈 맞춤 한다. 물론 자기가 좋아하는 사람에게만 반응을 보인다. – 유의미한 새로운 말 – **"엄마."**, **"응."**, **"이거."**, **"나 물."**(물 마시고 싶다고)
13~14주	새로 한 말 – **"밥."**, **"안 돼."**
15주	나뭇가지, 낙엽을 입에 넣는 행동이 조금 줄었다. 사람 깨무는 것도 조금 준 것 같은데, 확 줄어야 한다. 그래도 고맙다.
16주	웃음이 많아졌다. 혼자 방방을 뛰면서 깔깔 크게 소리 내어 웃는다. 소변보겠다는 횟수가 좀 줄었다.

🎉	**18주**	회전목마 타는 일에 재미를 붙이고 있다. 바다에 들어가면 한 시간도 안 되어 나온다. 아이스크림을 아직도 많이 먹는다. 하루 열 개 정도(소형, 막대).
🎉	**20주**	그동안에는 손을 잡고 다녔는데, 이제는 자꾸 뿌리친다. 손잡는 것이 싫은가 보다.
🎉	**21주**	소장님 방에 들어가서, 여러 물건을 만져만 보고 어질러 놓지는 않는다. 4개월 전과 딴판이다. 집에서 변기 물을 자꾸 내린다. 원래 앉아서 쉬를 하는데 어제 처음으로 서서 쉬를 했다.
🎉	**22주 연구원 관찰**	아이가 엄마에게 스킨십을 시도하는데, 엄마가 반응을 보이지 않는다. 엄마가 스킨십을 싫어하는 성격. 게다가 보강 시작 반년 가까이 되어, 엄마가 상당히 지친 것 같다. 아이 행동이 완벽하기를 바라는 것 같다.
🎉	**23주**	나뭇잎, 모래, 휴지 따위를 입에 넣는 것이 줄기는 했는데, 아직 없어지지는 않는다. – 최근, 엄마 없을 때 혼자 대변을 보고 물까지 내렸다. 지적으로 좀 올라오는 것 같다. – 근래에 혼자 멍하니 있는 모습이 자주 보인다. – 트램펄린에 시터 선생님이 올라가서 같이 뛰어 주자, 아이가 환호성을 엄청나게 지르며 놀았다.
🎉	**24주**	웃음이 많아졌다. 새로운 단어는 말하지 않았는데, 발음이 정확해졌다고(형의 의견) 한다. 눈을 오래 마주친다. 말뜻을 알아듣고 가끔 지시어를 따라 주기도 한다.
🎉	**25주**	먹는 것이 늘었다. 스파게티, 치킨, 돼지고기, 피자 등 다양해졌다.
	연구원 관찰	아이는 부모님이 허물없이 놀아 주시기를 원하는데, 부모님은 그렇지 않다. 아빠는 엄격히 키워야 한다는 생각, 엄마는 스킨십을 싫어하시는 성격 때문인 것 같다. 아이 자폐가 심해진 것도 이 때문이 아니었을까? 아이가 아빠에 대한 두려움이 커 보인다. 아빠는 아직 아이와 놀아 주기가 안 되는 것 같다. 잔소리는 많이 줄였으며, 매사에 많이 참고 있다고 했다.
🎉	**26주**	시터를 구했어요. 아이한테 잘해 주고, 아이도 좋아하네요.
🎉	**28주**	선풍기를 혼자 작동시켰어요. 티셔츠도 혼자 입으려고 하고요. 팬티도 혼자 입기는 하는데 거꾸로 입네요.
🎉	**29주**	새로운 단어를 말하고, 말을 알아듣고 행동하는 것도 상당히 발전했어요. 표정도 다양해졌어요. 행동을 제지하면, 성질을 많이 내고 깨물려고 해요. 꼬집기도 하고. 본인이 원하는 대로 안 들어줄 때, 성질부려요. 아무 이유 없이 웃다가 울다가를 반복해요. 잠자기 전에도 웃다가 울다가 하네요.

- 옷을 자기 혼자 (뒤집어) 입고, 신발 신고, 현관에 서 있어요. 나가자는 소리예요.

30주 시원한 바람 불 때 잘 웃고, 환호성도 지르네요. 흙을 입에 넣기에 물을 주었더니 입을 헹구는 영리한 모습도 보였어요.

- 사회생활에 약간의 자신감이 생긴 듯하다. 놀이터에서 또래를 보면 툭 건드리고 계속 밀치기도 한다. 어린이집 동생들을 만지려 하고, 버려진 씽씽카를 바로 타고 간다. 다른 동생 유모차를 타려 한다. 두 번이나 모르는 어린이집 선생님한테 달려가 안겼다. 반년 전에 비해 너무 딴판이다.

연구원 의견 이제는 아이를 데리고 노는 것이 오히려 즐거워요. 제가 긍정적인 에너지를 얻습니다.

31주 행동언어가 발달, 분명해졌다. 자기 의사 표현을 잘한다. 시장 보는 사이 다른 곳으로 가고 싶으면, 유모차 핸들을 돌린다. 혼자 깔깔거리며 놀 때가 있다. 근래에 조금 많아졌다. 엄마 마음도 느긋해진다.

32주 형과 누나 행동을 모방한다. 누나가 욕조 위에 두 발로 서 있는 모습을 보고 따라 한다. 분수대에서 애들이 많으니까 자기도 신나게 놀기도 하고 아이들 관찰도 하고, 재미있어했다.

- 눈 맞춤도 더 생겼다. 엄마를 유심히 볼 때가 많아졌다. 웃는 횟수가 많이 늘었다. 놀다가 큰 소리로 소리 지르다 깔깔 웃고 뛰어다닌다. 아이들과 어린 동생들에게 관심을 많이 보인다.

33주 아빠를 무서워했는데, 이제는 야식 먹는 아빠한테 안겨 먹을 것을 달라고 한다. 소파에 있는 아빠한테 가서 안기고 눕는다. 놀랍다.

- 승용차 안에서, 벨트를 풀어 달라 해서 풀어 주니까, 가방을 가리키며 바지를 내린다. 쉬하고 싶은 마음을 정확히 표현했다. 엄마 힘들어, 걸어가자고 하니, 엄마 등에서 내려서 걸어서 갔다. 깨무는 행동도 줄었다. 한 손을 닦아 주면 스스로 다른 손도 닦으라고 내민다. 지적으로 정상이 되었다는 느낌이다.

- 좌뇌보강 8개월에 말하게 된 단어가 20단어가 넘는다. 먼저 다니던 언어클리닉에서는 1년 동안 단 한 단어도 말하지 못했다.

34주 이제 아이스크림 아예 안 먹는다. 이번 주부터는 하나도 안 먹었다. 비 오는 날, 우비 입혀 나가니 너무 좋아했다 물웅덩이에 고여 있는 물을 발로 차고 손으로 만지며 잘 놀았다.

35주 웃기는 상황이 아니어도 깔깔깔 웃는다. 잠자리에 누워서 많이 웃는다. 머리를 자를 때 예전에 비해 얌전해졌다. 아빠에게 스스로 가서 안겨 뽀뽀도 한다. 엄마와 오래 눈 맞춤 한다. 손잡자~ 하면 바로바로 손을 잡는다.

🎉 **36주 연구원 관찰** 마이쮸 먹고 싶을 때 가방 열어서 스스로 꺼내서 먹는다. 그네를 위험하게 타기에 멋있게 앉아 주세요~ 하니 바로 앉아 주고, 손을 놓고 타기에 떨어질 수 있으니 잡고 타요~ 하니 잡고 탔다. 소장님이 뽀뽀하자고 하시니까 소장님 볼에 뽀뽀했다. 소장님과는 처음이라고 한다.

🎉 **37주** 큰 도로로 뛰어가려 할 때 '○○아~' 하고 크게 부르니, 시터 쪽을 보면서 뛰어왔다. 웅얼거리며 무언가 표현하려는 듯 옹알이를 많이 한다. 정확히 알아들을 수는 없다.
– 새로운 시터를 만났을 때, 말이 더 잘 트이는 것 같다.

🎉 **38주** **엄마/아빠/안 먹어/안 돼/밥/아니야/물/빨리/예뻐/베이비/안 아파/미워/싫어/응/가/비켜/됐다/왜?/지이이(지지)/하지마/나무/바우야/먀마먀마(마이쮸)/뽀뽀/길/아파/네/열어라/저기/하나만/멍멍이/맘마/엄마 미워/아빠 와/아빠 삐삐삐** ← 그동안 35단어를 새로 말하다.

🎉 **40주** 뭐든지 냄새를 맡는다. 똥꼬 냄새 등. 의사 표현이 더 분명해진 것 같다. 뭘 하고 싶은지, 뭘 원하는지 더 명확하게 표현한다.
– 힘으로 하지 않고, 시터가 이해할 수 있게 순차적으로 행동하는 느낌을 받았다. '가고 싶은 곳 손가락으로 가리켜 줘~' 하니 검지로 가리켜 주었다. 문 열어/문 닫다/물 틀어/물 먹어 등을 지시하면 완벽하게 수행한다.

연구원 관찰 10개월 만에 40단어를 말한다. 대단하다. 열 단어를 말하던 아이가 40단어를 말하는 것은 어렵지 않지만, 한 마디도 못 하던 53개월 아이가 40단어를 말하게 되었다면 기적에 가까운 것이 아닌가? 처음 왔을 때는 얼굴에 살기도 등등했었다.

🎉 **41주** 빨간불이나 자동차의 위험을 아직 인지 못 해서, 위험한 상황이 발생할 우려가 크다. 아이스크림을 요즘 다시 먹는다. 많을 때는 4개 이상 먹는다. 아이스크림이 없으면 시원한 헛개차를 찾는다. 나뭇잎/풀/흙을 입에 넣으려고 할 때, 아프고 병원 가야 돼~ 하고 설명해 주면 뱉는다.

연구원 이날은 아이가 연구소에서 파괴적인 행동을 많이 한 날이다. 홀의 화분 하나 깨 먹고, 소장실 화분 잎사귀 두 번이나 뜯어먹고, 샤워실에서 물을 쏟았다(기타 회사 전체에서). ← 원인이 있을 텐데, 아이가 짜증 내는 이유를 찾아 보세요.

🎉 **42주** 2주 만의 방문이다. 그동안 8단어를 새로 말했다고 한다. 어디를 가고 싶은지 의사 표현을 잘해 준다. 시터의 고개를 돌리거나, 몸 방향을 돌리거나, 자신의 팔을 뻗어 요구 사항을 말한다. 호기심이 많아졌다. 길거리에 서서 구경하는 시간이 많아졌다. – 사진점/이불 가게/잡화점에 들어가 보고 싶어 한다.

- 소장님 손 끌고 가서 창고 문 열어 달라고. 안 열린다고 보여 주니, 떼 안 쓰고 포기한다. 발전이다.
- 똑같은 행동 반복=상동행동이 줄었다.

43주 누나들이 타고 있는 그네를 뺏어 탔다. 어린 동생한테는 안 다치게 피해 가려는 모습을 보인다. 잠자리에 누워 갑자기 펑펑 운다. 놀다가 갑자기 우는 경우, 자기 전 누워서 우는 경우가 많다. 30분 정도로 펑펑 운다. ← 정상 극우뇌 아이들이 흔히 보이는 모습이다.

어록

- (첫날) 이 아이 치료해 준다고 접수하실 거예요? (연구원들이 잔뜩 겁먹고 필자에게 항의하듯)
- 치료법을 부모에게 알려 드려요. 매주 168시간 치료하세요. (소장)
- 언어치료, 감통, 놀이치료를 1년 했는데, 변한 게 아무것도 없어요. (엄마, 아빠)
- 강아지가 아니다. 독수리처럼 키워야 한다. (소장)
- 자기 형, 누나가 놀아 주면 정말 잘 놀아요. 엄마 아빠랑 다른가 봐요. (엄마)
- (폰 때문에) 아이 눈 나빠지는 것과 뇌 손상 입는 것, 어느 쪽이 더 중요해요? (소장)
- 새로운 단어를 말하는데, 주로 센터와 놀다가 터진대요. (엄마)
- 이 아이가 학교 들어갈 수 있을까요? (엄마가, 필자에게 서른 번 이상 물어봄.)
- 미션의 요구사항을 100% 실천만 하세요. 학교 들어가겠습니다. (소장)

꽃이 되었다 02

이름/지역	○석○ (남) / 75개월 / 호남	Top 10
상담기간	2021. 4. ~ 2022. 8 (35회)	
병의원 진단	자폐, 지적장애(장애등록 대상), 사회성 3세+언어 1.5세 수준	

비극으로 치달리던 다문화가정 맏아들

BEFORE

- 아빠: 시골에서 농사 중이다. 적성에는 전혀 안 맞지만 물려받은 것이라 할 수 없이 하는 중이다. 대학에서 물리학 전공했고, 서울에서 직장 다니다가(컴퓨터 프로그래밍) 결혼하며 귀농했다. 기초수급자 가정. (우리나라에서는 희귀한 극좌뇌인이다.)
- 엄마: 베트남 제조회사에서 QC 업무를 맡았었다. 아이 아빠를 소개받으며 귀화했다. 우리말은 '국적취득시험'을 간신히 통과하는 수준이다. 엄마가 극우뇌인이고, 75개월 아이가 엄마 뇌를 닮아 극우뇌인이다.
- 아이가 소리 없이 우는 일이 자주 보인다. 말을 못 하니 이유를 알 수가 없다. 수저 사용을 제대로 못 해서 포크로 먹는다.

어린이집 선생님 관찰 　아이가 말을 못 알아듣는 것 같다. 말을 하지도 않는다. 같이 다니는 두 살 아래 동생을 자주 때린다.

- 지금까지 말해 본 단어: 최고/안 돼/빠이빠이/응/안녕/엄마 같이 가/엄마 까 줘 등, 열 단어 미만이다. 이 정도라도 말한다는 것이 큰 다행이다. 전혀 말을 못 한다면 입 떨어지기까지 매우 오랜 기간이 걸린다.
- 어린이집에 안 가면, 혼자 계곡물을 찾거나 폰게임을 하면서 논다. 계곡물에 가도 동네 또래들과

전혀 어울리지 못한다. 두 살 아래 말 잘하는 동생은 잘 어울리며, 못 어울리는 형을 놀리는 것 같다.
- 변비가 심하다. 최근에도 관장하기 위해 3일간 입원했다. 그 후 배가 말랑해졌다.

연구원 관찰   연구소에서 계속 이상한 소리를 냈다. 알아들을 수 없었다. 친절하게 대해 주니까 달려와서 안기고 매달렸다. 평소 친절하고 호의적인 사람을 만나지 못했던 것 같다.

- 호명반응은 거의 없다. 휴대폰은 능숙하게 다루는데, 소리 안 나는 게임을 주로 한다. 시끄러우면 엄마한테 야단맞기 때문인 것 같다.
- 체구는 평균 정도이며, 얼굴에는 표정이 별로 없고, 색은 검은 편이다. 행동은 좀 느리다.
- 혼자서도 트램펄린에서 뛰기를 좋아하고, 칠판에 기차, 탱크를 반복적으로 그렸다.
- 잘못하는(?) 일이 있으면, 엄마가 큰 소리로 혼내는데, 구사하는 한국어 언어 수준이 너무 낮아서 연구원들이 들어 주기 거북했다.
- 엄마가 미션을 이해 못 하는 것 같아서, 3주 차부터는 베트남어로 번역해 주자 좋아하면서 열심히 실천했다.

AFTER

🎉 **5주**   상담 끝나고 돌아갈 때, 웃는 얼굴로 손 흔들며 인사한다.

🎉 **10주**   **새로 하는 말: 화장실/그림/이거/콜라/하이파이(브)/줘/토마토/수박/엄마 고마워/떡볶이/사이다/매워** 등, 열 단어가 넘는다. 상담 시작 전 하던 말과 합치면 20단어쯤 된다. 빠른 편이다.

- 자주, 노래 틀어 놓고 춤춘다. 야뇨 실수가 없어졌다. 욕조 거울에 김이 서리면, 네모(사각형)를 즐겨 그린다. 의미는 알 수 없다.

🎉 **11주 연구원 관찰**   아이가 부쩍 명랑해진 느낌이다. 종일 즐거워 보인다. 세 달 전, 무표정하던 아이와는 딴판이다. 목소리도 조금 커졌다.

- 식욕이 왕성해졌다. 초콜릿, 아이스크림을 많이 먹는다. 경제적으로 매우 빠듯한 것 같아서, 연구소가 아이가 좋아한다는 바나나와 포도를 세 박스 선물했다.

🎉 **14주**   **엉덩이/하나 둘/앗 뜨거워/아빠 어디가/물고기/햄버거** 등, 새로운 단어가 꽤 늘었다. 모두 30단어는 될 것 같다.

- 아이 행동이 커졌다. 에너지도 많아졌다. 뛰어놀기, 달리기 등, 아이 행동이 전반적으로 활발해졌다. 걸음도 빨라졌다.

🎉 **16주** 　새로 말하는 단어: **안녕하세요/보고 싶어요/똑똑/고마워/사랑해/거미/모기/옷/바지/아이스크림/바나나/치킨/엄마 거미 무서워** 등, 한 주에 5~6단어씩 새로 말하는 속도다.

🎉 **17주** 　이게 뭐지? 물어보면, 발음은 정확하지 않지만, 거의 다 대답한다. 자동차/딸기/비행기/기차/바나나 등.

　　　　– 전에 비해서 발이 금방 큰다. 신기할 정도다. 신발이 작아서, 신발코에 구멍 뚫린 고무신을 신게 된다.

🎉 **21주** 　아이 입학 문제로 서러움을 많이 겪었다. 우리는 아이가 이 정도로 말을 하고, 지적으로도 큰 문제가 없어서, 일반학교에 들어가도 될 것 같은데, 일반학교는 여러 핑계를 대고 거절한다. 시골 마을이라 아이가 어릴 때 부족했던 점을 빤히 알고 있으니, 그동안의 변화를 못 믿는 것 같다.

🎉 **23주** 　동생과 같이 병설유치원에 보내라고 하는데, 다른 아이들에게 얼마나 놀림을 받겠나? 일반학교 특수반에도 안 받아 주겠다는 학교 처사를 이해할 수 없다. 자기들에게 무슨 불이익이 올까 겁내는 것인가?

🎉 **29주** 　일반학교 특수교사: 아이를 일반학교에 보내도 될 뻔했다고 지난주에 말하더라. 아이를 겪어 보면 다 아는데, 왜 옛날 선입견만 가지고 그러는지.

🎉 **31주** 　질문 횟수가 엄청 많아졌다. 동네 아이들과도 어울려 논다. 단어 구사에 별 어려움을 느끼지 않는 것 같다. 기적 같은 일이다.

◀◀◀ 어록 ▶▶▶

- 얘 두 살 아래 동생은 같은 남자인데 말을 잘합니다. (아빠)
- 잠을 오래 자요. 밤 10시부터 아침 8시까지 통잠을 자요. (엄마)
- 일반학교 일반반, 특수반, 병설유치원들이, 여러 핑계를 대며 못 받아 준답니다. (아빠)
- 당신들이 우리 아이처럼 이상한 아이를 키워 본 적이 있냐? (엄마)
- 면사무소 직원이 어디라도 꼭 보내야 한다고 해서 입학시켰어요. (아빠)
- 아이들은 대부분의 말을 엄마로부터 배우는데(mother tongue), 이 아이는 운도 지지리 나쁘다. (소장)

꽃이 되었다 03

이름/지역	○주○ (남) / 48개월 / 서울	Top 10
상담기간	2020. 12. ~ 2021. 11. (32주)	
병의원 진단	ADHD, 경도자폐, 선택적 함구증, Savant Syndrome, 아토피(다리)	

어린이집 등원을 유배라고 생각했나?

BEFORE

- 자기 머리를 주먹으로 때린다. 아플 정도로 때린다. 반복적으로 때리는데, 많을 때는 한 시간에 서너 번 이상 때린다. 말려도 못 들은 체 때린다.
- 이 나이면 활발하게 대화하고 질문도 많을 땐데, 그런 게 없다.
- 요런 아이들은 대개 방긋방긋 웃고, 때로는 깔깔거리곤 하는데, 이 아이는 도대체 얼굴에 표정이 없다. 항상 무표정하다. 아니면 울고, 소리 지르거나.
- 엄마가 아이 이름을 부르면, 아이가 똑같이 자기 이름을 부른다. '영삼아~' 하고 부르면, '네' 또는 '응'이 아니라 '영삼아~' 하는 식으로. (에코)
- 엄마, 아빠, 위층에 사시는 할머니를 제외한 다른 사람들하고는 소통이 전혀 안 된다.
- 엄마가 자기 옆에만 있어야 한다. 좀 떨어진 곳에서 다른 일을 하면, 울고불고 난리를 친다. 엄마를 꼼짝 못 하게 만든다. (분리불안)
- 폰으로 게임하다가 마음대로 안 되면 울고, 소리 지르고, 폭발을 많이 한다.
- 유치원에서 또래 친구들에게 전혀 관심이 없다. 아이들과 말을 안 하고, 다른 아이들이 말을 걸어도 반응을 보이지 않는다.
- 만 3세 경, 어린이집에 보내기 시작한 후부터, 입을 닫아 버렸다. 잘하던 노래도 안 한다. 어린이집 보내기 전에는 '좀 늦나?' 정도일 뿐, 별 이상을 못 느꼈다.

- 다른 애들과 장난감이 다르다. 흔히 잘 가지고 논다는 공룡, 자동차 등에 관심을 전혀 보이지 않는다. 오로지 동영상, 숫자 나오는 책에만 관심을 보인다. 숫자에 너무 함몰되는 것 아닌가 걱정할 정도다.
- 구구단을 스케치북 한쪽 전면에 가득 그려 넣곤 한다. 누가 시키지 않아도 하고, 잔뜩 그려 넣고 나서 자랑하지도 않는다.
- 구구단 영상 보면서, 침대나 소파에서 방방 뛴다. 이때 가족이 약간이라도 집중 안 해 주는 사람이 있으면 바로 짜증을 심하게 낸다.
- 종아리를 자주 긁느라 바지를 걷고 있다. 아토피 때문인데, 긁어서 난 상처가 다리를 절반 이상 덮고 있다.
- 하루 패턴이 똑같다. 영상 보고 숫자 쓰고, 침 묻혀서 바닥이나 거울에 숫자 쓰고, 동영상 보다 잠들고. 혼자 노는 동안에는 말하지 않고, 싫은 일이 생겼을 때는 소리를 지르거나 울음으로 표현한다.
- 옷자락을 입에 넣고 질겅질겅 씹는다. 인터폰 줄도 씹고, 엄마 머리카락도 입에 넣고 씹는다. 없으면 양쪽 검지-중지 손가락을 비비 꼰다.
- 엄마가 박사학위를 준비하느라 아이에게 소홀히 한 기간이 있었다. 또, 이처럼 특별한 아이에게 보통 아이들에게나 적용할 교육 이론을 열심히 실천했다. 대단한 착각이었다.
- (연구원 관찰) 아이에게 비스킷을 주었는데, 금방 엄마가 달려와서 화를 내며 못 먹게 뺏었다. 아이에게 해로운(?) 성분이 들어 있다는 것 같았다. 엄마가 아이에 대해 나름 뚜렷하지만 옳지 않은(!) 교육관을 엄하게 실천하는 것 같았다. 아이는 평균 체격보다 작았다.

🎉 **7주** 색깔모래를 사다 주었더니, 대단히 좋아했다. 그것으로 계속 놀이하자고 졸랐다. 스스로 자기 의사를 표현하는 것을 처음 보았다.
- 쉬에 대한 강박이 줄었다. 가끔은 화장실에 간다고도 표현한다.

🎉 **8주** 상호작용이 조금씩 돼요. 정말 기뻐요. 더 이상 무표정하고, 반응 없는 아이가 아니로구나, 하는 변화가 느껴져요.

	– "분홍색 902 들어 주세요~ 엄마!" 이런 말을 하네요. 이제는 짜증 안 내고, 자기 생각을 문장으로 정확히 표현하네요.
9주	노래가 나오면 춤도 추고요, 표정도 많이 밝아졌어요. 이게 꿈이 아니어야 할 텐데!
10주	지난 주간부터 소변 실수가 없어졌어요. 전에는 놀다가 바지에 그냥 흘리곤 했었는데. 본인도 표정이 당당해요.
	– 상황을 설명하는 말이 확실히 많아졌어요. 짧은 문장이긴 하지만, 자기가 왜 그랬다는 것을 말로 해요. 머리 때리는 행동도 하지 않네요.
11주	편곡된 음악의 멜로디를 듣고 원곡을 알아차리네요. 처음이에요.
12주	1~2년 전에 같이 지냈던 유치원 친구들 이름을 한 명씩 말했다. 이게 무슨 일이지? 기억력이 살아났나? 지적으로 회복되나? 이렇게 빨리?
14주	재래시장에 갔더니, 물고기와 인사도 하고, 이름도 물어보고 했어요. 전에는 쳐다보지도 않았거든요.
	– 창밖을 보고, 뭐가 뭐가 지나간다며 계속 조잘조잘 해요. 요즘에는 아빠 차 타고 마트 가는 재미에 빠져서, 자꾸 가자고 졸라요.
15주	가족이 하는 말을 다 알아듣고요, 엄마 아빠 대화를 듣고 끼어들어서 참견을 하기도 해요. 이런 애가 불과 네 달 전에는 왜 그리 무표정했던지! 무엇엔가 화가 나서 계속 그런 표정을 지었을까요?
16주	동영상에 빠져드는 시간이 줄었어요. 대신 동영상을 보면서 엄마에게 뭐라뭐라 해설해 준다고 하네요.
17주	마트, 시장, 박물관 등지에 가면 계속 뛰어다녀서 쫓아다니기 바빠요. 몇 달 전 서울 구경하러 온 시골뜨기 아이가 아니에요. 아이 행동이나 표정에서 에너지가 느껴져요.
20주	숫자 함몰이 아주 없어지진 않았지만, 많이 약화되었어요.
25주	아이가 감정이 풍부해졌어요. 기쁜 일 슬픈 일을 완전히 구분해요. 조금 슬픈 일에도 갑자기 눈물을 뚝뚝 흘리는데, 콧날이 시큰했어요.
27주	아이가 노래 부르고 춤추는 걸 참 잘하고 좋아해요. 노래가 들리면 거기에 맞춰 춤추기도 하고, 혼자 노래를 부르면서 춤을 추기도 해요. 말도 엄청 많아졌어요. 이름을 부르면 바로, '네' 또는 '응'이라고 대답해요.
29주	활동반경이 많이 넓어졌고, 동네 아이들과 인사도 잘해요.
30주 연구원 관찰	소장님 책상 위에서, 30분 이상 쿵쿵 뛰며 놀았다, 갈 때는 소장님 볼에 뽀뽀를 두 번이나 했다.

31주 엄마가 아이를 놓고 잠시 외출하는 것이 가능해졌다. 집안 행사로 음식 만들 때 보채지도 않고 잘 참아 준다. 학교 갈 수 있겠구나!

◀◀◀ 어록 ▶▶▶

- 아이와 엄마 아빠 세 식구가 종알종알 얘기하는 게 소원이에요. (엄마)
- 주중에 울고 싶으면 전화하시라. 따로 요금 안 받겠다. (소장이 엄마에게)
- 정말 도움 많이 받고 있어요. 제가 할 일 있으면 맡겨 주세요. (엄마)
- 엄마는 아이 모든 행동을 '우려의 눈'으로 봐요. 그러지 마세요. (소장)
- 7세 아이한테 27세 행동을 요구하니까, 아이가 이상해진 거예요. (소장)
- (15주) 자폐 아이들이 보강 끝나고, 어떤 삶을 사는지 궁금해요. (엄마)
- 자폐 아이가 환경에 영향을 정말 많이 받는구나 하는 것을 새삼 확인했어요. (엄마)
- 엄마가 전공하신 상담학은 이처럼 특별한 아이한테는 적용하시면 안 돼요. (소장)
- 할머니 혼자 가서 사 와!/아빠가 사 와!/먹을 거 사러 나가기 싫으니까.
- 아이가 침대에서 동영상을 보면서 펄쩍펄쩍 뛰는 것을 제일 좋아합니다. (엄마)
- 국수 먹고 싶어요. (말아 주었더니, 어른 양만큼 먹었다.)
- 사람들과 둥글둥글 어울릴 줄 아는, 균형 있고 사랑 많은 아이로 자라 주었으면 합니다. (엄마)
- 그간 다른 일에 시간을 쓰느라 피로한 모습들을 아이에게 보여 준 것이 너무 미안한 마음이 듭니다. (엄마)

꽃이 되었다 04

이름/지역	○혜○ (여) / 64개월 / 호남
상담기간	2021. 3. ~ 2021. 11. (16주)
병의원 진단	ADHD, 언어지연, 자폐 2급, 지적지연, 난독증, 이갈기, 야뇨증, 강박

사람은 다 다르다는 것을 잊지 마!

BEFORE

- 숫자나 한글은 굉장히 무지하다. 말로 가르치는 것이 더 이해가 빠르다.
- 두 돌 때 말 수준이 네 돌까지 늘지 않고 그대로였다. 아빠도 언어능력이 좀 떨어지는 사람이다. 이런 것도 유전되나?
- 역할놀이 할 때 말을 좀 하고, 주로 선생님 역할을 맡는다.
- 운동신경: 놀이기구나 몸으로 하는 것은 곧잘 하는 편이다. 점프도, 멀리뛰기도 다른 아이들만큼은 한다.
- 소근육은 그리 발달하지 않았다.
- 친구가 없다. 엄마 친구의 딸들과 어울리는 정도인데, 재미있게 노는 것도 아니다. 오히려 혼자 노는 시간이 많다.
- 말을 수동적으로 한다. 친구들이 말을 걸면 '응', '아니'로 대답하는 정도다.
- 조금씩 자주 먹는 편이고 식사 속도는 느리다.
- 두 돌 때, 기관지염, 고열로 입원했었다. 고관절 탈구도 있었다.
- 화나면, 엄마 아빠를 때리거나 꼬집거나 물건을 던진다. 화내면서 말한 내용은 무슨 말인지 알아들을 수가 없다.

- 어린이집, 유치원에서는, 아이가 무기력하게 지낸다고 한다.
- 마음에 드는 또래나 어린아이가 있으면, 무턱대고 만지고 안아 버리니까, 다른 아이들은 놀라서 싫다고 한다. 좋은 감정도 교감을 못 하는 것 같다.
- 어린이집에서는 자기 방식만 고집하고, 선생님의 말을 듣지 않는다고 알려 준다.
- 엄마가 말을 하면 귀를 닫는다. 부모가 '뭐라고?' 이런 식으로 반문해도 대답하지 않는다. 정확히 말할 자신이 없기 때문인 듯하다.
- 작년에는 꼬집기, 발차기 등, 폭력이 심했다. 지금은 많이 좋아진 상태이지만, 아주 없어진 건 아니다.
- 울고 짜증 부리기가, 일 년 전부터 많았는데, 지금은 더 심해졌다. 그럴 만한 특별한 이유가 무엇인지 알 수가 없다.
- 최근에는 너무 산만해서 동네병원에 갔더니, 투약을 권고했다. 자신은 없지만 일단 먹여 보자는 식이어서, 거절했다.
- 놀이할 때, 자신만의 공간, 즉 책상 밑 같은 구석진 곳으로 들어가서 혼자 놀곤 한다. 그런 구석진 곳에 들어가면 불러도 잘 나오지 않는다.
- 엄마에게, '빨리 안 하면 죽여 버린다.'라는 식의 말을 한다.
- 영상을 보면서 휴지나 종이 같은 것을 찢는다. 가위를 특히 좋아한다.
- (연구원 관찰) 아이 발음이 부정확하여 4번을 되물었지만 알아들을 수 없었다.

AFTER

5주 역할놀이 할 때 무서운 것은 피하지 않고 싸우려는 태도로 대응한다. 전에 못 보던 모습이다.

6주 미션대로, 유모차를 태워 주었는데 너무너무 좋아한다. 그동안 엄마 입장만 생각하고 강제로 걷게 시킨 것 같아 부끄러워진다.

7주 아빠가 아이와 같은 극우뇌인데, 미션을 실천하다 보니 아빠가 먼저 변화하는 것 같다. 기대 안 했던 소득이다. 아빠도 격려했다.

- 엄마 아빠가 노력하는 것을 아는지, 아이가 참는 모습을 보인다. 전에는 표현하지 못했던 말들을 어떤 방식으로든 표현한다. 감사하다.
- 놀이터에 아이들이 많으면, 그 아이들이 다 갈 때까지 기다렸다가, 혼자 놀기 시작한다. 대화에 자신이 없어서 그러는 것 같다.

🎉 8주	아이 기가 많이 살아났다. 아빠를 괴롭히고, 싸우고, 피하면 또 들이대는데, 대결 구도는 아니다. 뭔가 갈증을 느끼고 있는 것 같다.
🎉 9주	병원에 가면 정신없었는데, 이번엔 의젓하게 기다렸다. 벌써 참을성이 생겼나? 믿어지지 않는다.
	– 비 맛을 본다며 하늘 향해 혀 내밀고, 비 맞으며 그네도 신나게 탔다.
🎉 10주	처음으로 전동킥보드를 타고 마트에 갔다. 전에는 업어 달라고 하든가, 유모차에 태워 달라고 하더니. 변화가 번개 같다.
🎉 14주	엄마 아빠를 들었다 놨다 한다. 이런 건 언제 배웠을까? 자기 기분 좋으면 세상 제일 사랑스러운 딸이다.
🎉 15주	시도 때도 없는 치대기, 엄마 등에 올라타기, 무릎에 올라앉기를 이제 안 한다. 너무 안 해도 서운하다.
	– 엄마가 피곤해서 잠시 잠든 사이, 이불 덮어 주고, 물감놀이는 싱크대에 갖다 놓았다. 바닥도 훔쳐 놓았다. 서너 달 사이에 3~4년은 큰 것 같다.
	– 말이 부드러워졌다. 전에는 툭하면 화를 냈었는데, 지금은 이해한다는 식이다.
	– 엄마가 다른 일 하고 있으면, "생선 탄다." 하며 아이가 뒤집어 준다.
🎉 16주	엄마를 챙긴다. 엄마도 먹어 봐. 엄마가 실수하면 다음에 잘해 봐. 너무 짧은 시간에 어른이 된 것 같아서 아쉽다.

◀◀◀ 어록 ▶▶▶

- 이건 놀이니까 내 맘대로 하게 해 줘~
- 아빠 피를 보고 싶을 정도로 아빠를 때리고 싶어.
- (6주) 사람은 다 다르다는 것을 잊지 마. (아이가 엄마에게)
- (9주) 죽으면 하늘나라 가서 해피랑 다 같이 놀자.
- 용기 있게, 자신감 있게 살아~, 내가 도와줄게. (아이가 아빠에게)
- (12주) 나는 장난을 쳐야지 힘이 나!
- (13주) 밥이 아니고 관심을 먹고 자라는 아이 같다. (엄마)
- 나 자신까지 점점 성숙한 사람으로 자라는 것 같다. (엄마)
- (14주) 소심한 나에게 이런 큰 사랑을 주시다니, 주여! (엄마)
- 요즘 아이가 너무 예뻐서 동생을 가질까 생각하게 됩니다. (엄마)
- (15주) 서너 달 사이에 서너 살만큼 더 컸다. 너무 짧은 시간에 어른이 되어서 아쉽다. (엄마)

꽃이 되었다 05

이름/지역	○윤○ (여) / 69개월 / 서울
상담기간	2017. 6. ~ 17. 11. (20주)
병의원 진단	경기, 음성틱, 근육틱, 자폐, 언어지연, 지적지연, ADHD

좌뇌 엄마의 지극정성이 오히려 짐이 되어

BEFORE

- 땀 많이 흘리고, 열 많다니까, 녹용을 처방해 주던데, 틱만 더 심해진 것 같다.
- 유치원 다니면서부터 자주 아프고, 몇 가지 이해 못 할 증상이 생겼다. 유치원 다니는 다른 아이들은 이런 일이 없는데, 참 알 수가 없다. 아이가 유치원 가기 싫다는 말도 자주 했다.
- 하루는 유치원 버스에 억지로 태워 보냈는데, 승차한 순간부터, 유치원에서 지내는 세 시간 내내 통곡만 했다고 한다. 이게 도대체 무슨 일인가?
- 친구들과 실내 놀이터에 갔는데 너무 흥분한다. 친구들 사이에 왕따 경험이 있었는데, 이 때문이었나?
- 제지당할 때, 분노가 심했는데, 최근에는 훨씬 더 심해졌다. 엄마가 무언가 못 하게 말리면, 모래나 나뭇잎 따위를 던진다.
- 세수, 양치, 샤워 등, 너무 안 씻는다. 몸에서 냄새가 날 정도다.
- 유치원은 안 가려고 하면서, 종일 너무 심심하다는 소리를 반복한다. 새로운 것을 끊임없이 제시해서 심심하지 않게 해 줘야 되는데, 이걸 무슨 재주로 하나. 엄마는 그런 재주가 없다.
- 어항 속에 본드로 집을 짓는다. 물고기를 다 죽이려는 건지, 그냥 심심풀이인지, 강아지도 여전히 괴롭힌다.

- "죽으면 밥 안 먹어도 되고, 숨도 안 쉬게 되겠지. 그러면 죽는 거지." 아이가 이런 식의 염세적인 말을 내뱉는다. 누가 하는 말을 따라서 하는 것 같지는 않은데, 그렇다고 아이가 이런 말을 스스로 생각해 낼 리도 없겠고. 정말 걱정된다.
- 속옷, 팬티 등을 안 입으려고 한다. 신발도 꼭 끼지 않는 것만 골라 신는다.
- 가자는 대로 놀이터에 데리고 나가서 놀았는데, 마음대로 안 되는 게 있었던지, 집에 들어와서 폭력적인 행동을 많이 한다. 식구들에게 괜한 트집을 잡고, 이런저런 명령을 하고, 짜증을 부린다. 밖에 데리고 나가지 말아야 하나?
- 체벌? 엄마는 아이 등을 때린 정도, 말을 잘 듣지 않으면 소리를 지르곤 했다. 작고 가벼운 물건을 던지기도 했다.
- 짜증이 엄청나게 늘었다. 엄마 설거지도 못 하게 하고, 가위 가져와라, 풀, 물 가져와라며 명령만 한다. 잘 먹지도 않고, 멜론만 먹는다.
- (아빠) 엄마가 아이를 보온밥통에 넣고 키우는 것 같다. 어릴 때 우유를 엄청 뜨겁게 해서 먹였고, 평소에도 옷을 여러 벌 껴입힌다. 잘 때 계속 이불 덮어 주고, 겨울 외출 때는 두 눈만 보일 정도로 중무장을 시킨다. 아이가 싫다고 해도 그렇게 한다.
- 퇴근해서 오면, 집 안에 어두운 그림자가 드리워져 있어요. 속상해요.

2주   짜증은 좀 줄었다. 가끔 엄마가 한마디 하면, "엄마 죄송해요." 이런 말도 한다. 귀가 의심된다.

3주   아침은 전혀 안 먹는다. 국수, 냉면, 피자 따위를 삼시세끼가 아니라 하루 5~6회씩 먹는다.

4주   엄마 아빠 간지럼 태우고, 치대기도 한다. 놀아 달라는 소리 같다.

6주   짜증이 확실히 줄었고, 누구 때리지도 않고, 밥은 지난주보다 조금 더 먹는 것 같다. 씹기도 한다. 그래도 밥 안 먹고 살면 좋겠단다.
- 씻는 것도 눈에 띄게 나아졌다.
- 돌쟁이 조카가 TV 보는 데 방해된다고 발로 찼다. 조카는 우리 아이를 좋아하고 따르는데.

7주   지난주에는 유치원에 딱 한 번 빠졌다. 준수한 성적이다.

- 이번 주에 잘 씻었다. 스스로 '치카, 세수'라고 계속한다. 먹는 것도 좋아졌다.
- 심부름을 가끔 해 준다. 흘리고 나서 "엄마 미안, 행주 주세요." 이런 면도 생겼다. 잘 믿어지지 않는다.

8주 엄마가 "그만해야지." 하면 수용도 하고, 미안해 소리도 하고, 전체적으로 짜증 내는 게 많이 줄었다. 엄마도 조금 편해졌다.

9주 만화에 빠져서 8시간, 11시간씩 보기도 한다. 지금은 다른 것도 하다가, 또 보기도 하고, 그런다. 저녁에는 공연 보러 갈 예정이다.
- 전체적으로 짜증이 거의 사라지고, 화내는 것도 강도가 약해졌다. 색종이로 만들기 할 때 집중도가 높아지고, 자기만족도가 높아지는 것 같다.

10주 엄마가 주차에 서투르니까, "엄마 잘 할 수 있어, 엄마 파이팅!" 이런 소리를 해서, 엄마를 놀라게 한다. 조카가 오면, 전처럼 자기 방문을 닫지 않고, "들어와, 내 방에 들어와도 돼." 이런 식으로 말한다. 계속 믿지 못할 일들이 벌어지고 있다.

12주 발음이 정확하지 않은 경우가 가끔 있다.

13주 특별히 짜증 내거나 화낸 일은 없었다. 처음으로 "엄마가 공부 가르쳐 주면 안 돼요?"라고 한다. 그동안 공부할 생각을 전혀 안 했는데, 이게 무슨 강아지가 풀 뜯는 소리도 아니고, 그냥 믿으면 되나?

16주 위층에 사시는 외할머니와 온 집 안이 떠나가게 논다. 같은 극우뇌라서 그런지 호흡이 척척 맞는 모양이다.

17주 낯가림 줄었다. 또래들과 놀이터에서 기본 3시간씩 논다.
- 존댓말을 어색하지 않게 잘한다. 반말이나 과격한 말은 거의 없다.
- 잘 씻는다. 양치, 세수는 하기 싫다면서도 하고, 가끔 샤워도 한다.
- 변이 아주 좋아졌다. 거의 매일 누는데, 양도 많아졌다.
- 아이스크림을 여전히 잘 먹는데, 양은 절반 이하로 줄었다. 청개구리 기질은 아닌 것 같은데, 너무 신기하다.

18주 말솜씨가 달라졌다. 자기표현을 많이 한다. 엄마 콧구멍에 지렁이를 넣어 볼까? 상상력이 그대로 묻어나오는 것 같다.

20주 옷 가게에 많은 옷이 진열된 것을 보면서, "이게 내 옷장이라면 좋겠다.", "옷걸이에 걸기도 바쁘겠다.", "계절 지나가는데 다 입어 보지도 못하면 어떡하지?" 등등의 말을 한다. 신기해서 기가 막힐 정도다.

연구원 관찰 아이도, 엄마도 얼굴, 목소리에 생기가 느껴진다. 아빠가 고민하시던, '집 안에서 느껴지는 어두운 그림자'는 완벽하게 사라졌으리라.

◀◀◀ 어록 ▶▶▶

- 야~ 저 빨간 책 청와대에 보내라~ (외할머니)
(책 내용이 손녀 아이 모습 그대로라는 뜻으로 한 말. / 빨간 책이란, 필자의 '육아서 시리즈' 제1권을 말한다.)
제목: 《세계적 천재들도 너만큼 산만했단다》, 프리윌, 2017
- 제가 밥 한 끼를 앉은 자리에서 끝까지 다 먹은 것이 오늘이 처음입니다. (아빠)
- 열 많고 땀 많아서 한약을 처방했다고? 그 한의사 면허취소감이다. (소장)
- 좌뇌 강한 사람에게 우뇌보강도 돼요? 그럼 저도 좀 해 주세요. (엄마)
- 동생 보셔야지요? (소장), 진지하게 고려 중입니다. (아빠)
- 엄마는 밥해 주니까 필요하고, 아빠는 돈 벌어 주니까 필요하고.
- 엄마가 공부 가르쳐 주면 안 돼요?
- 이게 내 옷장이라면 좋겠다. (옷 가게에 걸린 많은 옷을 보며)
- 엄마 잘할 수 있어. 엄마 파이팅!

사람이 서로 다르므로

우리 엄마가 달라졌어요.

이제 만 4살이 된 아들 녀석은 언제나 밝고 생기로운 기운으로 웃음이 떠나지 않던 아이였는데, 만 세 살이 지나면서 커밍아웃(?)을 하기 시작하더군요. 엄마 배 속에 있을 때부터 박차고 나올듯한 태동으로 범상치 않더니 태어나면서부터 엄청난 활동성을 보여주었지만, 전혀 예민한 아이란 생각을 하진 않았어요. 그러던 아이가 만 세 살이 지나면서 호기심, 예민함, 영웅심, 자기 주도성, 자기 중심성, 직관력 등 그야말로 극우뇌가 갖추어야 할 모든 것을 극단적으로 보여주기 시작했습니다.

밤잠을 설쳐가며 "얘가 왜 이럴까.. 무엇이 문제일까?"를 고민했지만, 답을 찾기도 전에 아이는 어린이집 버스 안에 드러누워 울며불며 등원을 거부하고 친구들을 이유 없이 무지막지하게 때릴까 봐 키즈카페는 꿈도 꿀 수 없었습니다. 놀이터도 아이들이 어린이집에 간 오전 시간에 가고, 길을 가다가도 지나가는 아이들을 때리고 발로 차는 통에 손에 땀이 나도록 아이 손을 꼭 잡고 다니던 때였지요.. 도대체 너 왜 그런 거니? 야단도 쳐보고 아이를 부여잡고 눈물로 호소하기도 했지만 잦아들기는커녕 급기야 친구의 뺨을 때리고도 미안해하는 기색이 없는 아이를 보며 엄마의 노력만으로 안 되는 상황이구나… 절감했었지요.

아마도, 일하느라 밤낮 바빴던 엄마의 부재와 더군다나 강좌뇌 엄마로부터 수시로 받았을 엄격함, 아직 준비되지 못한 어린이집의 등원 등을 더 이상 견디지 못하고 터져버릴 게 아닐까.. 지금에야 짐작하게 되네요. 하지만 올 초에 아이 잘 키우겠노라, 또 다른 자식 같던 제 일을 그만두면서 육아 중이었는데 엄마로서 받아들이기 힘든 답답하고 억울한 시간이었어요.

5:95…. 넌 외계인인 거니?

하지만 아이를 위해 무엇이든 해야 했어요. 남편과 절친한 친구는 소아정신과 의사에게 조언을 받아보았으나 ADHD로 짐작되지만 아직은 너무 어려 진단을 내리기도 치료를 하기도 어려운 상황이라는 것, 유수의 아동 심리발달센터를 살펴보아도 내 아이와는 동떨어진 듯한 낯섦, 주위 엄마들의 따스하지만 와닿지 않는 조언들…

아이를 재운 후 밤마다 육아서적들과 인터넷을 뒤지며 예민하고 공격적이며 산만함의 근원이 무엇인지 찾다가 '아이 때문이 아니라 뇌 때문'이란 것을 알게 되었고 뇌과학을 소개하는 육아 맘 블로그에서 드디어 빨간책을 보았어요… 처음으로 몇 줄을 한꺼번에 읽을 수도 있음을 체감하며 단숨에 읽어버린 빨간책은 마치 제 육아일기를 보고 쓰신게 아닐까?란 생각이 들 정도였어요. 물론 극우뇌라는 단어도 낯설었고, 이 아이들의 특성과 현상은 무척 구체적인데 반해 논거와 이론이 다소 부족한 듯하여 망설여지기도 했지만 저 혼자만의 힘으로는 감당할 수 없다는 판단과 무엇이든 해야 한다는 절박함으로 연구소의 문을 두드렸어요. 검사 후 2주만에 받아든 결과지와 소장님의 이메일 편지… "마음 굳게 잡수세요 어머니! 다행히 만 네 살도 되기전에 빨리 알게된 것이 얼마나 큰 행운이예요" 를 읽으며 멍했던 순간이 떠오르네요. 좌우뇌비가 5:95… 그야말로 의심의 여지없는 극우뇌 인증 검사 결과에, 마치 이 지구상에 아이와 저만이 외계인이 된듯한 기분이었달까요… 남편은 어차피 극우뇌 인거 확실한 게 키우기가 더 낫지 않냐며 위로인지 뭔지 속모르는 소리를 하구요.

제 옷을 찢어놓을 정도로 어린이집을 안 가겠다 발버둥치는 아이를 더 이상은 보낼 수 없어 6월부터 집 생활을 하면서 그야말로 매일매일이 사투였어요. 단 한순간도 엄마에게 숨쉴 틈을 주지 않고 그 동안 엄마의 부재와 열받음을 보상받기라도 하듯, 아침부터 밤까지 강력본드가 되어 엄마에게 과도한 요구, 명령, 지시, 짜증, 화풀이를 해댔어요. 극우뇌 3대 에너지원인 말하기와 칭찬요구, 웃음은 눈뜨는 순간부터 잠들기 직전까지 쉴새없이 쏟아내고 거기에 스킨쉽까지.. 제 몸에서 뿐 아니라 아이의 손한쪽은 언제나 제 머리카락을 잡고 있고.. 어쩌면 아이를 위해서가 아니라 엄마인 제가 좀 살려고, 소장님 당부처럼 마음굳게 먹고 8월부터 좌뇌보강 프로그램을 시작하게 되었어요. 좌뇌보강이 끝나면 제발 친구들 때리지 않고 예민하지 않으며 어린이집을 가게 되면 좋겠다는 간절한 희망과 함께요….

아이의 좌뇌보강은 엄마의 우뇌보강

좌뇌보강 한달동안 아이와 하루하루를 보내느라 하얗게 타버려 재만 남게 된 듯한 날이 계속되었고 아이의 예민하고 제멋대로 과도한 요구는 극에 달하는듯 했어요. 스파게티 면을 먹기 좋으라고 예전처럼 가위로 잘랐다고 식탁이 부서져라 치면서 울부짖어 다시 만들어주기도 하고, 터널에 푹 빠져있어 종일 터널을 찾아 돌아다니다 주차할 주차 위치와 각도가 맘에 안든다며 차가 흔들릴 정도로 소리치며 울기도 하고, 집밖으로 나가면 절대 목적지에는 갈 수 없는 아이 마음대로의 노선 이동으로 여기가 어딘가 헤매기도 하고… 마음은 수없이 무너져내리지만 받아주는 거 외에 달리 할 방도가 없으면서도 제 아이를 보면서 어쩜 저럴 수 있을까? 신기하기도 하고 참 양심도 없다… 속으로 욕하기도 하고 그랬어요. 좌뇌 중에서도 강좌뇌 엄마이니 극우뇌 중 5:95, 더군다나 열받아 폭군이 된 아들이 이해가 안될 수 밖에요.. 이제 좌뇌보강 프로그램을 마칠 즈음이 되니 실은 '엄마의 우뇌보강' 시간이 아니었나 싶어요.

상담시작 한달쯤 되니 좌뇌엄마라 죽었다 깨어나도 알 수 없었던 극우뇌 세계를 차츰 알게 되고 엄마니까 받아주고 참아준다가 아니라 '아.. 너가 이래서 그랬구나… 그런데 엄마에게조차 이해받지 못했으니 얼마나 화나고 속상했을까.' 느끼게 되면서 아이가 극단적인 행동을 해도 '미안해 미안해 엄마가 그동안 정말 미안했어..'하는 마음으로 품게 되었어요. 변신자동차를 조립하며 뜻대로 안 된다고 마치 불에 데인 듯 펄쩍펄쩍 뛰면서 우는 아이를 보며 본인 머릿속에는 완벽한 이미지로 구현이 되는데 실제로 되지 않을 때 극우뇌가 느끼는 절망감은 엄청나다는 것을 알게 된 후, 아이에게 아무것도 해줄 수 없어서 같이 울었던 기억이 나네요.

좌뇌보강 한달은 아이가 엄마의 사랑을 확인하고 테스트하는 시간이었나 봅니다.. 엄마가 자신을 이해하고 받아준다는 믿음을 갖게 된 때문일까요? 조금씩 아이가 변화하는 게 느껴졌습니다. 끊임없이 폭포수같이 쏟아지는 질문, 엄마를 향한 본드본능과 요구는 변함 없었지만 항상 들뜨고 흥분해 있던 모습에서 많이 편안해지고 말과 행동, 놀이 등에서 순간순간 영특함이 나타나기도 하고 놀라운 직관력을 발휘하기도 하여 엄마아빠를 놀래키기도 했어요.

아이가 변화하는 모습을 보면서 아빠도 아이가 극단적인 행동을 할 때 제압하려던 습관을 버리고 적극 아이를 받아주고 맞춰주려고 노력했어요. 아빠와의 관계가 회복되고 아빠를 좋아하면서 저도 숨통을 좀 틔우게 되었구요.

좌뇌보강 두달째, 세달째가 지나면서 마음대로 되지 않는 상황에도 아이가 참고 기다릴 줄 알고 설득과 타협이 되고 잘못하면 미안해 할 줄 알고 살인미소를 날리며 수시로 애교를 부리게 되었답니다. 집에 전등 하나 마음대로 켤수 없게 했던 지독하던 예민함도 서서히 잦아들게 되었구요… 늘 조마조마 하며 맘 졸였던 나날들에 드디어 평안이 찾아온 듯 합니다. 좌뇌보강 초기에는 저녁에 퇴근한 남편이 저를 보고 "넋이 나간 사람같다"고 했었는데 요즘은 넋이 다시 돌아온 듯하다고 우스개소리를 합니다^^;;

좌뇌보강 10주차부터는 2주 간격으로 진행하게 되었고 13주차로 좌뇌보강을 끝내고 졸업하게 되기까지 한 주 한 주 소장님과의 상담은 너덜너덜해지고 지친 엄마아빠의 마음을 다시 꿰매고 다잡게 되는 정말 보석같은 시간이었어요, 아이의 관찰, 상황과 변화를 주의깊게 들으시고 매주 주신 미션들 중 특히 마음에 꽂혀 '아 이거구나!' 했던 것은 "왕자 모시듯 하라"와 "적극 편들어주라", "부도수표일 지언정 팍팍 써서 기살려줘라" 였어요. 매사 분석적이고 이성적이며 계획적인 좌뇌의 전형과도 같이 살아온 제가 변화하기 어려운 부분이기도 하면서도 의지를 가지니 그만큼 확 와닿아

CHAPTER 3 부모가 변하니 아이는 꽃이 되었다

제 우뇌보강의 좌표처럼 생각했던 미션들이었어요. 이제 막 우뇌 세계에 입문한 제가 앞으로 아이의 손을 잡고 흔들림 없이 나아갈 수 있을지.. 벌써부터 소장님의 미소를 머금은 따스하면서도 훅 하고 와닿는 말씀이 그리워지기 시작하네요.

또래에 비해 유독 작고 왜소한 아이인지라 체력을 키워 자신감을 회복하는 게 중요할 것 같아, 우선 소장님이 처방해주신 식단 중 아이가 좋아하는 것들 중심으로 삼시 세끼 가급적 집에서 식사하기 위해 애썼어요. 지금은 아침부터 밥을 두 그릇 먹을 때도 있을만큼 양도 늘었고, 밥이 맛있으니 돌아다니지도 않고 먹어요.

또, 아이의 주도성을 100% 인정해주었어요. 아침부터 "엄마 오늘은 자전거 타고 싶어요. 자전거 탄 다음에는 블럭방에 가요." 라며 하루의 스케줄을 쫘악 짜는 아이에게 저는 그저 기사노릇을 할 수밖에요. 먹는 것도 "엄마 아침에는 하얀국 먹고 점심에는 뽀로로 짜장면 먹어요", 외출할 때는 좋아하는 청바지를 꺼내와서는 츄리닝 따위는 입힐 생각도 하지 말라는 듯 단호한 표정입니다. 유튜브 동영상 보는 것도 시간을 제한하지 않고 마음껏 보게 했더니 한 시간 남짓 보면 스스로 끄는군요.

정말, 말 한마디, 행동 하나에도 진심과 정성을 담아 극진하게 대했어요. 아주 가끔씩은 욱~하며 아이에게 막말하는 남편에게 "자기는 내시이고 나는 상궁인데, 지엄하신 왕자님께 어딜 그런 불경한 말을.." 하고서는, 남편과 허탈한 웃음을 웃곤 합니다^^.

미운 빨강이에서 예쁜 빨강이로...

얼마전까지도 또래만 보면 예민해지고 때리곤 했었는데 이제는 쿨하게 인사도 먼저하고 장난감도 양보하고 언제 그랬냐는 듯 공격적이던 면은 정말 많이 좋아졌어요. 여전히 궁금한 것이 너무 많아 폭포수처럼 말을 쏟아내고 끊임없이 칭찬을 요구하고 웃긴 일을 만들어서라도 웃어야 하며 뭐든 새롭고 멋져보이는 것은 다 내가 해야 하고, 본인이 제일이어야 하고 완벽해야 하며 마음대로 하기를 원하지만 역지사지와 자기조절력, 상황대처력이 좋아져서 되지 않는다고 해서 떼쓰거나 울거나 하지 않고 유연하게 대처할 줄 알게 되었어요. 어제는 물감놀이하느라 발에 묻은 물감을 찬물로 씻어달라고 하길래 따뜻한 물로 씻어야 잘 지워진다고 했더니 "그럼 마지막은 찬물로 헹궈주세요"라는 말을 들으니 별말 아닌 것에도 울컥 했네요. 엄마가 조금만 목소리가 커져도 울고불고 했었는데 이제는 "엄마 웃어요. 더 예쁘게 웃어요" 하며 애교있게 말하고 너무 추워 놀이터 가지말고 집에서 놀자고 했더니 "바람 불어도 괜찮아요" 동요를 부르며 센스있게 대처할줄도 아네요.

물론 아직도 어린이집은 안가겠다 하는데, 아이를 이제 이해한 후 다시 보니 안가겠다고 하는게 지극히 당연해보여서 강요할수가 없네요… 본인을 이해받지 못하고 참아야 하는 상황이 너무 많은 어린이집을 작년 한해동안 다녔던 것이 신기할 정도로요… 물론 참을성도 많이 좋아져서 달래고 타이르면 어린이집에 가려할텐데, 참는 만큼 또 스트레스가 쌓이는 아이인지라 스스로 가겠다 하기 전에는 기다려야하지 않을까 싶어요. 사실, 좌뇌보강시작 하면서 품었던 바램이 '어린이집가기' 였는데 어쩌면 제 마음속에 극우뇌아이가 균형아이? 정도로 변화되길 기대하지 않았나… 참 무지한 바램이었다 싶어요. 좌뇌보강은 미운 빨강이가 예쁜 빨강이로 돌아온것, 그리고 이것은 엄마의 변화를 통해 아이도 회복되어 가능하게 된다는 것을 느낍니다.

극우뇌들은 참 모순덩어리 같습니다. 통제받기 싫어하면서 본인은 장악하려 하고, 따라주지 않으면서 주도하려 하며, 이해심이 부족하면서 모든 것을 이해받으려는.. 엄마를 몸종 부리듯 하면서도 다이아몬드 보듯 황홀하게 쳐다보는… 이런 모순아들을 이 사회가, 세상이 과연 얼마나 받아주고 품어줄 수 있을까요? 사실, 아직은 지금도 이 아이를 감당하는게 벅차고 힘이 듭니다, 하지만 엄마도 감당하기 어려운 이 아이를 엄마조차 감당하지 않는다면 …극우뇌 아이들은 특히나 엄마의 극단적인 사랑만이, 절대적인 지지만이 아이들의 상처를 치유하고 남다름을 발현하게 만드는 열쇠가 아닐까 싶어요.

내 아이가 보이는 안경을 쓰다

이제야 비로소 좌뇌 뿐 아니라 어마어마(?)한 우뇌의 세계가 존재한다는 것을 알게 된 강좌뇌 엄마로써, 날마다 극우뇌스럽게 성장하고 있는 아이를 바라보노라면 순간순간 덜컥 겁이 납니다. 그러나, '기존의 관념을 깨고 새로운 세계를 열어가는 자'를 천재라고 하지요.. 범인들을 당혹케만드는 이 아이들의 영웅심과 자기 주도성, 창의력이 없다면 관념을 깰수도, 새 세계를 열수도 없을 것이라는 믿음을 갖고 엄마만큼은 제 아이의 성장을 특별한 시선으로 바라보고 품겠노라 다짐해 봅니다.

꽃이 되었다 06

이름/지역	○나○ (남) / 70개월 / 서울
상담기간	2022. 1. ~ 22. 8. (20주)
병의원 진단	틱, 경기, 강박장애, 사회성 결핍, 자폐, 언어지연, 폭력성, 분리불안

7년 만에 처음, 할아버지 방에 벌러덩 눕다.

BEFORE

- 열 경기를 3번 하였음(돌 지나서 1번, 세 돌 정도에 2번).
- 화용 언어 부족하고, 또래들에게 접근을 못 함. 자존심 때문인 듯.
- 본인 기준에 맞지 않으면 눈길을 안 주고, 친하지 않으면 전혀 눈길을 주지 않음.
- 존댓말 절대 안 함. 사과도 안 하고, 밥 먹는 것도 1시간 걸림.
- 부모의 꾸중을 들으면 바로 폭력성 폭발하고, 심하면 며칠씩 앓아누움. 평소에 약하던 자폐 성향도 뚜렷하게 발현함.
- 6월부터 어린이집에 보냄. 다른 아이들한테는 당연한 규칙인데, 우리 아이한테는 이해도 안 되고, 어렵게 느껴지는 모양. 담임이 걱정을 많이 함.
- 엄마가 없으면, 아이가 심하게 불안해함. 아이가 튀거나, 부족한 행동을 몇 번 반복하면 당연히 제지했음. 엄마도 성격이 화끈함.
- 잘 때 주먹을 꽉 쥐고 잠. 많이 품어 주고, 안아 주고, 눈 맞춤 해 주면 틱이 없어지는데, 어린이집에 다시 가면 새로운 틱이 생김. 틱이 유난히 예민하게 발생함. 엄마가 챙겨 주기에 따라 생기고 말고 함. 영상물 중에 긴장시키는 것이 나와도 틱이 나타남.
- 어린이집 등원을 거부하는데, 학교 들어가기 전까지 안 보낼 생각임.

- 지금 상태로는 일반학교에 들어가서 잘 견뎌 낼까에 강한 의문이 듦.
- 남의 끝말을 따라 함. 이것도 자폐 증상의 하나라고 하던데, 정말 그런 건지? 또 다른 자폐 증상도 나타나고 있는지?
- 소변을 일부러 엉뚱한 곳에 눔. 소변기 주위에 쌈. 고의로 하는 짓인 것 같음.
- 오전에 나가자고 하면 이리 빼고 저리 빼고 하다가, 저녁 5시 반 그때 나감. 킥보드도 타고, 놀이터에서 놀다가 들어옴. TV 보다가 10시 반에 양치시켜 주면 누워서 억지로 눈물을 짜며 말을 계속 시킴. 엄마랑 이야기하고 싶어서 그러는 것 같음. 12시까지 안 자고 말을 자꾸 붙임. 불안함이 있나? 강박인가?
- 밥을 누가 먹여 줘야 먹는데, 먹여 줄 사람이 없음. 대부분 할머니가 먹여 줌.
- 예비소집일인데, 아침에 일어나지 않고 엎드려 울고 있음. 한 시간 반 동안이나 움. ("학교 가기 싫은데…. 사람 많은 게 싫어요.")
- 암산이 빠름. 주사위 숫자 합하기 정도는 보는 즉시 답이 나옴.
- 아이가 자주 다침. 워낙 여러 가지 모양으로 다쳐서, 운동신경이 부족한가 하고 생각하게 됨. 계단 끝에 등 돌리고 서 있어서 엄청 놀란 적도 있음.
- 잠자기 싫은데, 자야 한다니까 자기 전에 틱이 올라옴.
- 예전에는 노래를 잘했는데, 지금은 전혀 안 함. 어린이집에 다닌 이후로 유난히 바뀐 것 같은데, 어린이집에서 무슨 일이 일어났기에 이러는 걸까? 어린이집 선생이 나쁜 짓을 할 리도 없는데.
- TV를 매우 좋아함. 12시간 연속해서 보기도 함.
- 분노를 표출할 때는 무엇이든 던지고, 높은 곳 올라가서 뛰고, 마루에서 구르고, 소리 지름.
- 입학했는데, 첫날 교실이나 복도, 화장실을 맨발로 누볐다고 함. 물론 선생님은 실내화를 신어야 한다고 가르쳐 주셨음.

2주	앞으로 4개월 정도를 아이에게 말 한 마디 못 하고, 왕 대접 해 주어야 한다고 생각하니 암담해지고 답답해지네요. (엄마도 극우되다.)
3주	어린이집 졸업앨범 촬영으로 한 번 등원했는데, 스트레스가 많았던 듯하다. - 밤에 틱이 가장 심했는데, 자기 전에 실컷 이야기하니까 없어졌다.
4주	전에는 소변을 뚜껑이나 변기 주변에 뿌리며 봤으나, 요 며칠은 제대로 소변기에 누고 있음.
5주	제자리에서 두 발로 쿵쿵 점프함. 아랫집이 항의할 걸 알면서도.

6주	아이가 엄마의 감정 기분을 살핌. 웃는지, 아빠와 얘기하는지. 엄마를 위로하기도 함. 말이 많이 늘고, 자기표현 잘하고 예쁜 말 많이 함.
	– 뻥이 많이 늘었다. 순간적으로 기발한 거짓말을 만들어 낸다.
7주	아이가 엘리베이터 등에서 낯선 사람들한테 괜히 화를 내곤 함.
8주	칭찬받기 위한 행동을 칭찬해 주면 좋아함. 의외의 칭찬은 민망해함.
	– 화를 자주 내기는 하지만 짧게 내고, 또 금방 웃으며 기분을 전환함. 또 남 탓을 하다가도 금방 웃으며 논다.
9주	등교 3일째. 집에서 나갈 때 가기 싫다는 말이 없어서 좋은가 보다 생각했는데, 뒤따라가서 보니, 학교 안 들어가고 있다. 달래서 선생님께 인사만 하고 돌아 나왔다.
	– 등교 후 더 예민해지고 화도 많아지고, 짜증 섞인 말투도 많아졌다.
10주	부모님이 사이좋게 지내는 것에 관심이 많고 확인도 하고 친하게 만들어 주려고 애쓰는 것이 보인다. (연구원)
11주	자신이 화내는 영상 찍어서 웃으며 본다. "나 언제까지 화낼 거 같아?"
12주	촬영에 완전히 꽂혔다. 충전하고, 밖에 나가서 찍고, 메모리 모자라면, 울면서, 찍었던 것 중에서 일부 지우고, 또 찍고, 들어 보고 웃는다.
	– 나는 이러면 화가 나, 내가 왜 화났는지 알아? 이런 말을 라디오처럼 반복한다.
	– 돌발행동은 많이 없어졌다. 속도 깊어졌다. 아주 조금씩 변한다.
14주	할머니를 발로 차거나, 물건 던지기도 없어지고, 소리 지르는 것도 눈에 띄게 줄었다. 약속을 지키려고 노력하고 잠자기 전 틱이 심했는데, 없어졌다.
15주	자기표현이 늘면서, 조금 편해졌다. 자초지종을 세밀하게 설명해 주기도 한다.
	– 화가 줄었다. 기다리는 것, 방해, 무시받는 것에만 화를 낸다.
	– 아이가 성숙한 느낌이 든다. 할아버지가 아이를 건드려도 화내지 않고, 도망가지도 않는다. 할아버지 방에 눕기도 한다. 태어난 후, 7년 만에 처음이다. 할아버지가 엄청 감동하셨다.
16주	벽에 고정 소변기를 설치해 주니 거기에 오줌을 눈다.
18주	배려가 늘었다. 겁도 줄어서, 치과에서 묶지 않고도 치료했다.
	– 조르는 것, 생떼 쓰는 것도 줄었다. 표현이 화려해졌다.
19주	아이의 말, 행동 하나하나가 요렇게 사랑스러울 수가 없다. 부모 심장을 녹인다. 다섯 달 만에 이렇게 바뀌다니 믿어지지 않는다. 결국은 '부모가 바뀌었기 때문'이다. '화내는 아이'로 만든 것도 결국은 부모라는 얘기다.

어록

- 극우뇌 아이를 키운다는 건 참으로 외롭고 낯아지는 길이네요. 제 엄마도 그러셨을까요? (극우뇌 엄마)
- 아이 입학시키고 너무 심란해서, 내가 다시 군대 가는 게 낫겠네요. (아빠)
- 마당 수도꼭지에 호수만 끼워 주면, 며칠씩 혼자 놀겠더라. (조부모, 시골집)
- 왜 나를 학교에 자꾸 보내려고 하지? 나는 안 가.
- 할머니 그건 안 하는 게 아니라, 못 하는 거야.
- 엄마는 내가 낳지도 않았는데 왜 이렇게 예뻐~
- 나는 화나고 싶지 않은데 자꾸 화날 일만 생겨.
- 상담받으면서 제가 성장하는 것 같습니다. (아빠)
- 요렇게 말 안 듣는 애는 처음 본다. (등교 시간 정문에서, 교장 선생님)
- 배 아픈 거랑 마음 아픈 거랑 몇 대 몇이야? (배 아프다는 엄마에게)
- 그래도 오늘 와. 보고 싶으니까. 할머니 없으니까 조금 심심해.
- 엄마 나 학교 있을 동안 화나는 생각하지 마. 생각하면 화나니까.
- 아들, 울까 말까 고민 중이야? (엄마) 이 말 듣고 아들 빵 터짐.
- 엄마 힘든데 업어 줘서 고마워잉. 엄마는 내가 해 달라는 거 다 해 주니까 내가 고마워.
- (놀이터 벤치에 앉아 있는 엄마 두 뺨을 만지며) 엄마 나 축구하고 올게. 내가 어떻게 하는지 잘 보고 있어.
- 예수님보다 폰을 더 좋아하면 폰이 우상이야 그치?
- (문자로) 할아버지 찢어 버릴 거야, 버려 버릴 거야, 죽여 버릴 거야.
- 양평이 7이라면 할아버지 집은 5쯤에 있어. (분수 개념을 얘기하는 듯)
- 엄마 잘 잤어? (아침에 엄마 깨우려고 100번 넘게 뽀뽀하고 만지다가)
- 엄마 2층에서 떨어지면 죽어? 죽으면 어떻게 없어져? 이해가 안 돼.

꽃이 되었다
07

이름/지역	○주○ (남) / 48개월 / 서울
상담기간	2015. 3. ~ 2015. 7. (15주)
병의원 진단	ADHD, 경계성 지능, 자폐2급, 언어지연(2년), 분리불안

3층에서 뛰어내리는 아들을 럭비공처럼 받다.

연구원 관찰

- 관찰력 뛰어남: 벽에 걸린 온도계를 보고 나서, 상세하게 그림.
- 호기심 뛰어남: 버튼 달린 것을 보면 총알같이 가서 만져 보고 어떻게 변화하는지 관찰함. 전화기, 사전 등, 다른 변화를 찾아내려 함.
- 덧셈 뺄셈 문제 내고, 푸는 것 좋아함. → 두 자리+한 자리, 두 자리-한 자리
- 높은 곳에서 뛰어내리는 등 장난 많이 치지만 위험하다고 일러 주면 말을 잘 듣는 편임.
- 책 읽어 주는 것에 전혀 관심 보이지 않음.
- 자기가 하고 싶은 것 할 때 이외에는, 연구소를 계속 돌아다니며 탐색함. 다른 곳에서 보던 것과 조금이라도 다른 것이 보이면, 만져 보고 확인함.
- 휴대폰을 볼 때는, 옷 물어뜯거나 손가락 빨며 집중함. 이름을 4번이나 불렀는데도 못 듣고 반응을 보이지 않음.
- 동일한 동영상을 수십 번 보면서 소리도 지르는 등 흥분된 모습을 자주 보임.
- 휴대폰을 하지 않으면 높은 곳에서 뛰어내리고, 뛰어다니고 계속 움직임.
- 소파에서 점프하고, 소파 위 창문 쪽으로 기어 올라감. 마치 창문을 열고 뛰어내릴 것 같은 기세여서, 연구원들을 기겁하게 만듦.
- 책꽂이를 암벽등반 하듯이 올라가고, 옆 칸, 위 칸으로 이동하기를 좋아함.

엄마 관찰

- 비가 온 날 물웅덩이에 발 넣고 첨벙거리는 놀이를 좋아함.
- 밤에 한두 번은 꼭 깬다. 엄마 허리춤을 잡고 잔다.
- 집이 아닌 곳에서 자면, 대변을 3박 4일까지도 못 보고, 집에 도착하자마자 본다. 변기에 앉지 못하고, 선 채로 떡가래처럼 받아 낸다.
- 본인도 변기를 이용하려 노력하는데, 변기에 앉으면 안 나오는 것 같다.
- 놀이터에서는 모래 던지기를 한 시간 이상씩 한다. 집에서는 독방에서 모래 대신 혼자 밀가루를 공중에 뿌리면서 몇 시간씩 논다.
- 등산길에서는 낙엽을 긁어모아 뿌린다. 사람들을 보고 뿌려서 엄마가 힘들다.
- 다른 애들이 많다고 마켓이 떠나가게 운다, 흥분하면 누가 뭐래도 듣지 않는다. 혼이 나간 아이처럼 행동한다.
- 놀이방에서 놀 때, 놀이를 꼭 혼자서 하겠다고 한다. 같이 못 한다.
- 일렬로 늘어놓는다. 전에는 레고, 요즘은 전집 만화 70권짜리를 늘어놓고, 번호 붙인다.
- 아이를 대안 유치원 → 대안 초등학교에 입학시키려고 한다.
- 수와 문자에 관심이 많아서 수학 관련 사교육 시작했다. (방문 선생님)
- 집(아파트 3층)에서 뛰어내렸다. 마침 엄마가 1층 현관에서 다른 엄마와 얘기하다가 기적적으로 받았다. 엄마와 아이, 둘 다 다치지는 않았다.
- 교회에서 성탄절 행사로 유치부 어린이들이 무대에 올라갔다. 우리 아이가 갑자기 뛰어 내려오더니, 괴성을 지르며 교인들 사이를 뛰어다녔다. 이름을 불러도 모르고, 겨우 붙잡아 볼을 꼬집어도 몰랐다. 흥분하면 괴물이 된다.

2주	방을 서늘하게 해 줬더니 전혀 안 깬다. 전에는 몇 번씩 깼다.
3주	식욕이 많이 늘었다. 자기 전에도 배고프다고 밥 달라고 한다. 라면을 끓여 준다.
4주	요즘에는 엄마가 없어도 잘 잔다. 개인 침대를 만들어 줘도 될 것 같다. 다섯 살이면 혼자 자게 해도 될 때 아닌가.
5주	작년만 해도 또래를 많이 때렸는데, 지금은 참는 기미가 보인다.
7주	말씀대로 돼지고기를 요리해 줬더니, 한 끼에 혼자서 한 근을 다 먹었어요. 이렇게 좋아하는 걸 모르고, 그동안에는 달라고 해도 안 주었네요.

🎉	**8주**	점토 놀이를 매우 좋아함. 아이가 주도하도록 하니 놀이를 오래 지속함.
🎉	**9주**	아빠와 2시간 이상 목욕 놀이. 아이가 저렇게 행복한 모습은 처음 보았다. 아빠가 좋은 건지 물이 좋은 건지 모르겠음.
🎉	**11주**	변을 변기에 눈다. 와아아! 아빠 회사에 갔을 때도 성공했다. 4년 이상 안 되던 일인데….
	연구원	수족구 때문에 상담을 3주 만에 하게 되었는데, 그사이 말하는 문장이 길어졌다.
🎉	**12주**	웃고 울기를 예전에는 하루 수백 번, 요즘에는 수십 번쯤 해요. – 뮤지컬 연기센터에 등록해 주었다. 아무래도 연기 재능이 좀 있는 것 같다. 영어 수업도 계속한다. 영어 선생님을 참 좋아한다.
🎉	**13주**	1박 캠프, 생각보다 잘 갔다 왔다. 생후 처음 엄마 없이 자고 온 것이다. 처음 아이 없이 하루를 지낸 엄마도 너무 행복하다. – 말이 많이 늘고, 웃기게 말한다. 앞뒤가 맞고, 문장이 길어졌다. 부모 입장에서는 가장 큰 변화라고 판단된다. 가장 감사한 일이다.
🎉	**14주**	뮤지컬 수업을 매우 좋아한다. 영어회화반도 유난히 큰 소리로 참여한다. – 모르는 아이들에게 무조건 다가간다. 전에는 안 그랬다. 양보도 하면서 논다. – 엘리베이터에서 모르는 사람을 만나도 쾌활하게 인사한다. 안 받아 주면 받아 줄 때까지 인사한다. 넉살도 좋다. 이런 모습에 부모는 정말 뿌듯하다. 몇 달 전만 해도 혼이 나간 아이 같았는데….
🎉	**15주**	조부모들에게 기발한 애교를 부려서 귀여움을 독차지한다. 며느리가 아이 잘 키운다는 말씀을 4년 만에 처음 들어 보았다.

어록

- 에너지 많은데 발산도 많아서, '빨리 닳는 배터리' 같은 아이예요. (엄마)
- 나는 남자니까, 나는 씩씩해.
- 엄마, 선생님이랑 자기 싫어. 엄마 안 와서 속상했어. (캠프 다녀온 아이)
- 아름다운 한 주였습니다. (상담 9주 차를 보낸 엄마가 행복에 겨워 하며)
- 아름다운 두 번째 주였습니다. (상담 10주 차를 보낸 엄마가 표하는 만족감)

꽃이 되었다
08

이름/지역	○주○ (남) / 44개월 / 호남
상담기간	2017. 8. ~ 2017. 12. (14주)
병의원 진단	ADHD, 경계성 지능, 초기자폐, 폭력성, 강박증, 분리불안

매일 같이 터널을 드나들고, 하수구를 연구하다.

BEFORE

- 공격적이다. 뜻대로 안 되면 엄마 머리카락 당기고, 상관없는 또래도 때린다.
- 어린이집에서 공개수업 하는 날인데, 아이가 갑자기 마각을 드러냈다. 우리 애만 돌아다니고, 앉아 있는 여자아이 머리 잡아당기고, 온갖 우스꽝스러운 행동을 보란 듯이 펼쳤다.
- 잔인한 말: 젓가락으로 확 찌를 거야. / 친구 뼈가 똑 부러져서 피가 철철 흘렀어. / 아무개 다른 반으로 보내 버릴 거야. / 어린이집 식판으로 때릴 거야.
- 밖에 나가면, 내가 제일 먼저 할 거야. 순서 못 기다려, 나만 탈 거야.
- 애 아빠 친구가 정신과 의사여서 아이를 데리고 갔더니, "문제아 우려 있다. 초등학교 입학해서도 이러면 약을 쓰자."라고 했다.
- 말이 많고, 요구도 많고, 목소리도 크고, 관심 분야는 계속 반복적으로 얘기한다.
- 엄마 집착이 심하다. 화장실에 가도 확인하고, 자면서도 터치한다. "나랑 같이 있을 때 다른 데 문자하지 마."
- 행동이 독특하다. 길을 가다가 하수구를 보고, "왜 있어? 왜 깊어?"라고 한다.
- 유난히 터널을 좋아한다. 지하주차장, 지하철도 결사적으로 찾아다닌다.
- 어린이집에서 아이 행동유형검사 결과, 자폐가 의심된다고 한다.

- 언어 구사가 독특하다.
- 책 읽기 싫어하고, 읽어 달라고 한다. 동화책을 첫 장과 마지막 장만 보고, 다 봤다고 한다.
- 동화책의 스토리보다, 작은 그림 하나하나를 어디서 봤는지 정확히 기억한다.
- 태동이 너무 격렬해서 태아가 밖으로 튀어나올 것 같았다. 태어나서는 그 이상으로 요란하다.
- 다른 애를 웃으면서 때린다. 이런 모습을 본 어떤 엄마가 아이가 괴물 같다고 하신다.
- 목소리가 작은 애에게, "너는 목소리가 왜 그렇게 커!" 하고 윽박지른다. 가만히 있는 애 뺨을 때리기도 한다. 왜 때렸어? 물었더니, 좋아서, 사랑해서 때렸다고 한다. 자기보다 더 커 보이는 아이도 때린다.

- 어린이집 안 가겠다고 드러눕는다. 뚜렷한 이유도 없다. 매일 안 가겠다는 건 아닌데, 아무튼 드러눕는 날이 많다.
- 종일 말이 너무 많다. 입도 안 아픈가. 자기 전, 눈을 뜨고 있는 동안에는 그치지 않는다. 질문도 엄청 많다. 했던 질문 또 할 때는 대답하기도 힘들다.
- 친구 때리기 여전하다. 아무 이유도 없이, 지나가는 아이를 때린다.
- 자기 주도성. 완전 제멋대로다. 엄마 아빠에게도 당당하게 지시한다. 저렇게 지시하는 말만 배울 수도 있다는 건지, 누구에게 배웠는지, 참 궁금하다.
- 여자애와 싸워서, 남자가 그러면 안 된다고 우리 아이 엉덩이를 때렸더니, 달려가서 그 애 얼굴을 세 번이나 밟아 주었다. 무서운 생각이 든다.
- 바닷가에 가면, 종일 물에서 논다. 저렇게 좋아하다니. 다른 애를 건드리지도 않는다. 샤워는 반드시 찬물로 한다.
- 지하 주차장에 대한 강박이 심하다. 멀리 보이는 터널도 꼭 지나야 하고, 주차는 지상이 아닌 지하에 주차해야 한다. 주차선에 정확히 평행이 되도록 주차해야 한다. 부모를 노예로 안다.

🎉 **3주**   엄마의 사랑을 확인하는 강도가 세어졌다. 요구가 즉각 수용되지 않으면 분노한다.

🎉	**4주**	도로가 지하-지상으로 갈릴 때, 타고 있는 버스 운전사에게 "지하로 가!"라고 명령한다. 엄마가 간곡히 설명하니까 못 들어가는 현실을 수용했다.
🎉	**5주**	실수를 용납 못 한다. 강박? 자기가 조립한 것이 절대 흐트러지지 않아야 한다.
🎉	**6주**	잘 맞는 친구를 동물적으로 알아본다. 그 아이에게는 공격적인 면 없이, 참고 잘 대해 준다.

- 엄마가 볼일 보러, 미장원, 헬스 등에 가면, 그 시간 혼자 집에서 잘 놀았다. 살 것 같다. 드디어 엄마에게도 자유가 오나 보다.
- 터널 못 들어가는 곳, 설명해 주니까, 양보하면서, "그러면 올 때 해 줘."라고 한다.

🎉 **7주** 아이가 온순해졌다. 엄마가 아파서 누워 있으니까, 나가자고 조르지도 않고, 입에 과자도 넣어 주고, 엄마가 예민한 반응을 보여도 대범하다.

- 터널, 지하주차장 좋아하더니, 요즘은 들어가도 빛을 반가워한다. 동네 밤길에서도 "가로등 왜 꺼졌냐?"라고 한다.

🎉 **8주** 낯선 아이에게 부모가 먼저 인사했더니, 아이도 그 아이를 때리지 않고 인사했다.

🎉 **9주** 공격 성향이 많이 줄었다. 특히 동생들은 때리지 않고, 보살펴 주기도 한다.

- 아침 산행 후, 동네 빵집에 줄을 서더라. 전처럼 줄 서 있는 다른 형들을 새치기하거나 때리지 않는다. (줄 끝에 서는 아이를 보며 아빠는 눈물이 주르르 흘렀답니다.)
- 화장실을 전에는 못 가게 했는데, 지금은 따라와서 문 열고 보기만 한다.

🎉 **10주** 막무가내, 예민함, 공격성, 식사 습관 등이 눈에 띄게 좋아졌다.

- 언어적인 면, 어미, 의성-의태어, 표현-동작까지 뛰어나다는 느낌을 받는다. 이런 재능을 가진 아이가 그동안 말을 원하는 만큼 하지 못했으니 얼마나 속이 상했을까.
- 놀이터나 집에서 놀 때 엄마의 역할과 행동을 일일이 지시하고 요구한다.
- 키가, 6개월 전에 영유아 종합검진에서는 35%, 지금은 50%다.

🎉 **11주** 엄마의 사랑 충분히 확인했으나, 자기에게 소홀할까 두려워하기도 한다.

- 식사-양치습관이 많이 개선되어, 시간도 단축되고 스스로 하는 비중도 늘어남.

🎉 **12주** 체력과 면역력이 좋아지면서 배고프다는 얘기를 자주 함.

- 불가능한 상황에 대한 양해, 설득, 양보가 되고, 상황이해력, 자제력 등이 커짐.
- 대학생 누나(시터)가 오기를 기다리고, 잘 놀며, 헤어질 때는 선물을 주기도 함.
- 친구에 대한 경계나 거부감이 많이 해소되어 관계가 부드러워졌으나 친구의 제안을 수용하기보다는 자신의 방식을 따라 주길 바라 한다.

🎉 **13주** 엄마 아빠가 좀 엄하게 하면, "엄마, 웃어, 예쁘게 웃어야지." 한다. 상황 파악이 빠르고, 아빠도 자기가 컨트롤하려고 한다.

🎉 **14주** 일방적인 말보다, 주고받는 대화와, 질문-답변하는 것이 엄청나게 좋아졌다. 서너 달 사이에 이렇게 변한다는 것이 믿어지지 않는다.

– 본인이 원하는 엄마에 이르도록, 끊임없이 쥐락펴락하며 엄마를 훈련시킨다.

◀◀◀ 어록 ▶▶▶

- 어머니, 마음을 굳게 잡수셔야 하겠습니다. (소장이 검사결과를 알려 드리는 이메일)
- 나는 아홉 살이야. (동네 3살 위의 형에게)
- 하수구가 물을 마시네. (세면대에서 물이 빠지는 것을 보고)
- (6주) 저 자동차가 나 지나가라고 섰네! (건널목에서)
- (9주) 아이도 엄마 아빠도 성장하고 있다는 느낌이에요. (엄마)
- (9주) 아이가 길에서 누나(특히 머리가 긴)를 보면 넋을 잃고 쫓아가네요. (엄마)
- (10주) 극우뇌 아이 키우기가 만만한 일이 아니로군요. (엄마, 아빠)
- (14주) 아이 머리가 엄마, 아빠를 넘어서기 때문에, 엄마, 아빠 기준으로 몰고 가면 결국 아이 수준을 낮추는 것이에요. (소장)
- (졸업 후) 필리핀으로 발령받아, 적응하며 지내는 중입니다. (아빠)
- (졸업 후) 친구들을 때리거나 밀쳐하는 경향은 없어졌는데, 엄마 껌딱지가 여전합니다. (아빠)
- (졸업 후) 자기 마음대로 안 되면, "나는 못해, 나는 잘하지 못해." 하면서 자책을 많이 합니다. (아빠)
- (졸업 후) 엄마가 한글, 영어를 가르치는데, 특히 숫자에 대해서는 빠른 습득 능력을 보이고 있으며, 일부 한글을 읽고 쓰기도 합니다. (아빠)

꽃이 되었다
09

이름/지역	○하○ (여) / 48개월 / 서울
상담기간	2017. 4. ~ 2017. 8. (13주)
병의원 진단	ADHD, 초기자폐, 심한 폭력성, 분리불안, 강박증

엄마, 아빠에게 그렇게 말하지 않으면 좋겠어.

BEFORE

- 이해 안 되는 행동을 많이 한다. 종일 역할 놀이에 빠져 있고, 특히 성대모사를 매우 실감 나게 한다. 다른 아이들도 이런가?
- 영화를 보면 다 외워서 혼자 리바이벌한다. 춤이나 노래 엄청나게 잘한다.
- 낯가림이 너무 심하다. 며칠에 한 번씩 뵙는 친조부모까지도 낯을 가린다. 자고 나면 더 심하고, 그래서 모두가 싫어한다.
- 나이 치고는 거짓말이 너무 능수능란하다. 어디서 인형을 가져(?)와서, 담임이 반 전원에게 하나씩 나누어 주었다고 둘러댄다.
- 공격성은 만 3살 때부터 심해졌다. 심리상담을 받아야 할 정도. 유치원에서 자리다툼을 자주 한다는데, 여기 내 자리야, 밀치고, 저쪽 아이 얼굴에 순간적으로 스크래치 내고, 이런 식이다. 선생이 말릴 틈도 없이 공격하는 모양이다.
- 글자 배우기를 너무 싫어한다. 다른 거에 비하면 아주 늦다.
- 쫓아다니면서 밥 먹여 주니까, "엄마, 이 정도면 포기할 때도 됐잖아?" 이런다.
- 머리 좋고 의욕 넘친다. 유치원 선생을 들었다 놨다 한다. 수업 안 들어가고 혼자 밖에서 논다. 선생이 와서 달래면 못 이기는 척 들어가기도 한단다.

- 아이가 심장 심방에 구멍이 있어서, 아기 때 수술했다. 이것도 아이 행동에 영향을 줄까?
- 아빠랑 아기랑 서로 많이 좋아하는데, 때로는 불꽃이 튀기도 한다. 아빠가 "너 성격이 왜 그래?" 이런 말에 아이는 악을 쓰고 반발한다. 그러나 좋다고 놀 때는 엄청 깔깔대면서 즐겁게 논다. 아빠가 아이에게 잘 맞춰 주는 편이다.
- 아빠는 정리정돈 안 되고, 돈 계산 빠르고, 창의력 많다. 문제 해결 아이디어가 즉시즉시 나온다. 공황장애가 있었다. 구안와사, 대상포진, 우울증약도 먹는다. (연구원 리포트: 검사 결과 아빠가 극우뇌인)
- 아이 운동신경은 상당히 좋다. 자전거 타기, 달리기, 구기 종류, 킥보드도 잘 타고, 웬만해선 안 넘어지고, 잘 다치지 않는다.
- 연기력은 더 좋다. 정말 실감 나게 연기한다. 블록놀이 등 갖고 싶은 물건이 있으면, 엄마 아빠를 어떻게든 졸라서 사고 만다. 물건 욕심이 크다.
- 로션은 네가 발라라, 싫어, 로션을 바닥에 탁 놓았더니, 팩 자기 방으로 들어갔다. 한참 후에 엄마 웃는 얼굴을 그려서, "엄마가 이렇게 웃어 줘." 하며 애교를 부린다.
- TV는 자제시키고 있다. 폰은 금지하는데, 하겠다고 심하게 떼를 쓰지는 않는다.
- 아이가 혼자서 빈 박스를 가지고 노는 시간이 많다. 주로 박스 속에 들어가서 놀고, 그 속에서 무슨 스토리를 만드는 것 같다.
- 남자 절친과 문제가 생겼는데, 과일 포크로 위협했던 모양이다. 폭력성은 남녀 가리지 않는다. 아이가 집에 와서 고백해서 알게 되었다.
- 엄마 아빠가 다정하게 얘기 중이면, 그 꼴을 못 본다. 어김없이 끼어들어서 자기에게 주의를 돌려 놓는다. 엄마 껌딱지와는 종류가 좀 다른 심술인 것 같다.
- 영어 수업 시간에 책상 위에 올라가 있어서, 내려가야지 했더니, 무안했는지, 다음부터 그 수업에 안 들어간다.

5주 유치원 원장님이, 아이 양육에 분명한 기준을 가지라고 한다. 너무 허용적이라고 보는 듯. 특별한 아이라 특별한 기준에 따르고 있다고 대답했다.

6주 아이와 아주 좋았던 한 주간, 아무 문제 없었어요.
 - 처음으로 노래방 무대에 올라가서, 15곡 정도를 계속 마이크 안 놓고 노래 불렀다. 화면 가사를 읽기 어려우니까 가사를 들어서 외웠다.

- 24개월 동네 동생이 우리 아이를 때렸는데, 즉각 반격하지 않고 엄마에게 와서 일렀다. 아이가 때려도 참았다는 사실이 놀랍다. 전에는 이런 일이 없었다.
- 스스로 한다. 화장실에서 일 마친 후 자기가 닦겠다고 하고, 세수, 양치도 혼자 하겠다고 한다. 이럴 수가.
- 땀 흘리며 공놀이하고, 까르르 웃고, 별 모양 원반던지기도 여러 번 했다.
- 공룡에 이어서, 이제는 화산에도 관심을 보인다.
- 엄마도 많이 내려놓았다. 잘 가르친다는 자부심이 있었는데. (엄마는 교사) 그동안 내 딸 하나도 제대로 못 가르쳤나? 하는 자괴감이 든다.

7주 기가 막히게 정리정돈을 해 놓았다. 각을 전부 딱딱 맞춰서. 엄마가 무엇을 원하는지 훤히 알고 있다고 강조하는 것 같다. 정리한 것을 사진 찍어 달라는 얘기도 한다. 깔깔거리고 웃는 소리가 싱그럽고 놀랍다.

8주 유치원 장난감 정리하는 과정에서, 서로 내가 할래 하다가, 덩치 큰 남자아이 엄지손가락을 깨물었다고 한다. 칭찬받고 싶은 것이 방해받아서 이러는 건가?

9주 폰게임 종일 하던 것을 좀 줄이자고 했는데 잘 호응한다. 나중에 딴소리는 하지 말아 다오.
- 친구들에 관해 말하는 것이 긍정적으로 변했다. 그 친구가 안 괴롭혀? 아니, 우리는 친구 사이야. 다른 친구에 대해서도 좋은 얘기 위주로 한다. 아무개는 아무도 안 때리고 다 착해.
- 영어를 막 해 보려고 한다. 엄마랑도 영어로 말하자고, 원어민과 잡담하듯이. 하자는 대로 해 주었는데, 진심 즐거워한다.

10주 아빠나 엄마가 예민하게 나가면, 빤히 보고 있다가, "엄마, 그렇게 말하지 않으면 좋겠어." 하며 싸움으로 번지지 못하게 막는다. 아이가 부모를 받아 주는 느낌이 든다.

11주 지난 주간, 문제 될 일이 없었다. 무난하게 지나갔다. 현실일까? 제발 꿈이 아니기를 빈다. 그동안 너무 힘든 세월을 보냈다.

12주 이틀 정도 엄마 눈치를 자꾸 보고, 낮잠도 혼자 들어가서 잔다.

13주 말 표현을 잘한다. "엄마를 계속 보고 싶어서 잘 수가 없어."
- 세 사람이 삼각형, 네 사람이 사각형, 원은 많은 사람이 모여야 만들 수 있지.

13주 아이들 양육에 대해 배울만큼 배운 내가 왜 내 아이를 잘 키우지 못했을까? 이 문제를 많이 생각했다. 결론은 분명하다. 우리가 배운 그 많은 육아지식들이 모두가 똑같은 아이들에 대한 똑같은 육아법이라는 점. 아이들 중에는 특별한 아이들이 많은데, 참 아까운 세월이었다.

어록

- 아빠가 미워서 쓰레기통에 버렸으면 좋겠어.
- 엄마, 입꼬리 내리고, 화 풀어.
- (7주) 엄마 나 이제 정리정돈할 거야.
- (8주) 아이 충실히 돌보려고 휴직했는데, 시어머니가 아시고는 난리가 났어요. (엄마)
- (9주) 어머니 육아방식이 맞았습니다. 이처럼 특별한 아이에게는 특별한 육아방법으로 대해 줘야 한다는 것을 몰랐습니다. 그동안 제 주장을 너무 강하게 해서 죄송합니다. (유치원 원장이 엄마에게 정식으로 사과)
- (9주) 우리는 친구 사이야. 싸우지 않아.
- (10주) 사람은 이, 동물은 이빨이지.
- (10주) 아이가 부모 간 언쟁을 어떻게 하면 막는지 아는 것 같아요. (엄마)
- (11주) 그렇게 하면 엄마가 아니지요.
- (11주) 한 주간이 무난하게 지나갔다. 현실일까? (엄마)
- (12주) 나도 내가 나쁜 건 알아. 그렇다고 엄마가 걔 엄마처럼 말하지는 마.
- (13주) 엄마를 계속 보고 싶어서 잘 수가 없어.
- (13주) 이제 와서 보니, 제가 그동안 아이에게 상처 주는 말을 많이 했네요. (아빠)

꽃이 되었다 10

이름/지역	○민○ (남) / 40개월 / 서울
상담기간	2018. 1. ~ 2018. 7. (16주)
병의원 진단	ADHD, 분리불안, 강박증, 초기자폐, 폭력성, 폐소공포증

나 아무 짓도 안 할 테니까, 가서 사탕 사 와.

BEFORE

- 3월에 유치원 입학 예정. 단체생활에 적응하지 못하고, 여러 가지 문제 일으킬 것이 분명함. 안전사고도 걱정됨. 집에서도 문제가 많았음.
- 말은 28개월에 문장으로 얘기하였음. 빠른 편은 아니나, 과히 늦지도 않음.
- 눈만 뜨면 새로운 것을 요구함. 같은 환경, 같은 장난감, 같은 놀이, 같은 음식이나 간식에 신경질적인 반응을 보임.
- 38개월에 낮잠을 자지 않음. 그러면서도 밤 9시까지 놀려고 함. 아이가 피곤해하고, 짜증을 자주 냄. 안 자려는 이유를 알 수가 없음.
- 낮에는 엄마와, 밤에는 아빠와 놀이터에 나가서 논다. 놀이터에서 다른 아이들 다 들어가고, 항상 제일 마지막으로 집에 들어옴.
- 나이가 어려도 엄마가 목욕탕에 못 데려감. 다른 손님들에게 무슨 짓을 할지 모른다. 엉뚱한 행동을 너무 잘한다.
- 서너 살 위의 형들을 좋아함. 가을부터는 자발적으로 나가자고 하는 게 줄었음.
- 엄마가 몸으로 치대는 것을 감당하기 어려워함. 엄마는 혼자 조용히 있기를 원하는데, 아이는 흥이 많음. 엄마를 잠시도 그냥 두지 않음. 엄마 껌딱지 그 이상.

- 선풍기 분해하거나, 조립할 수 있음. 드라이버를 사용할 줄 앎(엄마가 분해하는 거 좋아함.). 장난감 분해 방법도 물어봄. 운동신경은 몸치 수준임.
- 좋아하는 동영상이면, 30분짜리를 연속으로 4번 보기도 함.
- 아이에게 뭔가 하나를 하게 하려면, 길게, 자세히, 반복해서 사정해야 한다. 타협이 조금만 쉽게 되면 좋겠다.
- 엄마에게 스트레스가 쌓인다. 엄마는 아이한테 붙들려서 화장실도 못 간다. 아빠와는 잘 놀면서 유난히 엄마를 힘들게 한다.
- 좋아하는 만화를 꽤 긴 것인데도 하루 서너 번씩 본다. 또 그중 좋아하는 장면은 200~300번도 반복해서 틀어 본다.
- 본대로 연극한다. 엄마에게 역할 주고, 장면대로 똑같이, 창문도 똑같이 열고 연기한다.
- 아이가 통잠을 못 잔다. 잘 때, 이불이 다 젖을 정도로 땀을 많이 흘린다.
- 항상 안전사고가 걱정된다. 높은 데 무조건 올라가고, 겁도 없이 뛰어내린다. 손아귀 힘이 아이답지 않게 엄청나게 세다.
- 같은 손에 화상을 두 번이나 입었다. 손바닥이 다 벗겨질 정도로. 인덕션 레인지 뜨거운 판 위에 손바닥을 펴서 덥석 짚었다. 한 번 당하고도 또 했을 때는 너무 속상했다.
- 입에 손을 넣는다. 2~3주 전부터 시작했고, 최근 들어 좀 더 자주 넣는다. 뭐가 불만인지 모르겠다.
- 밖에서는 의사소통이 잘되는데, 집에서는 엄마 질문에 대답을 잘 안 한다.
- 소변은 가리는데 대변을 아직 못 가린다. 가릴 때가 지난 것 같은데. 다른 아이들은 반대로 대변을 잘 가리고 소변을 못 가린다고 하던데.
- 기차, 용암, 폭발, 맨틀, 마그마 등에 관심이 많다. 놀이터에서 애들 만나면 이것들에 대해서 마구 설명한다. 설명은 그럴듯하다.
- 마이쮸 먹으면서, 두 번 세 번 "먹어도 돼?" 하고 물어본다. 재량권을 주는데도 그런다.
- 아토피, 피가 날 정도로 긁었는데, 이젠 허물이 잡힐 정도다.

연구원 관찰   체형 작고, 머리 작다. 아기라 부르고, 안아 주는 것 좋아한다.
- 목소리 크고, 잘 웃고, 표정 다양하며, 애교가 철철 넘친다. 이해가 매우 빠르다. 구사하는 어휘가 화려하고, 지시 명령, 역할놀이 좋아함. 호기심 많고 관찰력 뛰어남. 질문이 많음. 색 인지력 높고, 감각 예민, 소리 예민, 애착 형성 잘된다.
- 반복적인 소리음, 모든 사람에게 반말, 야, 너, 하지 마 등 모든 사람에게 지시적인 말투 사용한다.
- 발뒤꿈치 들고 까치발 채로 아이스크림 먹으며 절반은 흘린다. 침 많이 흘린다.
- 아이가 주먹을 쥐고 때리면 엄청 아프다. 웬 아이 힘이 그렇게 센가?
- 첫날 상담 마치고 갈 때, 엘리베이터 단추를 눌러 주었더니, 왜 눌렀냐고? 자기가 눌러야 한다고 소리치며 때리는데, 어른에게 맞는 것처럼 아팠다.

AFTER

2주 "밥 줘.", "잘래." 태어난 후 처음 들어 본 말이다. 스스로 TV 끄고, 엄마 안아 줘 해서 안아 주니까 바로 잠들었다.

3주 아이가 많이 밝아졌는데, 엄마는 계속되는 고행(?)으로 사리가 나올 듯하다. 놀이터에서 최소 2시간씩은 놀아야 하는데, 엄마가 노예처럼 같이 놀아 줘야 한다.
— 의지가 확고해지고, 말이 똘똘해진 듯하다. 엄마에게는 종종 존댓말도 쓴다.

4주 택시는 답답해서 안 탄다고, 한 정거장 거리를 캐리어 타고, 바람 쐬고 다님.
— "할머니, 집에 또 올 거지?" 하고 묻는다. 이럴 수가? 10%쯤 이성을 찾았나? 다음을 알고, 약속도 하다니? 한 달 만에 너무 많이 달라졌다.

5주 기고만장이다. 명령도 짜증도 세졌다. "그만해, 조용히 하란 말이야." 이런 식의 말을 한다. 뜬금없이 울기도 하고, 즉시, 아무 일 없다는 듯이 잘 놀고 그런다. 엄마는 집에 평화가 찾아온 느낌이다.

6주 놀이터에서 매일 5~6시간씩 논다. 중간에 안 들어온다고 해서, 엄마가 집을 몇 번이나 왔다 갔다 해야 한다.
— 아이스크림 막대기, 수수깡 질겅질겅 씹어 대기가 많이 줄었다. 대변을 책상 밑에 본다. 변을 가리기 위해 이런 과정도 거쳐야 하나?

7주 사람 같다. 집에서도 며칠째 깔깔거리고 잘 논다. 엄마에게 예쁜 말도 한다. 무엇이 아이를 이렇게 바뀌게 만드는 거지?
— 엄마가 생리통이 심했는데, 아이 상담 시작하고 미션을 실천하면서, 통증이 줄었다. 미션에 엄마 얘기는 없었는데. 보너스라면 참 좋은 보너스다.

8주 힘들다는 생각 별로 없이, 스트레스를 안 받고 한 주를 지냈다. 어느 엄마가 '평화로운 한 주였습니다.' 했다는 말이 그리도 부러웠는데, 이젠 나도 그 말을 한다. ^^
— 아이가 생각을 정리해서 말한다. 세 문장 정도를 연결해서 말하기도 했다.

9주 할아버지 할머니에게 존댓말을 썼다. 누가 가르치지도 않았는데. 참 신기하다.

10주 시터가 열 번쯤 왔다. 다른 선생도 하나 구했다. 매일 와도 좋겠다.

11주 상상력이 풍부해졌다. 오는 시터 선생님마다 동감한다.

12주 좌뇌보강 해 주니, 어느 순간 팍 터진 듯하다. 시터 선생과 2시간 내내 떠든다.

- 27개월에 엄마 소리 처음 했고, 그동안 별 언어적 진전이 없다가 지금 44개월에 저렇게 잘한다. 부모 영향인 것 같다. 부모가 참 중요하다.
- 다음, 내일이라는 개념이 들었다. "내가 한번 참을게." 도대체 아이가 하는 말 같지 않다.
- 연구소에 처음 온 다른 아이와 확실히 대비된다. 우리 아이도 저랬는데, 세 달 만에 확 바뀌었다. 어른스러운 행동을 보인다.

13주 길의 쓰레기를 가져가자고 하고, 아빠 주머니에 넣어 주기도 한다.

14주 강화도 2박 여행. 다녀오는 동안 아이 얼굴빛이 달라졌다. 노랫가락이 막 나온다.

15주 키가 과거에는 앞에서 3%, 지금은 딱 중간. 우유 안 먹여도 크네.

16주 좌뇌보강을 시작하고 처음으로, 지난주에 엄마 혼자 외출하였습니다. 이런 자유를 처음 느껴 보는 것 같습니다.
- 아이가 스스로 몸을 챙깁니다. 힘들면 쉬었다 놀고, 에너지를 충전시켜요.
- 응가하는 기저귀 떼었어요.
- 식사 10번 중 3번은 포크를 사용한다. 전에는 10번 다 손으로 먹었다.
- 화가 나도 참는다. 게임하다 잘 안될 때 약간 내는 정도. 친구들 만나도 별로 안 내고, 전에는 아이들 많으면 꽥꽥거렸는데, 엄마, 아빠가 욱할 때도 아이가 참더라.

어록

- (4주) 남편이 제가 애를 잡지 않을까 의심을 많이 해요. (엄마)
- (5주) 내가 닦으려고 했어. 조금만 해 보려고 했어. (음식을 손으로 먹다가 들키자)
- (6주) 엄마가 어릴 때 외할머니한테 아동학대당했어요. 여기 와서 마음이 풀린대요. (아빠)
- (7주) 나 아무 짓도 안 할 테니까, 가서 사탕 사 와. (아이가 엄마에게)
- (8주) 내가 너무 무섭게 해서 애들이 다 도망갔어.
- (8주) 빨간 아이가 파란 아이로 바뀌지는 않아요. (소장)
- (9주) 엄마는 누워 있어. 내가 가서 할머니 도와드릴게. (함께 친가에 갔을 때)
- (12주) 선생님 가기 싫지? 가지 마. 멀리 가지 말고 꼭 집에 가. (과외선생 배웅하며)

아이 발음이 아주 좋아졌어요.

어린이집 문제로 속앓이하다 우연히 빨간책을 접하고 여름이 시작될 무렵 마포 연구소를 찾아갔어요. 다른 아동발달상담소와는 사뭇 다른 분위기~ 일주일에 한두 번 아이에게 교육(?)하는 일반 상담소와 달리, 여기는 부모가 지침을 받아 일주일 내내 아이에게 적용할 수 있도록 해 주는 곳이더군요. 생소한 방법이었지만 빨간책에 나오는 타입 1 아이 성향을 보면 우리 아이 이야기를 책으로 옮겨 놓은 것 같아 소장님과 연구원님들을 믿고 따르기로 했어요. 지금은 제 모습에 익숙해져서 그때 그랬었나 싶은데…. 돌이켜보면 마포 연구소를 찾아가기 전에는 우리 아이가 무척 힘든 생활을 하고 있었다는 생각을 하게 되네요. 서론이 길었죠?? ^^

먼저 저희 부부의 제일 큰 고민은 아이의 또래 관계였어요. 물론 극우뇌 아이이기 때문에 육아가 늘 쉽지는 않았지만 제일 큰 문제는 어린이집을 가기 싫어하고 등원하면 거의 매일 사고를 치고 온다는 거였죠. 그 사고(?)의 내용은 주로 장난감 등 물건 던지기, 친구가 잘못하면 말이 아닌 행동으로 잽싸게 복수하기, 정수기 물을 바닥에 쏟고 복도 끝까지 뛰어가기 등이었어요.

게다가 발음도 좋지 않아 친구들과의 대화도 힘들어했고요. 아이가 말을 해도 친구들은 그 발음을 잘 알아듣지 못해 대화가 길게 이어질 수가 없었어요. 물론 또래 아이들과 놀이의 관심사도 확연히 달랐고요. 그래서 친구들과 같이 놀이터를 가더라도 처음에만 같이 있고 조금만 시간이 지나면 늘 저희 아이 혼자 노는 상황이 반복되었어요. 특히 3월에 새로운 반으로 올라가면서 작년보다 더 단호한 담임선생님을 만나 아이의 등원 거부가 심해져 결국 어린이집을 두 달 동안 쉬게 되었어요.

상황의 심각성을 깨닫고 다른 상담소를 먼저 찾아갔더니 언어발달지연, 사회성발달지연이라는 검사결과가 나오더라고요. 몇 달 동안 여러 상담소에서 그렇게 헛된 돈과 시간을 낭비한 뒤 이 연구소를 만났고 왜 아이가 그런 행동을 했는지에 대한 이유를 알게 되었어요.

극우뇌구나!!! 절대 일반적인 훈육 방식, 상식적인 육아 방식으로 키울 수 없는 아이구나!!!

아이에게 실내활동이 많은 어린이집은 답답하고 지루한 환경이라는 걸 깨닫고 야외활동을 주로 하는 곳으로 옮기려 했지만, 셔틀버스를 타기 싫어하는 아이의 의견을 따라 이 어린이집에 다시 재적응의 시간을 가졌어요. 우선 어린이집 선생님에게 소장님이 쓰신 책을 드리고 두뇌에 관한 이야기, 아이의 특성에 관한 이야기를 나누었고요. 어린이집보다 엄마와의 시간에 더 많은 할애를 하며 동생에게 뺏긴 사랑을 충분히 주고, 가능하면 제지하는 말과 행동을 하지 않으려고 노력했어요. 또 소장님께 받은 식단표를 활용해 몸에 열이 쌓이지 않도록 해 주고요.

지금은 거의 매일 등원은 물론이며 선생님의 칭찬을 들으며 하원한답니다. 돌발행동도 없어지고 발음도 많이 좋아져 친구들과 대화도 많이 하고 웃음도 많아졌다고 하네요. 심지어 친한 친구가 생겼어요!!! 평생 혼자 놀까 봐 걱정했는데 다행히 마음 맞는 친구를 만나니 사회성이 급격히 좋아지네요. ^^

지난 토요일에 아이가 묻더라구요. "엄마, 이제 마포 안가?" 따로 말을 해 주지 않았는데 마포연구소에서 마지막 시간에 졸업 파티를 하면서 인지를 하고 있었나 봐요. 이제 졸업했다고, 엄마아빠랑 주말에 많이 놀러 다니자고 하니 알았다고 하네요^^

소장님, 부영이 님, 레이나 님, 포키푸 님~ 연구소 갈 때마다 아이를 대해 주시는 모습을 보고 집에 오면서 남편이랑 감탄을 했었네요 ^^ 극우뇌 아이는 저렇게 대해야 하는 거구나~ 하면서요~
갯벌 체험도 너무 좋은 경험이었어요~ 다음 기회에 또~!!
진심으로 감사드려요 ^^

꽃이 되었다 11

이름/지역	○윤○ (여) / 입학 1개월 전 / 경남	Top 10
상담기간	2018. 2. ~ 2018. 10. (24회)	
병의원 진단	언어장애, 발달장애(다리, 침샘, 사시), 자폐, 지적장애, 강박장애	

침 흘리고, 어눌하고, 다리까지 절던 아이가

BEFORE

- 자기 전에 한 시간 가까이 울다가 잠들곤 했다. 깜짝깜짝 놀라기도 하고, 야뇨 실수도 잦았다. 최근에도 야뇨 실수가 있다.
- 구사하는 단어가 1~2백 단어에 불과한 수준인데, 발음도 명확하지 않다. 학교를 '학고'라고 하는 식이다. 세 단어 이상을 엮어서 말하는 경우가 드물다.
- 부모나 가족들이 하는 말은 대부분 알아듣는다.
- 친구가 없다. 집에서 엄마, 할머니하고만 논다. 내버려두면 혼자서 장난감 가지고 중얼거리며 종일 놀기도 한다. 놀이터에 데리고 나가려 해도 안 나가려고 한다. 자학적인 행동을 자주 한다.
- 입가로 맑은 침이 흘러내린다. 한 줄기로 목까지 흘러 내려간다. 어른이 옆에서 종일 닦아 주어야 한다. 본인은 침 흐르는 것을 모른다.
- 계단을 못 내려간다. 한쪽 다리가 많이 불편하기 때문이다. 약간만 경사가 있는 길을 걸어도 절름거리는 것이 보인다. 까치발도 자주 하고, 넘어지기도 자주 한다. 다리가 불편해서 엄마 승용차(소나타) 조수석에 혼자 올라가지 못한다.
- 이런 소아마비성 다리로 부산 최고의 병원에서 1.5년간 물리치료 받았는데, 전혀 차도가 없었다. 의사 선생님이 가망 없다는 표현을 몇 번 하셨다. 물리치료 시작한 것도 어떤 기대가 있어서 시작한 것이 아닌 것 같다.

- 서울 세브란스의 전문가라는 교수 진단도 받았는데, 절망적인(막말에 속하는) 검사 소견만 들었다. "얘는 이러다가요 고3 가서도 ××××××" 우리나라 의료가 아직 이런 수준인가? 고칠 자신이 없으면 없다고 말할 것이지 이게 무슨 행패인가? 그래도 부모 마음에 포기할 수가 없다. 아직 소아마비도 아닌데.

- 엊그제, 아니 몇 시간 전 일도 기억하지 못한다. 아무리 간단한 것을 물어보아도 그저 "몰라~"라고만 대답한다.
- 게임 규칙을 숙지하지 못한다. 하다가 발 동동 구르고, 혼자 울기만 한다.
- 호흡조절이 안 되어서, 풀장에서 꼭 물을 먹고, 토하곤 한다. 유아용 풀장에서는 그래도 물 먹는 일이 드물다. 이걸 아니까, 아이가 풀장에 절대 안 간다.
- 감기에 자주 걸린다. 5살까지는 수시로 병원에 다녔다. 주로 편도염, 고열 감기, 화상성 피부염이었다. 해열제를 먹여도 듣지 않는다.
- 아이 보는 데서 부부가 많이 싸웠다. 그때마다 아이는 많이 울었고, 싸움을 말리려고 발버둥 치기도 했다.
- 아직도 3~4세용 인형만 가지고 논다. 한 달 후 학교에 들어가야 하는데, 아직 한글이나 숫자를 전혀 읽지 못한다.
- 가까운 후배와 잘 아는 정신과 의사에게 데리고 가서 보였더니 아무 대책이 없다고 한다. 의사들이 한결같이 이런 진단을 내리면 부모는 그냥 손 놓고 있으란 말인가?

연구원 관찰 눈이 크고 예쁜데, 사시가 심하다. 부모를 상당히 무서워한다. 야단맞지 않으려고 눈치를 많이 본다. 같이 온 2살 아래 조카와 노는데, 조카에게 당하기만 한다. 아이가 목각 인형 같다.

- 장난감 놀이를 하고 난 후에는 꼭 정리해 놓는다. 정리에 대한 강박이 있는 것 같다. 정리 안 한다고 엄청나게 야단을 많이 맞은 건 아닐까 싶다.
- 연구원과 손잡고 근처 초등학교로 걸어가는데, 앞에 누군가가 걸어가고 있으니까, "비켜!"라고 소리 지른다. 지적으로 문제가 있는 것 같다.

2주 야뇨 실수, 주 1회 정도 했는데, 밤에 일어나서 화장실에 가서 쉬하기도 했다. 기저귀를 채우지 않고 재운다.

🎉	**4주**	아이가, 에효~ 에구~ 하는 소리가 30번에서 10번 정도로 줄었다. 얼굴을 만져 주면 심한 거부감을 보였는데, 요즘 와서는 그런 짜증이 거의 다 없어졌다.
🎉	**5주**	한숨 쉬는 게 눈에 띄게 줄었음.
🎉	**6주**	입학하고, 학교는 그럭저럭 간다. 식사량이 눈에 띄게 줄었다.
	연구원 관찰	눈빛이 매서워진 느낌이다. 기가 제법 살았다. 규칙을 마구 바꾸고, 연구원을 하녀 부리듯 한다. 엄마 눈치도 잘 안 본다. 좌뇌보강 시작한 지 한 달 반인데, 부모님이 미션을 꼬박꼬박 실천하시는 것 같다.
🎉	**8주**	서울 계신 아빠랑 40분 동안이나 통화했다. 전에는 아빠와 대화가 잘 이어지지 않아서, 1~2분 통화하다 말곤 했는데, 이번에는 다른 아이 같이 느낄 정도로 대화가 되었다. 말뿐 아니라 기억력도 살아나는 게 아닌가 싶다. 놀랍다.
		– 아직까지는 학교에서 수업 방해를 하지 않는 것 같다.
🎉	**9주**	아빠가 많이 맞았다. 뜬금없이, 장난치듯이 아빠를 때린다. 아빠는 기분이 좋다. 아이와 거리가 좁혀지는 느낌이어서. 그리고 아이가 지적으로 살아나는 것 같아서.
🎉	**10주**	침을 목까지 흘리더니 이제는 입술 밖으로 조금만 흘린다. 손등으로 스스로 닦기도 한다. 세 분 의사님들 얼굴이 떠오른다.
	연구원 관찰	아이가 명령한 것을, 어렵다고 부탁하면 기다려 준다. 설명을 이해하는 것 같다. 잘 웃는다. 물놀이 계속하고 싶어 하고, 반 친구들 이름을 잘 외운다.
🎉	**12주**	이상한 걸음걸이는 보이지 않는다. 아직도 아프거나 불편하기는 한 것 같은데, 걸음걸이가 이상해질 정도는 아닌가 보다.
🎉	**14주**	장난꾸러기로 변신 중이다. 눈 맞춤 잘하고, 학교도 잘 다녀온다. 또래들에게 무엇이건 나눠 주는 거 좋아한다. 장난기가 살아나니, 아이가 진짜 사람 같아 보인다.
		– 뭔가 생각하면서 피아노 건반을 연습한다. 사뭇 진지하다. (피아니스트인) 엄마가 전에는 아이 피아노 가르쳐 주려고 노력을 많이 했지만, 모두 헛수고였다.
🎉	**16주**	아이가 누군가를 기다려 주는 시간이 길어졌다. 스킨십이 자연스러워졌다. 또래에게 집에 놀러 오라고 말하기도 한다.
		– 식사량이 줄었다. 단 것도 별로 안 찾는다.
🎉	**17주**	말이 많아지고, 발음도 많이 좋아졌다. 목소리도 커졌다. 꿈이 아니겠지. 부디 여기에서 다시 후퇴하지 않기를 빌고 또 빈다.
🎉	**19주**	말을 많이 하는데, 없는 얘기도 즉석에서 지어서 한다. 나름 유머를 막 구사한다. 상대를 웃기겠다는 의지가 엿보인다. 하는 얘기가 실제로 우습기도 하다.

21주 기억력이 엄청나게 살아났다. 이모와 1년쯤 전에, 어떤 장소에서 했던 얘기를, 상황까지 정확하게 생각해 낸다. 너무 자세해서 소름이 끼칠 정도다. 반년 만에 지적인 상태가 이처럼 발전한다는 것이 가능한 일인가? 세 의사님들은 왜 그런 말씀들을 하셨다는 말인가? 몰라서? 의학적으로는 모르는 게 정상인가?

23주 다리는 완전 정상이다. 계단도 막 뛰어서 내려온다. 평지에서 아빠와 달리기 시합하면 아이가 더 빠르다(아빠가 좀 뚱뚱하심). 침도 안 흘린다. 말 잘하고 어휘력도 충분하다. 학교 잘 가고, 또래도 여럿 사귀었다. 사회성 문제까지 해결된 거다. 약 한 방울 쓰지 않고, 생활환경을 바꾸어 주는 것만으로 이런 변화가 온다니, 이건 학계에 보고감이다. 내 아이지만, 믿어지지 않는다.

24주 자폐 증상도 완전히 없어졌다. 부모는 완전히 저승에 갔다가 살아 나온 기분이다. 부디 이 상태가 이대로 유지되어 다오.

◀◀◀ 어록 ▶▶▶

- 아이보다 아빠가 더 힐링되고 있습니다. 저를 알아주는 사람을 만났어요. (아빠)
- 엄마 아빠! 저 방(소장실)에 (상담) 빨리 들어가.
- (7주) 엄마가 옛날에 나 야단친 적 많잖아? (운전하는 엄마에게)
- (10주) 아이가 좋아지니까 직장 일도 잘 풀립니다. 기분도 좋고요. (아빠)
- (15주) 소장님은 못생긴 거 드려야지. (예쁜 스티커 나눠 주면서)
- (16주) 아빠는 엄마만 좋아해. (부부 싸움 안 한다고, 좋아서 늘어놓는 말)
- (20주) 엄마, 그건 제가 모르고 그랬어요. 다시는 안 그럴게요.
- (24주) 아이가 깨끗해지기는 했지만, 저희 부모는 소장님을 한 달쯤 더 모시고, 더 뵈어야 마음이 편할 것 같습니다. (엄마가 한 달 치 수업료 더 내면서)
- (26주) 부산의 그 대학병원 교수님을 찾아가서 뵈었어요. 기억은 하시데요. 완치된 아이를 보고 기분이 안 좋아 보이시더군요.
- (27주) 예수님도 아닌데, 말로 병을 고치는 분을 처음 보았어요. 정말 감사합니다. (엄마)

꽃이 되었다
12

이름/지역	○재○ / 초1 / 경남	Top 10
상담기간	2017. 7. ~ 2018. 1. (24주)	
병의원 진단	자폐22점, 언어지연 3년, 지능 3~4세, 강박장애, 분노조절장애	

평생을 데리고 살아야겠다 각오했는데

BEFORE

- 부모의 직장 때문에, 아이를 생후 2~41개월 동안 어떤 종교단체의 어린이 돌봄기관에 맡겼다. 이 기간, '학대' 수준의 취급을 받은 것 같다.
- 42개월부터 엄마가 주로 키우기 시작했다. 아이가 굉장히 산만하고 분노가 많아서, 우리 부모가 많이 놀랐다.
- 입학하고 여름방학이 되었는데, 아직 한글, 숫자를 읽지 못한다. 못 쓰는 게 아니고, 읽지도 못하는 것이다. 이런 실정이니, 수량 개념, 시간 개념, 날짜 개념이 전혀 없는 것은 당연하다고 해야 하나?
- 작년에 한글 떼게 하려고, 아빠가 매도 들었는데 안 되더라. 지금은 그냥 두고 있다.
- 몇몇 놀이, 발달센터를 다녔는데, 부모를 불안하게 하는 말들만 했다. 치료 효과는 조금도 보지 못했다. 아이가 그런 곳에 다니며 더 폭력적이고 파괴적으로 변한 것 같다. 치료를 해 준다면서 무슨 짓을 했는지 모르겠다.
- 마트에 가면 마구 돌아다니고, 카트에 마구 담는다. 거스름돈 주면 받기는 받는데, 액수는 모른다. 관심도 없다.
- 어렸을 때 〈반짝반짝 작은 별〉 등의 노래를 곧잘 불렀는데, 지금은 전혀 못 부른다. 생각이 안 난다고 한다. 이런 아이를 어떻게 선천적이라고 하나?

- 걸어 다니다가 제풀에 잘 넘어진다. 몸 여기저기에 상처 난 곳도 많다. 지하철에 앉을 자리가 없으면 마구 소리 지른다. 덩치도 큰 것이.
- 동네에서 만난 친구들이 이름 부르면 귀 막고, 외면한다.
- "복수한다."라는 소리를 자주 한다. 학교는 거의 못 간다. 밖에 놀이터에도 안 나가려고 한다. 집에서 혼자 장난감 놀이하는 걸 제일 좋아한다.
- 말은 3~4세 수준인데, 발음이 분명하지 않고, 단어도 맨날 그 단어들이다. 한참 떠들고 질문이 많을 나이인데 말수가 너무 적다. 부모와도 의사소통이 절반쯤이나 되는지 모르겠다.
- 아이스크림 중간 통 하나는 즉석에서 혼자 다 먹는다.
- 학교 참관수업에 갔더니, 그냥 멍때리는 수준이었다. 돌아다니거나 수업을 방해하지는 않았다. 보통 날에는 제법 수업방해를 하는 것 같다.

연구원 관찰 아이가 연구소 홀에서 깩깩거리며 소리 지르고, 의자를 넘어트리고, 폰 집어 던지고, 냉온수기 찬물 마구 흘리고, 쾅쾅거리며 뛰는 바람에 옆 사무실 직원들이 무슨 일 났냐고 우르르 몰려와서 구경했다.

- 아이 체격은 초3 수준이다. 키도 크고 체중도 많이 나간다. 얼굴이 검고 비대칭이며, 눈빛이 불안하다. 화난 킹콩이 연상된다.
- 홀에서 연구원과 놀다가, 엄마가 상담 중인 소장실에 뛰어 들어가서, 엄마 머리를 때리고, 머리카락을 뽑고 난동을 부렸다. 아마도 엄마가 소장님에게 뭔가 자기 흉을 보는 줄 알고 그러는 것 같았다. 청각이 무척 발달했다.

2주   엄마 표정을 유심히 본다. 엄마가 웃으면 아이도 좋아하고, 우울하면 자꾸 눈치 보고, 엄마 화났어? 아니라고 하면 좋아한다.

3주   레고방, 블록방 등에 가면, "다 우리 꺼다." 큰 소리로 말하면서, 다른 애들이 못 놀게 내쫓으려 한다.

4주   요즘 춤을 열심히 춘다. 미션대로 TV를 풀어 주었더니 종일 본다. 앉았다, 섰다, 춤추다 하면서 본다. 저렇게 좋아하는 걸 왜 못 보게 하라고 할까?

5주   TV 소리가 너무 커서, 소리 좀 줄이자고 했더니, 육탄공세를 퍼붓는다. 엄마를 마구 때리고 난리를 친다.

6주 아이 언어를 이제야 깨닫는다. 몸싸움 걸어오는 건 엄마가 자기와 즐겁게 놀아 주기를 바라서 그랬던 건데, 지레 겁을 내서 하지 마라고 하는 거다.

7주 여전히 유튜브는 좋아하는데, 게임은 아직 못하는 수준이다. 지하철 타고 오는데, 어린애 같은, 지적장애를 의심받을 행동을 좀 하더라.

8주 아이가 바뀌어야 하는데, 제대로 바뀔지? 그런 상황에 부딪힐 때마다 당황스럽고 좌절감이 밀려왔는데, 이제는 마음이 많이 풀렸다. (아빠)

9주 아침에 일어나더니, "나는 화나는 걸 참지 못하겠어. 화 안 나는 약을 머리에 발라 줘."라고 하더란다. 지지브레인 소장님한테 가서 발라 달래기로 했다.

– 소장이 '시원한' 약을 발라 주니까 아이가 소장에게 말했다.

"그 약 저 주세요. 아빠도 좀 발라 주게요."

"아빠가 화를 잘 내시니?"

"네."

아이 첫날을 기억하는 연구원들이 눈시울을 붉혔다.

10주 기분 좋을 때는 요리해 준다. 밀가루 한 봉 사다 놓으면 하루도 안 간다. 반죽해서, 튀기는 식이다. 그리고 꽃축제에 갔는데, 여전히 자폐적인 현상 보이고, 주변 상황에 전혀 신경 안 쓴다. 관심 없는 것은 눈에 보이지도 않나 보다.

11주 엄마 기분 안 좋아 보이면, 애교 떨고, 분위기를 바꾸려고 한다. "나 귀요미 맞아요? 엄마, 내가 귀여워? 나를 사랑해?" 자꾸 확인한다.

12주 1시간 20분가량을 연구원과 재미있게 놀고 있다. 소장실에서 상담 중인 엄마에게 한 번도 뛰어 들어오지 않았다.

– 고속버스, 지하철 합쳐서 4.5시간을 별문제 없이 잘 타고 왔다('영구' 같은 짓을 하지 않았다는 의미). 엄마에게는 이 점이 정말 중요하다. 상담 시작 3개월 만에 이렇게 달라졌다고, 이게 사실이라고, 우리 연구원에게도 확인하셨다.

13주 아이가 연구원에게: "나는 어렸을 때부터 장수풍뎅이를 키우고 싶었어." 이렇게 긴 문장으로, 멋지게 말한다. 소장과 눈 맞춤도 5~6회 했다. 소장은 아이 눈빛에서 묘한 것을 읽었다. 신뢰? 감사 표시? 그런 거다.

14주   오늘도 버스, 지하철에서 조용히 왔다. 보강 초기에 '아이가 지적으로 많이 부족하답니다.' 하면서 엄마가 걱정을 많이 하셨는데, 지금도 그렇게 생각하세요? 하고 소장이 물었다. 엄마가 겸연쩍게 웃으면서 '아니요.'라고 한다. 되물었다. 진심이지요? '네.' 아이가 지적으로 정상임을 엄마가 확신하고 계셨다. 이러면 된 거다. (연구원)

16주   엄마, 로봇 청소기 사자. 엄마 힘들잖아.
- 아이가 연구원에게: "선생님, ××를 준비해 주세요, ○○ 사 주실 거예요?" 파괴적, 폭력적 모습을 전혀 보이지 않는다. (첫날의 그 아이와 같은 아이인데.)

17주   엄마, 화내지 말고, 나를 쳐다보라고. 안아 주고, 예뻐해 주고 그렇게 해 보라고. 그래야지, 엄마가 많이 착해졌네. 이런 아들을 보는 엄마의 마음을, 다른 엄마들이 얼마나 헤아릴 수 있을까?

18주   연구소에 온 이래, 가장 얌전한 날이기도 했고, 보통의 1학년 남자아이처럼 느껴진 날이었다. **(연구원 생각)**

19주   게임 세상에 입문했다. 게임이 이렇게 재미있는 건지 이제야 알았다고 한다. 혼자 게임도 다운받는다.
- 엄마 화났어? 엄마 기분 풀어야지. 엉덩이 까고 엉덩이춤을 춘다.

20주   5살 때 선생님 얘기했더니, 이제는 이름도 기억한다. 한×이 선생. 그 선생님과 재미있었던 일도 몇 가지 얘기한다.

21주   얼굴이 비대칭에서 예전 얼굴로 돌아왔다. 비만이었던 살도 좀 빠졌고, 먹기도 덜 먹는다. 피부색도 좀 밝아졌다.

22주   기차, 지하철에서도 말썽 전혀 안 부리고, 4시간 동안 잘 왔다.
- 2학년 첫 학기를 그럭저럭 다닌다.

23주   롯데월드 들어가려고 줄을 섰더니, 힘들어하면서도 잘 참고 기다렸다. 탈 것도 한 시간씩 기다리는데, 짜증도 안 냈다.

어록

- 머리에 바르면 화 안 나는 약 없어요?
- 엄마, 나는 쓸모없는 아이인가 봐.
- 엄마 나 살 뺄 거야. 운동도 많이 할 거야.
- 여기서는 제가 2인자지요? (연구원들과 대화 중, 즉시 소장에게 확인까지.)
- 아빠, 내 생각해서, 돈을 많이 벌어야겠어.
- 다른 곳에 가면 엄마들이 정신병 걸린다. 겁만 주고, 공포감에 젖게 하고, 대책은 알아서 하라는 식이고. 해결책도 안 준다. 엄마가 정서적으로 안정돼야 하는데, 앞으로 살아 나갈 길이 보여야 하는데, 아이에 대해서 설명도 안 해 주더라. 여기에선 마음이 많이 가라앉는다. 희망도 가지게 된다. (엄마)
- 다른 엄마들 카페에 여기에서 효과 본 얘기를 올렸는데, 도대체 믿지를 않네요. 제 전번 알려 달라 하더니, 전화로도 싸움만 했어요. 홍보맨 아니냐? 왜 사기 치냐? 아니, 실제로 치료해 보지도 않고, 어떻게 사긴지 아닌지 알아요? 이런 청개구리 엄마들은 평생 아이 못 고쳐 주고, 장애인 수당이나 타 먹는 신세가 되는 거 아닐지 걱정돼요. (엄마)
- 평생 제가 아이를 데리고 살아야지 했는데, 이제는 장가보내도 되겠어요. (아빠)

꽃이 되었다 13

이름/지역	○윤○ (남) / 1년 유급해서 초2 / 서울	Top 10
상담기간	2022. 2. ~ 2023. 8. (39회)	
병의원 진단	ADHD, 언어지연 3년, 분노조절장애, 자폐2급, 경계성지능	

내일 아침에는 80살이 되어 있어라.

BEFORE

- 입학을 1년 유예했다. 다음 달에 초3이 될 나이다. 유예기간 중 대안학교를 1년 다녔다.
- 10개월간 약 복용했다. 의사 처방대로, 저녁에 감정조절약, 아침에는 집중력을 강화하는 약을 먹였다.
- 투약 전에는 교실에서 착석을 못 하고, 급식판 엎어 버리고, 마스크 안 쓰겠다고 난리 치는 등, 통제가 되질 않았다.
- 1년 전부터 학교 수업 시간에는 기차만 그린다고 한다. 본격적인 수업 방해는 별로 안 하는 모양이다.
- 태권도 학원의 기합 소리가 무서워서 안 가겠다고 하고, 불꽃놀이 소리나, 번개소리에 엄청난 공포감을 보인다.
- 언어이해력, 구사력이 많이 떨어진다. 또래들과도 대화가 되지 않으며, 툭 하면 화부터 낸다. 설득이 통하지 않는다. 설명을 못 알아듣는 것 같다.
- 이름을 불러도 대답 안 하고, 눈을 마주치지 않는다. 다른 사람이 하는 말을 못 알아듣는 건지, 알아듣기는 하는 것 같은데 반응을 안 보이는 건지 구별이 안 된다. 학교에서 전화 자주 온다.
- 똑같은 기차, 지하철 장난감을 계속 사 달라고 한다. 다른 장난감에는 별 관심을 보이지 않는다. 오로지 기차, 지하철이다.

기회만 생기면, 자폐 아이들은 기차를 그린다. 가능하다면 더 길게 그린다. 장난감 길게 늘어놓는 것만으로는 부족한 모양이다. 자폐 아이들이 왜 이럴까? 어떤 불안감을 해소하기 위해서일까? 학자들이 밝혀 주리라 믿는다.

- 항상 의사소통이 안 되다 보니, 왜 화났는지 설명 못 하고, 그러다가 짜증 내고, 울고, 울부짖는다. 남의 말을 잘 알아듣기라도 했으면 좋겠다.
- 엄마 아빠를 자꾸 때리고, 학교 가기 싫어하고, 외출도 싫어하고, 방문을 잠가서 혼자 있기를 좋아한다. 양치도 참 싫어한다.
- TV, 리모컨, 태블릿 등을 모두 독차지한다. 동생이 가지고 있던 장난감도 뺏는데, 그걸 잘 가지고 노는 것도 아니면서 심술이다.
- 핑크색을 좋아하고, 여자아이들이 입는 오프숄더 드레스를 사 달라고 계속 조른다. 조르는 강도가 너무 강해서, 아무래도 사 주어야 할 것 같다.
- 키나 체중은 평균에 비해서 작다.
- 아빠는, 아이가 다른 정상아들과 똑같이 행동하기를 바라고, 기회 있을 때마다 그런 것을 강요하는 사람이다. 남에게 피해 주지 말라는 건데, 이래도 되나?

6주   1년 가까이 먹이던 약을 끊었다. 아직까지는 학교에 잘 갔다 오고, 큰 사건 없었다. 연구원들 말씀대로, 진짜 미션이 약을 대신해 주면 원이 없겠다.

- 옷을 안 입고 자고 싶다고 한다. 완전 누드 상태로 잘 때, 더 자유로움을 느끼는 것 같다. 아이가 행복해하는 모습을 자주 보인다.

8주   제법 긴 문장을 만들어서 말하는 경우들이 자주 나타난다. 언어 구사 능력이 상당히 자연스러워졌다.

- 담임: 학교 와서 그림자처럼 있다가 가는 수가 많다고 조금 걱정한다. 수업 방해는 없지만, 적극적인 수업 참여도 없다는 것이다. 조용히 앉아서 기차만 그리고, 쉬는 시간에도 별 움직임이 없이 앉아만 있다가 집에 간다고 한다.

9주   아토피가 심해서, 긁다 보니 피도 나고 그랬는데, 최근에 거의 아물었다. 이것도 손상된 뇌의 회복과 관계있다니 신기하다.

🎉 **10주** 변화된 점이 많다: 도전하는 모습 / 동생과 나눠 먹기 / 겁 많고 쭈빗거리지 않는 대범함 / 스스로 양치 / 상호작용 / 점점 다양해지는 언어표현 / 자기 마음을 행동으로 표현했는데, 이제는 말로 표현 / 장난기가 생김 / 아빠와 자전거 타기.

🎉 **12주** 급식을 처음으로 먹고 왔다. 엄마 커피를 타 주기도 하고, 엄마가 빨래 개는 것을 도와주기도 하고, 엄마에게 애정 표현을 자주 한다.

🎉 **14주** 동생의 선택적 함구증이 완벽히 사라졌다. 오빠가 미션을 실천하다 보니 여동생까지 효과가 퍼져 나간 모양이다.

🎉 **16주** 말이 엄청나게 늘었다. '왜냐하면~' 등의 표현법을 자유롭게 구사한다. 필요한 경우 존댓말도 한다. 부정적인 단어 사용이 줄고, 전화 대화가 된다. 3~4년 동안 애써 고쳐 주려 해도 안 되던 것이, 단 4개월 만에 이루어지다니. 믿어지지 않는다. 설마하니 잠깐 이러다가 퇴행하는 것은 아니겠지?

🎉 **19주** 생떼가 줄어든 정도가 아니다. 거의 보이지 않는다. 청각 과민 반응도 줄었다. 더 큰 선물은, 아이가 기다릴 줄 알게 되었다는 점이다.

🎉 **22주** 놀러 온 동생들에게 장난감을 양보한다. 전에는 친척 동생들에게도 자기 장난감을 못 만지게 하던 아이였다.

🎉 **25주** 목소리가 엄청나게 커졌다. 굵고 묵직하다. 자기 생각이 다를 때는, 대범하고 큰 목소리로 의사를 표현한다. 내 아이가 이런 아이였구나.

🎉 **27주** 자발적으로, 혼자 샤워한다. 야외로 혼자 다니기도 한다. 자연의 경치와 자유로운 공기를 마음껏 누리는 것 같다.

🎉 **30주** 말이 정말 많아졌다. 또래 말 많은 여자아이들보다 두세 배는 더 많이 말한다. 모르는 집 어른이 보시면 흉볼 것 같다.

🎉 **32주** 스스로 학교에 가겠다고 하면서 나섰다.

🎉 **34주** 내복을 입는데, 크기를 비교해서 몸에 잘 맞는 것을 골라 입는다. 세상에나! 나는 평생 내가 아이 옷을 골라서 입혀 줘야 하는 것으로 생각하고 있었다.

🎉 **35주** 마트에서 매대에 진열된 물건 중, 자기가 살 것들의 가격을 비교한다. 눈감고 물건들을 마구 카트에 던져 넣던 것이 불과 몇 달 전이다. 아이는 변하는데 엄마만 변하지 않나 보다.

🎉 **36주** 부모 참여 학교 수업에 다녀왔다. 꿈인지 생시인지 모를 정도로 기적 같은 하루였다. 아이가 수업에 모범적으로 참여하는 모습을 처음 보게 되었다. 갔다 와서 실컷 울었다. 작년만 해도 대안학교에 적응을 못해 난리 치던 아이였다.

38주 긴 문장의 말을 척척 한다. 길기만 한 게 아니고, 말하는 문장이 좀 멋있다고 할까? 문학적이라고 할까.

39주 연구소가 해 준다는 종파티도 못 하고 헤어지게 되었다. 지긋지긋한 자폐 증상들이 완벽하게 없어졌고, 지능도 정상이다. 키-체중도 평균치에 들어섰다. 1년 반이면, 짧지 않은 세월이긴 하지만, 아이가 이처럼 늠름해질 때까지 자상하게 돌보아 주심에 깊이 감사드린다. 우리 부모가 아이에게 해 주어야 할 사랑을, 소장님이 대신 우리 아이에게 베풀어 주셨다. 우리 부모도 이런 사랑을 생전 처음 받아 보았다. 정말정말 감사드린다.

◀◀◀ 어록 ▶▶▶

- 이해도 못 하고, 기억도 못 하지만, 그렇다고 안 가르칠 수 있나요? (엄마)
- 정말 이 아이 지능이 정상으로 올라오나요? (아빠)
- 오빠, 왜 이렇게 착해졌어~? (여동생, 상담 2개월쯤 지났을 때)
- 우리 아이도 수업 잘 참여하는 날이 오긴 올까요? (엄마)
- 아이에게 크게 화내셨다면, 그게 일금 150만 원짜리랍니다. 하하하. (소장)
- 아이가 이상이 없다는 자신이 생겨서, 친척 결혼식에 데리고 갔어요. (아빠)
- 아침에 일어나면, 우리 부부가 80살이 되어 있게 해 달라고 잘 때마다 빌었어요. (아빠)
- 과거에 너무 큰 고통이었는데, 지금은 세상을 다 얻은 기분이에요. (엄마)

꽃이 되었다 14

이름/지역	○호○(남) / 초1 / 경남	Top 10
상담기간	2017. 6. ~ 2017. 12. (22주)	
병의원 진단	ADHD, 3급 자폐, 분노조절장애, 분리불안, 폭력성, 강박장애	

6개월간 등교 거부하며 담임과 힘겨루기

BEFORE

- 연구소장님이 쓰신 빨간 책의 80% 정도가 우리 아이에게 맞는다. 육아책을 수십 권 읽어 봤는데, 이렇게 딱 맞는 책은 이 책 하나뿐이었다.
- 특이한 아이에 대한 부모 양육방법과 학교 문제가 궁금해서 왔다.
- 입학식 날 문제가 발생했다. 강당에서 엄마를 못 찾자, 교실에 가서 담임선생님에게 분노를 심하게 표출했다. 담임도 많이 놀라셨겠지만, 엄마도 너무 놀랐다. 이렇게 분노하는 것을 처음 본 까닭이다. 집에 가서 처음으로 매를 들었다.
- 이날 이후 아이는 학교를 가다가 말다가 했다. 아예 한 달간 학교를 쉬었다. 이유를 알 수 없지만, 아이는 자신이 매우 불행하다고 생각한다. 입학 이후부터 유난히 분리불안, 공포감, 거부감이 극에 달해 있다.
- 이후 다시 등교하기는 했는데, 엄마가 함께 등교해서, 복도나 복도 밖 벤치에서 기다려야 했다. 엄마 분리불안이 이상할 정도로 크다.
- 친구를 제대로 사귀지 못한다. 유치원 때는 여자 친구들이랑만 놀았다. 색종이로 만들길 좋아하고, 지금은 남자애들과도 조금 어울리는 편이다. 뭐든 자기가 잘한다고 생각하고, 나서길 좋아한다. "내가 할게."가 입에 붙어 있다.

- 입학 이후 아이가 돌변했다. 자기 좋아하는 일에는 집중하나, 평소에는 산만하기 그지없다. 입학 전의 우리 아이와 너무 다르다. 상대방 입장이나 타인의 감정을 고려하지 못한다. 말보다 행동이 먼저일 때가 대부분이다. 주먹이 먼저 나간다. 어린아이인데, 마치 이성이 마비된 사람 같다.
- 네다섯 살부터 아이가 이상한 소리를 했다. 엄마 머리를 열어서 뭐가 들었는지 볼 거야. 배를 십자로 갈라서, 내장이랑 다 볼 거야. 친구 배를 갈라서 본 후에 죽일 거야. 등 도저히 아이가 하는 소리라고 믿을 수가 없다.
- 미술학원 여선생이 자기를 야단쳤다고, 여선생 머리카락을 당겨서 질질 끌려오게 만들고, 그것으로 분이 덜 풀렸는지 팔을 물었다고 하더라. 무엇이 아이를 이렇게 광폭하게 만들었는지 알 수 있을까?
- 엄마 머리카락이나, 심지어는 누워 있는 머리를 밟고 지나간다. 실수 같아 보이지 않는다. 반복하니까 고의로 그러는 거다. 왜 그럴까? 엄마가 무엇을 잘못했다는 말인가? 내 아이지만 너무한다.
- 직업 체험하는 곳에 갔는데, 체험할 생각은 안 하고, 엄마를 바로 옆에 앉으라고, 울고불고 난리였다. 분리불안 증세라고 한다.
- 아파트 화재 비상벨을 너무 무서워한다. 특히 학기 초에 심했다. 지금도 엘리베이터를 혼자 못 탄다. 이게 단순한 분리불안인가? 이런 걸 소아정신과에서 치료 못 하나?
- 아무 때나 짜증을 부린다. 게임하다가 광고가 자꾸 나온다고 (아빠) 폰을 벽에 던져서 박살 내 버리기도 했다. 이럴 때는 안하무인이 정도가 아니라, 아이가 제정신이 아닌 것 같다는 불안감이 자꾸 올라온다.
- 전에는 집에서도 화장실에 혼자 못 갔다. 문 열어 놓고 있어야 한다.
- 유치원 때는 모범생 축에 속했다. 기껏해야 다른 아이들에 간섭하는 정도였다.
- 아이가 평소에는 말을 아주 잘하고, 어른들과도 대화를 잘 튼다. 말도 많고, 어휘력도 좋다. 어른 홀리는 말을 잘한다.
- 학교: 수업엔 전혀 안 들어가고, 쉬는 시간에만 들어가서 10분간 아이들과 놀다가(?) 다시 나온다. 배우는 내용이 그토록 싫은 걸까?
- 선생님이 인사하니까 주먹으로 선생 얼굴 치는 시늉을 하더란다. 실제로도 발로 선생을 찼다는 것인데, 믿기도 그렇고 안 믿기도 그렇다.

AFTER

2주 집에서 학습지, 수학 연산, 한자를 작년 하반기부터 하고 있다. 100단위.

3주 아이가, 선생이 다른 애들 지적하는 그것도 싫다고 한다. 어린 것이 욱~ 하기도 잘한다. 분노 덩어리다.

4주 잔실수가 조금씩 준다. 컵의 물 쏟기, 밥 먹다가 수저 떨어뜨리기, 과자 흘리기 등이 조금 줄었다. 건물 높은 곳에서 아래를 내려다보길 좋아한다.

6주 짜증이 많이 줄었다. 100에서 60 정도로 줄어든 것 같다.
- 전에는 다른 아이를 별 이유도 없이 때리더니, 지금은 근처에 가서 폼만 잡고 실제로 때리지는 않는다. 엄마가 살 것 같다.

7주 화를 내더라도 금방 푼다. 화를 10번 내면 그중 한 번 정도는 지속하지만, 나머지는 그냥 화내는 시늉만 하다가 풀어 버린다.

9주 2학기 개학하자, 아이들에게 "조용히 해라."라면서 선생이 아이들 겁주는 자막대기를 자기가 휘두른다. 마치 자기가 선생이기라도 한 듯이. 체구도 별로 크지 않은 것이, 반 아이들 중에서 서열 1위로 등극하신 모양이다.

10주 엄마 때리고 나서, 이 세상에 나한테 제일 잘해 주는 사람이 엄마인 거 알아. 이런 소리를 한다. 병 주고 약 주나?

12주 7세 초중반까지는 분리불안이 엄청나서 엄마가 꼼짝달싹할 수가 없었는데, 요즘은 조금 떨어진다. 엄마가 한두 시간씩 어디 다녀올 수 있다. 이건 엄마가 꿈도 못 꾸던 일인데, 3개월 만에 이런 일이 생기다니!

13주 담임선생님이 야단 안 친다는 걸 알고 나서는, 학교에도 별말 없이 간다.
- 발광하는 현상은 완전히 없어졌고, 짜증도 20~30초 정도 내는 것이 고작이다. 그마저도 엄마가 사과하면 바로 안정된다.

15주 근래, 아이가 고분고분해진 느낌이다. 오래 고성 지르기도 없어졌다. 약을 먹이지 않았는데도 이렇게 달라지는 게, 참 신기하다.

17주 폭력은 아빠에게만 가끔 행사한다. 아빠를 때리고 나서는, 그냥 토닥토닥해 드리려고 했는데 너무 세어졌다는 식으로 둘러친다.

18주 동생에게 명령해 놓고, 일정 시간 후, 자, 와서 봐라. 하며 이제는 동생을 잘 다루면서 논다. 어른스러워졌다.

20주 최근 2주 동안, 학교 가서 수업 첫 시간부터 마지막 시간까지 다 들었다. 오히려 무리 하는 게 아닐까 걱정된다. 다시 폭발하는 일은 절대로 없어야 한다. 아들아, 우리 마음 알제? 수업, 그게 중요한 게 아니데이~

21주 적대적이던 담임에게, 아이가 갑자기 엎드려 큰절을 올렸다. 선생도 엄마도 빵 터졌다. 그동안 앙숙처럼 지내 오던 선생에게 아이가 보내는 최고의 화해 몸짓이다. 담임은 학년 초에 아이를 큰 소리로 '지적질'한 이후, 일 년 가까이 아이 때문에 마음고생을 제법 했을 거다.

22주 아이가 이성을 찾았다. 참을 줄도 알고, 기다리기도 하고, 또래들과 잘 어울리기도 한다. 드디어 상담 치료를 마칠 때가 온 거다. 우리도 이런 때가 올까 했었는데, 모든 것이 그저 감사하다. 연구원들이 쫑파티까지 마련해 주어서 아이도 감격했다.

◀◀◀ 어록 ▶▶▶

- 애 데리고 가세요. 나는 (얘 싸움) 못 말리겠어요. (담임)
- 용서해 줄 거지? 선생님 한번 안아 주라~ (담임이 아이에게)
- 엄마 없는 자체가 나한테는 불편이야. 나하고 노는 게 재미없어?
- 아빠가 옛날에 잔소리 많이 한 거 알제? 그래도 지금은 아빠가 너무 좋다.
- 그 정도는 게임하다 보면 다~ 알게 돼요. (아이가 담임에게)
- 좋다, 아들한테 맞아 죽자. 더 때려라. (아빠가 아들에게)
- 소장님이 돌아가시면, 지지브레인 소장 내가 해야 되겠다. 여기 괜찮네.

꽃이 되었다 15

이름/지역	○현○ (남) / 초2 / 강원	Top 10
상담기간	2022. 7. ~ 2023. 8. (46주)	
병의원 진단	언어장애(2세 수준), 경계성 지능, 자폐(1급), 비만, 강박장애	

맞벌이해서 온갖 '특수요법' 검증비로 탕진하다.

BEFORE

- 30개월 때 서울대 교수로부터 경도자폐 진단받았다.
- 그때 교수님이 DVD, 책 치우라고 해서 모두 치우고, 일절 못 보게 했다.
- 처방대로 하자, 말수 줄고, 상동행동은 늘고, 반향어 사용도 늘었다. 자폐가 좋아지는 기미는 전혀 없고, 더 나빠지기만 하니, 이게 무슨 일인가?
- 대학병원에선 더 해 줄 것이 없다고 해서, 지역 센터에서 언어, 감통치료 받기 시작했다. 별 효과를 보지 못했다.
- 어린이집에 다니기 시작한 이후, 호명 반응이 거의 없고, 눈 맞춤이 안 된다고 했다. 계속 악화되고 있었던 거다.
- 4~5살 정도에, 발달학교엘 다녔다. 기존의 감통, 특수체육을 통합해 놓은 곳 같았다. 여기에서도 별 효과를 보지 못했다.
- 최근 두개골 천골 요법을 받았다, 뇌에서 내려가는 척수가 막혀서 이를 뚫는 요법이라고 했다. 이것으로도 별 효과를 보지 못했다.
- 먹는 걸 좋아한다. 종일 찾는다. 아무거나 잘 먹는다. 냉장고를 수십 번 연다.
- 2~3년 전보다 짜증이 많이 늘었다. 말을 못 하니까 그런 것 같다.

- 수면이 불규칙하다. 숙면을 못 하며, 새벽에 자주 깬다. 못 자면 3시간 만에 깨기도 한다. 초2인데도 밤 기저귀를 채워 줘야 한다.
- 새벽에 깨서 무슨 소리를 지르고, 전등불 다 켜고, 무엇인가를 요구하는데 엄마, 아빠가 알아들을 수 없는 수준이다. 한밤중에 귀신이 집 안을 뒤집어 놓고 가는, 그런 공포감을 느낀다. 우리가 무엇을 잘못했을까?
- 자기가 요구하는 뚜렷한 말 이외에는, 대화가 어렵다. 간단한 지시는 알아듣고 따르기도 하지만, 소통은 안 된다고 봐야 한다.
- 상동행동, 몸을 흔들거나, 팔을 돌리고 흔드는 행동을 자주 한다. 말려도 그치지 않는다. 이제는 말리지도 않는다.
- 학교는 잘 가는데, 통제가 안 된다. 요구사항이 있으면 교사 손을 꼬집거나, 본인 머리를 때린다고 한다. 수업 중 아무 말 없이 밖으로 나가기도 한다. 도움반에서 하루 2시간 수업하고 있는데, 무슨 의미가 있는지 모르겠다.
- 24개월 때에, 영어 파닉스를 떼었다. 그때는 잘 따라 배웠다. 지금은 다 잊어버린 듯하다.
- 의미 없는 음성틱 같은 것이 있고, 이유 없이(?) 소리도 지른다.
- 집이 폭탄 맞은 듯 24시간 초토화 상태다, 벽지랑 장판을 바로 다시 해야 할 정도다. 아이가 수시로 음식물을 으깨어 벽에 바르고, 아무 데나 소변을 쏟는 등, 폭군 같은 생활을 해 오고 있기 때문이다. 고의성이 엿보이는데, 대책이 없다.
- 낮에, 5분마다 쉬한다. 이불에도, 기저귀에도, 싸고 벗고 싸고 벗고 한다. 빨래하고 말리는 것도 큰 부담이다.
- 옷을 계속 벗어 놓는다. 입었다 벗었다 반복하고, 벗고 지내려고 한다.
- 놀이터에 나가면, 좀 놀다가, 문득 그네에 앉아서 운다. 하루에도 몇 번씩 울다 웃기를 반복한다. 감정이 왜 이러는 걸까?

3주 냉장고를 거의 열지 않는다. 표정도 밝아졌다.

4주 눈빛이 맹수 같다. 불만에 가득? 그전의 순수하고 착한 눈이 아니다.
– 소변: 아빠 슬리퍼, 누나 베개, 아빠 의자, 매트, 거실 등, 소변기가 아닌 곳을 골라서 눈다. 고의적이다. 뭔가 알고 있는 것 같다. 자기감정을 표현하는 것 같기도 하다.

- 잠자기: 자주 깨던 전과 달리, 잘 잔다. 12시쯤 잠들면, 9시까지 푹 잔다. 뇌신경이 안정되면 잠이 깊어지는 것일까?
- 엄마, 아빠 얼굴과 다리를 할퀴고, 깨물려 한다. 특별한 이유도 없다. 눈빛이 무섭게 느껴진다.

5주 간단한 말이 늘었다. 요구하는 말을 할 때, "짜요짜요 할까요?", "물 할까요?"라고 한다. 그걸 달라는 소리다.
- 변기에 쉬하기도 한다. 지금까지 전혀 사용 안 했는데.
- 아빠, 엄마 냄새를 자꾸 맡는다. 머리나 몸 냄새를 자꾸 맡아 보는데, 이건 뭘까? 단순히 기억해 두려는 걸까? 아니면 어떤 좋은 느낌을 받나? 부모는 아이에 대해 모르는 것이 너무 많다.
- 왕이라 말해 주지 않아도, 신기하게, 저절로 시킨다. 부모에게도 마구 시킨다. 왕 노릇하려고 한다. 고추도 자주 만진다. 눈에 띌 정도다.

6주 안락의자에 과자 부스러기를 잔뜩 버린다. 그걸 다른 누가 치워 줘야 앉을 수 있다. 더러운 걸 안다는 뜻이다.
- 과자를 바닥에 쏟아 놓고, 홀딱 벗고 바닥을 뒹굴면서, 주워 먹다가 으깨다가 한다. 음식과 장난감 사이에서 무엇을 찾으려는 걸까? 누가 볼까 겁난다.

7주 "엄마~ 안아 주세요." 요즘 자주 하는 말이다. 아빠에게도 똑같이 말한다.

8주 처음 말해 본 문장들: "같이 할까요?" 엄마가 퇴근하면, "엄마 오셨네!" 한다. 최근 들어 알아들을 수 있는 말이 몇 개 늘었다.

9주 길가의 꽃을 전엔 마구 뜯었는데, 부탁했더니, 하나만 얌전히 꺾었다.
- 말보다 행동이 빨랐는데, 지금은 행동보다, 필요한 부분을 말로 한다.

10주 자주 서럽게 운다. 혼자 이불을 쓰거나 베개로 얼굴을 가리고 운다. 자다가 깨서 그러는 것도 아니고, 어떻게 이해해 줘야 하나?

11주 샤워하는 시간이 늘었다. 샤워하면서 소리 지르고, 노래 부르고 한다. 하루에도 여러 번 이런다. 샤워가 즐거운 것 같다.

12주 지금까지는 의례 식사를 손으로 집어 먹었는데, 이제는 숟가락을 사용한다. 사람 같아 보인다. 손으로 주무르지 않으니 참 좋다. 키위는 포크로 찍어 먹는다.

14주 블록 놀이 후, 블록을 다 주워 담더니 뚜껑도 덮는다. 담으라고 시킨 것도 아닌데, 쏟을 줄만 알던 아이가, 담기도 한다니 참 신기하다. 아이를 이렇게 변하게 하는 원리가 무엇일까?

🎉 **17주** 장난치기를 좋아한다. 전에는 안 먹혔는데, 이제는 장난 주고받기가 된다.

🎉 **18주** 아파, 가려워, 등 긁어 줘 등, 아픈 상황 표현이 제법 늘었다.
- 승용차 안에서, 음료 빨대가 망가졌는데, 전처럼 난리 치지 않고, 그냥 옆에 안전하게 두었다. 운전하는 엄마를 배려하는 행동인 것 같다.

🎉 **19주** 폰게임 실력이 많이 늘었다. '템플 런'은 아빠보다 더 잘한다.

🎉 **20주** 색깔을 말한다. 분홍 바지, 검정 바지, 흰색 이불, 노랑 베개, 흰 베개…. 처음이다. 특별히 누가 가르치지도 않았는데, 미션에 이런 내용도 없었는데. 무엇이 이 아이의 지적 능력을 향상시키고 있을까?

🎉 **24주** 아빠, 엄마 차 번호를 따로 기억한다. 나란히 있어도 정확히 구별한다.
- 목소리가 확연하게 커졌다. 반년 전에 비해 자신감이 넘친다. 큰 목소리로 말할 기회가 늘어난 것도 아닌데, 저절로 이렇게 커지나?

🎉 **25주** 요즘은 이런 말들을 자연스럽게 한다. 몇 달 전에는 전혀 못 하던 말들이다.: 화났어! 화났어! / 똥꼬 닦아 주세요. / 벨트 풀어 줘~ / 누나가 점핑해 줘. / 엄마 옷 해 줘~ / 잼, 빵에 발라 줄까요? / TV 꺼 주세요~ / 불 끄고 할까요?
- 소변은 거의 화장실에서 하는데, 팬티나 바지를 입혀 놓으면 바지에 그냥 싸 버린다. 기저귀와 옷을 구분 못 하나? 확인해 봐야겠다.

🎉 **26주** 국물을 숟가락으로 떠먹었다. 정말 신기하다. 게다가 다 먹은 냄비를 물로 헹구어 놓았다. 그렇게 해야 된다고 가르친 일도 없는데…. 천지개벽이 이런 것 아닐까?

🎉 **28주** 전처럼 식사를 마친 후에 식판을 엎으려고 해서, 엄마, 아빠가 "아니아니."라고 했더니, 엎지 않았다. 이런 말이 통하는 것이 처음이다.
- 워터파크 풀장에서 두 시간 넘게 놀고도 나오질 않는다. 스스로 배영법을 터득했다. 물놀이를 상당히 재미있어 한다.

🎉 **29주** 세 단어 문장을 가끔 말한다. / 3시간 동안 차에서 점잖게 왔다.

🎉 **30주** 무표정. 감정이 없는 아이였는데, 표정-감정이 다양해졌다. 목석같던 아이 얼굴에 미소가 흐르니까 부모 마음도 따스해지는 것 같다.

🎉 **31주** 스스로 옷 바구니에서, 하늘색 줄무늬 티를 꺼내 입었다. 이게 자기가 제일 좋아하는 옷인데, 이렇게 직접 고르는 것은 처음이다.

🎉 **33주** 기저귀 없이 잤는데, 아침에 화장실 가서 쉬했다. 실수 안 했네. 너무 예쁘다.

🎉 **34주** 지적으로, 조금씩조금씩 회복되는 것이 보인다.

🎉	**37주**	장난감에 관심 보인다. 아이스크림 먹는 빈도가 많이 줄었다.
🎉	**38주**	말이 많아졌고, 요구도 많아지고, 엄마 말을 많이 따라 한다.
🎉	**39주**	부탁하면 들어주고, 기다려 달라면 기다린다. 엉뚱한 짓도 하지만. 일 년도 안 되어서 아이가 이렇게 좋아지는데, 서울대 병원에서는 왜 해 줄 것이 없다고 했을까? 참 이상한 일이다.
🎉	**40주**	물 마신 컵을 식탁 위에 놓는다. 전에는 빈 컵은 의례 던졌는데. 봉지 과자를 뜯어도 쏟아붓지 않는다.
🎉	**41주**	아침에 화장실 가서 쉬한다. 승용차에 물이나 초코우유를 한 번도 쏟지 않았다. 8년 버릇을 고친 셈이다. - 식판을 쏟거나 음식을 주무르는 행동을 하지 않았다. 그 정도 생활 습관은 완전 마스터한 것 같다. 고맙다 아들아!
🎉	**42주**	스스로 등교하려 한다. 학교 버스를 타고 간다. 작년 생각이 나는 듯하다.
🎉	**44주**	먹는 게 줄었다. 변은 한 덩어리씩, 부드러운 황금색이다.
🎉	**46주**	트램펄린장 다른 엄마들에게 관심을 보인다. 같이 놀고 싶어 하고, 말도 걸어 보려고 하고, 따라가려고 한다. 말이 더 늘면 마음대로 되겠지.

◀◀◀ 어록 ▶▶▶

- 두 돌까지는 정말 똑똑했다. 우리 집안에서 천재가 나오나 했었다. (아빠)
- 치료센터 쪽은 가짜가 많다. 치료해도 차도가 없어서 이유를 물으면, 아이가 특수해서 그렇단다. (엄마)
- 용한 곳을 찾아다니느라, 길에서 시간을 정말 많이 보냈다. (엄마)
- 어릴 때부터 치료하러 다닌답시고 거꾸로 뇌 손상만 많이 입혔네요. (소장)
- 테러가 끝나면 다시 만나요~ (엄마, 아빠, 소장)

꽃이 되었다
16

이름/지역	○소○ (여) / 초3 / 경북
상담기간	2021. 8. ~ 2022. 3. (20주)
병의원 진단	강박장애, ADHD, 도벽, 불안장애, 망상장애

동네 마트 CCTV의 주인공이었는데

BEFORE

- 아빠가 6개월 전 산재를 당했다. 300kg 물건이 발목에 떨어진 것인데, 그 이후 기초수급자 가정이 되었다.
- 엄마, 우리 집에 불나면 어떻게 해? 내가 누구를 죽였으면 어떡하지? 아이가 이런 질문을 하루에도 수십 번씩 묻는다.
- 유튜브에서 키스신을 봤는데 괜찮아? 지나가는 오빠, 경찰, 이런 남자들이 나를 좋아하는 것 같아. 이런 질문도 반복한다.
- 마트에서 군것질할 물건을 훔치다가 들키기도 했다. 올봄에는 양쪽 주머니에 그득 넣고 나와 경찰에 신고되기도 했다. CCTV에 찍힌 것만 열 곳도 넘는다.
- 아이를 데리고 그 마트들을 돌며 사과시켰다. 아이 얼굴에 미안한 표정이 없었다. 경찰이 와도 전혀 무서워하지 않았다. 반성의 기색이 없으니 더 무섭다.
- 매사를 물어본다. 말랑이 먹어도 돼? 옷 벗어도 돼? 이 영화 봐도 돼? 똑같은 질문은 다시 하지 않는 것이 일반적인데, 우리 아이는 같은 것을 되풀이해서 묻는다.
- 1학기 동안, 수업 시간 중에 보건실에 가서 배 아프다고 약 먹고 누워 있는 날이 여러 번 있었다. 수업이 싫어서였을 것이다.

- 가끔 눈이 흐리게 보인다고 하는데, 병원에서는 야경증이라고 한다.
- 아이가 겁이 엄청 많다. 편식도 심하다.
- 모낭 감각증이라고, 닭살 모양이 온몸으로 퍼지는 피부병이 일상적이다. 눈 밑에 다크 서클도 항상 나타난다.
- 학원은 댄스학원 딱 한 곳에 보내는데, 이마저도 가기 싫어한다. 끊으면 미술이나 음악학원에라도 보내려고 한다.
- 학교 가는 것을 싫어한다. 추석까지 쉬기로 담임 허락받았다.
- 밖에 나가려고 하지 않는다. 집에서 빈둥거린다.
- 욕을 아주 다양하게 한다. 전혀 알지도 못하는 지나가는 오토바이에게도 찰지게 욕을 한다. 욕이 숨 쉬는 것만큼이나 기본적이다.
- 매사에 자신감이 없다. 부모 눈치를 많이 본다.
- 한참 발랄해서 이리 뛰고 저리 뛰고 할 나이인데, 부끄럼이 지나치게 많고, 소심하며, 심하게 낯을 가린다.

3주   무언가 적대적인 말투였는데, 근래에 말투가 좀 달라졌다. 자신감이 좀 생겼다고 할까? 과시하듯 말한다.

5주   엄마가 언니에게 화를 내니까, 아이가 엄마 화를 풀어 주려고 노력한다.

9주   엄마 머리 흔들기, 뺨 때리기, 머리에 과자 부스러기 뿌리기 등 못 보던 행동을 한다. 기고만장해졌다. 계속 수용해 주어야 하는지 모르겠다. 매일 동네 한 바퀴씩 돌았는데, 흥이 나면 춤추고 기분 좋아한다.

10주   욕하는 것이 줄었고, 강박도 조금 줄었다. 말수가 진짜 많이 늘었다. 저렇게 말을 많이 하는 아이를 처음 보는 것 같다.
- 자기는 왕이라 고개를 못 숙인다고 한다. 친구들에게는 손 흔들고, 선생님께는 고개 안 숙이고 그냥 말로만 인사한다. 누가 그렇게 가르친 것도 아니다. '자기는 왕'이라는 생각을 타고나기도 하나? 정말 신기하다.

11주   아빠가 폰 소리 시끄럽다고 하니까, 전에는 울고불고 난리가 났을 텐데, 아무 말 없이, 소리를 줄여 준다. 놀랍다.

— 아이 언행이 좀 느슨해졌다고 할까? 이제는 감정 표현을 빼놓지 않고 제대로 한다. 아빠 안녕히 주무세요, 언니 잘 자 등. 몇 년간, 아이 입에서 이런 말을 들어 본 일이 없다. 무엇이 아이를 이렇게 말랑말랑하게 만드는 것일까?

12주 사 달라는 것을 다 사 주지 못해도, 화내지 않고, 의연하게 대처한다. 알았어. 다음에 사면 되지, 뭐. 하는데 오히려 엄마가 미안할 지경이다.

— 말을 진짜 잘한다. 좀 고급스러운 단어도 자주 사용한다. 이런 아이가 세 달 전에는 어찌 그리 험악한 말만 내뱉었을까? 이것도 뇌 때문인가?

13주 엄마가 주사 맞고 아파하니까, 엄마를 챙기는 행동과 위로의 말을 열심히 해 준다. 서너 달 전과는 딴판이다. 감동이다.

15주 한창 욕할 때 생각하면, 지금은 하루하루가 너무 조용히 넘어간다. 그렇게 찰지게 하던 욕을 서너 달 사이에 이처럼 딱 끊을 수 있다는 건지. 죽도록 때려도 욕하는 건 못 고친다는 말도 있는데. **미션이라는 게 뭔지, 무섭기까지 하다.**

16주 아빠가 아이를 안심시킨답시고, 짐짓 경찰을 비난하니까, 우리를 위해 일하는 사람을 그러지 말라고 오히려 아빠에게 충고를 날린다.

17주 요즘 부모 사이에 갈등이 보일 때, 자진해서 중재 역할을 한다. 분명히 달라진 점이다. 아이가 생각을 많이 한다는 느낌이다.

— 엄마가 아빠에게, "커튼 좀 닫아 줘요!" 하니까, 아이가 얼른 가서 닫았다.

19주 5개월 전에, "××해도 돼?" 하는 질문이 5분마다 한 번이었다면, 요즘은 하루 한 번꼴로 줄었다. 거의 안 한다. 이런 건 하지 말라고 해서 안 할 수 있는 일이 아닌데, 미션의 힘인 것 같다. 믿어지지 않는다.

20주 편식은 여전하나, 다크서클, 피부병 다 없어졌다. 깨끗하다. 이런 건 눈으로 확인할 수 있는 팩트다. 많은 사람에게 확인해 주고 싶다.

— 사회성이 좋아져서 두루두루 잘 사귄다, 그리고 당당하다. 댄스를 즐겁게 배우는데, 실력에도 장족의 발전을 보인다. 재능이 있는 것 같다.

20주 마치면서: 근래 한두 달 동안 보여 주는 모습이, 우리 딸의 본래 모습인 것 같은데, 우리 부모가 그걸 모르고 아이를 중환자 취급했다. 늪에 목까지 빠진 아이를 가까스로 건져 낸 기분이다. 잘 씻겨서 반짝반짝 빛나게 만들어 주어야겠다.

어록

- (1주) 문방구에 있는 것 다 사고 싶어요.
- (3주) 엄마의 잔소리가 없으니까 너무 좋다.
- (6주) 아이 기가 너무 산다. 이러다가 천방지축 되는 거 아닌가요? (아빠)
- (14주) 나 어른 될 때까지 지지브레인에 다니면 좋겠어.
- (15주) 책상 정리를 하고 나니까, 빈자리가 많이 생겨서 진짜 좋다.
- (16주) 애들을 지적하면 잘 고칠 거라고 생각했는데, 반대로군요. (아빠)
- (17주) 엄마! 아빠는 아빠야. 왜 아빠를 바꾸려고 해!
- (15주) 어릴 땐 맨날 먹고 자고 싸고, 다 그런 거 아닌가?
- (18주) 언니는 돈을 관리할 줄 모른다. 돈은 나처럼 받자마자 쓰는 게 국룰이지.
- (18주) 엄마는 친구 같은 엄마야. 내 눈높이에 맞춰서 놀아 주잖아.
- (19주) 엄마 나는 사춘기 안 올 거야. 엄마 사랑하니까.
- (19주) 엄마 대단하다. 언니는 사춘기고 나는 까칠한데, 우리 둘 다에게 잘해 준다.
- (20주) 이건 내 튜브야. 물에 빠져도 걱정없다고. (언니가 아이 배가 빵빵하게 나온 것을 보고 흉보자 하는 대답)
- (20주) 좀 예의 없는 행동, 심부름 시키는 거 (물 가져오라는 등) 이런 거를 매번 왕처럼 계속 대우해 주나요? ㅎㅎ (엄마)

뇌 손상은 인생 쪽박

　뇌 손상은 우리 주위에 흔하다. 여러 가지 술을 섞어 마셨거나, 과음했다. '필름이 끊기고' 집에도 못 찾아갔다. 다음 날도 종일 머리에서 '종소리'가 난다. 뇌 손상이다. 뇌가 제 기능을 다하지 못하는 것이다. 그러나 사우나라도 하고, 잠이라도 푹 자면, 느릿느릿 제정신으로 돌아온다. 일시적으로 받았던 '뇌 손상이 회복'된 것이다.
　회복되니까 얼씨구나 또 손상시킨다. 또 회복되기는 하겠지만, 반복되면 손상의 찌꺼기가 남는다. 회복이 완벽하게 되지도 않는다. 빛나는 삶을 살았느냐, 어두운 삶을 살았느냐 하는 것은, 오로지 뇌가 얼마나 기능을 잘해 주느냐에 달렸다. 뇌가 다치지 않도록 잘 모셔야 한다. 혹 다쳤더라도 깨끗이 회복되도록, 때를 놓치지 말고, 지극정성을 다해야 한다.

　뇌 손상은 크게 두 가지다. 정신적인 충격에 의한 것, 그리고 물리적인 충격에 의한 것. 사람들은 물리적 충격은 조심할 줄 안다. 그러나 정신적 충격에 대하여는 아직 인식 부족이다. 험한 세상을 살아야 하는 어른들에게 정신적 충격 요소가 많다는 것은 대충 아는데, 아이들은 정신적 충격에 어른들보다 더 심하게 노출되어 있다는 사실은 잘 모르는 것 같다.
　아이들은 뇌 손상을 입을 기회가 어른보다 훨씬 많다. 그리고 쉽게 손상을 입는다. 뇌 조직이 아직 연약하기 때문이다. 봄에 새로 돋는 잎사귀를 생각하면 된다. 신경정신과 의사는 뇌 손상을 '뇌신경이 엉킨 현상'이라고 한다. 회복은 잘될까? 물론 회복도 잘된다. 그러나 손상 요소가 반복되면, 손상 입은 그대로 굳어질 위험성은 어른보다 더 크다. 아이들의 뇌신경이 엉키면, 어떤 모습으로 나타날까? 예를 든다.

　분당에서 온 고3 남학생은 누나가 한 명 있다고 했다. 누나는 몇 살이지? 한참 생각하더니 저보다 4살? 5살? 위인 것 같아요. 자신이 없다. / 제일 힘든 점이 뭐야? / 똑같은 문제를 다시 틀려요. 쉬운 문제건 어려운 문제건 똑같이 어려워요. / 공부를 혼자 하나? / 고1 때는 아빠가 직접 가르쳐 주셨고, 그 밖에는 학원에 다녔어요. / 그런데 뭐가 문제지? / 배울 때는 알았는데, 하루 자고 나면 깨끗이 잊어버려요.

아빠한테 배울 때 재미있었어? / 아뇨, 되게 무서웠어요. 종아리 엄청 맞았어요. / 고1 때? / 맞는 거는 초등학교 들어가면서부터 맞았고, 지금도 맞고 있어요. / 체벌 아닌 벌도 받았나? / 네, 반성문 쓰기, 주의 사항 15개 항목 외워서 아빠 앞에서 복창하기, 잔소리 듣기…. / 주의 사항 복창할 때 틀리지 않았어? / 문제풀이는 잘 틀려도 그건 틀리지 않았어요. / 스스로 완벽하다는 이공계 교수님 아빠는 아이를 이렇게 손상시켰다.

지질학과 3학년이라는 여학생은 하소연했다. 우울증 약을 1년쯤 먹고 있어요. 중2까지는 반에서 10등 수준을 유지했는데, 그 이후론 안 돼요. 머리에 들어오던 것이 안 들어오는 느낌. 대학 때는 거의 안 외워져요. 읽어도 이해도 안 되고, 기억도 안 되고, 기억해도 또 까먹고, 20~30등 떨어져요. 공부가 너무 싫어요. 우리나라 교육이 잘못되었다는 기분이에요.

초등학생 때는 자존감이 높았어요. 나는 다 잘한다. 자신감이 넘치고, 활발하고…. 고1 때 엉겁결에 반장도 했어요. 그러나 중고교 때 많이 어두웠어요. 공부 압박감이 너무 심해서. 엄마에게 야단맞으면 고쳐야 되겠다는 생각보다는 그저 "진짜 싫다."는 생각만 들었어요. 그리고 같은 잘못을 또 반복해요. 제일 큰 고민이 머리 안 쓰는 일에 종사하고 싶다는 생각. 대2까지는 수업 끝나면 집에 와서 울고. 시험문제 나올 게 뻔한데도 외워지지도 않고. 아빠가 가정폭력이 너무 심했어요. 제가 어릴 때부터.

중학교 2학년 여학생은 필자와 한 시간쯤 대화한 내용이 세 단어로 요약되었다. "기억이 안 나요, 하기 싫어요. 모르겠어요." 할 수 없이 그 어머니께 물었다. 애 아빠가 대단히 무섭고, 신경질적이고, 화가 많은 분이라는 것. 그러나 이 아이는 두세 살부터 순하고 혼자서도 잘 놀고 말도 잘 들어서 많이많이 예뻐해 주셨다는 것. 식사 때마다 생선의 가시를 다 발라 주었고, 중학생인 지금도 그런다는 것.

아빠가 딱 두 번 아이에게 크게 화를 내셨다는 것. 5살 때와 중1 때, 아빠 눈이 홱 돌 정도였다는 것. 그때부터 아이도 확 변하더라는 것. 요즘 수학 과외를 받고 있는데, 간단한 공식을 50번 100번을 설명해 주어도 이해하지 못한다는 것. 무조건 외우는 것도 안 된다는 것. 초등 고학년 때는 독서를 좀 했는데, 이제는 글이 눈에 들어오지 않아서 그마저도 안 한다는 것. 한참 활동적이고 돌아다니고 싶을 나이의 아이가, 무기력하게 집에만 있으려 하니 도리어 엄마가 열불이 난다는 것. 그러나 이 엄마는 필자의 솔루션을 들으려 하지 않았다.

중2 남학생은 말이 없었다. 엄마가 아이 뇌 손상을 정확히 인지하고 계셨다. "아이가 또래들에 비해 2년쯤 늦는 것 같아요. 노력하는 방법이나 타이밍을 자신의 머리에 기준하니까 표가 나요. 하고 싶은 것은 축구밖에 없어요. 나중에 축구 지도자가 될 거래요. 애 아빠 말로는 아이가 '저능아' 같대요. 아이가 손톱을 씹어요. 초5~6에 시작했는데, 10개를 모두 씹어요. 다른 친구 아이 하는 것을 배웠나 싶어서, 그 친구와 멀리 떼어 놨는데도 계속 뜯어요. 초6부터 중1 사이에 아이가 유난히 우울하고, 무기력해 보였어요."

시간이 지나면서 필자에게도 입을 열었다. 부모로부터 2년 늦다는 둥, 저능아 같다는 둥의 말을 듣는 이유를 알 것 같았다. 자기는 원래 안 되는 아이라고 했다. 시선은 살아 있는데, 말은 모기 소리 같았다. 생각하는 게 싫고, 수학 시간은 짜증난다고 했다. 필자가 일주일 전에 해 준 얘기를 전혀 기억하지 못했다. 연관된 다른 상황을 부연 설명해 주면 그제야 아아, 했다. 귀차니즘이 심했다. 조는 것도 자는 것도 아닌 상태에서 공부했고, 생각하는 것 자체가 싫다고 했다. 자기 세계에서 나오지 않으려고 했다. 클 만큼 큰 아이를 누가 이렇게 자폐의 세계로 몰아넣었나?

초4 남학생은 담임에게 매맞는 단골손님(?)이었다. 초1 입학했을 때부터 그랬고, 특히 남자 담임선생님을 만났을 때는 완전 샌드백이 되곤 했다. 이유는 분명했다. 선생님이 수업시간에 한참 설명하신 후, "다들 알았지?" 하시면 반 아이들 모두가 "네~~"를 외친다. 당연하다. 그런데 이 아이만 "아니오~" 하는 것이다. 목소리나 작나? 이걸 한두 번도 아니고 매번 그런다는 것이다.

담임에게 불려 갔다 온 엄마가 아이에게 사정했단다. 그 '아니오' 소리 안 하면 안 되겠니? 그런데 아이 대답이 놀라웠다. "저절로 아니오 소리가 나와. 나도 조심하고 있는데 불쑥 나와 버리는 걸 어떡해?" 이 학생은 손상이 매우 심한 경우였다. 나중 어머니 편에 들었는데, 군에 가서도 그 '아니오' 때문에 체벌을 많이 당했다고 한다. 손상이 이렇게 무섭다.

초6 남학생은 딱 보니 모범생이었다. 필자 눈에는 보인다. 우리 분류법에 의하면 타입 4, 좌뇌인이다. 우리나라 부모가 가장 원하는 자녀상인데, 이 부모는 이 아이에게 무엇이 부족해서 이상 증세가 나타나게 만들었을까? 이 아이는, 아이치고는 대답이 너무 조심스러웠다. 눈은 경계심이 가득했다. 웃지도 않았다. 말 잘못하다가 야단을 많이 맞았구나 표가 났다. 숙제도 열심히 하고 수업 시간에도 열심히 듣는데, 성적은 잘 안 나와요. 본인은 그 이유가 '기억이 잘 안 나기 때문'이라고 했다. 참 가슴 아픈 얘기다.

엄마가 이해를 도와주었다. 불안이 많고, 짜증도 많다. 양말이 젖어도 짜증을 낸다. 집안이 정리정돈이 잘되어 있어야 하고, 계획대로, 순서대로 되어야 덜 불안했다. 마음 표현을 잘 하지 않고, 생각을 표현하는 것이 서투르다. 느리고 조리 없게 말한다. 여동생이 둘 있는데, 동생들에게 소리를 지르고, 혼자서 화를 내기도 한다. 매를 들면 울기만 하고 저항하지 않는다. 5살 때, 말이 1년쯤 늦다고 해서, 6개월 간 언어치료 받았다. 효과는 없었다. '편한' 친구가 한두 명 있다. 잠버릇은 없는데 잠드는 것을 힘들어한다.

여기 소개한 모습은 손상이 상당히 뚜렷한 경우다. 더 안타까운 것은, 부모들이 아이의 '뇌 손상'을 인정하지 않으려는 태도다. '공부할 때 집중하지 않으니까 다음 날 기억나지 않는 게 당연하지.' 이런 식이다. 그래서 손상을 '회복'시켜 줄 노력도 하지 않는다. 병 주고 약도 안 주는 부모인 셈이다.

단, 마지막에 소개한 6학년 학생은 아이 손상 회복을 위해 엄마가 목숨(?)을 걸었다. 미션을 150% 실천하고, 양육 철학도 완전히 바꾸었다. 덕분에 약 1년 만에 아이가 '만족할 만큼' 정상이 되었다. 현재 고1인데(25년 6월), 원만한 성격의 소유자가 되었고, 성적도 상위 3% 수준이라고 한다.

아이들 뇌 손상의 원인이 무엇일까? 물리적 손상을 제외하고 얘기하자.
첫째, 체벌: 공갈, 협박이 동반된다. 사랑의 매가 아니다.
둘째, 폭언: 자녀를 인격체로 생각하지 않는다. 개돼지 취급이다.
셋째, 반복되는 잔소리: 일방적이다. 자신들도 그토록 싫어하던 잔소리.
넷째, 비적성 과목 강요: 모든 과목을 잘하라고? 불가능이다.
다섯째, 하고 싶다는 일 못 하게: 삶의 목표가 오로지 취직 잘되는 대학?
여섯째, 싫다는 일(음식)은 억지로: 부모가 좋아하는 것은 너도 좋아해야 해.
일곱째, 일방적인 지시, 명령: 아이에게 이해시키려는 노력이 없다.

우리는 흔히, '얘는 머리가 좋다.' 반대로 '쟤는 머리가 나쁘다.'라는 말을 쉽게 사용한다. 뇌가 제 기능을 활발하게 하느냐 아니냐 그 뜻일 터이다. 뇌가 왜 제 기능을 하기도 하고, 못 하기도 할까? 성장과정에서 크고 작은 뇌 손상을 입었는데, 일부는 회복되기도 했겠지만, 회복되지 못하고 그대로 굳어 버린 까닭이다.

여기서 우리 부모들의 책임과 의무가 분명해진다. 자녀들이 뇌 손상을 입도록 키운다면, 이게 최악이다. 아무리 학원비 열심히 대어 준들 모두가 헛일이기 때문이다. 머리가 나빠졌는데 학원 아무리 다녀야 무엇을 배우게 되리오? 반대로 머리만 좋게 키워 준다면, 즉, 뇌 손상이 없도록 키워 준다면, 이건 대박이다. 머리가 잘 돌아가게 키워 준다면, 그 아이는 학교에 다니든, 사회에 나가든 저절로 남들보다 빛나는 위치에 서게 된다. 그런 사례를 우리는 너무도 많이 보았다.

부모나 선생님들이 꼭 버려야 될 생각이 있다. 말만 하면 척척 고칠 것이라는 생각. 이건 정말 허황된 생각이다. 부모나 선생님 자신은 시부모나 상사들이 무언가를 강요하면 척척 고치며 살고 있나? 자신들도 못 하는 것을 아이에게 강요하면 아이들이 그 말대로 그렇게 고쳐 나갈까? 어른들 과대망상적 과욕을 아이들이 다 충족시킬까? 부모에게 간곡히 호소한다. 내 자녀란 성품을 다하여, 사랑으로 양육해야 한다. '엄하게' 키우면 뇌 손상만 초래한다. 뇌 손상은 뇌타입을 가리지 않고 찾아온다.

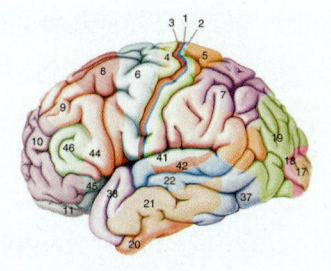

꽃이 되었다
17

이름/지역	○보○ (여) / 초3 / 서울
상담기간	2020. 5. ~ 2020. 9. (16주)
병의원 진단	ADHD, 난독증, 강박증, 분노조절장애, 상습두통, 조울증, 경도자폐

내 인생은 내가 알아서 하니까 엄마는 참견 마.

BEFORE

- 학교에 안 가려고 한다. 가더라도 고의로 지각한다. 조퇴도 잦다. 당연히 수행평가가 엉망이다. 그래도 눈 하나 까딱하지 않는다.
- 학교 보내려고, 욕도 하고, 때려 보기도 했는데, 아무리 그래 본들 아이 총기만 흐려지고, 학교에 안 가기는 마찬가지여서, 체벌을 포기했다.
- 좋은 건 밤새도록 하지만, 해야 할 숙제와 마주 앉으면, 연필, 볼펜, 종이를 바스러뜨려서 책상 위에 수북하게 쌓아 놓기만 한다.
- 소근육이 약해서 그런가? 글씨를 안 쓰려고 한다. 젓가락질이나 쓰기를 시키면 난리가 난다.
- 머릿속에서 누가 말한다고 한다. 머릿속에 컴퓨터가 있다고 한다.
- 아기 때부터 놀이터 가서 놀 때, 자기 맘대로 안 되면, 상대 아이를 때리고, 얼굴 할퀴는 등 폭행을 일삼았다. 여자아이인데 동네 깡패였다.
- 걷는 걸 정말 싫어한다. 허구한 날 아이를 업어 주고 안아 주고 해야 한다.
- 아이가 당황하거나 긴장하면, 아무것도 못 한다. 무대 울렁증은 아닌 것 같은데, 실제로는 잘 당황한다.
- 성우: 목소리 좋다고, 말 잘한다고 해서 대회에 나갔는데, 실력을 발휘하지 못했다. 머리가 하얘지더라고 했다.

- 친구가 예술중학교 간다니까 자기도 가겠다고 한다. 그런데 연습은 절대 안 한다.
- 이온 음료를 많이 마신다. 아이스크림, 초콜릿, 빵, 소고기는 걸신들린 아이처럼 먹는다. 아무리 좋다는 음식도 저 싫으면 절대 안 먹는다.
- 가장 힘든 점은, ① 밤에 잠 안 자고, ② 할 일 제때 하지 않고, ③ 변덕 부리기다. 엄마가 어떻게 커버해 줄 수가 없는 경우가 대부분이다.
- 장롱의 이불을 다 꺼내서, 책상이나 다른 가구 위에 텐트처럼 새로 집을 짓고, 그 안에 들어가서 논다. 자기만의 독점적인 집을 원하는 것 같다.

- 친구 관계는 나쁜 편은 아닌데, 주로 남자아이들하고 잘 논다.
- 일부러 집에 TV를 없애 버렸다. 그냥 두니까, 아이가 아예 그 속에 들어가서 살 태세였다. 교육적인 면을 생각한 건데, 치워 놓고 보니까 아이가 너무 할 일이 없는 것 같다. 어찌해야 좋을지.
- 공부만 하면 머리가 아프다고 하니까, 검정고시를 시켜 볼 생각도 해 보았다. 그러나 검정고시도 공부 안 하고 패스하는 건 아닐 텐데, 대학까지 어떻게 다닐지 모르겠다.
- 아빠랑 게임하다가 지게 되면, 난리가 난다. 어릴 때부터 울고 꼬집고 난동을 부렸다. 그렇게나 지기 싫다는 소리인지.
- 자꾸 넘어져서 하체 강화 운동을 좀 시켰는데, 발레, 줄넘기 등 무엇이든, 딱 한 번 해 본 후에는 안 하려고 한다.
- 엄마가 생리 때 어쩔 수 없이 짜증을 많이 내게 되는데, 그때마다 아이가 "저년, 저 생리귀신 또 왔다."라고 한다. 욕이 장난이 아니다.

🎉 **3주**   두통, 복통이 거짓말처럼 싹 사라졌다. 아이가 연구소 세 번 다녀왔는데, 많이 행복하다고 한다.

🎉 **5주**   이유 없이 엄마, 아빠를 때렸던 행동이 거의 없어졌다. 우연 치고는 너무 이상하다. 무슨 주사를 맞은 것도 아닌데, '미션 실천' 그거 하나만으로 아이가 이렇게 빠르게 바뀔 수가 있나? 실감이 안 난다.

🎉	**6주**	휴지를 물에 적셔서 클레이처럼 공주 인형을 빚어내는데 솜씨가 예사롭지 않다. 그 작품을 온 화장실에 전시해 놓는다.
🎉	**7주**	마음에 걱정이 없어졌다고 한다. 자기 방에 만들어 놓았던 텐트를 자진 철거했다. 텐트는 도피용이었나?
		– 안아 달라는 요구를 자주 하고, 사랑하냐는 질문을 자주 한다.
🎉	**8주**	아이가 원하는 리액션을 조금이라도 소홀히 하면 난리를 친다.
🎉	**9주**	나는 우주에서 특별한 존재이니까 엄마, 아빠가 나한테 잘해야 한다는 말을 천연스럽게 한다. 왕의 DNA를 타고 났다는 소리가 이 소린가?
🎉	**10주**	엄마가 이제는 밤잠도 제대로 잘 수 있게 되었다. 아이가 늦게까지 안 자고 부시럭거리면 엄마, 아빠도 못 자는데 이제는 살 만하다고 한다.
		– 아이가 우주의 철학을 깨닫기라도 했다는 듯이 말한다. "사람들을 어떻게 대해야 할지 알겠어. 사람들은 패턴이 있어."
🎉	**11주**	학교 관두고, 검정고시, 대학 빨리 졸업하고, 외국으로 갈 거야.
🎉	**12주**	온 세상을 자신이 지배하는 양, 부모, 선생님, 또래 등을 다 파악하고 있다. 그들을 어떻게 이끌어 갈 것인지 계획도 다 있다.
		– 아이가 주변을 돌아본다. 시야가 넓어진 것이다. 이제 게임은 시들해졌다.
🎉	**13주**	최소공배수, 공약수, 피타고라스 정리, 이런 걸 스스로 풀어 본다.
		– 친한 모범생 친구가 저녁 8시에 잔다니까 자기도 8시에 자겠다고 한다. 물론 실천은 못 하지만, 의욕을 가진다는 게 신통하다.
🎉	**14주**	아침저녁으로 묵주기도를 한다. 옛날에 하다가 만 것인데, 무슨 생각이 들었을까? 영어 숙제도 알아서 잘한다. 신기하다.
		– 원래는 음치인 줄 알았는데, 요즘은 노래를 곧잘 한다. 연예계에도 관심 보인다. 음악 미술 쪽에서 뭔가가 나올 것 같다.
🎉	**15주**	스스로 양치, 샤워, 고양이 씻기기 등도 나서서 한다. 이런 게 잔소리로 되는 것이 아님을 확실히 알겠다.
		– 전에는 짜증, 화가 많았다면, 지금은 안정감 있게 말하고 행동한다. 엄마와도 대화가 잘돼서, 정말 사람 사는 맛이 난다.
🎉	**16주**	전에는 하루 20~30번 넘어졌는데, 이제는 넘어지는 일이 드물다. 하체 강화 운동을 거부해서 하지도 않았는데, 이게 웬일? 넘어지고 말고 하는 것도 뇌 때문인가?
		– 3학년 2학기 책을 한 번에 2장씩 풀었다. 공부하지 말라고 하는데도 한다.
		– 김밥 재료 사다가 만들어 줬더니, 앞으로 김밥을 집밥으로 먹고 싶다고 한다.

어록

- 도서관에 있는 육아 관련 서적 다 읽었다. 거짓말만 썼더라. (엄마)
- 제일 죽여 버리고 싶은 사람이 페스탈로치다. (엄마)
- 쥐잡듯이 잡는데도, 하는 거에 비해서 아웃풋이 없어요. (엄마)
- 내 인생은 내가 알아서 하는 거니까 엄마는 참견하지 마.
- 제가 사주 공부를 좀 했는데, 희한하게도 연구소 얘기랑 많이 겹쳐요. (엄마)
- SBS의 〈우리 아이가 달라졌어요〉 전편을 다 봤는데 우리 아이만 한 아이를 못 봤어요. (엄마)
- 다 죽게 생겼는데 지지브레인 와서 나는 살았다.
- 하라고 하면 또 안 해요. 반면, 하지 말라고 하면 기를 쓰고 해요. (아빠)
- 눈이 나빠지는 것 같아. 핸드폰 좀 그만 봐야겠어.
- 샤워 하면 이렇게 시원한데, 전에는 왜 이런 재미를 몰랐을까?
- 나는 영어과목이 적성에 맞나 봐. 공부하면 기억이 잘돼.
- 오늘은 종일 내가 하고 싶은 것, 먹고 싶은 것만 먹었다. 이런 날도 있구나.
- 갈비탕도 내 적성인가 보다.
- 엄마에게 심부름 더 자주 시키고, 더 자주 때렸는데, 다 받아 준다. 웬일이래?
- 아빠가 배스킨 라빈스 사 왔다. 혼자 다 먹으려고 했는데 조금밖에 못 먹었다. 왜 많이 못 먹지?
- 수학문제 몇 문제 풀어봤는데, 풀리긴 풀린다. 근데 쉽지는 않다.

꽃이 되었다
18

이름/지역	○서○ (남) / 초3 / 경남	Top 10
상담기간	2021. 7. ~ 2022. 3. (24주)	
병의원 진단	강박장애, ADHD, 분노조절장애, 아토피, 비염, 과호흡, 중증자폐	

공교육은 천재 재목을 갉아먹어요.

BEFORE

- 학교 안 가려고 한다. 자기가 원하는 대로 안 해 주면, 가위로 엄마 머리를 때린다. 아직 가위 끝으로 찌르지는 않았다.
- 살이 많이 쪘다. 게걸스레 먹는 것이 좀 병적으로 보인다. 철저히 자기중심적이다. 깊이 생각하려 하지 않는다.
- 고속도로 차 안에서 난장판을 부리곤 한다. 뾰족한 것을 찾아서 운전하는 아빠를 찌르겠다고 한다. 자기에게 뭔가 주의를 줬다고 그 난리를 친다.
- 문방구에서 자기가 원하는 물건 골라 놓고, 엄마더러 사서 가지고 나오라고 한다. 그 물건들이 남보기에 부끄럽다는 뜻인가? 알 수 없다.
- 어릴 때부터, 위험한 행동은 아빠가 주의를 많이 줬다. 아빠로서 당연히 할 일이었다. 그런데 그때마다 아이 저항이 너무 심했다.
- 폭력적인 행동이 좀 극단적이다. 어린 동생이 화나게 한다고 칼을 들었다. 피아노 위에 칼과 가위를 나란히 올려 두기도 했다.
- 남이 자기에게 관심 두는 것을 매우 싫어한다. 투명 인간이 되고 싶은 것 같다. 행동도 꼭 투명 인간처럼 한다.

- 엄마 머리채를 잡고 얼굴을 주먹으로 때린다. 세상 어느 초3 아이가 이런 행동을 또 할까? 너무 무섭고 힘들다.
- 아이템 사기 위해서 현질을 너무 많이 요구한다. 단위가 어마어마하다. 수십만 원 이상이다. 금액 개념이 없는 것도 아닌데 저렇게 요구한다.
- "엄마 ×× 사다 줘." 그래, 사 올게 하고 나가면, "관둬, 안 먹어," 이런 식으로 심통을 부린다. 뭐 사다 줄까? 하고 물으면, "알아서 사 와! 엄마가 아들 좋아하는 것도 몰라?"라고 한다. 알아서 사 왔더니 한 입 먹고 던져 버린다. 아이가 아니라 악마 수준이다.
- 폰 소리를 줄여 주지 않아서 온 식구가 시끄러워 잠을 못 잔다. 그런 사실을 뻔히 알면서도 안 줄인다. 즐기는 것 같다.
- 강아지를 키우자고 심하게 조른다. 엄마는 죽고 강아지 데려오라고 한다. 엄마에게 무슨 한이 이 토록 심하게 맺힌 것일까? 알기나 하고 죽자.
- 아이가 과호흡과 비염이 있다. 이 때문에 두통까지 오니까 아이도 힘들어한다.
- 계곡에 갔는데 다른 사람들에게 엄청 신경을 쓴다. 자신의 어떤 '나쁜 행동'이 다른 사람들에게 들키지 않아야 한다는 것 같다. 이런 것도 자폐 증상인가? 강박장애인가?
- 온라인 수업도 안 하려고 한다. 얼굴 안 보이려고. 로그인조차 하지 않는다.
- 엄마가 항상 우울하고, 힘들고, 지쳐 있다. 약도 복용 중인데 별 효과를 모르겠다. (연구원 판단: 엄마는 강한 좌뇌인임.)

AFTER

🎉 **7주까지** 미션을 실천한다고 했는데, 별 변화가 느껴지지 않아 기록 못 했다.

🎉 **8주** 어제부터는 일상적인 대화가 조금 된다. 그동안에는 대화가 극과 극이고, 중간이 없었는데, 이제 그게 생겼다.
– 등교 거부: 누가 관심 보이는 것이 싫다고 한다. 학교에 가면 선생님이나 또래들이 어쩌고저쩌고 물어볼 텐데, 그 대답하기가 싫은 모양이다. 하긴 민망스럽기도 하겠지. 어딜 가나 눈치 보기 바쁘다.

🎉 **9주** 동생이 유치원 안 가려 하니까, 오늘 안 가면 유치원 잘린다고 동생에게 알려 주더라. 아이도 알기는 다 알고 있는 거다.

🎉 **10주** 여전히 사람 많은 곳을 힘들어한다. 2학기 개학은 했지만, 등교를 몇 주라도 늦춰 주어야 할 것 같다.

- 엄마, 아빠한테 심통 부리기가 아직은 좀 남았다. 아주 가끔이다. 이 정도면 엄마에게는 천국이다.

11주 현질은 현저히 줄었다. 한 달에 몇만 원 수준이니까, 전에 비해 10분의 1 이하로 준 셈이다. 놀랍다.

12주 학교에 한 시간이라도 나가면 출석으로 인정해 주기로 했다.

13주 학교에서 친구들을 만났는데, 인사도 안 하고 엄마 뒤로 숨었다. 아직은 머리가 복잡한가 보다.

14주 전에는 축구를 해도 땀을 거의 흘리지 않았다. 지금은 조금만 뛰어도 땀을 많이 흘린다. 신진대사가 잘된다는 얘긴가? 반갑다.

- 대화를 하다 보니, 과거에 엄마가 자기를 때렸던 것을 다 기억하고 있었다. 그걸 말로 표현하지 않고 살아왔다는 얘기다! 심통 부릴 만도 하다.

15주 어제 키즈 카페에 다녀왔는데, 놀 때는 크게 반기지 않더니, 오늘은 또 가자고 한다. 다른 사람들이 보고 있다는 부담이 줄었다는 뜻인가?

- 가족이 잘 때 영상의 소리를 줄이거나 이어폰을 사용한다. 제일 반가운 변화다.

16주 친구가 생겼다. 집에까지 데리고 와서 한참 동안 아주 잘 놀았다.

18주 엄마 스스로가 어떤 사람인지 알게 되었어요. 세상 40년 이상 살고 이제야 안다니 너무 늦은 거죠?

- 아이가 부드러워지니까, 무언가 재미있는 놀이를 자꾸 찾는다. 같이 놀아 줄 것을 엄마가 부지런히 배워 두어야겠다. 아이가 요리도 좋아하는데, 만들기만 하면 맛을 제법 잘 낸다. 재주를 약간은 타고난 것 같다.

19주 지난달까지 수시로 침을 흘렸는데, 이제 침도 안 흘린다. 우와아~

20주 할아버지 댁에 다녀왔는데, 밥도 먹고 왔다. 전에는 빨리 집에 가자고 보채기만 했는데, 놀랍다. 눈치가 생겼다. 다른 사람을 생각한다. 할머니를 챙긴다. 동생을 챙긴다. 엄마가 너무 많이 감격했다.

21주 표정이 많이 바뀌었다. 전에는 쳐다보면 어둡거나 힘든 표정이었는데, 이제는 밝게 웃는다. 아이에게 약을 먹이지 않고, 미션만으로도 이렇게 바꿀 수 있다는 것이 정말 신기하다.

22주 엄마, 아빠 앞에서, 아이가 옷을 벗고 춤을 춘다. 4~5개월 전까지만 하더라도, 마귀 같은 얼굴로 호령만 하던 아이가, 이제는 재롱을 부린다. 천지개벽이란 게 이런 걸 두고 한 말이지 싶다.

24주 많이 웃고, 심통 안 부려서 사랑스럽기 그지없는데, 아직도 아빠를 조금씩 괴롭힌다. 센터를 주먹으로 치기도 하고. 이 또한 사라지리라.

어록

- 이 정도는 심술도 아니다. 엄마를 토막 내서 창밖으로 버리겠다는 아이도 있었다. (소장)
- (5주) 세종대왕이 될 거야? 연산군이 될 거야? (소장, 아이는 대답 없이 생각만 한다.)
- 엄마가 전에 나 때릴 때는 힘이 엄청 세더니, 이것도 번쩍 못 들어?
- (12주) 우리나라 공교육은 천재 재목을 갉아먹는 시스템 같아요. (아빠)
- (16주) 엄마, 형아가 착해졌어. (동생)
- (18주) 아이는 엄마가 자기와 신나게 놀아 주기를 바라는데, 제 머리에서는 그런 놀거리가 생각이 안 나네요. 이건 어떻게 해야죠? (엄마)
- (20주) 시댁에 다녀와서 처음으로 실컷 울었어요. 아이가 조부모님께 그렇게 잘하더라고요. 우리 애가 그런 앤 줄 몰랐어요. (엄마)
- (21주) 마귀가 천사로 바뀌었다. 실제로 있었던 얘기에요. 아무도 안 믿으실 거예요. 저도 이게 혹시 꿈이 아닐까 걱정되니까요. (엄마)
- (22주) 가족이 서로 웃고, 깔깔거리고, 눈을 마주치게 되었어요. (엄마)
- (22주) 선생님, 저 이 풍선 두 개로 눈사람 만들 수 있어요. / 만들어 볼까요?
- (24주) 혁신학교로 옮겼어요. 4학년부터 다니는데, 아이도 좋아해요. (엄마)
- 10주 전후에는 온라인으로 상담했는데요, 착한 엄마가 거센 아이에게 너무 휘둘리다가, 설움에 목받쳐서 대화를 계속하지 못한 일이 몇 번 있었던, 이 엄마가 그 엄마입니다. (연구원)

꽃이 되었다
19

이름/지역	○기○ (남) / 초1 / 일본
상담기간	2017. 12. ~ 2018. 4. (16주)
병의원 진단	ADHD, 분노조절장애, 심한 폭력, 경계성 지능, 초기자폐, 음성틱

평생 가는 유전병인 줄 알았다. 절망이었다.

일본에서 초1 아이가 담임선생님에게 화내고, 제 맘대로 교실 밖으로 나갔다. 담임은 전학을 권했다.
- 일단 전학했다. 선생님은 방관하는 스타일. 한 달 뒤 다시 전학해서 한국인 학교로 옮겼다.

연구원 관찰 이 가족은 재일 교포다. 아빠가 일본에서 유명한 사진작가다. 금년에 외동아들인 이 아이가 일본에서 초등학교에 입학했다. 이번에 아이 치료차 엄마와 아이가 4개월 예정으로 서울에 방을 얻어 기거하기 시작했다.

엄마 상담 장난치기 좋아하고, 수업에 집중 못 한다. 정신과에서 ADHD 검사해 보았는데, 결과가 애매하게 나왔다. 걱정된다.
- 늦게 자고 늦게 일어난다. 등교 전 1시간가량은 부모 이성을 잃게 할 정도다. 학교 안 가려고 요리조리 도망 다니고, 핑계를 댄다.
- 4살 때 한글 떼고, 5살 때 쓰기를 해서 부모가 좋아했으나, 이상하게도 입학 후에는, 읽기-쓰기를 싫어한다. 쳐다보지도 않으려고 한다.
- 숙제시키기 힘들어서 힘으로 눌렀고, 그래도 안 되면 마구잡이로 많이 때렸다. 이때 부모도 아이도 충격을 많이 받았다. 아이가 다른 아이들에 비해 유난히 다르다는 것을 발견했기 때문이다.

- 에너지 많고 활동량도 많으나 걷기는 싫어한다. 다리 힘이 약한가? 머리는 아빠가 깎아 준다. 수업 중 보건실에 자주 간다. 배가 아프다는 핑계를 댄다고 한다.
- 친구랑 놀지 않는다. 어울리게 되더라도 지배하려고만 하니까, 다른 엄마들이 충격을 많이 받는 것 같다. 이런 사실을 알고 나서는 친구들 집에 일부러 보내지 않는다.
- 밥은 거의 안 먹고, 라면, 과자, 시리얼, 과일만 먹으려고 한다. 그림책 보면서 주정부리 계속 먹는 게 습관이 되었다.
- 자다가 현실적 잠꼬대를 많이 한다. 떨어지는 꿈, 무서운 꿈을 많이 꾸는 것 같고, 저기 뭐가 보인다, 이런 소리를 잘한다. 물론 자고 깨면 하나도 모른다.
- 4살 때 물건을 많이 던졌다. 밥상에서 밥그릇, 국그릇도 던져 버렸다. 통제가 되지 않았다.
- 엄마가 육아에 자신감을 상실했다. 너무 힘들어서, 아이를 포기하고 싶다는 생각도 여러 번 했다. 다른 집 아이들과 달라도 너무 달랐다.
- 아이가 말을 너무 많이 해서 편도가 항상 부어 있는 상태다. 그런데도 피가 날 때까지 코-귀를 후벼 판다.
- 아이가 화내면 정말 무섭다. 교실 의자 따위도 머리 위로 들어 올려서 막 집어 던진다. 여덟 살짜리 아이가 할 행동이 아니다. 딴 사람 같다.
- 눈빛 강렬하고 눈 맞춤을 잘한다. 노는 중 침이 흐르는데, 잘 모른다.
- 아이 음성틱이 반복되면, 엄마가 등짝 스매싱을 한 번씩 날렸다. 혹시 틱이 놀라서 들어갈까 싶어 했는데, 등짝 스매싱도 효과가 없는 것 같다.
- 영어, 중국어, 한국어, 핀란드어를 잘한다고 자랑한다. 중국인과는 대화를 해 본 적도 있다고 한다. 다 믿기는 힘들다.
- 몸놀림이 빠르고, 마른 체형이다. 머리가 작은 편이다.
- 엄마에게 밥상 뒤엎고, 유리 깨고, 온갖 물건 던지고, 화장대 거울도 던진 화려한(?) 경력의 소유자다. 50센티쯤 거리에 앉아 있는 엄마 얼굴에 주먹만 한 장난감을 딱 소리가 날 정도로 세게 던지는 것을, 소장이 직접 목격하기도 했다.

- 엄마가, 아이 키우기도 힘들고, 아빠와 충돌도 많아서, 일주일간 가출했던 적이 있었다. 이 기간이, 아이에게 너무나 큰 충격이었던 것 같다.

- 한국말이 10일 만에 엄청나게 늘었다. 독특한 표현도 잘 쓴다.
- 연구소에서 1~2시간 동안 계속 뛰면서 논다. 놀이도 자신이 생각해 낸 것으로, 독특하게 논다. 창의적이다. 에너지도 엄청난 아이다.
- 계속 킁킁 얼굴 찡긋하는 틱이 나온다. 열 발산 후 특징인 것 같다. 아빠와는 매일 화상통화 하고 있다. 아빠가 더 원한다.

3주 몸싸움에서 밀리자, 기습공격해서 승리를 쟁취한다. 승부욕이 대단히 강하다. 이기면 두 손을 높이 들고, 만세를 부르면서, 엄청나게 환호한다.

- 기고만장한다는 말이 이것 같다. 아이가 지하철 내 이 끝에서 저 끝까지 뛰어다니는 등, 많이 업(UP)되었다. 계속 이럴 건가?

5주 지지난주와 달리, 지하철에서 그냥 점잖게 앉아서 오고, 내려서는 엄마 손잡고 얘기하며 걸어왔다. 엄마가 너무 신기해서 아이를 자꾸 쳐다보았다.

- 몇 달 만에 만난 이모가 깜짝 놀란다. 애가 너무나 의젓해지고, 짜증이 없고, 주먹질도 하지 않고, 웃으며 얘기하는 것을 보더니 믿기지 않는다고 한다. 엄마가 놀랄 정도니 이모는 더 놀랍겠지.

6주 키즈 카페에서 혼자 2시간을 놀았다. 한 번도 엄마를 안 찾는다. 이게 꿈인가 생시인가?
- 어른 있을 때는 상황 파악 후 조절 능력을 보인다. 그래도 아직 아이들에겐 격한 반응을 보인다. 경계심을 풀지 않는 것 같다.

7주 3시간 버스 타고 키즈 카페에 갔는데, 휴무란다. 이럴 경우, 전에는 드러누워서 행패를 부렸는데, 그게 아니다. 어, 휴무래. 내일 와야겠다. 다시 1시간 버스 타고 돌아왔다. 와~ 이게 우리 아이 맞나? 꿈같고, 감격스럽다.

8주 또래와 잘 어울린다. 음성틱은 없어졌는데, 손가락을 빤다. 이것도 틱일 텐데, 왜 그러지?

9주 요즘엔 엄마 짜증을 아이가 받아 준다. 둘이 너무 조용하게 지내서 자폐로 발전하는 거 아니냐는 기쁨 섞인 우려도 나온다.

- 아빠 태도가 확 달라졌다. '저렇게 못된 아이가 좋아질 리가 없다.'던 아빠였다. 저런 애를 바꿀 수 있다면 그 사람은 노벨상감이라고 하면서, 치료받으러 한국에 나갈 필요 없다던 아빠였다. 화상통화 할 때마다 친절하게, 소소한 것 다 묻고, 기뻐한다. 3월에 일시 귀국하기로 했다.

🎉 **11주**	유튜브만 보다가, 이제는 게임도 시작했다. 승부욕이 발동해도 틱은 나오지 않는다. 깨끗이 없어졌다.
🎉 **12주**	4, 5학년 형들에게는 꼬리 딱 내리고 받쳐 준다. 또래들에게는 다르다. 은근히 군림하고 지배하려 한다.
🎉 **13주**	귀국한 아빠와 함께 상담에 참석했다. 아빠가 그리도 반가웠던지, 아이가 아빠를 100번도 더 부른다.
아빠	오랫동안 객지 생활하다가, 결혼하고, 바로 아이가 생기니, 모든 걸 몰랐다. 아이를 어떻게 키우는지에 대해서는 생각해 본 일도 없었다. 이번에 석 달 떨어져 있으면서 많이 생각했다. 모든 것이 나 때문이었구나. 다짐도 많이 했다.
🎉 **14주**	가게에서 물건 살 때, 아이가 부모에게 엄청 애교를 부린다. 혀가 반쪽이 된다. 사 줘서 고맙다는 뜻이겠지.
🎉 **15주**	아이가 많이 컸다. 짜증은 거의 없고, 행동은 크다. 자신감이다.
소장	아빠는 변한 아이를 보고 어이가 없다는 눈치다. 일본에서 나름 날리는 작가이고 자부심도 대단할 텐데, 소장에게 너무 깍듯이 대해서, 소장도 정말 기쁘다. 자신의 '정체'에 관해서도 많은 질문을 던졌다.
연구원 생각	4월 5일, 엄마와 아이가 아빠를 따라 다시 일본으로 들어갔다. 사이좋게. ^^ - 5~6주쯤 더 보강하면 완성된 모습을 볼 텐데, 조기 귀국으로 아쉽다. 그렇기는 해도 아이 키우는 데 자신이 붙었기에 귀국했겠지. 건승을 빈다.

◀◀◀ 어록 ▶▶▶

- 아이 아빠가 어릴 때 천재라더니, 아이도 지금 천재 소리 듣고 있어요. (엄마)
- 아빠랑 대판 싸웠어요. 넉 달 후, 좋아지면 같이 살고, 아니면 갈라져서 살자고 했어요. (엄마)
- 진짜로 좋아지면 그 사람 노벨상 받아야 한다. (아빠)
- 엄마, 나 때문에 힘들지? 나도 알아. 근데 나도 내 마음대로 안 돼.
- 아빠가 너 때문에 엄마랑 싸우는 거야. (아빠) / 그래? 그럼 내가 집 나갈게.
- 두통이 없어졌어요. 항상 남편, 아이, 도쿄… 두통이 극심했는데…. (엄마)
- 한국 4개월, 아빠의 폭군 기질을 누그러뜨리는 계기가 되면 좋겠어요. (엄마)
- 아빠, 약속하신 대로 노벨상 주세요~ 하하하. (소장)
- 아이가 몹쓸 병인 줄 알았다. 계속 울고, 평생 이렇게 사나? 절망감이 컸다. (아빠)

꽃이 되었다 20

이름/지역	○혜○ (여) / 초1 / 서울
상담기간	2018. 6. ~ 2018. 9. (12주)
병의원 진단	ADHD, 난독증, 경계성 지능, 강박증, 분노조절장애

네 식구가 모두 극우뇌라면?

BEFORE

- 11월에 ADHD 약 복용 시작했으나, 부작용 심해서(복통, 두통) 한 달 먹고 중단했다. 친구 관계: 좋아는 하나 관찰만 하고, 사귀려 하지 않는다. 상대가 말 걸어도 대꾸하지 않는다. 인사도 안 한다.
- 사촌 아이와는 격하게 놀고, 끌고 다니면서 지시한다. 하인 부리듯 한다.
- 유튜브 보다가, 만화 같은 이야기를 잘 만들어 낸다. 연기하면서 놀기도 한다. 엉뚱한 행동을 잘한다. 다른 아이들과 많이 다르다.
- 과천미술대회에서 2등 했다. 처음 온 연구소라 그런지, 평소와 다르게 다소 기죽은 모습이다. 이래 본 적이 없는데?
- 아랫집서 너무 올라온다. 동생과 함께 너무 떠들면서 놀기 때문이다. 이럴 때는 힘들어서 영상 실컷 보라고 풀어 준다. 죄책감이 들지만 할 수 없다.
- 아이 목소리가 너무 커서 머리가 아플 정도다. 이런 아이가 어린이집에서는 말을 거의 안 한다고 한다. 좀 바꾸어 보렴.
- 발표회 때 무대에 올라가면 잘한다. 춤추는 것도 잘한다. 반면에 체육 시간 달리기는 뛰지 않는다. 무대가 아니라 그럴 것 같기도 하다.
- 길에 지나가는 아줌마의 캐리어가 맘에 들면, 같이 끌어 주며. "돈이 많으시겠어요?" 하고 말을 건다. 넉살도 좋다.

- 친척 조카를 예사로 때리고, 할퀸다. 동생에게도 마구 소리를 지른다.
- 아이가 말썽 부릴 때마다, 엄마가 아이 엉덩이를 손바닥으로 심하게 때린 적이 여러 번 있다. 너무한 것 같아 5살부터 때리지 않고 있다.
- 아빠가 아이들에게는 자상한데, 성격은 이해할 수 없는 측면이 많다. 화를 내면서도 자신이 왜 화가 나 있는지 모르는 경우가 많다.
- 아이가 내 뒤에 귀신 있다며 연기한다. 금방 혼자만의 세계에 빠진다.
- 의자에 대한 강박증이 있는 것 같다. 의자를 깊숙이 끌고 힘겹게 앉는다. 10번쯤 반복해서 자리를 잡는다.
- 학교 가기 싫어한다. 좋은 짝꿍이 없기 때문이라고 한다. 자주, 적반하장으로 소리 지르며 울고 난리를 부린다.
- 자기만의 세계가 분명하다. 어릴 때부터 새처럼 날고 싶다고 얘기했다.
- 화나는 일이 있으면 엄마한테 치대고, 엄마가 사과하라고 하고, 엄마 괴롭히면서 분노를 해소한다.
- 갑자기 배가 아픈 일이 자주 생긴다. 학기 초에는 보건실을 하루에 3~4번 간 적도 있다.
- (동생) 2주 전부터 유치원 바꿔 달라고, 악쓰고 발로 차고 울고, 난동을 부렸다.
- (동생) 동생이 엄마를 더 힘들게 한다. 언니를 이기려 한다. 자기 마음대로 안 되면, "나 차에 치여서 죽을 거야~" 이런 소리를 마구 해댄다.
- (동생) 아빠가 작은애를 더 힘들어한다. 통제가 안 되니까. 동생이 언니에 비해 좀 야비한 면이 있다. 깡다구도 엄청 세고, 어떤 무서운 상황에서도 울지 않는다.
- 분석 결과: 아빠, 작은애=5:95, 엄마, 큰애=10:90 ← 가족 4인이 모두 극우뇌라니!
- 이처럼 극우뇌 부부, 극우뇌 가족은 처음 만나는 경우다. (소장)

- 없어졌으면 하던 동생에게 자상한 목소리로 "왜 그래? 언니가 해 줄게."라고 한다.

2주 원래 아빠를 무서워하고 멀리했는데, 지난주는 아빠랑 슈퍼도 가고, 함께 재활용 쓰레기를 버리고 오기도 했다.

3주 생전 처음 먼저 친구한테 놀자고 말 걸어서 같이 놀았다. 진작부터 그래야지!

4주 아이가 전에는 화난 이유를 설명 못 했는데, 이제는 화난 이유를 설명한다.

5주 밤에 심하게 울었다. 한글도 모르고, 수학 문제도 안 풀리고, 힘들겠다.
- 전혀 하지 않던 사과, 아까 짜증 내서 미안해~ 화내서 미안해. 이런 말을 한다. 왜 그러지? 주눅 들었나? 이게 좋은 현상인가?

🎉	**6주**	짜증도 없고, 소리 지르지도 않고, 밥 잘 먹고, 잠도 잘 잤다. 너무 잘하니까 이상하다. – 동생 챙겨 주는 모습 처음이에요. "이리 와! 언니 옆으로 와!"
🎉	**8주**	동생이 더 강한 극우뇌라는 결과를 듣고 아빠는 오히려 편한 모습이다. – 친구들하고 노는 것에 거부감이 줄었어요. – 교회에서 어른들한테 반말했었는데, 이제는 반말하지 않아요.
🎉	**9주**	동생을 화장실 데리고 가서 다 닦아 준다. "어디 보자, 언니가 해 줄게~" – 한글 읽기가 갑자기 많이 늘었어요. 받침 없는 글자는 거의 다 쓸 수 있어요. – 친구 엄마: 우리 아이가 대답도 잘하고 얼굴도 많이 밝아지고 너무 좋아졌다고 하네요.
🎉	**10주**	담임 상담: 대단히 밝아졌다. 발표도 용기 있게 "제가 해 볼게요." 하더라. – 맑고 순수한 아이라 선생님이 위로받기도 한단다. 얘기하다가 선생님이 울컥하셨다. – 아빠에게 엄청나게 애교 부린다. 생글생글 웃으며 혀 짧은 소리를 내니까, 아빠가 어쩔 줄 몰라 한다. 아, 보기 좋다.
🎉	**11주**	지난번처럼 언니와 동생의 대치 상황은 완전히 없어졌어요. – 정말 많이 늘어난 아이의 한글 실력. 이제는 받침 있는 것까지 써요. – 학교에서 그림일기 혼자서 다 그리고 썼다고 자랑함.
🎉	**12주**	이제는 아빠도 아이들 때문에 스트레스 받지 않아요. 입이 함박만 해졌어요. ^^ – 자매 사이도 더 바랄 게 없을 정도다. 어느새 즐겁고 행복한 우리 가정.

◀◀◀ 어록 ▶▶▶

- 꺼져 버려, 세상에 엄마 같은 거 없으면 좋겠어. (엄마, 이모, 할머니에게)
- 머리가 길어서 아가씬 줄 알았는데, 아줌마네. (앞에 가는 여자 얼굴 보고)
- 애 엄마요? 내가 하는 일에 토를 안 달 것 같아서 선택했지요. (아빠)
- 혼자 앉고 싶다. (교실에서 자리 새로 배정할 때마다) 왜 나를 이렇게 낳았냐?
- 이모들은 내가 원래 활발한 걸 모르지? 진짜 내 모습을 한번 보여 줄게.
- 이런 아이는 야단쳐서 얻을 수 있는 게 하나도 없어요. (소장)
- 나는 극우뇐데, 머리를 손상시켜서, 공부도 못하게 만들었어. 엉엉.
- 엄마, 나는 왜 어린이집 가기 싫어하는 아이로 태어났을까? (동생)
- 엄마가 종교인이 된 것이 신의 은총이다. 극우뇌인 가정을 원만하게 꾸리는 동력이다. (소장)

꽃이 되었다
21

이름/지역	○시○ (여) / 초1 / 경기
상담기간	2022. 6. ~ 2023. 1. (22주)
병의원 진단	ADHD, 경계성 지능, 자폐(2급), 퇴행행동(?), 유아자위, 강박장애

사이코 아빠의 소송전에 휘말려서

BEFORE

- 2017년, 가정폭력으로 아이를 데리고 쉼터에 들어가 10개월간 도피 생활했다. 아이가 4살 반쯤 일 때다.
- 쉼터에 들어와 살고 있는 동거인들은 모두가 심리적으로 불안한 분들이다. 이분들에게 네댓 살짜리 아이란 장난감이나 마찬가지였다. 대부분 동거인들이 아이를 심심풀이 장난감 취급하며 가지고 놀았다. 그때 아이 성격이 거칠어진 것 같다.
- '폭력 아빠' 재판에서 2주에 한 번 7시간씩 아빠에게 면접교섭권이 주어졌다. 이때 아이 생식기를 아빠가 만졌던 것 같다. 아이가 너무 어리다는 이유로 이 말은 증거 채택 안 되더라. 이때 이후로 아이는 자위하기 시작했다.
- 아빠는 알코올 중독, 지식중독, 영화중독에, 경제력 없고, 현실감은 제로인, 그야말로 사람 같지도 않은 사람이다.
- 엄마는 2019년, 2021년에 교통사고를 두 번 당했다. 경제활동 못 하고, 기초수급자 생활을 이어가고 있다.
- 아이가 몰입할 때는 열 번을 불러도 못 듣는다. 이런 경우가 많았다.
- 학교에서 수업 중에는, 책상에 걸터앉거나, 엎드리고, 바닥에 앉고, 또는 책상 밑에 들어가 있는다

고 한다. 어떤 날은 복도에 나가서 혼자 돌아다니기도 하고, 생태 교실에 가는 시간에는 혼자 안 가고 남아서 책을 본다고 한다. 저 싫으면 그냥 안 하는 거다.

담임 수업 중 배회한다. 싸우는 건 아니지만, 어떻게 그냥 두냐?

- 운동장에 다 같이 나가는데, 아이가 사라진다. 시원한 곳에서, 양말 벗고, 누워서 아 좋다! 하고 있다. 선생님이 한참 걸려서 찾는다. 좋은 말 들을 리가 없다.

엄마 아이를 퇴행 행동이라고, 우선 관리군에 편성되었다고 정신보건센터에서 연락해 주었다.

- 엄마가 질문해도, 몰라, 기억 안 나, 해 버리고 만다. 기본적인 소통이 어렵고, 협동은 더 어렵다. 집중해야 할 일에 집중을 못 한다.
- 병원, 보건소, YWCA, 드림스타트 등지에서 상담, 각종 치료했으나, 진단도 가지각색이고, 나아지지도 않는다. 놀이, 감통치료는 조금 나아지는 듯하다가 바로 재발한다.
- 인지학습치료 최정 교수님: 인지능력이 현저히 미흡하다. 장애는 아니다. 아이가 상황 추측, 예견, 입체화, 구체화 못 하고, 고정화되어 있다. 자기 말만 하고 행동이 반복적이다. 확장 안 된다. 책을 읽어도 무슨 뜻인지 모른다.
- 바깥 활동을 안 하려 한다. 우울증? 학교 가면서부터, 인사도 안 하고, 밖에 나가도 집에 가자고 한다. 사회성, 현실 인지능력이 너무 부족하다.
- 갑자기 뜬금없는 소리를 한다. 엄마가 대꾸해 주기 어려울 정도다. 아이가 자위를 너무 자주 한다. 아토피도 심하다.
- 이름을 부르면 3~5번을 불러야 한 번, 힐끗 쳐다본다. 혼자서 뱅뱅 도는데, 어지럽지도 않나? 자주 돈다.
- 발음이 정확하지 않다. 무슨 말인지 엄마도 알아들을 수가 없다.

🎉 **3주** 엄마에게 애정 표현이 부쩍 늘었다. 엄마 볼 꼬집고, 뽀뽀하고, 안아 주는 등, 애교를 무척 부린다.

🎉 **4주** 잠잘 때 뒹굴뒹굴 돌아다니며 잔다. 최근에 눈에 띈다.

🎉 **5주** 뜯는 종이 인형 혼자서 다 만들었다. 전에는 손으로 하는 걸 잘 못했는데, 소근육이 좀 발달한다는 얘긴가?

🎉 **6주** 종일 끝없이 먹는다. 된장국에 밥 한 그릇 뚝딱이다. 라면은 지난주보다 조금 줄었다. 사탕도 안 찾는다.

- 아이가 "너무 행복해."라고 표현한다. 고맙다는 아이 마음이 느껴진다.

9주 놀이가 다양해졌다. 스스로 기발한 놀이를 찾아서 한다.
- 유튜브 시청이 모든 일상에 스며들어서, 안 좋은 말이나 안 좋은 행동들이 습관이 될까 걱정이다. 설거지하고 싶어 해서 해 보라고 했다.

11주 손힘이 세졌다. 엄마랑 팔로 줄다리기하면 엄마가 끌려간다.

13주 옆방이 밝아도 혼자서는 절대 못 들어갔는데, 이제는 혼자 들어간다. 공포감이 좀 없어졌다는 뜻인가 보다. 한 가지씩 명확하게 이야기해 준다. 무조건 화부터 내더니, 이제는 말로 제법 알아듣게 설명해 준다.

14주 아이가 정신을 차렸다. 늦은 밤 아래층 시끄럽겠다는 말에, 화내지 않고 수용하고, 정적인 놀이로 바꾸었다. / 유튜브를 10시간씩 보더니 3~4시간으로 줄었다. / 외출 시 상황을 이해시키면, 기다려 주고, 짜증도 안 낸다.
- 다이소에서 만 원 선에서 사자니까 수용하더라. 안 되는 것 떼쓰지 않으니 엄마가 살 것 같다.

15주 늦었으니 자자고 하면 자연스럽게 패드를 끈다. 수용하는 아이를 보니 꿈같다. 얘가 내 아이가 맞는 거겠지?
- 세수를, 욕실에서는 싫다고 해서 거실에 세숫대야 갖다가, 씻겨 주니 좋아했다.

16주 엄마와 떨어져서 2박 3일 캠프 다녀왔다. 처음이다. 멀미 없어졌다고 하고, 잠드는 게 12시로 당겨졌다. 사람 같아졌다.
- 과거에는 모든 것을 과격하게 요청했었는데, 이제는 '○○해 줘.'라고 부드럽게 말한다.

17주 언어 표현이 조금 어른스럽다. "가을바람이 너무 신선해서 좋다."라는 식의 말을 자주 한다.
- 옆집 동생이 놀러온다고 스스로 준비한다. 양치하기, 옷 갈아입기 등등. 동생과 잘 놀았다.

18주 코믹해졌다. 장난도 잘 친다. 쿨해졌다. 안 먹던 어묵도 먹는다.
- 놀이가 다양해졌다. 피구, 림보게임, 높이뛰기, 의자 뛰어넘기, 몸 밀기 등.

19주 빨리 큰다. 키 크고 몸무게 늘어, 25.5kg/122cm이다. 안아 주기 버겁다.
- 아이랑 최선을 다해 놀다 보면, 다음 날은 엄마가 아파서 일어나질 못할 정도다. 몸과 마음이 모두 아이를 못 따라간다.

🎉 **21주**   머리를 혼자 감았다. 샤워도 하고, 로션도 발랐다. 믿어지지 않는다. 칭찬이 고픈가? 과거에도 칭찬 고프기는 마찬가지였을 텐데. 하여튼 변하기는 많이 변한 거다.

🎉 **22주**   징징대는 것이 줄고, 호기심 많아졌다. 몸으로 놀아 달라는 요구 거의 안 한다.
　　　　 - 가족사진을 못 버리게 하더니, 최근에 사진을 전부 산산조각 내어 버렸다.
　　　　 - 심심하다는 말을 자주 한다. 그러면서 스스로 놀거리를 찾는다.

◀◀◀ 어록 ▶▶▶

- 야야, 미친×아, 돼지 같은 ×아, 그래서 왜? (잔소리하는 엄마에게)
- 전남편이 아이(외동딸)를 뺏어 가려고 별별 수단을 다 부려요. (엄마)
- 엄마, 내가 여기에 뭘 했는데, 봐 봐. (세숫대야에 쉬한 것 들고 와서)
- 미션을 철저히 실천하지 못하고 있어서, 이런 엄마 있나 싶어요. (엄마)
- 극우뇌 아이들 불쌍하다. 종일 심심할 텐데…. (별빛학교 선생)
- 양육비도 안 주고, 자신은 무기력증이라면서, 애를 데려가서 어떻게 키우겠다고 하나?
  (판사가 아이 아빠에게)
- 아이에게 몰입해서 놀아 주니 엄마도 재미있고, 진심 칭찬이 나와요. (엄마)
- 덧셈을 이해하고 푼 것이 아니라, 숫자라는 그림을 외운 것이다. (소장)
- 사랑하는 사람이 헤어지면 얼마나 힘든 줄 알아! (유튜브 보던 아이가)
- 어쩜 이렇게 시원시원하지! (아이가 쉬하고 나서)
- 눈이 많이 온다. 하나님이 내 기도를 너무 많이 들어준다.

꽃이 되었다 22

이름/지역	○지○ (남) / 대안초1 / 서울
상담기간	2018. 7. ~ 2018. 12. (16주)
병의원 진단	자폐2급, 경계성지능, ADHD, 언어지연, 지적지연, 강박증

2년간 센터 5곳 다니며, 월 400씩 날리다가

BEFORE

- 서울대병원에서 5세 때 경계성 지능 및 자폐 2급 판정받았다.
- 발달센터에서 30개월부터, 언어, 놀이, 감통, 인지, 체육 등, 단기과정 2년 하다가, 6세 후반부터는 안양의 한국특수교육원에 1년 반 정도 다녔다. 많이 좋아졌다고 판단되어 입학시켰는데, 적응을 잘 못한다. 앉아 있는 것 등이 어렵다.
- 자기가 잘 못한다는 걸 알고, 말도 유창하게 못 하니까, 더 속상하다.
- 내과 처방으로 영양제를 2개월 먹였다. 그런데 얼굴이 까매지고, 쓸데없는 말이 너무 많아져서 끊었다.
- 6세부터 월간 400 이상을 썼다. 입학하고는 끊었다. 2년간 1억 쓴 거다. 세주고 있던 집을 팔았다.
- 아이들과 못 어울리고, 여럿이 놀 때는 잘 끼어들지 못한다.
- 컹컹 기침하는 감기로 숨을 못 쉬어서, 응급실 자주 갔다. 고열은 아니었다. 조심성은 있으나, 높이 올라가 노는 것을 좋아한다.
- 특정 분야의 기억력이 엄청 좋다. 누구 생일, 음력 양력으로, 어떤 행사가 있었던 날 등.
- 지금은 글씨 집착이 적다. 예전엔 종이를 주면 글씨, 그림을 가득 그렸다.
- 인도로 다니는 것보다 차도로 가려고 하고, 사촌 집에 가는 것을 좋아했다.

- 만 3세 전후에 어린이집을 바꾸었고, 보모를 새로 썼다. 이 시기에 입원을 많이 했다. 안쓰러워서 휴대폰 동영상을 많이 보여 줬고, TV를 많이 보게 했다.
- 6세 후반부터 미디어를 완전 차단했다. 눈 맞춤이 안 되고, 호명 반응 없고, 상호작용이 안 되는 원인이 미디어라고 생각했다.
- 몇 년 몇 월 며칠에 이랬지? 이런 말 했잖아. 선생님이 나를 미워했잖아요.
- 미운 말을 한다. 다른 애들 열 마디 말할 때 한 마디 하면서.
- 집에서 간식 만들어서 학교 가서 아이들 나누어 주기를 좋아한다.
- 식사를 손으로 먹는다. 숟가락으로 먹다가 불편하니까.
- 교실에 떨어져 있는 물건은 당연히 우리 아이 것이다. 워낙 잘 흘리고 다니니까. 애들이 지적질한다. "야, 이거 네 거잖아!"
- 영상물을 보면서, TV도 보고, 폰도 하고, 그림도 그린다. 멀티다.
- 가끔, 자신이 자신의 동영상 찍으며 노래를 부른다.

4주 또래들과 놀 때, 목소리가 계속 하이 톤으로 나온다. 신경질인가?
- 많이 안 먹는다. 먹는 양이 줄었다. 노래 따라 하기는 잘 안 한다.
- 혀로 엄마 팔다리를 핥는다. 장난치는 분위기다.
- TV 보다가 밤샌 날이 있다. 이튿날 "엄마 미안해."라고 말한다. TV에서 뭔가를 느낀 듯하다.

5주 아이들과 난처한 일 생겨도 대꾸를 못 하더니, 지금은 항변할 줄 안다. '아무개 싫어.' 정도가 아니라, 왜 싫다는 설명을 선생님에게 잘하더라.
- 개학 1주 전인데, 학교 안 간다는 말을 자주 한다.

6주 공연 보다가 싫은 장면 나오면, 소리 버럭버럭 지르고, 뛰어다닌다.
- 감정조절 못 하는 것, 흥분 정도는 조금 줄어든 것 같다.

7주 미술선생님의 평가: 자기애, 자신감이 높다. 선생님을 통제하려고 했다.
- 놀이동산에 갔다. 전체 관광객이 100명도 안 되는 상황이었다. 타는 것도 원하는 대로 여러 번 타고, 천국인 양, 아빠가 안 타도 혼자 타고, 어른 것도 타고 왔다. 평소 위축되어 보이던 모습이 전혀 안 보였다. 좋은 현상인가?

8주 듬성듬성 예쁜 말을 한다. 아직 짜증을 자주 내긴 하지만, 끝은 짧아졌다. 부모가 기분 좋은 변화다.
- TV 보는 범위가 넓어졌다. 만화 종류도 보고, 한자 공부도 하려 한다.

9주 엄마, 아빠가 저녁에 함께 외출한다니까, 갔다 오라고 한다. 분리불안이 없어진 모양이다. 화, 수, 금에 학교 갔다. 수업 방해가 전혀 없었다고 한다.

11주 소소한 것은 많이 개선되었다. 짜증 낸 이후에도, 한 5분 안에 짜증 내서 미안하다 하고, 설득하면 앞으로 안 하겠다고 한다.
- 친구들과 잘 놀지를 못한다. 다가가는 방법을 모른다. 동생과도 나랑 놀자 해 놓고 막상 노는 방법을 모른다. '놀아야지' 하는 마음이 생긴 것은 분명하다.
- 사탕류 먹는 양이 확실히 줄었다. 휴지를 필요한 만큼만 풀어 쓴다. 천방지축이 조금 줄었다고나 할까?

12주 집중하면 불러도 못 듣는다. 듣고도 대답 안 하는 때도 있다.

13주 불만을 조금씩 얘기한다. 나쁜 친구에 대한 평가와 이유를 말한다.
- 레고 만들다가 부서졌는데, 전에는 엄청 화를 냈지만, 지금은 "괜찮아." 하고 만다.
- 조모께서, 아이가 정말 차분해졌다고 하신다. 조부께는, "할아버지 저 왔어요~" 하고 인사를 한다. 조부모님이 아이 변화를 많이 인정하신다.
- 엄마가 TV를 한 시간이나 봤다. 전에는 아이가 독점했는데, 양보하더라.

14주 전에는 겨우 몇 개 문장으로만 말했는데 지금은 말이 다양해지고, 논리정연하다. 담임도, 3~4개월 만에 이렇게까지 말이 늘었나? 하며 놀랄 정도다.

15주 공항에서 건물 구조에 큰 관심을 보인다. 계단, 통로 등을 쳐다보거나 다녀 보고, 보이지 않는 저 뒤가 무슨 방인지 묻는다. 공간지각력이 살아나는 것 같다. 나중에 고층건물 지을 거란다.
- 아이가 발표 무대에도 섰다. 하교할 때 부드럽게 인사하고 잘 헤어진다.

16주 아이가 좋아지는 걸 보니 너무 신기하다. 그 원리가 너무 궁금해서, 엄마가 연구소의 연구원 과정에 등록하고, 더 깊은 내용들을 배우기로 했다. 40시간 수업이란다.

◀◀◀ 어록 ▶▶▶

- 한국 부모는, 아이가 싫다는 건 죽어라 시키고, 좋다는 건 악착같이 막는다. (소장)
- (5주) 좌뇌보강 시작 한달쯤 되었을 때, 소장님과 동해안에 갔다. 어느 집이나 다 이렇게 하는 줄 알았는데, 우리 아이 상태가 좀 심해서 소장님이 특별히 시간을 내셨다는 것을 알게 되었다. 아이 좋아지면 크게 쏠 게요. (아빠)
- (6주) 혀가 꼬인 듯이 말하던 아이가 그새 거의 다 풀렸다. 풀릴 때가 되어서 풀린 건지, 좌뇌보강 덕분인지 구별할 방법은 없지만, 암튼 감사하다. (엄마)
- (7주) 엄마는 걱정이 많고, 아빠는 겁이 많고.
- (13주) 그 애가 이제 사람 다 되었더라. (친할아버지)
- (14주) 아이가 말이 엄청나게 늘었습니다. 이제 정상 아이들과 구별이 안 될 정도예요. 어디서 치료한 거지요? (담임선생)
- (15주) 남편이 나를 굶는다. 내 생각이 틀렸다고 말하는 것 같다. (엄마)
- (15주) 나도 힘들다. 나도 인정받고 싶다. (아빠)
- (16주) 심하게 부상한 독수리를 건강하게 고쳐 주니까, 보강 마친 후로는, 집에서 독수리를 오리로 바꾸는 작업을 하시더라고요! (소장)

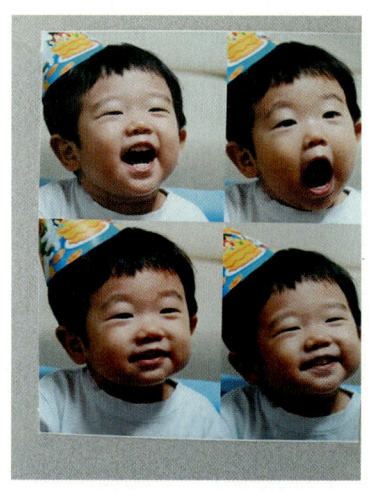

꽃이 되었다 23

이름/지역	○송○ (여) / 초2 / 서울 (상담자 아빠)
상담기간	2018. 12. ~ 2019. 6. (20주)
병의원 진단	ADHD, 강박증, 자폐2급, 언어지연, 틱, 저신장증

아빠, 화내지 마! 화 안 내는 것이 미션이잖아!

BEFORE

- 입학하니까 모든 선생님이, 애가 너무 튄다고 말씀하셔서, 작년부터 놀이치료를 시작했다.
- 5월 초 연휴 때에 투약 시작했다. 동네병원에서 인지검사 결과, 작년 10월에는 인지가 너무 낮게 나왔다. 화가 많은 것 같으니 놀이치료를 하자고 해서 시작했다.
- 아이가 교장실에 몰래 들어가서 책꽂이 책을 모두 뽑아 바닥에 흩어 놓았다. 교장이 기겁하고 아이 담임에게 야단을 많이 쳤다고 한다.
- 담임이 아이 약 먹이라고 강권했다. 결국 먹이게 되었다.
- 아이가 공부를 어느 정도는 따라가야 하는데, 이게 전혀 안 된다.
- 맞벌이하느라 사교육을 5~6세부터, 많이 시켰다. 특히 영어유치원을 오래 다녔고, 그 밖의 사교육도 많이 시켰다. 아이는 수업 중에 화장실을 부지런히 다니는 것 같았다.
- 대인관계가 대단히 유치하다. 가위바위보에 지면, 나는 술래하기 싫다고 해 버린다. 자기가 좋아하는 게임만 하자고 하고, 만만한 4~5살 아이들만 데리고 놀려고 한다.
- 놀이치료 1.5년 정도, 약물은 주중에만 먹였고, 주말, 방학은 안 먹였다.
- 놀이센터에서 친구가 몸 어느 부분을 살짝 건드리기라도 하면, 복수한다고, 몰래 가서 때려 주고 와야 한다. 유치원에서는 아이들을 밀치고, 약을 안 먹고 간 날은 친구들을 툭툭 친다고 한다. 담임은 아이가 (약 기운에) 참고 있는 것이 보인다고 한다.

- 영어유치원을 3년 이상 다녔는데, 교육효과 전혀 없어서, 지난 3월에 끊었다.
- 키가 엄마는 165, 아빠 188인데, 아이는 학교에서 1번이다. 제일 작다. 이것보다 속상한 일이 또 있을까? 이유가 뭘까?
- 까치발, 오 다리 교정 중이다. 소아 다리 쪽에서 독보적이라는 유명 정형외과에 다니고 있다.
- 아침마다 한약과 콘서타 한 알씩을 먹인다. 한약 먹은 지 1년 3개월 되었다.
- 작년에 엄마가 6개월 휴직하고 아이를 전적으로 돌봤는데, 이때 아이가 꼭지가 돌았다. 아이에게 저주의 욕을 내뱉고, 아침마다 아이 깨울 때는 깨운다기보다 패 죽이기를 시도하는 게 아닌가 싶더라. 엄마도 참 통제가 안 되는 사람이다.
- 지금 시키는 사교육은 수학 하나, 컴퓨터, 발레, 미술, 아나운서, 요리, 국어 두 개, 한문, 일대일 수영, 태권도, 영어회화 이렇게 보내고 있다. (이 말을 듣고 상담하시던 소장님이 많이 놀라셨다.)
- 잠을 더 잔다고 등교 거부하고, 아침, 점심 먹기를 거부한다. 요구르트 3개로 대체하고, 닌텐도 게임만 아침 10시부터 오후 4시까지 하기도 한다. 어찌 된 아이가 모조리 거부다.
- 학교 가기 싫어서 일부러 배 아프다는 엄살 부리는 줄 알았는데 알고 보니 장염이었다.
- 발레를 굉장히 하고 싶어는 하는데 막상 시켜 주면 잘 따라 하지 않고, 주변만 왔다 갔다 한다. 다리 힘이 달려서 그런가? 집중력 부족인가?
- 거의 5살 때까지 모든 육아를 외할머니, 외할아버지가 해 주셨다.
- 엄마는, 엄마들끼리 어울려서 아이들을 친구 만들어 주는 것이 최선이라고 생각한다. 그런데 그렇게 친구를 만들어 주어도 유지가 안 된다.

- 본인은 공주이고 나머지 가족들은 신하라는 부분에 호감 표시하네요.
- 12월 28일에 말씀대로 모든 약 완전히 끊었어요.

🎉 **3주** 노는 것 이외에는 모든 학원을 거부하고, 롯데월드에서 신나게 놀고 왔음.

🎉 **5주** 방과 후 수업이나 그 밖의 학원에 가기 싫다고 아빠에게 전화 오지 않음. 처음임. 가야 한다고 전화하지도 않았음. 나중에 확인하니 정상적으로 등교하고, 등원하였음.

🎉 **6주** 뮤지컬 보러 갔는데, 잘 아는 6학년 언니가 우리 아이를 보고 "너무 많이 변했어요."라고 칭찬을 많이 해 줌.

- 작년 9월 함께 여행 갔던 친구 가족을 만남. 그때는 "조금 힘들겠다."라고 했는데, 요번에는 "이 정도면 걱정 없겠다. 예전이랑 많이 차이난다."라고 하더라.

- 확실히 밥을 잘 먹어요. 가끔 설사하고 배 아프다 했는데 요즘은 그런 말 전혀 없어요.
- 얼음 먹는 것도 많이 줄었어요. 사탕은 아직도 많이 먹어요.
- 게임하는 시간이 확실히 줄었어요. 최근 2~3일 동안은 닌텐도도 별로 하지 않고 지냈어요.
- 일기 쓰는 속도도 빨라졌어요. 전에는 2~3시간 걸쳐서 한 줄 쓰고 딴짓하곤 했는데, 10~20분 정도 걸려서 한 번에 다 써요.

7주 눈썰매는 정말 너무너무 좋아하더군요. 문 닫을 때까지 놀았어요.

8주 개학하니 걱정했던 것보다 아침에 깨우는 것이 훨씬 수월해졌어요.
- 처음 몸무게가 19.1kg이었는데, 지금은 21.2kg다. 키는 119cm에서 121cm가 됐다.

9주 이모 말이 충격이에요. '매일 피곤해했던 아이가 활기차고 행복한 모습이다. 아이 키우는 방법을 바꾼 거냐? 어떻게 바꿨냐?'

10주 코 비비고 눈 깜박이는 틱이 안 보여요. 얼음, 아이스크림 덜 먹어요.

11주 만화 스토리를 이해하고 생각하는 느낌이 들어요.

13주 약 끊은 지 3개월인데, 다른 엄마들은 아이가 많이 좋아졌다고 해요. 약을 대신한다는 미션이 훨씬 고급품인가 봐요.

14주 공개수업 때 엄마가 참관했는데, 선생님 말씀이 아빠가 아이 칭찬 듬뿍 해 주라고 하셨답니다.

15주 윽박지르고 혼내서 고쳐지는 아이가 아니라는 확신이 들어요. 우리 아인데, 우리가 아이를 그동안 너무 몰랐어요.

16주 아빠 힘들어서 연구소 못 가겠다고 하니까 스스로 로션 바르고, 선블록도 바르고 그러네요. 달라진 점이 매일 소리 지르고, 윽박지르는 걸 할 필요가 없다는 점이에요. 사람 사는 집이 된 거죠.

17주 같은 반에 친구가 한 명 생겼어요. 그림도 같이 그리고, 화장실도 같이 가고, 방과 후 1시간씩 놀이터에서 놀다가 오기도 해요.
- 2주 전부터 기분 좋을 때 이쁜 짓(이쁜 말)을 어마어마하게 하네요. 딸바보가 될 것 같아요.

18주 5개월간 키 2.3cm, 몸무게 2.8kg 자랐다. 아빠 입이 함박이다.

19주 수영 잊었다더니, 단숨에 500m를 가더라. 수영장 바닥을 누비고 다니기도 한다. 소름이 끼칠 만큼 깜짝 놀랐다.

20주 학교에 곧잘 간다. 6월부터 방과 후 신청 네 가지 해 달라고 해서, 모두 다 해 주었다. 신기하고 감사한 일이다. 학교를 시간 맞춰서 간다고 해 깜짝 놀랐다.

2년 후 아빠가 아이 데리고 연구소 방문 1.5년 동안 성장호르몬 맞고 18cm 자랐다. 75% 안에 든다. 전에는 성장호르몬을 맞아도 아무 효과가 없었다.

2년간 변화 부상이 심한 독수리를 건강한 독수리로 바꾸었는데, 그 후 2년 동안, 엄마는 아이를 다시 오리(모범생)로 만드느라 몸부림쳤고, 아빠는 그런 엄마를 말리지 못해 무력감을 느꼈다고 한다.

– 아이가 엄마를 '아동학대'로 신고해서, 집에 경찰이 왔었다.

소장 생각 이 엄마는 참 이상한 분이다. '아이가 싫다는 것은 죽기로 시키고, 좋다는 것은 절대 못 하게 하는' 전형적인 인물이다.

◀◀◀ 어록 ▶▶▶

- 왜 자꾸 저한테 지랄하세요! 창피해서 전학 갈 거예요. (1학년 때, 담임에게)
- 학교 가면 다들 나를 힘들게 해. 속상해.
- 이 아이들의 위와 장은 아침 식사를 받아들일 준비를 못 해요. (소장)
- 미션이 결국 약이니까, 곧 끊으세요. 약을 중복시킬 필요 없어요. (소장)
- 아빠, 화내지 마! 화 안 내는 것이 미션이잖아! 화내지 마!
- 아이에 대한 내 태도와 생각이 달라지는 것에 큰 의미가 있네요. (아빠)
- 내가 하기 싫은 걸 왜 내가 해야 돼?
- 언제든지 아빠가 날 지켜 주고 곁에 있을 거지?

학교에 가기 시작했어요.

　초등학교 1학년, 에너지 넘치는 극우뇌 딸을 둔 엄마입니다. 게다가 중성적인 성향의 딸. 엄마인 저는 그런 딸이 너무 힘들었죠. 7세 때까지 자잘한 사건 사고들이 유치원이나 교회에서 있었어요. 그럴 때마다 그런 딸을 이해할 수 없었던 저는 큰소리, 순간의 화를 참지 못해 손이 올라가고…. 그러는 동안에 딸의 내면에는 점점 스트레스, 분노가 쌓여 갔던 거 같아요. 게다가 좌뇌형 아빠까지…. 큰소리치거나 혼내지는 않지만, 그런 크고 작은 사건이 있을 때마다, 나지막한 목소리로 조목조목 따져 가며 해 주던 설명이 딸에게는 스트레스를 가중시켰겠죠.

　1학년 입학을 하면서 드디어 문제가 터졌습니다. 집에서의 스트레스, 분노가 학교에서 크고 작은 폭력으로 나타났어요. 짝에게 지속적인 찝쩍거림, 약한 친구 괴롭히기, 친해지고 싶으나 표현이 서툴다 보니 친구들이 받아 주지 않으면 나오게 되는 공격성….

　공부가 재미없더라도 학교가 신나고 재미있어야 하는데 학교 가기 싫다는 말을 입에 달고 살았어요. 학교를 빠지는 일은 절대 용납할 수 없었던 저와 남편은 아이가 힘든 줄도 모르고 무조건 등교!!

　크고 작은 일들로 상담이 필요하다는 생각이 들어서 여기저기를 물색하기도 했습니다. 상담치료 경험자인 친한 언니가 "가 봐도 그때뿐이더라…."라는 말에 1회성으로 그치게 됐지만요.

　그러다가 여름방학이 끝나고 등교한 지 하루 만에 큰 사건이 터졌습니다. 딸아이가 다른 아이에게 심한 폭행을 가한 것이죠. 심란하고 무거운 마음으로 이곳 연구소를 찾았고… "딸아이가 극우뇌입니다."라고 판정해 주시더군요. 그리 예민했던 아이를 엄마가 무지해서… 잘 양육하지 못했던 거지요. 그 뒤로 좌뇌보강이 시작되어 3개월이 지났어요.

　첫 번째 변화는 아이의 표정입니다. 소장님께서 주신 미션을 수행한 지 2달이 막 지나는데 아이의 표정이 밝아지기 시작했어요 상담 전에는 학교 앞에서 저를 만나면 도살장에 끌려가는 소처럼 인상을 팍팍 쓰며 웃음기 없는 얼굴로 억지로 저를 만났거든요. 그런데 요즘은 현관 앞에서부터 "어엄~마~~~" 큰 소리로 목청껏 엄마를 부르며 정말 환한 미소로 들어옵니다. (글을 쓰면서도 딸아이 목소리가 들리는 거 같네요. ^^)

그리고 그토록 가기 싫었던 학교. 상담 초반에 학교 가기 싫다고 할 때. 쿨하게~ 그래 가지 마~ 했습니다. 이틀 안 가고 하루 가고, 하루 가고 다음 날 빠지기도 하고…. 처음엔 맘이 그리 편하진 않았지만. "가기 싫어하면 보내지 마세요. 다 이유가 있답니다."라는 소장님 말씀을 따랐습니다. 학교 가기 싫다는 딸아이에게 "그래도 가야 하지 않겠니?"라고 말하면 딸아이는 오히려 "엄마 소장님한테 이른다! 소장님이 학교 가기 싫으면 가지 말랬단 말야!!"라며…. ㅎㅎ

그렇게 등교거부가 반복됐지만 날이 갈수록 학교 가기 싫다고 말하는 빈도수가 점점 줄어들면서 저도 아이의 마음이 읽어지더라고요. 진짜 가기 싫은 건지 그냥 해 본 말인지…. 요즘은 학교 가기 싫다는 말은 하지 않아요. 너무 피곤해서 컨디션이 아주 저조한 날만 아니라면요.

우선 1학기 때보다 친해진 친구들이 많아졌으니까요. 또 담임선생님께서 적극적으로 협조해 주셔서 딸아이에게 도움이 되는 미션을 주시거든요. 그렇게 학교 가는 것이 즐거운 일이 되어 가고 있답니다.
(제가 담임선생님께 아이의 성향에 대해 양해를 구했고, 선생님도 적극 협조해 주시고 계시답니다.)
아침마다 학교 안 가겠다는 딸아이와 매일같이 전투를 치르던 게 엊그젠데…. 아직 좌뇌보강 과정이 다 끝난 건 아니지만요, 그동안 귀를 잘 열지 않는 좌뇌 아빠 때문에 힘이 더 드셨을 소장님. ^^;;
감정 기복이 심해 돌볼 때마다 힘드셨을 엘리스 연구원님~~ 중간 후기를 통해 다시 한번 감사드려요. ^^

꽃이 되었다 24

이름/지역	○준○ (남) / 초3 (도움반) / 서울	Top 10
상담기간	2020. 10. ~ 2021. 12. (40주)	
병의원 진단	언어장애, 자폐(9살 때, 서울대), 지적장애, 야뇨	

제일 비싼 클리닉에 4년간 다녔으나

BEFORE

- 24개월부터 7세 동안 유명 소아정신과 박사님에게 만 4년 간 치료받았다. 효과가 없어서, 현재 다른 곳에서 언어, 운동치료를 1년째 받고 있는데, 효과 없기는 마찬가지다.
- 4살 후반까지 엄마, 아빠라는 말밖에 하지 못했다. 자음 발음이 특히 안 되었다. 5살부터 2단어를 말했다. 현재 자음은 나오긴 하지만, 가족만 알아듣는 수준이다. 3~4단어로 된 문장을 가끔 말하기도 한다.
- 잠깐 자기 하고 싶은 말만 하고 그친다. 대화는 안 된다. 일반학교의 도움반에 다니는 중이나 자주 결석한다.
- 엄마: 2015부터 우울증 약 먹다 말다 하고 있으며, 효과도 있다 말다 한다. 아빠도 두통약을 자주 복용한다. 부모 노릇 정말 힘들다.
- 아침에 일어나서 양치, 세수, 옷 입는 걸 혼자 하지 못한다. 초등학교 3학년이고, 이제 4학년 올라갈 참인데. 밤에 잠들기도 힘들어한다.
- 아이가 어릴 때부터 엄청 조심스럽게 행동했다. 걸을 때도 스스로 조심했다. 배밀이도 안 하고 어느 날 갑자기 기어서 다녔다. 생후 6개월 되었을 때, 눈동자가 너무 불안했다. 엄마 품에서 나오질 않으려고 했다.

- 소변 실수: 밤에는 이불에 듬뿍 싼다. 낮에는 바지에 찔끔찔끔 흘리고, 올해 들어서 좀 더 심해졌다.
- 낮에 밖에 안 나가려고 한다. 거실 소파에 혼자 앉아서 폰만 들여다본다.
- 이런저런 음료수를 엄청나게 마신다. 다 합치면 하루 2리터 페트병을 넘을 것 같다. 주로 우유와 혼합된 것인데, 이렇게 많이 마셔도 되나?
- 아이가 더듬거리면, 2살 아래 여동생이 할 말을 대신 알려 주는 경우가 자주 생긴다. 아이 자존심이 상하지 않을까?

4주   연구소에 들어오면서 "○○하세요."라고 인사했다. 처음인데, 앞의 두 글자는 무슨 말인지 아무도 알아듣지 못했다.
- 소파 접힌 부분에 머리를 처박고, 다리와 엉덩이를 하늘로 올리는 동작을 반복적으로 보여 준다. 자폐 증상 중에는 좀 심한 증상이라고 알고 있다.
- 벚꽃잎이 먹는 거냐고 물어보던 아이였다는데, 연구원과 산책하던 아이가, "단풍잎이다~" 하면서 가져다가 책갈피에 끼워 놓았다.

7주   웃는 소리가 좀 커졌다. 주위 사람들 귀에 들릴 정도다. 발음이 여전히 정확하지는 않았지만, 말수도 늘고, 목소리도 확실히 커졌다. (이상 연구원 관찰)
- 학교 가기를 정말 싫어한다. 말만 나와도 거부 반응을 보인다.

9주   지금까지는 상대가 자기 말을 못 알아들으면 포기했는데, 이젠 상대가 알아들을 때까지 말해 본다. 상대가 알아들으면, 표정이 밝아진다.

11주   동생과 둘이 역할 놀이를 거의 2시간 동안 계속했다. 각자 창의적인 방법을 동원했고, 소통도 잘되었다. 처음이다.

13주   아빠랑 유튜브를 보다가 "지구 속에는 핵이 있어요~"라고 말했다. 아빠가 듣기에 일상 언어의 발음은 조금 좋아진 것 같다고 한다. (14~24주의 기록은 찾지 못했다.)

25주   (와플에) "크림만 발라 주세요. 잼은 맛이 없어서 바르면 먹기 나빠요." 이런 말을 해서 옆에 서 있던 엄마를 오열하게 했다.

27주   동생과 둘이 하는 대화가 놀라웠다. "아빠 오기 전에 샤워하자! 이불 쓰고 누워 있자! 어두우니까 불은 끄지 말자." 등등, 앞으로 일어날 일들을 생각할 줄 아는 것 같아서, 눈물겨웠다. 지적으로 살아난다는 뜻이겠지.

🎉 **31주** 리조트에 놀러갔는데, 4년 전, 2년 전에 갔을 때 특징과 그동안에 바뀐 점들을 조목조목 얘기해서 깜짝 놀랐다. 어른도 기억하기 힘든 것들인데, 아이 기억력이 이 정도로 분명하게 되살아나는 것인가?

🎉 **37주** 지난 2주간, 몇 달 전보다 더 많이 웃었고, 더 많이 말했고, 자다가도 일어나서 하하 대고 웃었다. 아이의 머릿속에서 좋은 일이 많이 일어나고 있는 모양이다.

🎉 **39주** (대학병원에서 일보고 나오다가 엄마가 길을 헤매니까) "아까 들어올 때 봤는데, 이 리저리 가면 정문 가는 길이 나올 거야."

— 오, 신이시여, 제가 여기서 더 욕심을 부리지 않게 하소서.

어록

- 콜라 300ml×20개 한 박스를 냉장고에 넣어 두면 3일 정도 가요. (엄마)
- (12주) 코로나 언제 끝나? 왜 이렇게 길어? (아이가 두 문장을 붙여서)
- (26주) 엄마, 우유를 왜 안 사다 놨어? 집에 젖소가 있으면 좋겠다.
- (31주) (냉동실에 넣어 둔 콜라가) 콜라 젤리가 될 줄 알았더니, 콜라 얼음이 되었네.
- (32주) 이모랑 갔던 호텔에서 수영하고 레일바이크 타야 하는데 서울에는 레일바이크가 없으니까 지하철을 레일바이크라고 하자!
- (38주) 아이가 자위를 자꾸 하는데, 자위 안 하는 처방은 왜 안 해 주세요? (엄마)
- (38주) 자위 안 하는 처방이요? 아이를 불구자로 만들려고 하세요? 하하하. (소장)
- (38주) 내년쯤에는 콘돔 사용법을 가르쳐 주셔야 할 거예요. (소장)

꽃이 되었다 25

이름/지역	○지○ (남)/ 초4 / 서울
상담기간	2019. 3. ~ 2019. 11. (20주)
병의원 진단	ADHD, 경증자폐, 지능검사 실패(60~70?), 기타: 정확한 병명 몰라

연구소로 내 쌀값, 반찬값도 보내 줘.

BEFORE

- 삼성병원, 아산병원에 다니며, 2학년부터 합계 2년간 투약했으나 개선되는 것이 아무것도 없다. 약을 먹게 한다는 것이, 부모나 학교 선생들이 편하자고 하는 일 아닌가 생각된다. 아이들이 어른 편하게 하는 도구인가?
- 말을 엄청나게 많이 한다. 쉬지 않고 한다. 목소리도 큰데, 목이 아프지 않을까 걱정될 정도다. 수업 중에 노래를 부르기도 한다.
- 1학년 때 앞자리 친구가 동네 친구인데, 연필로 등을 찔러, 학폭위에 회부된 적이 있다. 평소 그 아이와 어떤 갈등이 있었던 것 같다.
- 주로 1학년 때 몇 번 체벌했다. 이때 잡아야 할 것 같은 부모 나름의 강박이 있었다. 체벌하고 나니, 잘 때 이 갈고, 야뇨 하는 등, 분노 폭발이 돌발적으로 그리고 불가항력적으로 나타났다. 덜컥 겁이 났다.
- 아무 데서나 크게 괴성을 지르고, 인도를 걷다가 찻길에 불쑥 뛰어나가고, 욕을 경쟁적으로 심하게 한다.
- 또래들과 주먹질하고 싸우는 일은 별로 없다. 부모를 습관적으로 때리지도 않는다. 폭력보다는 언어폭력이 너무 심하다.

- '자살하고 싶다! 학교 가기 싫다! 죽고 싶어도 억울해서 못 죽겠다!' 이런 말을 때와 장소를 가리지 않고 한다.
- '나는 바보로 태어났다.'라는 말을 대화 중간중간에 자주 섞는다. 엄마가 자기한테 바보라고 말했다는 것이다.
- 등교 거부가 많았으며, 시험 치는 날은 특히 안 가려고 했다. 학교에 가더라도 한두 시간만 수업하고 돌아온다.
- 수학 시험을 빵점 맞는다. 덧셈 나오는 문제는 진짜 하기 싫다고 하는데, 진짜 지적으로 문제가 있는 건지, 다른 이유가 있는 건지 꼭 알아내서 고쳐 주고 싶다. 이 아이를 온전한 한 인간으로 키워 줘야 하지 않겠나?
- 귀지, 코딱지를 파서 먹는다. 말려도 또 한다.
- 엄마는 우울증 약을 아직도 복용 중이고, 아빠는 한때, 공황장애를 겪었다. 두 분 다 지금도 힘들게 버티고 있다.
- 맞벌이라서 아이들끼리 집에 있어야 하는 시간이 많다. 집 지키는 아이들 모습이 정말 안쓰럽다.

연구원 관찰 4학년 치고는 키가 작다. 주위 사람들에게 돋보이기 위해 튀는 행동을 많이 한다. 연구소 비품을 고의로 망가트리고, 신문지를 발기발기 찢고, 화분 잎사귀를 꺾는다. 친절하게 말을 걸었더니, 바로 엄마에 대해 불평한다. (체면상?) 구체적인 얘기는 안 하는데, 엄마에 대해 대단히 비판적 생각을 가지고 있다.

3주 다니던 공방은 이제 안 다니겠다고 해서 보내지 않으려고 해요.

4주 약을 끊은 지 한 달이 넘었는데, 혹시 금단현상은 없을까요?

5주 아이가 기고만장되어 있어요. 욕도 엄청나게 많이 합니다. 엄마에게 '미친 X'은 기본이네요. 이것도 과정 중의 하나겠죠?

6주 같은 반 친구가 "너 ADHD지? 공부도 못하고~"라며 놀렸답니다. 다섯 번을 참다가 같이 욕을 했대요. (엄마 죄송해요. 친구한테 욕을 했어요.)
 - 예전에 약 먹을 때는 배가 아팠어요. 지금은 괜찮아요. 어지럽지도 않고요, 약 안 먹길 잘한 거 같아요.

7주 요번 주에는 선생님으로부터 칭찬도 받았다고도 하고, 학교도 잘 갔고, 선생님에 대한 욕이나 담임 무섭다는 말은 하지 않았어요.

🎉 **8주** 예전과는 다르게 당장 사 달라고 난리 치지 않고 기다릴 수 있게 변했어요. 통제가 되는 상황이 너무 감사합니다. 돈 많이 쓰면 엄마, 아빠가 힘들다고 오히려 위로합니다. 똘망똘망해졌고, 눈빛이 달라졌어요.

– 아이가 집이 아니면 변을 못 보는데, 오늘은 여기서(우리 연구소) 변을 보네요.

🎉 **9주** 교회 가면서 버스를 탔는데, 전에는 안하무인 시끄럽게 굴었는데, 이번에는 얌전하게 갔어요. 신기해요.

– 동생 약 올리는 게 줄었다. 전자기기의 아주 세밀한 스펙을 좔좔 외운다. 초인적이라고 할 정도로 많이 외워요.

🎉 **10주** 연구소 주관 워크샵에 갔다 와서는 욕이 조금 줄어든 거 같아요. 안 하는 건 아니에요. 기껏해야 '병신' 정도예요.

🎉 **11주** 학교는 거의 가는데, 씻지도 않고 양치도 안 하는 건 똑같아요.

– 연구소 화장실에서 엄마한테 "예전에 엄마가 나 때린 거처럼 엄마도 한번 맞아 봐!" 하면서 따귀를 때렸답니다. 안경이 날아갈 정도로. 엄마가 그냥 맞아 주셨다고 합니다. 빚 갚는 셈 치고요.

– 선생님이 다른 아이들에게 지적질하는 것을 보기만 해도 힘들다고 하네요.

🎉 **12주** 엄마 아빠가 자기 마음을 몰라준다고, 울 때가 여러 번 있었어요. 너무 서럽게 울어서 엄마 아빠도 눈물이 났어요.

🎉 **14주** 담임선생님이, "아이가 착해졌다."라고 하셨답니다.

🎉 **16주** 엄마 아빠가 나 때문에 고생한 거 안다고, 새벽에 훌쩍거리고 있어서, 아빠도 엄마도 같이 울었어요.

🎉 **17주** 한번 잠들면 푹 자고요, 옷 챙겨 주면 스스로 입고, 정말 개과천선해서 온전한 사람이 된 것 같습니다. 이대로 유지되어야 할 텐데.

– 공공장소에서 컨트롤이 잘되었어요. 아이가 협조하는 것이 보입니다.

🎉 **20주** 만나는 전문가(?)마다 아이가 영재라는 말을 꼭 합니다. 그들 눈에도 무언가 특별한 것이 보이는가 봅니다.

학교 선생님들, 부모님이 자신에게 무엇을 잘하고, 무엇을 잘못하는지, 이런 것을 무서울 만큼 객관적으로 정확하게 파악하고 있는 아이입니다. 어린 시절 에디슨을 못 알아본 어른들이나 마찬가지입니다. 수업시간표를 어떤 식으로 짜야 아이들이 능률적으로 공부할 수 있다고 논리를 펴는데, 정말 천재성이 읽히는 아이입니다. (소장)

어록

- 엄마, 이 연구소로 내가 먹을 쌀이랑, 반찬값 보내 줘. 나 여기서 살 거야. (처음 연구소를 방문하고, 가는 길에 복도에서)
- 내 아이는 학교 절대로 보내지 않을 거야.
- 지금까지 살면서 인생의 희로애락을 모두 느끼게 해 준 아들에게 감사한다. (엄마)
- 애 엄마가 어릴 때, 친정아버지의 학대를 많이 받았나 봐요. 그게 아이에게도 대물림이 된 것 같아요. 정말 안타깝습니다. (아빠)
- 학교 공부 과목이나 수업 시간을 이런 식으로 짜면 애들이 공부를 못 하죠~
- 학기 초에 선생이 다른 아이들에게 하는 모습이 무서워서 학교 가기 싫었어요.
- 담임이 차가운 사람. 표정이 안 변해요. 문자를 많이 주고 받았어요. (아빠)
- 부모가 맞벌이는 안 되겠어요. 한 사람은 아이와 같이 있어야 해요. (아빠)
- 이 아이는 천재 같아요. 우리나라보다 다른 나라에서 키우면 좋겠군요. (삼성물산의 어떤 공학박사)
- 새벽에 영어, 과학 공부를 해요. 유튜브로 영어강좌 듣고, 아침에 영어로 말하는 연습하고. (아빠)
- 아빠 죄송해요~ 이제 동생이랑 싸우지 않을 거요.
  (가끔씩 울면서) 엄마 아빠가 나 때문에 그동안 힘들었지~
- 스스로 씻는 것도 잘 씻어요…. 거의 분노, 짜증은 안 보여요. 엄마가 아이들한테 욱하는 것이 좀 가라앉았어요…. (아빠)

꽃이 되었다
26

이름/지역	○예○ (남) / 초4 / 서울
상담기간	2017. 5. ~ 2017. 10. (18주)
병의원 진단	ADHD, 강박증(괴성 지르기), 초기 자폐, 틱

선생님이 나 약 끊은 거 모르시나 봐!

BEFORE

본인 상담 저는 모든 운동을 잘해요. 배드민턴, 테니스 빼고는 다 잘해요. 축구, 야구, 농구…. 주말에는 친구들이랑 운동해요. 친한 친구 50명쯤 돼요.

- 장래 희망은 형사예요. 남을 도와주고 싶어서요. 지금 소원은요, ① 공부 잘하게 해 주세요. ② 운동 더 잘하게 해 주세요. ③ 수업 태도 좋아지게 해 주세요.

연구원 관찰 주의 산만하고, 두리번거린다. 목소리 걸쭉하고 크다. 에너지 많고, 목 굵고, 체격-운동-사회성 좋다. 혼자 중얼거리고, 묻지 않는 대답 잘한다. 이게 투약 중인 상태인 것 같다.

엄마 상담 아이가 미국에서 태어났다. 36개월이 되어도 영어, 우리말 다 못 했다. 36개월 때 언어치료 시작했고, 한국 와서 6세 때 언어치료 마쳤다.

- 유치원 선생님이 아이가 너무 산만하고, 수업 시간에 너무 활발하며, 장난 심하다고 했다.
- 남편 친구인 의사가 ADHD 판정받아 보라고 했다. 7살 후반에 투약 시작했다. 지금 4년 넘게 먹이고 있다. 부작용은 식욕부진이 있다.
- 각종 치료를 다 해 봤다. 2-2학기 때 NLP 심리치료소에서, 주 1회 3시간씩 수업을 받았다. 주로 명상인데 도움이 안 되어 3개월 만에 끊었다.

- 금년 2월부터 BR 뇌교육, 1년짜리 프로그램을 주 2회 들었다. 집중력 중심, 뇌 열 내리기, 체력 증강 등을 한다. 인지치료 1시간, 뇌 교육 1시간.
- 아이가 자동차 차종, 차 번호를 다 외웠고, 오토바이에 발 달린 것처럼 여기저기를 왔다 갔다 했다. 유아 때 별로 울지 않았다.
- 투약하니 전보다 좋아지는 것 같아서 끊지 못하고 있다. 친구가 싫다는 행동을 아이가 자꾸 해서 동네 눈총을 받았다. 조금만 야단쳐도 괴성을 질렀다.
- 약 1주일쯤 약 끊고 학교 보냈더니 지적을 너무 받아 아이 자존감이 많이 떨어졌다.
- 외국어를 좋아한다. 중국어 잘하는 편이며, 일본어도 배우겠다고 한다.
- 국어 학습지 구몬을 4년 이상 계속했다. 2년 이상 앞서가고 있었다.
- 영어는 그동안 회화 위주의 학원을 오래 다녔다.
- 학교 갈 시간 5분 남았는데, 야구공 던져 달라고 하는 식이다.
- 지난주, 미션에 따라서 각종 치료센터를 다 끊으니까 시간이 많이 남았다. 아이가 좋단다.
- 주말은 약을 안 먹는다. 현충일도 약 안 먹었고. 승용차 안에서 소란을 조금 피워 엄마가 약간의 꾸중을 했더니, 크게 반발하지는 않더라.
- 학원 등 사람이 많은 곳에 가면 정신이 없어진다. 아이가 더 시끌시끌해진다.
- 약을 안 먹이면, 애정 표현을 대단히 많이 한다.
- 아이가 싫다는 것을 엄마가 강제로 시키면, 온갖 행패를 다 부린다.
- 주말농부학교에서 낫으로 풀을 베다가, 인지를 베었다. 갈 때마다 안 다치는 날이 없다. 우리 아이만 다친다.
- 아빠가 훈계라도 하면, 아이가 엄마에게 18, 18 하면서 아빠를 욕한다.
- 엄마가 바쁠 때 아이가 엄마에게 뭐 해 달라 해 달라 하면, 엄마가 화를 많이 냈다. 아이에게 던지고, 막 때려 주었다.
- 남편은, 친척과 저녁 모임을 좋아한다. 아빠는 이런 자리에서 아이에게 충고하곤 한다. 그게 더 효과적이라고 생각하는 것 같다. 아이는 이 시간을 무척 괴로워했다.

2주   좀 차분한가? 백화점 등에 갔는데, 말은 많지만 산만하지는 않았다.
4주   담임, 수업 시간에 조금 부시럭거리는 수준이다. (투약한 날)
  - 너무 많이 먹는다. 벌써 배가 나오는 듯하다. 밀가루 음식, 돼지고기 등.

5주   다시 약 먹인다. 현 담임은 양보 없다. 약 먹여라. 모든 학교가 ADHD 아이를 뽑아내고 있다. '치료받도록 해라.' 이런 주장이다. 강남 학교들은 무섭다.

6주   지난주 하루, 깜빡하고 약을 안 먹였더니, 교실에서 소리 지르고, 지적 많이 받았다. 한 시간 수업 중 아이가 뒤를 돌아보는 게 29회나 되더란다.
- 영어학원의 3개월 정기발표회에서 칭찬 많이 들었다. 학교 영어 시간엔 지적만 받는데.

7주   약 안 먹었을 때, 수학 틀린 거 지적했더니 연필을 집어 던지고 난리를 부렸다.
- 엄마 친구들 모임에 나가서, 대화 잘하고, 칭찬받으니까 한없이 좋아했다.

9주   게임을 스스로 삭제하더라. 그만하겠다고. 엄마가 다시 깔아도 된다고 권했다.

10주=투약 중단 22일 차   교회 옆 친구랑 약간 떠들긴 했으나, 다른 애들보다 유난히 튀지는 않았다.

11주=투약 중단 29일 차   누나와 같이 조용한 식당에서 외식했다. 아이가 목소리 크고, 식기 소리 등을 내기는 했지만, 부모 공통의 평가는 "옛날보다 좀 나아졌어."이다.

12주=투약 중단 43일 차   대변: 과거에는 3일에 한 번 누었고, 참고 참다가 팬티에 묻히기도 했는데, 이번에는 잘 나왔다. 아이 스스로 만족해한다.
- 개학했다. 학교 가서 선생님한테, 약하게 두세 번밖에 지적 안 당했다고 한다.

13주=투약 중단 50일 차   약 끊기가 완전 성공이다. 지난주 수, 목, 금요일은 약간의 지적 있었으나 사소한 것들이었다. 담임은 약 끊은 것을 모르는 것 같다.
- 연구소 올 때, 하던 게임 마쳐야 했는데, 이제는 게임하던 것도 딱 끄고 출발한다.

14주=투약 중단 2개월   학교에서 야단맞거나 지적당하는 일이 별로 없는 듯하다. 그 야무진 담임선생님의 전화가 없다. 살 것 같다.

15주   '잔소리쟁이' 아빠가 전혀 야단을 안 친다고 아이가 대단히 만족해했다.

17주   잘난 체 휘젓고 다니는 친구를 피하는 요령이 생겼다. 웬만한 또래들과는 잘 어울린다.
- 아이는 20주에 좌뇌보강을 마쳤고, 엄마는 40시간짜리 연구원 과정에 등록했다.

8개월 후   아이 5학년 때, 뜻밖의 문제가 폭발했다. 원인을 따져 보니 수학 공부를 무리하게 시킨 것 때문이라고 엄마가 스스로 자백하셨다. 그 자초지종은 여기에 소개하지 않는다. 그깟 수학 문제 몇 개 더 푸는 게 뭐가 그리 중요해서, 아이 뇌를 다시 다치게 하는지.

어록

- 옆집 아이가 나를 왜 막 대하지? 다른 애들한테는 안 그러던데.
- (3주) 엄마는 같은 말도 기분 나쁘게 한다. '나 밥해야 돼.'가 뭐야?
- (13주) 오늘은 선생님이 나 신경도 안 써. 약 끊은 거 모르나 봐.
- (15주) 엄마 아빠, 내 행동이 50% 정도는 달라졌어요.
- (15주) 요즘엔 아빠가 야단을 전혀 안 치세요. 신기해요.
- (16주) 엄마가 변하기 시작했어. 엄마는 지지브레인 한 달 더 다니면서 공부 좀 더 해.
- (16주) 아이 담임이 교사 30년이라는데, 부모 상담 때는 아이 나쁜 점만 부각시켜서 얘기한대요. 다른 목적이 있어서 그럴까요? (엄마)
- (16주) 수학공부 시작했더니, 학교 가기 싫다, 살기가 싫다, 세상을 엎어 버리고 싶다는 말을 하네요. 아빠도 이걸 보고 많이 놀라셨어요. (엄마)
- (17주) 야구 아카데미에 주1회 보내는데요, 취미반 치고는 상당히 잘한대요. (엄마)
- (18주) 아빠가 3형제 중 막내라는데요, 아빠가 중3 때 전교 600명 중 1등하셨대요.

꽃이 되었다
27

이름/지역	○주○ (여) / 초4 / 전남
상담기간	2018. 1. ~ 2018. 5. (16주)
병의원 진단	ADHD, 지적장애(초1), 강박증, 자폐, 틱

나 전학시켜 줘. 여기 애들은 옛날 내 생각만 해.

BEFORE

연구원 관찰   말이 엄청 많고, 말 속도도 빠르다. 관심 있는 분야에는 호기심 가득하나 어눌하다. 자기 얘기를 계속 들어 주길 원한다. 연구원이 자기 아닌 다른 일에 신경 쓰지 못하게 한다.

- 큰 관심사는, 집 평수, 직원 월급, 땅값, 서울 집값, 소장님 차 종류, 가격 등이다.
- 어떤 강박증이 있고, 어떤 설명은 아예 이해 못 한다. 볼 것, 갈 곳이 많아 서울에서 살고 싶고, 여행 좋아한다고 한다. 아빠랑 해외여행 가 본 적도 있다.
- 애교가 많고 자신에게 관심을 잘 유도한다. 영상 많이 보고 싶어 한다. 집의 언니가 제일 무섭다. 싫은 일은 징징대고, 과장되게 말한다.
- 북한에서 탈출한 이야기가 나오자, 탈출 과정이 너무 무서워서, 몸을 떨었고, 손을 잡아 달라고 부탁한다. 1시간쯤 손잡고 있었다. 새로운 일은 대답이 늦다.
- 연구소 방문 첫날, 거의 마칠 무렵, 소장님 방에 혼자 들어가서, 남자 소장님에게 '진짜 키스'를 감행한 그 여주인공이시다. 연구소 전설, 역사상 유일하다.

부모 상담   너무 산만하다. 사교성은 좋으나, 사회성이 부족하다. 아무에게나 지시한다. 당연히 주변 애, 어른 모두가 다 등 돌린다.

- 이 아이(둘째) 뒤로 바로 동생이 생겨서, 둘째에게는 별 관심을 두지 못했다. 유아기 때는 흔히 보는 '좀 늦은 아이'라고 생각했다.
- 유치원 다닐 즈음에 마트에 드러눕기, 통곡하기 등, 분리불안이 너무 심했다.
- 모래심리상담소에 1년 정도 상담 다녔고, 2014년 6월~2016년 4월 중에 ADHD 약 먹였다. 초3 때 담임선생님이 도와주셔서 그때부터 약 끊었다.
- 저학년 때 분리불안, 자폐 증상도 많이 보이고, 엄마가 쓰레기 버리러도 못 갔다. 초1 때 대변을 손에 묻혀서 선생님에게 보여 주고, 선생님이 망신 주고, 그런 일도 있었다.
- 한 번 간 곳을 잘 기억한다. 캠핑 가기 대단히 좋아하고, 가면 분담도 잘한다.
- 엉뚱한 질문을 너무 많이 하고, 스킨십, 애교 많다.
- 발표 등, 말로 표현하는 것, 단어 선택 서툴다. 주제 벗어나고 요점을 파악 못 한다.
- 운동신경 없다. 잘 다치고, 자기 발에 넘어진다. 움직이는 것 안 좋아한다.
- 동생이랑 놀다, 갑자기 소리 지른다. 매우 큰 소리로, 괴성을 지른다.
- 유아기부터 엄마가 체벌 많이 했다. 발로 차고, 장시간 생각의자에 앉히기도 했다.
- 취학 후, 엄마가 참다못해 아이 머리카락을 끌고 다녔다. 아이가 엄마 직장으로 전화 많이 했다. 엄마는 하지 말라고 고함쳤다. 3녀 1남 중 2녀다.
- 둘째가 없으면 집 안이 조용하고, 적막이 있다. 있으면 싸우고, 소란스럽다. 동생들을 자꾸 건드린다. 이번에 입학하는 여동생(셋째)을 집중적으로 괴롭힌다. 심해지면 엄마가 체벌한다. 아빠는 지켜야 할 예절만 가르치는데, 아무리 말해 줘도 고치지 않는다. TV 보고 있는 아빠 머리를 거칠게 만진다.
- 9개월 남자아이(넷째)는 잘 돌보아 준다. 얘한테만 잘해 준다.
- 집에서 실수가 잦다. 물컵 엎지르기, 떨어뜨리기 등 산만하다. 사 주기로 한 물건 계속 사 달라고 조른다. 유튜브에 너무 빠져 있다.
- 초1 때 검사했는데, 지적장애라고 했다. 아이사랑 정신건강의학교 정신과 의사가 진단했다.
- 밥주걱으로 따귀를 때려 주기도 했다. 엄마 부엌일 하는데 워낙 말썽 피우니까.
- 아주 어릴 때 엄청 똑똑했다. 지나간 주유소 이름, 공룡 그림 다 알았으며, 발달은 좀 늦었다. 행동이 늦어서 민첩함이 없다. 신발 신는 데 오래 걸리고, 짐 내리는 데 꾸물꾸물거린다. 자기 물건 잘 잃어버리고, 새로 사 준 물건도 며칠 만에 잃어버린다. 용돈도 일주일분을 첫날 다 쓰고, 훔치기도 하고, 외상도 할 줄 알고, 새빨간 거짓말도 잘한다.
- 고학년 언니들에게 반말하고, 잘해 주는 선생님에게는 잘 따르는 식이다.
- 셋째가 놀이터에 가면, 다른 애들이 '아무개 동생이다.'라고 하여 셋째가 언니 때문에 스트레스받는다.
- 연구소에 오면 스킨십 좋아하는데, 하지 말라는 것도 한다. 액괴를 연구원 머리에 붙여서, 결국 머리카락을 잘라 냈다. 웃으면서 책임을 전가한다.
- 방과 후 로봇 과학에서 입체적인 머리가 있다는 평가를 받았다. 공간지각력을 말하는 것 같다. 미술은 좀 부족하다는 평가다.

- 집 안에서 암암리에 거짓말을 많이 한다. 타이르면 수긍, 안 하겠다고 대답은 잘한다.
- 다른 센터에 많이 다녔다. 변화 없다. 자주 실수하고, 동생 때리고, 여전히 소리 지른다.
- 어떤 검사 센터는 예술성이 천재적인데, 사회성이 없다고 나왔다.
- 게임, 카드놀이 등에서 동생보다 판단이 느리고, 동작도 늦다.

2주   포켓몬 카드 사고 싶어서, 동생과도 사이좋게 지내고, 방 정리와 설거지를 깨끗이 해 놓았다.

3주   기세등등, 부모는 그럭저럭 참겠는데, 언니, 동생에게 힘든 일시키고, 용돈은 주는 족족 다 써 버린다. 다 쓴 후에는 할아버지에게 매달린다.

4주   전화할 때, 전에는 자기주장만 반복해서 떠들더니, 이제는 귀가 좀 열렸나? 상대의 말을 듣고, 수긍도 한다.
       - 담임과 통화: 아이가 많이 차분해졌다. 수업 시간에 지적하려고 아이 부를 일이 없다. 친구들이 와서 이르는 일도 없다.

6주   가족 모임에서 세배 끝난 후에, 성대모사 해서 칭찬 많이 받았다.
       - 언니에게 하던 명령, "확 그냥, 어허, 야, 죽을래." 이런 말은 거의 하지 않는다.

7주   물을 흘린다든가, 하는 잔실수가 확실히 줄었다. 코 파기, 방귀, 트림, 음식 흘린 것, 똥 마렵다 등 거친 행동, 강한 표현도 확실히 줄었다.

8주   급식, 무얼 먹었는지 기억을 잘 못하더라. 한두 가지만 기억하고, 식사량은 줄었다. 학교 안 가겠다는 소리도 없다.

9주 교회에, 그동안 아빠가 못 가게 했는데, 허락했더니 진짜로 가더라. 시간도 잘 지켜서 학원 차도 미리 나가서 기다린다. 너 내 딸 맞지? 놀랍다.

10주 셋째 괴롭히기가 많이 줄었다. 강도도 빈도도 줄었다.
– 연구소 올 때, 기차에서 매너가 참 좋아졌다. 앞자리 아이들도 잘 데리고 놀았다.

11주 지금은 눈을 잘 맞춘다. 처음에는 전혀 눈을 못 맞췄는데.

12주 감자 살 때 봉지로 사는 것, 낱개로 사는 것을 비교해서 싼 쪽으로 사더라. 자기 실내화 빨면서 동생 것도 빨아 놓고, 음식 만들기도 많이 돕는다. 정말 신기하다. 제발 좋아진 모습 그대로 가자.

연구원 전처럼 같이 데리고 다니기 창피한 행동 하지 않는다. 예전처럼 일방적으로 자기 말만 하는 게 10분의 1로 줄었다.

13주 학원 선생님들: 아이가 자신이 함부로 한 행동에 대해서 후회를 많이 하더라.
– 피아노 선생님: 아이와 대화가 된다. 전에는 '나한테만 그래~' 이런 말을 했었다.

14주 남성성이 강했는데, 지금은 여성성이 많이 살아났다. 말투 자체가 여성스러워졌다.
– 아빠: 아이가 이제 창피한 것을 안다. 이성을 찾은 건가? 놀랍다.

15주 아빠 툭툭 때리던 버릇이 머리만 살살 만지는 정도로 다 없어졌다.
– 집 안 청소를 깨끗이 해 놓고, 혼자 자기 방에서 그림 그리고 있다. 예전에는 제 방에 있질 않고 온 집 안을 헤집고 다녔다. 산만함이 차분함으로 변했다.

16주 언니 지갑에 손대는 일이 발생했다. 나쁜 일이라고 설득하니 진심으로 참회하더라.

◀◀◀ 어록 ▶▶▶

- (2주) 빨간 책을 검색해서 찾았어요. 읽어 보니 우리 아이와 거의 다 맞아서 보자마자 달려왔어요. (엄마)
- (13주) 엄마, 나 전학시켜 줘. 여기 애들은 옛날 내 생각만 해.
- (14주) ○○○ 선생님(연구원 이름)이 엄마였으면 좋겠어요.
- (14주) 그거 참 신기하네요. 아이가 어떻게 저렇게 바뀐대요~ (아빠)
- (15주) 엄마는 앞으로 상담 일 해 보세요. 참 잘하실 것 같아요. (소장)

꽃이 되었다 28

이름/지역	○용○ (남) / 초4 / 경기	Top 10
상담기간	2021. 3. ~ 2021. 7. (16주)	
병의원 진단	자폐, 언어지연, ADHD, 분노조절장애, 구토	

선생이 왜 엄마까지 힘들게 하지? 뒤돌아서 울었다.

BEFORE

- 거북맘 토끼맘에 누가 빨간 책을 소개했는데, 그 책에 소름 돋게 공감되는 부분이 많았다. 육아 서적 수십 권을 사 보았지만, 이 정도로 우리 아이에게 잘 맞는 책은 처음이었다.
- 아이가 말이 늦었다. 4세 때, 동네 의사가 자폐라고 확진했다. 그날 병원장 책상 밑에 들어가는 등, 엄마의 상상을 초월하는 난리를 부렸다. 분당 서울대병원 유희정 교수도 마일드한 자폐 의심된다고 진단했다.
- 놀이치료, 언어치료 다니라고 해서, 3년 다녔는데, 효과 없어서 종결했다.
- 학부모 수업 가면, 아이가 방방 뛰고, 수업 방해가 너무 심하다고 담임이 심각하게 항의했다. 사회성 그룹 치료와 동시에, 투약을 권유하더라. 2학년 1학기부터 콘서타와 다른 약을 하나 더 1년간 먹였다.
- 약 부작용으로, 종일 배가 안 고파서 먹지 않고, 자야 할 시간이 되어야 배가 고프다고 했다. 컵라면, 봉지라면을 끓여 주곤 했다.
- 아빠도 신석호 신경정신과에서 자폐 여부 진단받았다. 양가에 '이상한' 유전 요소는 없는 것을 확인했다. 직장 스트레스가 많은 사람이다.
- 아이가 친구 없다는 것에 대해 신기할 정도로 초연했다. 친구들이 안 끼워 줘도 전혀 서운해하지 않았다. 보통 아이들과 너무 달랐다.

- 아이가 그림이나 책 따위를 통으로 찍는다는 것을 알 수 있었다.
- 온라인 수업에서 써내는 것을 안 하려고 한다.
- 대안학교에 보낼까? 아예 학교를 보내지 말까? 오래전부터 고민 중이다.
- 아이가 자동차 디자인에 관해서는 지속적인 관심을 보이고 있다. 아직은 관심만 보이는 수준이다.
- 위인전은 읽는다. 베토벤, 슈베르트 등, 유튜브에서 그 음악도 찾아 듣는다.
- 목소리는 앙칼지고 크다. 친할아버지를 많이 닮았다.
- 저녁쯤 되면 동생과 둘이 실랑이를 벌이다가, 결국 엄마의 큰소리가 나오고, 힘든 상황이 극에 달한다. 아빠가 체벌도 해 보았는데, 절대 굽히지 않았다. 아빠한테 얻어맞으면서도 연필통도 던지고, 물도 던지는 등, 온몸으로 저항한다. 아빠 표현에 따르면 '마귀 들린 아이' 같다고 한다.
- 연산 문제 풀게 되면, 한쪽 푸는 동안, 연필로 문제지에 구멍이나 내며 하기 싫어한다. 자연스럽게 등짝을 때리게 되었다.
- 2년 전 소아정신과에서, ADHD랑 교집합이 있어 보인다고 했다. 처음엔 병원에서 약을 주지 않았다. 의사 의견은 약으로 해결될 일이 아니라고 했다.
- 손톱, 발톱을 물어뜯긴 하지만, 전형적인 틱은 한 번도 없었다.
- 소변 기저귀는 잘 뗐는데, 대변은 어이없게도 방문 뒤 구석에서 쌌다. 그때 엄마가 목놓아 울었다.
- 4살 때 말이 느려서 서울대병원 갔던 건데 '자폐 의심'이라는 말만 듣고, 1학년 때까지 언어치료를 1:1로 받았으나 별 효과 없이 치료 종결했다.
- 재작년까지 작곡 수업을 받았다. 즉흥곡을 연주하기도 하고, 곡을 쓰기도 했다. 자기가 쓴 악보를 선생님이 고쳐 주면 성질부리고, 힘겨루기 했다.
- 아빠가 때려서 얼굴에 피난 적도 있다. 동생이 자기에 유리하게 거짓말을 해서 아빠가 잘못 없는 아이를 잡았다. 분노가 심했을 것이다.
- (연구원 관찰) 아이는 날다람쥐 같은 체격에다, 말 많고, 목소리 크다.

2주 담임: 좀 크게 칭찬해 줬더니, 아이가 "호들갑 떠네~" 하더군요.

3주 자다가 보니, 옷을 뱀 허물 벗듯이, 홀딱 벗고 자고 있었어요.
  - 담임이 아이를 맨 앞줄에 앉혀 놓았어요. 사사건건 지적하기 위해서겠죠.

4주 자기가 좋아하는 놀이, 게임할 때는 평온함(터치하지 않음). 맞춰 주면 애교 떨고, 조금이라도 수틀리면 언성이 높아짐.

- 학교: 맨 앞자리에서 선생님 눈에 걸리니 맨 뒷자리로 보냄. 반은 수업 따라가고 반은 딴짓하고, 그러겠죠. 뒷자리에서 매트와 자리를 오감. (자극이 필요한 것인지) 반복적으로 물건으로 소리를 내기도 함. 선생님이 포기한 걸까?
- 연구소 방문 이후 아빠는 방향이 명쾌해졌다고 함. 부부간 이해도 되는 것 같음. 걱정을 내려놓으라고 얘기해 줌.
- 아이가 뼛속까지 있었던 분노까지 다 끌어올리는 듯이 행동함. 분노 폭발은 심하고, 조절은 안 되는 것 같음. 무슨 분노가 그렇게 많이 쌓였을까?

5주   처음보다는 미션 수행이 좀 나아지긴 했다.
- 학교가 아이에게 왜 지옥인지 엄마 머리로는 이해되지 않음. 대학까지도 이럴까?

6주   최근 아이가 가끔 와서 눈치 보며 "내가 엄마한테 심하게 하는 거지?" 하며, 그만하겠다는 말을 했다. 사랑한다고 말하고 가기도 함.
- 학교 안 가는 동안은 안정된 느낌이다. 어젯밤에는 스스로 방 정리도 해서, 엄마가 칭찬해 주었다.

7주   게임을 위해 앉아서 소변을 봄. 아침 잘 안 먹고, 점심, 저녁 먹으면서도 게임을 함.

8주   동생이 아이에게 비웃는 거 보고 형 비웃으면 안 된다고 혼내 주었다. 아이도 동생이 비웃는 것을 알고, 두어 번 세게 때려 주라고 함.

9주   주말, 월요일까지 차분함(점차 나아지면서 짜증, 소리 지르며 요동치는 폭이 작아지고 있음.). 엄마가 잔소리 안 하는 것을 느끼는지, 엄마 사랑한다고, 안아 주고 감.

10주   분노 발산 시기가 지나고 안정된 느낌이다. 동생이랑 놀 때 투닥거리기도 했으나 차분하게 놀기도 함. 주변 가족, 엄마 기분을 살피기도 한다.
- 아이가 동생 편을 들기도 함(엄마가 동생한테 말을 함부로 해서 그런 거다.). 또 엄마 편을 들기도 하고 불쌍하다고 말하기도 함.
- 식당 가서도 예전엔 초밥의 연어를 제대로 씹지 않고 삼켜 목에 걸려 토하기도 했는데, 그런 일도 없고, 얼굴에 묻은 음식을 옷으로 닦거나 흘리는 모습도 안 보임. 시댁 가족과의 식사 자리에서 불편한 게 있어도 눈치를 살피고, 불평을 말하지 않음.
- 아빠도 아이의 변화를 느끼는 듯함(소장님이 말한 '그때의 조짐'이 오는 것 같다고 함.).

11주   처음 좌뇌보강 초기 한두 달이 제일 힘들었고요, 그 시기가 지나니까 이젠 많이 편안해졌어요.
- 아빠가 아이 화를 돋우면, 아이 얼굴에 분노가 차서, 벌벌 떨면서도 '마귀 들린 행동'은 안 하더라고요. 동생에 대한 화도 좀 덜하고, 기분 좋을 땐 이리 오라고 해서

같이 놀아 주기도 해요. 동생 때려죽이라고 울고불고하는 일은 이제 없어졌어요. 진짜 이런 기적 같은 일이 일어나네요.

12주 전에는 마르고, 깔끔한 모습이었는데, 보강 전에 비해 살도 많이 찌고 많이 바뀜. 아이가 편안해 보여요.
- 경찰에게 '선생님이 나쁜 분이고, 그래서 학교에 안 간 것'이라고 말하겠다고 함. 2학년 때 선생님은 나이가 많았는데, 아이에게 맞춰 준 선생님이었음. 그때는 아이가 가끔 성질낼 때도 있었지만, 열심히 하고 잘 다녔음. 2학년 선생님이 제일 좋았고, 지금 선생님은 최악이라고 함.

14주 최근 동생한테 소리 지르는 게 줄었음. 둘이서 잘 놂. 숙제하는 동안 게임한 거 보여 주면서 이야기할 때 엄마가 숙제하는 거 기다렸다가 말하라고 하면, 별 거부 안 하고 기다려 줌.

15주 학교 상담 전문교사가 학생 집에 방문했다. 소장도 초청받아 이 모임에 합석함. '특별한 아이들'에 대한 학교 측의 통일된 대책이 없어 보임.

16주 아이는 대안학교에 안 가고, 선생님이 들들 볶지만 않으면, 지금 학교를 2학기에도 다니겠다는 입장임.
- 엄마는 이제 아이와 지내면서 늘 힘들기만 하지 않다. 좋을 때가 많고, 좋다가도 가끔 힘든 때가 생기는, 그런 상태임.
- 좌뇌보강 전과 비교하면, 아이가 즐거울 땐 즐거움을 분명히 표현할 줄 알고, 본인의 주장을 더 뚜렷하게 말할 줄 알고, 부모의 꼭두각시가 아닌 하나의 인격체가 되었다. 기대 이상의 변화임. 그리고 아이가, 학교 선생님을 그토록 싫어하는 줄도 몰랐음.
- 엄마는 이후에 아이가, '자기 자신도 이 선생님 때문에 학교를 쉬는 건데, 선생님이 왜 엄마까지 힘들게 하는지.'라고 말하며 뒤돌아 우는 모습을 보게 됨. 아들이 엄마 사랑하는 깊은 마음을 알고, 엄마가 목이 메었음.

상담 마치고, 5개월 후 받은 문자

안녕하세요 소장님,

○○이는 많이 좋아져서 학교를 즐거워하며 다닙니다.

말씀하신 대로 본인의 다닐 이유(그림 자랑, 수업 습득이 빠르고 재밌어함 등)가 생기니, 등교 거부하며 사람 같지 않았던 때 생각하면 다른 애처럼 아이가 변했어요.

지금도 관심 분야를 확장하면서 좋은 쪽으로 확실히 변하고 있습니다.
GG에서의 좌뇌보강을 통해 큰 도움이 되었습니다.

그동안 눈물도 많이 흘렸는데, 남과 같이 키우면 안 된다는 것과, 불안해할 이유도 없다는 것, 정말 보석을 지닌 원석이라는 것을 절실히 깨달았어요.
감사합니다. 사업도 더욱 번창하시길 바랍니다.

◀◀◀ 어록 ▶▶▶

- 무리 속에 파묻히는 아이의 엄마들은 얼마나 편할까? (엄마)
- 날 건드리지 마세요. (아이가 담임에게)
- 좌뇌보강 후에 적응력 생겼을 때, 퇴행 우려가 없게 되었을 때, 그때 학교에 보내는 것이 가장 합리적이죠. (소장)
- 선생님이 너무 싫고, 공부가 힘들었음. 같은 자세로 오래 앉아 있는 것도 힘들었음. 자유가 있는 그런 학교에 다니고 싶음.
- 밤에 자러가면서 "안녕히 주무세요~"라고 인사까지 함. 깜짝 놀랐어요. (엄마)
- 말투 자체가 싹싹, 상냥, 예쁜 말투. 나 이거 조금만 더 하다가 잘게요. 이런 식으로 바뀌네요. (엄마)
- 엄마, 이 밤에 힘드니까 내일 버려. 나도 내일 도와줄게. (엄마가 밤에 쓰레기 버리러 나가려고 하니까.)
- 엄마, 쓸데없는 걱정 하지 말고 평소처럼 그대로 대하면 되잖아. 아무 말도 하지 말고. (엄마가 학교상담 마치고 와서 한숨 쉬자.)
- 맨날 새벽까지 게임하는 아인데, 요즘엔 10시쯤 엄마가 자자고 하면, 군말 없이 잠이 듭니다. 너무 신기해요. (엄마)

꽃이 되었다 29

이름/지역	○선○ (남) / 초6 / 경북
상담기간	2018. 2. ~ 2018. 5. (12주)
병의원 진단	ADHD, 자폐, 경계성지능, 공황장애, 강박장애

어, 나는 야단치면 안 되는 아이래.

BEFORE

연구원 관찰 시선 피하지 않고, 좀 강렬해 보임. 만화 잘 그리는 건 아닌데, 그리는 거 재미있어 한다. 친구랑 술래잡기하고 놂. 친한 친구가 없음. 학원 싫고, 자유를 좋아한다. 날다람쥐 같은 체격이다.

- 3가지 소원: ① 게임 만드는 프로그래머 되고 싶다. ② 행복하게 살고 싶다. ③ 애들이 나를 인정해 주면 좋겠다(쫄다구임).
- 질문에 답할 때 깊이 생각하고 답하거나, 질문을 피하려 함. 나중에는 본인이 원하는 주제로 끌고 간다. 아이가 하는 게임에 관심 보이자 잘 설명해 줌.

- 겁이 많고, 욕실 물 내리는 소리에도 울고, 청각이 너무 예민하다. 풍선 부는 것, 뜨는 것만 봐도 무서워한다. 놀이기구도 못 타게 했다.
- 어린이집에 한 달 정도 보냈는데, 만 3세 직전, 그 이후로는 절대 안 간다고 했다. 제재를 많이 가하니까, 어린이집 근처만 가도 울었다.
- 유치원을 보냈더니, 또래와는 놀지 않고, 선생님이랑만 놀았다.

- 학교는 애들이 시시하고, 코드가 안 맞는다며 학교 마치면 혼자 조용히 있고 싶어 했다. 애들과 공 차고 노는 건 전혀 안 하고, 흙 파며 놀고, 곤충 따위를 가지고 놀고, 자기 나름대로 얘기를 만들어서 놀았다.
- 어릴 때 바깥 놀이가 적었다. 아빠가 충분히 놀아 주지 못했다.
- 음악에 재능은 없어 보이는데, 어떤 음악을 들으면 출처를 정확히 기억한다.
- 어릴 때 색깔을 정확히 기억했다. 놀이터에서 몇 명이 놀았는데, 각각의 옷 색깔이 무엇이라고 얘기한다. 부모가 틀리게 얘기하면 증거를 가져와 제시했다.
- 명령받는 것을 굉장히 싫어한다. 부모가 노란 책을 보고 배운 이후로는, '~해 줄래?' 식으로 말하고 있다. 좀 낫다.
- 어디 갈 때 항상 앞서서 걷고, 소파, 책상들 위에 자꾸 올라간다.
- 머리에 열이 많아서 모자는 씌울 수도 없고, 얼굴에 손대는 것도 매우 싫어한다. 부모도 조심해야 한다.
- "아빠, 심심해, 놀아 줘." 몸 움직임보다 뇌의 즐거움을 원하는 것 같은데, 충족을 못 시켜 주었다. 캠프 등에 가면 다른 애들은 즐겁게 노는데, '나는 왜 같이 즐겁게 놀지 못 하는 거지?'를 궁금해했다.
- 공부에는 흥미가 전혀 없고, 수학 시간에 특히 이해가 안 된다고 했다. 엄마가 예습시켜서 보냈더니 좀 낫다고 하는 때도 있었다.
- 실험도, 선생이 정해 준 대로만 하라고 하니까, 재미가 없다.
- 새로운 곳에 가고 싶어 하고, 식단도 끼니마다 다른 것으로 달라고 한다.
- 선생들이 내성적이라 표현한다. 학교 수업에 적극적으로 참여하지 않고, 모둠 할 때 자기 의견은 개무시당한다고 생각한다.
- 중학교를 보낼까 말까? 아이는 학생 수 적고, 자유가 많은 곳을 원한다. 그런 학교가 있나?
- 소파 위에서 날뛰고, 소리 지르는 등, 행동반경이 크다.
- 부모님 두 분만 있으면 조용한데, 아이가 오면 대단히 시끄럽다. 책상이나 소파 위를 오르락내리락한다.
- 경제관념이 부족하다. 남에게 주는 것을 좋아하고, 계획 없이 쓰고 본다.
- 공황장애: 세 식구 모두 앉아 있을 수가 없었다. 누가 말하면 입에서 세균 나오는 것이 보인다고 떠든다. 책갈피 사이를 소독 수건으로 다 닦아야 하고, 책상도 몇 번 닦고, 샤워는 기본으로 한 시간이다. 집 안으로 작은 벌레 하나가 들어와도, 잡아야 한다고 온 집 안 다 뒤집는다. 엄마 내가 왜 이래?
- 새벽 한 시에 막 소리 지르고, 이사 가야 한다고 한다.
- 외동인데, 오죽하면 부모가 여기서 죽었으면 좋겠다고 생각한 적도 여러 번이었다.
- 그때는 산다는 것이 왜 이렇게 힘이 드는지, 눈만 뜨면 한숨이었고, 아내는 눈만 뜨면 눈물이었다. 우리가 무슨 죄를 지었을까, 반성도 많이 했다.

AFTER

- **2주**   TV 등을 볼륨 크게, 밤늦게까지 본다. 엄마에게 명령 투로 말한다.
- **3주**   아이가 자신감이 넘쳐 거칠어졌다. 아빠 얼굴, 머리를 발로 차서 아빠가 다칠 정도다.
- **5주**   태권도 싫어하고, 피아노는 가나 마나라 모두 다 끊었다.
- **6주**   등교를 유연하게, 주 1회쯤 결석한다. 6학년이라 그런지 더 지쳐 보인다.
  - 자기가 알아서 하지 않는다. 판단, 결정을 안 하고, 부모에게 자꾸 묻는다.
- **7주**   친구 집에서, 창문 열어 놓고 친구와 함께 목청껏 고함질렀다. 위층 분들이 놀라서 내려왔다.
  - 친구들 집에 자주 놀러 간다. 친한 친구가 여러 명 생긴 모양이다. 애들이 시시하다고 하던 아이가 왜 이렇게 바뀌었지? 암튼 환영이다.
- **8주**   게임을 하루 7~8시간 정도 한다. 매일 자기 전에 지휘봉 같은 것을 휘두르며 땀이 날 때까지 혼자 놀다가 잔다.
- **8주**   "너는 게임을 그렇게 많이 해도 부모님이 뭐라 안 하시냐?"라는 친구의 말에 아이가 대답하기를, "어, 나는 야단치면 안 되는 아이래."
  "왜 안 된대?"
  "천재라서 그렇대."
- **9주**   음악을 들으면, 어디서 들은 것인지 안다. 정확히 찾아낸다.
- **10주**   전 주부터 외삼촌을 시터로 붙여 줬다. 같은 극우뇌 둘이서 게임을 정말 재미있게 잘한다. 아이가 게임 실력도 빠르게 는다.
- **11주**   몰랐으면 수학을 계속 시켰을 거다. 방향을 잡았다는 게 안심된다.
  - 전에는 아이가 친구들에게 게임하자고 전화했는데, 지금은 친구들 전화가 먼저 온다.
  - 소리 내어 웃는다. 표정이 많이 밝아졌고, 목소리 톤이 높아졌다.
  - 아직 눈치는 보지만, 라면, 초콜릿 등 일반 음식을 과감히 먹는다.
  - 아이디어 풍부하고, 이해력 빠르고, 관찰력-탐구력이 뛰어나나, 표현력은 좀 부족하고, 표정이 풍부하지 않다. 아는 것은 조곤조곤 설명한다.
- **12주**   가장 행복할 때는 잠잘 때란다. 아무 생각을 하지 않아도 되기 때문이라고.

- 아이가 외삼촌(시터)에게 게임 숙제를 내 주고, '어느 단계까지 해 와라' 하면, 외삼촌이 숙제를 만족 그 이상으로 해 온다고 한다.
- 아이가 게임을 워낙 잘하니까, 반의 짱이 전체 아이들에게 공포했다. "앞으로 ○○이에게 게임을 같이 하자거나, 어떻게 하는 거냐, 이런 거 묻지 마라. ○○이는 앞으로 나에게만 게임을 가르쳐라." 그 짱은 그로부터 ○○이의 호위무사가 되었다고 한다.

연구원 소감 평균 상담 기간이, 저학년까지는 16주, 고학년 20주, 중고생은 30주 안팎인데, 이 학생은 12주에 마쳤다. 놀랍다. 미션을 이토록 철저하게 실천하시는 부모님은 처음이다. 시터도 대단히 적합한 분을 구한 덕분으로 보인다. 6학년이 12주라니! 가능성을 확인하게 되어, 우리도 즐겁다.

◀◀◀ 어록 ▶▶▶

- (1주) 아빠는 1시간만 지나도 보고 싶고, 엄마는 하루 지나야 보고 싶어요.
- (5주) 학교에서 가르쳐 주는 것이 너무 많다. 나를 좀 자유롭게 해 달라.
- (7주) 공개수업, 부모가 왔으니까 저렇게 학생 중심이지. 평소에는 혼자 지껄여. 재미없어 죽겠어.
- (8주) 어, 나는 야단치면 안 되는 아이래. GG 말씀이, 천재라서 그렇대.
- (10주) 엄마, 아빠, 내 말에 토 달지 마.
- (10주) 우리 아이 문제만 해결되면, 집안 문제 90%가 해결됩니다. (아빠)
- (11주) 외삼촌 시터는 신의 한 수. 대타가 만루홈런 치는 거예요. (소장)
- (마친 후 한 달 경과) 더도 말고 덜도 말고 요즈음만 같아라. (엄마)

꽃이 되었다 30

이름/지역	○형○ (남) / 초6 / 부산
상담기간	2020. 10. ~ 2021. 2. (16주)
병의원 진단	ADHD, 틱, 분노조절장애, 초기자폐, 이갈기(Bruxism)

처음에는 가슴에 큰 바윗덩이, 지금은 자갈만 조금

BEFORE

본인 상담 가장 행복할 때는 목공할 때이다. 의자, 선반, 책장 등을 만든다. 공방을 두 곳 다니고 있다. 집 다락방에서도 만든다. 목공 자격증 따려고, 6월 8일부터 매일 다녔다. 학교는 재미없다.

- 농구선수다. 3등까지는 상금을 준다. 이 돈으로 기구재료를 샀다. 금속공예도 같이 할 거다. 아빠, 삼촌도 손재주가 많으시다. 삼촌은 금속공예 전문가다.
- 시선 강하고, 목소리 크고, 뭔가 하려는 의지가 굳다.

엄마 상담 아이가 목공은 초1부터, 금속은 5학년부터 시작했다. 이를 위해 수학과 영어학원에 다닌다. 목공 시험에 수학이 나오고, 목공 선진국인 캐나다나 영국으로 유학해야 하니까.

- 어릴 때부터 독특했다. 까다롭지는 않았지만 엉뚱하고 발랄하다. 유치원은 음악, 미술교육 중점적으로 하는 곳인데, 아직 배우지 않은 것도 척척 대답했다.
- 병원에서 머리가 상위 5%인 아이라며 약을 안 먹으면 아이큐를 손해 보고 살 수 있다고 해서 약을 먹이기 시작했다(8세 6개월). 10개월 후에 끊었다.

- 3~4학년엔 공동육아를 했다. 그때 엄마가 약간 편안한 느낌이다. 농구부에 들어갔는데 형들의 갈굼이 심했다. 주전이 될 때까지 이를 악물고 참았는데, 욱욱 하고 올라오는 게 보였다. 4학년 때도 2~3달 투약했다.
- 감정 기복이 많은 아이라, 취미 활동을 많이 하는 혁신초등학교에 4학년까지 보냈다.
- 5학년부터는 농구부가 있는 초등학교로 전학했는데, 규율이 너무 센 곳이어서 아이가 쉬겠다고 했다. 많이 억눌려서 지내야 했던 듯하다.
- 5학년 말부터 폭발 시작, 1년 버티다 터진 거다. 주전으로 뛸 나인데 코로나 사태까지 터졌다. 공부를 따라가려고 하니까, 담임이 봐준답시고 매일 남으라고 했는데, 이 때문에 더 힘들었을 거다.
- 온라인 수업 과제를 가끔씩만 해 갔고, 국어책을 안 가져가서 딴짓한 일도 있다. 수학 시간에 나가서 문제를 푸는데, 안 하고 서 있으니까, 왜 안 하냐는 말에 "귀찮아서요."라고 했다. 담임에게 살짝 대든 것 같다.
- 4학년 때 바보 소리 듣기도 했고, 나가서 문제 풀다가 틀리면 놀림받는 것도 너무 싫어했다. 동기와 트러블이 자주 생겨서 농구 시합도 못 하게 되었다. 학교가 싫어질 수밖에 없다. 결국은 '미술 해서 예술중학교에 가겠다.'로 자기 살길을 찾은 것 같다.
- 게임을 별로 안 좋아한다. 명화를 해설, 소개해 주는 프로그램 등을 좋아한다. 음악을 무척 좋아한다. 대중가요, 팝 등을 더 들어 보고, "어, 가사 좋은데." 하는 식이다.
- 먼저 흥분하는 스타일은 아닌데, 건드리면 반응이 너무 크다. 문제라면 이것이 문제다.
- 평소 까칠하던 또래가, "네 엄마가 너를 그렇게 키우니까 네가 그 모양이다."라는 말을 듣고, 엄청나게 폭발했다.
- 만 2살이 지나자 가위질, 바느질, 뜨개질을 좋아해서 많이 하게 해 주었다.
- 학년이 올라가며 틱이 더 심해졌다(양치하기 힘들 정도로).
- 집에서는 트러블이 없다. 선생님이나 친구들이 건드릴 때 트러블이 심하다. 동생이나 형들은 괜찮다.
- 10년 된 친구 한 명, 6년 사귄 형이 한 명 있는데, 한 번도 싸운 적이 없다.

AFTER

🎉 **2주** 농구를 그만두니 목공 시간이 늘었다. 나무와 소통하는 능력이 좋다.

🎉 **4주** 아이가 원하던 예술중학교 시험에 떨어지고 많이 속상해했다.
　　　　 － 좌뇌 선생님이 종일 문 닫아라, 앉아라, 이거 해라, 저거 해라 한다. 정말 싫다.

🎉	**5주**	소화능력이 좋아졌다. 전처럼 배가 아프지 않다. 변도 좋아졌다. – 토론 수업을 즐거워한다. / 전체적으로 괜찮았던 주였다. 아이를 고치려는 것이 아니라, 아이를 이해하고 인정하는 시간이어서 참 좋다.
🎉	**6주**	담임선생님에 대한 불만은 아직도 조금 있는 편이다. – 학원 수학선생님이, 다른 아이들에 비해서 실수가 많지는 않다고 말해 주셨다. – 공방에서도 칭찬을 많이 받아 즐거워했다. (테이블 만드는 작업)
🎉	**7주**	집에 있는 시간이 많지만 휴대폰을 그리 많이 하지는 않았다. – 말로 영어를 하려고 한다. 앞뒤가 안 맞더라도 시도하는 모습이 재미있다. – 엄마에게 묻지 않고, 스스로 스케줄대로 움직이고, 시간 되면 집에 와 있었다. – 눈을 깜박이는 증상이 아직 있다. 조금 걱정이 된다.
🎉	**9주**	단원평가에서 과학을 딱 한 문제 틀렸다. 95점이면 1등이다. – 누군가 자기 모르는 것을 가르쳐 주면 반발부터 했는데, 지금은 긍정적으로 받아들이려고 한다. (어~ 맞아~ 그렇지, 어~ 내가 몰랐네?)
🎉	**11주**	어릴 때부터 이를 가는데 아직 간다. 4학년 약 먹을 때도 갈았다. – 예술중학교 추가시험에 응시하지 않는 이유: 노여움, 망신, 창피를 또 당하고 싶지 않다.
🎉	**13주**	학예회 날, 반주 없이 혼자서 아르페지오로 작별을 연주했다. 잘했다.
🎉	**14주**	다락방에 한번 올라가면 세 시간 내내 나무로 작업한다. – 예술 쪽이 아니라 기술 쪽으로 해 보는 것은 어떨까? (예: 치기공, 금속공예, 컴퓨터, 재활 공학 등)
🎉	**15주**	중학 필수 단어장을 보면 아는 단어가 별로 없었는데, 이제는 보면 거의 다 아는 단어라면서 신기해했다. (기억장애가 풀린 듯) – 혼자 자책하듯 중얼거리는데, 엄마 입을 막겠다는 건지? 자기 암시인지?
🎉	**16주**	GG에 처음 갈 때는 가슴에 큰 바윗덩이, 지금은 자갈만 조금 남은 기분이다. 아이는 그냥 두고 엄마를 바꿔야 한다는 것을 배웠다. 이것이 바로 아빠가 가장 흡족해하는 부분이다. – 목공, 금속공예, 기계 중에 하나를 하고 싶다고 한다. 목공 선생님은 조형예술고등학교를 권하신다.
	연구원 생각	목공에 자신감이 아직은 덜한 것 같으나, 6학년밖에 안 된 아이가 그 정도면 대단히 잘하는 것이다. 실수를 거듭할수록 극복하는 방법도 배울 터. 본인도 참아 내면 해낼 수 있다는 믿음을 가지고 있다.

어록

- 아이에게 '조심'을 주입하면 있던 재능도 숨어 버린다. (소장)
- (8주) 실수할 만한 나이인데, 실수하면 안 된다고 다그쳤던 것이 미안하다. (엄마)
- (8주) 내 모습을 모르는 학교로 전학 가고 싶다.
- (9주) 네가 안 다쳤으면 됐다. 불안해하지 않아야 머리도 잘 돌아간다. (아빠)
- (10주) 집에 들어오기 전에 꼬박꼬박 전화하는 품이 영락없는 아빠다. (엄마)
- (10주) 엄마, 나 과학 95점 받았어. 100점은 아무도 없어.
- (10주) 아… 수학은 반 맞고 반 틀렸어.
- (10주) 누나가 100점 받아 온 것보다 너의 95점이 더 기쁘고 대견하다. (아빠)
- (11주) 그건 그 학교에 대한 예의가 아니지. (준비는 안 했지만 예중에 한번 응시해 보지 그래? 하고 엄마가 물었더니 하는 대답)
- (12주) 아이도 못하는 것이 있는데, 그걸 못 참고 욕심을 많이 부렸다. (엄마)
- (12주) 우연히 아이를 밖에서 살짝 떨어져서 보니 녀석이 참 많이 컸다는 생각이 새삼 들더라. (아빠)
- (13주) 아이 컨디션에 따라 아이가 달라지는 것이 보인다. 아이가 아니라 내가 문제라는 걸 알게 되었다. (엄마)
- (15주) 자기 관심사에만 파고드는 사람이, 세상을 바꾸는 사람이다. (소장)

사람이 서로 다르므로

유전의 6대 원칙

1. 자녀(F1)의 뇌특성(Neuro-characters)은 부모 중 어느 한쪽의 특성만이 독점적으로 유전된다(Exclusive Inheritance). 즉, 한 아이에게 부모 양쪽의 뇌특성이 섞이지 않은 채로 유전된다(Immiscible Neuro-characteristics). 이는 부모의 두뇌타입과 다른 제3의 두뇌타입이 자녀에게 나타나지 않음을 뜻한다. 뇌특성이란 성격, 재능, 학업능력, 오장육부 기능을 말한다.

2. 만약 아빠의 뇌특성이 첫아이에게 독점적으로 유전되었다면, 둘째 아이에게는 반드시 엄마의 뇌특성이 독점적으로 유전된다(교대성, Alternative Inheritance).
   부□ 모△ → 자녀 □△□△ 또는 △□△□

3. 임신했던 아이가 유산되었을 경우, 유산된 아이도 자기 차례(부 또는 모)의 뇌특성을 차지하여 교대원칙을 유지한다. 유산이 여러 명이어도 교대성은 유지된다.
   □▲□△ 또는 △■△□ 또는 □△■△□ 또는 △■▲□△ 또는 □▲■△□△ 또는 □△□▲□△

4. 쌍둥이(시험관아기)의 경우에도 교대성은 철저히 지켜진다.
   □△, △□

5. 단, 부모 중 어느 한쪽의 특성이 교대로 유전될 차례임에도 지켜지지 않은 경우가 35건(3.4%) 발견되었는데, 이 35건 모두가 격대유전의 경우였다(유전될 차례의 부의 부모, 또는 모의 부모의 뇌특성이 유전된다.).

6. 외모(얼굴)나 피부색은 부모와 조부모 등 6인, 또는 그 윗대 조상의 특성이 섞여서 유전되며, 외모는 성장과 함께 바뀐다.

꽃이 되었다 31

이름/지역	○민○ (남) / 중1 / 충청
상담기간	2021. 6. ~ 2021. 10. (17주)
병의원 진단	자녀 가정교육, 가족 간 갈등, 분노조절장애, 틱

가족들이 서로 물어뜯기만 해요.

BEFORE

본인 상담   친구들이랑 얘기할 때 제일 행복해요. 친한 친구 4명, 그리고 또 많아요. 저는 힘이 진짜로 세요. 싸움에 안 끼어들어요. 커지면 안 되니까.

- 누나만 둘 있어요. 특히 둘째 누나와는 어떨 때는 머리끄덩이까지 잡으면서 싸워요.
- 셋이서는 가위, 칼, 골프채 등을 들고 싸웠어요. 싸우다가 에어컨이 망가진 적도 있고요. 셋 다 자존심이 세요. 작은누나는 자기가 먹은 그릇을 싱크대에 갖다 놓지도 않아요. 여왕도 아니면서 여왕같이 행동해요.
- 아빠랑 작은누나가 같은 감정이에요. 이 두 사람 기분에 따라 우리 집 온도가 달라져요. 작은누나가 무섭게 생겼어요. 별명이 태평양이에요.
- 아빠는 다중인격자, 다른 사람들과는 완전 달라요. 싫어하는 사람도 많고, 아들딸에게 존경받지도 못하고, 그런데도 엄마를 많이 사랑하세요.
- 저는요, 노래 굉장히 잘 불러요. 춤도요, 저보다 잘 추는 사람 못 봤어요.
- 오래달리기, 윗몸 일으키기 두 가지는 일 등급, 멀리뛰기는 중간급, 유연성은 꼴찌예요. 저는 성격이 좀 이상해요. 누가 잘되면 배 아프고, 코로나 걸린 사람 많다니까 기분 좋고, 다른 애들이 재미있게 놀면 배 아프고, 그래요.

연구원 관찰 말이 엄청나게 많다. 빠르고, 특정 단어를 반복 사용한다. 다소 산만하고, 체격이 상당히 크다. 표정은 다양하다. 두뇌특성검사를 가족 5인 모두 했더니 결과가 놀랍다. 엄마와 큰딸은 균형인이고, 아빠, 둘째 딸, 막내는 극우뇌인이다. 한집에 태양이 셋이다. 게다가 아빠와 둘째 딸은 뇌 손상도 많아 보인다. 특히 둘째 딸은 자폐 증상도 여러 가지가 보인다.

엄마 상담 교육방법이 궁금해서 왔다. 큰누나, 둘째 누나 그리고 올해 중학교 들어간 이 아이가 막내아들이다. 큰누나는 대학생, 둘째 누나가 고교생이다.

- 막내아들이 누나와 말싸움이 있을 때 자제가 안 된다. 던지기도 하고 막말도 한다.
- 아빠가 싫은 말을 해도 바로 반항한다. 아빠에게 "그만해라.", "영감탱이." 등, 상상을 초월한다. 아빠가 어릴 때 체벌하고, 방에 가두기도 했다. 그 때문인가?
- 엄마가 하나부터 열까지 다 해 주려고 한다. 아이들은 다 컸는데, 정신 상태는 셋 다 초등학생이다.
- 대부분 둘째 딸이 싸움의 시발점이다. 대화만 시작되면 싸우자고 덤벼든다.
- 둘째, 셋째가 많이 다퉜다. 별거 아닌 걸로. 일주일에 최소 네 번 정도.
- 가족 간, 다른 의견이 나오면, 증명해라 등, 심하게 딴죽을 건다.
- 항상 아빠랑 투닥거린다. 아이가 묻고 아빠가 옳게 답하면, 아빠가 어떻게 아느냐며 딴죽을 건다. 원하는 답이 있는 것 같다.
- 아이가 남에게는 아주 잘한다. 집에서도 화목하게 지냈으면 좋겠다.
- 영어를 전반적으로 잘한다. 단어도 잘 외운다. 사회와 과학이 취약하다.
- 말을 잘한다. 말에 관련된 직업을 가지라는 말을 듣는다. 말하기를 정말 좋아한다.
- 맨바닥에서 잔다. 덥다고 한다. 가끔 이빨을 간다. 악몽을 가끔 꾼다.
- 가수 소질이 보인다. 밀어주고 싶은데, 아직 무대 울렁증이 좀 있다.
- 땀을 많이 흘리고. 비염도 있다. 시력은 0.3~0.6이고. 틱이 있어서 한약을 복용 중이다.

AFTER

3주 노래 레슨 생각 없다. 레슨 받는 게 시간 낭비 같다고.

4주 걱정이 많다. "우리 망하면 어쩌지.", "부모님 돌아가시면 어떡하지?"

5주 전처럼 폭발하지는 않았다. 아빠와도 사이가 조금 좋아졌다. 누나랑 싸울 때도 강도가 조금 약해졌다.

6주 살이 눈에 띄게 빠졌다. 열 번 화낼 것을 두 번만 낸다.

8주 누나와 2~3일 정도 다정한 모습을 보였다. 믿어지지 않을 정도다.
- 막내가 아빠에게, 비 오니까 운전 조심해서 하시라고 말했다. 이런 날이 오다니.

9주 집에 독수리가 세 마리. 우열을 가리기 위해 싸우는데 결론은 안 난다. 재능이 많은 셋이 힘을 합쳐 뭔가를 이루면 참 좋겠다.

10주 아들이 좀 참는 모습을 보인다.

11주 친구 문제는 이제 스스로 컨트롤하는 것 같다. 초등학교 4학년 때만 해도, 아이들과 소통을 엄청 못 하는 느낌이었다.

12주 친구랑 통화를 오래 한다. 이성 친구인 것 같다.

13주 이번 주에는 트러블이 없었다. 아들이 참는 모습을 보이는데, 누나가 도발을 안 하니까 그렇다고 한다.
- 아들이 가끔 아빠가 불쌍하다고 말한다. 우리가 아빠를 필요할 때만 찾아서 이용하는 것 아니냐고 한다.

14주 작은누나가 너무 집에만 있어요. 햇볕을 싫어해요. 학교 끝나면 아빠보고 데리러 오래요. 고등학생이 말도 안 돼요. 아빠가 참 안됐어요.
- 작은누나는 아빠를 막 대한다기보다는, 따까리, 꼬붕으로 알아요. 아빠 빈자리를 느껴야 하는데. 아빠가 밥상까지 차려 줘야 해요.

15주 영어 회화가 점점 재미있어진다고 해요. 호주 선생님이에요.
- 아빠가 하지 말아야 할 행동을 오기로 더 하는 것 같아요. 누나에게 받는 스트레스 영향이 클 거예요. 아빠는 엄마가 좀 풀어 주면 기분이 좋아서 아이들에게 잘하려고 하는데, 그게 아니면 또 기분대로 행동해요.
- 누나와의 관계는 아직도 별로 좋지는 않아요. 그래도 전처럼 크게 싸우지는 않아요.

16주 두 누나가 아들을 문제아처럼 생각하는 것 같아서 기분이 나쁘다. 아빠가 볼 때는 엄마가 아직도 잔소리가 많다. 이상하게 못 줄인다.
- 아이가 여기 처음 왔을 때 틱이 있었는데, 지금은 보이지 않는다.

17주 아들은 이제 좀 어른스럽게 생각한다.
- 2주 전부터는 아빠 스스로 전과 다르다고 느껴지는 것이 있다. 정확히 말로 표현하기는 어렵지만, 아무튼 좋은 느낌이다. 우리 가정의 갈등이 많이 줄 거라는 생각이 든다.

어록

- 가족들이 서로 물어뜯으려고 해요.

- 큰누나는 화를 참고, 참고, 참고. 그러다가 터지면 화를 풀지 않아요.

- 작은누나가 아빠를 애착 인형처럼, 장난감처럼 깐죽대요. 말빨로.

- 아빠가 너무 참으면 힘들 텐데.

- 엄마가 너무나 자녀를 과보호해요. 결국은 본인 능력 떨어트리는 일인데.

- 누나도 저도 점점 싸가지가 없어져요. 전에는 엄마, 아빠가 심하게 해서 그렇고, 지금은 착하게 해 주시니까 더 싸가지가 없어져요.

- 엄마 이부자리 빨아야 하는데 어떻게 해? (둘째 딸)

- 부모에게 상스러운 말(대가리, 주둥이 등)을 하는데 언제쯤 이 버릇이 없어질까요? (엄마)

- 좌뇌보강을 어떻게 해야 하는지 방법은 알겠는데, 실천이 어려워요. (엄마)

- 중1이나 되는 남자아이가 친구 엄마와 예사롭게 팔짱을 끼는데, 이런 거 어떻게 가르쳐야 죠? (엄마)

- 영어학원비가 많이 드는데, 차라리 유학을 보내 줘.

- 엄마와 부딪히는 횟수는 줄었으나 그래도 막말은 아직 해요. (엄마)

- 중2 여학생이 우리 아이에게 고백했다 하는데, 어떻게 해 주어야죠? (엄마)

꽃이 되었다 32

이름/지역	○준○ (남) / 중2 / 경기
상담기간	2020. 6. ~ 2020. 10. (16주)
병의원 진단	ADHD, 강박증, 자폐, 틱, 분노조절장애, 사회성결핍

3개월 동안 여섯 가지가 달라졌어요.

BEFORE

- 아빠가 욱하는 성격, 아이를 많이 때렸다. 그래서 아빠 말은 좀 무서워한다.
- 6학년까지 선생님과 가까운 곳에 책상이 배정되었다. 친하게 지내는 친구가 없다.
- 운동신경 괜찮다. 어려서부터 태권도 해서 지금 3품이다. 농구, 축구도 잘한다.
- 얼마 전 태권도 그만두었다. 사범이 자기를 막 대한다고 한다. 농구도 지도 선생과 트러블 있어서 그만두고, 축구는 계속하더라.
- 통제가 안 되는 아이다. 엄마는 유해서 더 세게 다루지 못한다.
- 5학년 11월에 처음 수학학원을 다녔다. 그전에는 집에서 숙제를 억지로 했다. 지금은 소그룹으로, 여선생님이 지도하는 곳이다. 여기서 1등도 했다. 지금도 숙제는 싫다.
- 영어는 단어 외우는 게 빠르다. 4월부터 영어학원에 다닌다. 3일간은 듣고 풀기, 쓰기, 2일간은 문법 포함, 따지기를 한다.
- 폰을 금년 2월에 처음 사 줬다. 일주일에 책 두 권씩 읽어라. 안 읽으면 뺏겠다. 책을 조금 읽는가 싶었는데, 지금은 독서는커녕 게임에 빠져서 산다.
- 초등 2학년 때 모래놀이 치료받았다. 성남 보건소 내 위 센터, 2, 4학년 때 합쳐서 1년 정도. 그래도 아이가 너무 산만해서 6세경 한의원 약 먹였다. 차분해지기는 했는데 무력해져서, 한 달 정도 먹이고 끊었다.

- 손톱 물어뜯기 계속하고, 숨 몰아쉬기 틱, 음성틱이 걱정된다.
- 공부하는 동네 분위기상, 아이가 집 밖으로 나가도 같이 놀 친구가 없다. 걱정이다.
- 어릴 때부터 엄마를 집적거리듯 만지는데, 엄마는 스킨십을 싫어한다.
- 엄마가 아이 화를 돋우는 것 같다. TV가 없으니까 컴퓨터로 보는데, 엄마가 옆에서 자꾸 말을 걸면, 아이는 시끄럽다고 화내고, 이런 일이 반복된다.
- 선생님이 나를 무시했다, 이런 말을 자주 한다. 아이가 너무 예민해서, 조금만 기분 나빠도 크게 생각한다.

연구원 관찰 엄마 휴대폰 빌려서 웹툰을 봄. 소파에 거의 누워서.
- 제일 맘에 드는 친구 이름을 물어보니 한참 망설이다 대답 안 함.
- 아빠가 무서워요. 동생 괴롭히면 엄청 화내고, 아무거나 던지고, 평소에는 자나 긴 막대기로 종아리를 때려요. 그러면 울면서 때리지 말라고 해요.
- 음… 하는 틱 같은 소리를 냄. 게임을 좋아하는데 그렇게 잘하지는 않음.
- 옆에서 놀고 있는 동생을 자꾸 장난으로 괴롭힘. 눈을 잘 마주치지 않음. 전체적으로 착하고, 조용조용함. 그래도 할 말은 하는 성격임.

2주 머리 아프다는 말은 별로 안 했었는데, 요번에 학교 갔다 온 첫날 종일 머리가 아팠다고 해요.

4주 아빠가 화를 안 내는 상황이 아이 생각에 꽤 이상한가 봐요. 아빠 기분을 알아보려고 애쓰는 모습이 보이네요.
- 쿵쾅거리는 것이 그제부터는 좀 줄어서 아래층에 신경을 덜 써요.
- 밥상 주변이 정말 지저분했었는데. 요즘엔 거의 안 흘리고, 깨끗해요.

5주 여동생에게 집적거리는 빈도가 줄었어요. 아침마다 동생 방에 들어가서 꼭 동생을 괴롭혀서 난리판을 만들곤 했는데.
- 게임하면서 나왔던 음성틱을 지난 주간에는 거의 못 들었어요. 숨 몰아쉬는 틱은 게임과 상관없이 계속해요.

6주 동생한테 예전엔 톡톡 쏘듯이 말했는데, 요즘엔 조근조근 부드럽게 말하네요. 그렇다고 마구 예뻐해 주는 건 아니지만.

🎉 **7주** 아이의 목소리가 눈에 띄게 커졌다. 남자답고 씩씩해요. 동시에 가족들에 대한 갑질도 확실히 세졌어요.

🎉 **9주** 아이 표정이 밝아졌어요. 또, 게임할 때 진다고 짜증 내던 것이나, 소리 지르기도 없어졌어요. 집안 분위기가 너무 달라진 거예요.

- 중학교 가더니, 왜 내 마음대로 되지 않는가 하는 점에 대해, 왜 그럴까? 왜 친구들을 자꾸 놀렸을까? 생각하는 게 보이네요.

🎉 **11주** 부모가 거실에서 TV 보고 있으면 굳이 거실로 와서 옆에서 게임을 해요.

🎉 **12주** 3개월에 달라진 점이 크게 6가지예요. ① 표정이 밝아졌다. ② 짜증을 덜 낸다. ③ 동생을 괴롭히더라도 죽기로 달려들진 않는다. ④ 아토피, 비염과, ⑤ 손톱 물어뜯기와, ⑥ 배 훅훅 올라오는 것이 싹 없어졌다.

🎉 **13주** "가고 싶은 학원 뭐 있어?"라고 물어봤더니, 수학을 하고 싶다고 하네요. 진심인지, 다른 애들에게 뒤처지는 것이 두려운 건지 모르겠어요.

🎉 **14주** 요번 주엔 9시에 일어나서 스스로 온라인 출석 체크 하네요. 이거 하려고 요즘엔 조금씩 일찍 자요 놀라워요.

🎉 **15주** 아이는 근본적으로 변하는 게 없고, 엄마 아빠 마음이 좀 편안해졌다고 할까, 느슨해졌달까? 사실은 부모가 변하는 것 같아요.

- 날카롭게 엄마 부르는 소리는 계속하기는 하는데, 조금씩 부드러워졌어요.
- 청각이 발달했다고 하셨는데, 멀리서 나는 소리 듣고 따라서 노래하는 걸 보니까 진짜인 줄 알겠더라고요.
- 예전에는 얼음물을 찾지 않았었는데, 요즘엔 무조건 얼음물을 찾아요.

🎉 **16주** 엄마가 동네 친구 엄마를 만났는데, 아이랑 아빠 사이가 편안해진 느낌을 받았다고 하더라고요.

- 보강 중 아이 키가 정말 많이 컸어요. 특별히 잘 먹이지도 않았는데, 정말 뇌랑 관련된 게 맞는 것 같아요.

아직까지 아들의 좌뇌보강은 잘 모르겠지만, 신랑의 변화는 확실하다.

앞으로 나만 더 변하면 되겠다. 내 감정과 눈빛과 말투가 더욱 온유와 사랑으로 가득하길 기도한다.

어록

- 변화는 머리카락 같아서, 매일 보면 모르지만, 한 달 후엔 쑥 자랐죠. (소장)
- 좋은 말을 많이 듣고 자란 아이들은, 커서 좋은 말을 많이 하고 살죠. (소장)
- 나는 앞으로 뭘 해서 먹고 살아야 해요?
- 나 이제 게임 말고 뭐 하지?
- 뭔가 하고 싶은 것이 생긴다면, 손상이 회복 중이라는 증거예요. (소장)
- 자유로워야 창의력도 재능도 살아나요. 다그치면 머리가 하얘지죠. (소장)
- 원래 극우뇌는 남 탓을 잘해요. 엄마 탓해도 책임지라는 뜻은 아니에요. (소장)
- 극우뇌는 배려하는 사람이 절대 아니에요. 정이 많다는 뜻이지요. (소장)
- 핸드폰 말고는 다른 거에 의욕이 없어 보입니다. 영어를 싫어하는 건 아니에요. (영어쌤)
- 내가 여유가 없다거나 몸이 안 좋거나, 하면 가슴이 답답해지면서 그 시선이 다시 예전처럼 된다. 아이를 이해하지 못하고 가르치려 들고, 잔소리하게 된다. (아빠)
- 엄마가 재미가 너무 없지? 우리 아들은 더 재밌는 엄마를 만났어야 하는데. (엄마)
- 정말 잘하는 게 많았는데, 정말 신기할 정도로 특별한 아이였는데, 왜 자꾸 학교나 다른 아이들에 맞추려 했는지, 후회막심이다. (엄마)
- 아들 키가 올해 10cm 이상 크면서 작년에 입었던 겨울바지가 작아져서 정리했다. 뇌 손상이 회복되면 키도 더 잘 크나 보다. (엄마)

꽃이 되었다
33

이름/지역	○보○ (여) / 1년 유급해서 고1 / 서울	Top 10
상담기간	2020. 5. ~ 2021. 12. (25주)	
병의원 진단	틱, 생리증후군, 지적장애(2급), 언어장애, 자폐(2급), 난독증	

백옥 같은 피부가 초5부터 흑인처럼

BEFORE

- 태어날 때 울지 않고. 기침만 컹컹했다. 피부가 완전 하얘서 빛이 났다. 동네 엄마들이 놀랄 정도 였는데, 초5부터 검어지기 시작했다.
- 초등 저학년 때 얼굴 사진은 초롱초롱, 총명기가 넘쳐난다.
- (본인) 모기 같은 목소리 - 야단 안 쳐도 아빠가 무서워요. - 싸우면 엄마가 이겨요.
- 4~5세부터 이상해 소아정신과 데리고 가서 보이면 어느 병의원도 시원한 답을 해 주지 않았다.
- 보습학원 억지로 보냈더니, 셔틀버스 중간에 내려서 잠적했다. 경찰이 총출동해서 찾았다.
- 초2부터 본격적으로 문제가 발생하기 시작했다. 수업 시간에 뒤쪽 사물함 근처를 배회하는 일이 자주 발생했다.
- 자주 창밖을 내다본다고. 2학년부터 도움반으로 옮기고, 그 뒤 모든 공부를 거부했다. 엄마가 잠시 가르쳤고, 결국에는 1년 휴학했다. / 초2~3학년 때 아빠가 아이 공부 봐주다가 때리고, 밖으로 쫓아내기도 했다. "너 나가 있어!" 아빠가 도저히 참을 수 없었던가 보다.
- 이 기간에 엄마도 아이 따귀를 여러 번 때린 모양이다. 온갖 고함, 학대를 병행했다.
- 초등학교 시절에, 색감이 좋다고 선생님 칭찬 많이 받았다.
- 중1~2학년 때는 등교까지 거부했다. 아빠가 아이 케어하느라 8개월 휴직했다. 아이 엄마 약국 일에 전념하도록. 이때 아이는 스트레스가 더 많았던 듯하다.

- 폭력, 떼쓰기 등은 없으나, 조용하게 거부한다. - ADD라 하더라고.
- 늘 기대어 서 있는다. 비만 때문인가? 취학 전에는 아무나 툭툭 치고 다녔다. 에너지가 넘치는 아이였는데, 점점 무기력해졌다.
- 4살 때 언어치료를 시작했다. 치료센터는 말하기를 강압적으로 시켰다. 효과 없었다.
- 3~4년 전부터 긴장하면 손을 떤다. 주목받으면 불안-강박 더 심했다.

연구원 관찰 처음 왔을 때 얼굴은, 다운증후군이 의심될 정도로, 좌우 비대칭이었다.
- 아침에 일어나면 팝송, BTS, 지코 등 노래를 흥얼거린다. 공원 산책할 때도 노래를 듣는다.
- 장난치고 쎄쎄쎄 하고 유아틱하게 놀고 있다. 산책도 어린이처럼 한다.

아빠 공황장애가 있었다. 지금은 우울증 약 복용 중이고, 대기업 임원이다.

3주 혼자 과자 사러 나갔다.
- 아빠에게 ㅆㅂ이라고 했다. 원래 욕 안 했는데. 요새는 아빠를 친구처럼 하대한다.

6주 사혈원: 전에는 60대 노인 피였다. 지금은 어혈이 풀리고, 변도 좋다.

8주 성질을 부린다. 택배를 기다리며, 못 참겠어. 괴로워!
- 사혈원: 등에 얼룩덜룩했던 부분이 해소되고 하얗게 됐다.
- 어릴 때부터 손목시계에 대한 집착이 있어요. 눈이 높아서, 금장 시계만 좋아해요.
- 샌드위치 포장지 벗기는 데 손가락 사용이 부드럽지 못하다. 약간의 떨림이 보인다.
- 연구소 문을 나갔다가, 헤드폰 가지러 엘베에서 돌아왔다. 교통카드 두고 가서 지하철역에서 돌아오기도 했다.

9주 등교 이야기는 꺼내지도 못하게 한다. 33일 빠졌다.
- 상황에 맞게 이야기하는 것이 조금씩 되고 있다.

10주 목소리가 엄청 커졌다. 노래 부르는 성량이, 화나서 소리 지르는 수준이다.
- 고등학교를 4년 다니겠다고 한다. 자기 상황을 이해하는 것 같다.
- 단것을 안 찾는다. 식사량도 줄었다. 몇 년간 고도비만이 되었던 아이인데.
- 언어적으로 아주 미세하지만 활성화된 느낌이에요. 상황을 조금 디테일하게 설명해요.

12주 학교에서 제적 통지가 결국 왔네요.

🎉	**13주**	외할머니 댁에 갔던 일을 순서대로 기억해서 문자를 보냈네요. 깜짝 놀랐어요. 이래 본 적이 없는데.
🎉	**14주**	유아스러운 행동과 말을 아직도 조금씩 한다. 아빠가 소소한 일로 아이에게 지적을 자꾸 한다. 지적한 대로 고치지도 못하는데.
	연구원에게	똥강아지라 불러 달라, 머리와 등을 쓰다듬어 달라, 간지럽혀라, 안아 달라, 뽀뽀를 요구한다. 여자 연구원 무릎을 베고 눕기도 함.
🎉	**15주**	사주 보러 갔더니, 엄마 아빠보다 나은 인간이다. 천재 검사를 받아 보라고 하더라.
🎉	**16주**	식사량 줄고, 아빠에 대한 기억 완전히 소환했다. 라면도 스스로 끓여 먹는다. - 노인처럼 꾸부정하고, 어기적대며 걸었는데, 등을 펴고 걷는다. 걷는 속도도 빨라졌다. - 엄마 없는 사이에, 엄마 옷 이것저것 입어 보며 패션쇼를 했다. - 이제는 걸으면서 고래고래 노래 부르는 게 아예 사라졌어요.
🎉	**17주**	지금까지 웃는 일이 거의 없었는데, 이제는 깔깔대고 웃기도 한다.
🎉	**18주**	갈 때, 인사 나누는데 눈 맞춤이 되었다. 처음이다. (연구원 관찰)
🎉	**19주**	집에서 교복을 자주 입어 본다. 연구소에 입고 오기도 한다. - 자전거에 꽂혔다. 처음 세 번은 엄두를 못 내다가, 이제는 매일매일 탄다. - 혈액순환이 좋아진 것 같다. 생리혈 맑아지고. 한 달에 두 번 하기도 한다. - 스킨십을 매우 좋아하는 것 같아 보인다. 연구원을 손가락으로 쿡쿡 찌르거나 기대는 모습을 자주 보인다.
🎉	**20주**	얼굴색이 좋아졌어요. 얼룩덜룩 붉은 기가 줄고, 등 여드름이 거의 사라지고, 얼굴에 잡히던 기름 덩어리도 없어졌어요.
🎉	**21주**	닌텐도 저스트 댄스를 열심히 따라했다. 큰 동작은 한참 관찰하더라. - 피부색이 좋아지고, 생기가 있다. 한 달 전보다 살이 빠졌다고들 하신다.
🎉	**22주**	자전거 사고가 있었다. 얼굴을 땅에 갈고, 앞니 부러졌다. 이빨 조각이 잇몸에 박히는 등, 자전거 사고가 제법 컸다. - 사고 후, 더 빠릿빠릿해진 기분이다. 10km쯤 되는 거리를 또 타고 다닌다!
🎉	**23주**	말이 개선되는 것 같다. 보강 직전보다 30%쯤 좋아졌다고 생각된다.
🎉	**24주**	여러 가지 면에서, 빠른 속도로 좋아지는 것 같다.
🎉	**25주**	아빠도 보강 효과를 인정하고 있는 것 같아요. 절반 정도는. - 어젯밤에 얘기한 걸 엄마가 기억하고 있는지를 확인한다.

🎉 **25주 연구원** 엄마로부터 문자로, 상담을 끝낸다는 통보가 왔다. 일방적이다. 이제는 연구소 도움 없이 혼자 잘 고쳐 낼 수 있다는 뜻인 것 같다. 일 년, 그 이상을 보강해야 될 아이인데, 돈 아끼기 위한 발상이 아니기를 빈다. (12. 16.)

어록

- 선생, 전문가, 다 몰라요. 책에서도 '이런 아이가 있다'뿐, 대안이 없어요. (아빠)
- 제가 만난 부모 중, 자녀 양육에 시행착오가 가장 많은 부모님이세요. (소장)
- 아빠는 혼 안 내요. 엄마는 지금도 혼내요. (소장이 물으니까, 더듬거리며)
- 중환자로 만들어 입원시켜 놓고, 사회 매너 가르치면 제대로 배우겠어요? (소장)
- 엄마가 극우뇌인 중에도 매우 특이한 분이라, 아이를 너무 잘 망가트릴 수 있어요. 특별한 주의가 필요합니다. (소장)
- (12주) 엄마 왜 습관적으로 화를 내는 거야?
- 얘는 장거리 경주예요. 2년쯤 잡으세요. 조급하면 다 실패해요. (소장)
- (18주) 결국 인생은 그렇게 그렇게 가는 거야.
- (18주) 빨간 책이 처음에는 긴가민가했는데, 다시 보니 딱 맞네요. (엄마)
- (21주) 사주에도 비범과 장애의 경계에 서 있다고 해요. (엄마)
- (22주) 5개월 만에 3, 4년 정도의 성장이 이루어졌어요. (엄마)

사람이 서로 다르므로

자폐인 어른은 어디에서, 무엇을 하나?

이스라엘 군대가 숫자는 적음에도, 세계적 강군임을 모두가 안다. 그러나 어떤 힘이 이스라엘 군을 그렇게 강하게 만들었는지를 아는 사람은 그리 많지 않다. 비결은 여성과 소수민족 그리고 자폐증 청년 등, 일반적으로 군대에서 활약하기 힘든 이들을 당당한 군인으로 육성했다는 점이라고 한다. 이스라엘 군의 9900부대는 첩보부대. 이들의 주요 임무는 위성사진 판독인데, 자폐 청년이 이 판독업무에 탁월한 능력을 발휘하므로, 군 당국이 남녀 자폐인을 꾸준히 발탁하고 있다는 것이다.

이 밖에도, 암호해독 등의 업무에 자폐인들이 많다는 얘기는 영화에도 자주 소개되고 있다. 상황실에서 레이더 탐지 화면에 눈을 고정하고 있는 전문가들, 잠수함에서 종일 레시버를 끼고 잠수함 밖의 미세한 소리까지 잡아내는 요원 중에도 자폐인들이 많다. '자폐 성향'이 오히려 이런 업무에 유리한 까닭이다. 〈레인 맨〉이라는 영화에 관하여는 184쪽에서 다루었으므로 여기서는 생략한다.

뉴욕 타임스는 지휘자 카라얀을 20세기 가장 강력한 음악인으로 꼽았다. 그는 연주자별 음반 판매량이 2억 장으로, 20세기 클래식의 황제다. 그의 엄청난 능력을 말해 주는 에피소드 중 하나. 오케스트라 연주를 마친 카라얀이 대원들을 모아놓고 자주, 이런 식으로 말했다고 한다. "대원 A는 ○○번째 마디에서 틀린 음을 냈다. B는 ××번째 마디를 피아니시모로 연주해야 하는데, 폴테로 연주했다." 이런 지적은 청력만 좋다고 되는 게 아니다. 100%, 아니 150% 집중력이 발휘될 때만 가능한 것이다. 필자는 그가, 뛰어난 음악적 재능, 청력, 그 밖에도 강한 자폐 성향을 가진 분이라 확신한다.

주의할 점이 있다. 이들은 청각이 너무 뛰어나서 그런지, 청각 손상도 쉽게 입는다. 20~30대에 한쪽 귀가 완전 손상되거나, 40대에 벌써 보청기가 필요하다는 사람도 이들이다. 미리미리 조심하고 아껴 써서, 손상을 늦추는 지혜가 필요하다.

〈이상한 변호사 우영우〉라는 TV 드라마에서, 자폐스펙트럼을 가진 영우는 강점과 약점을 한 몸에 지닌 캐릭터다. 엄청난 양의 법조문과 판례를 정확하게 외우는 기억력, 자유로운 사고방식이 그의 강점이다. 반면에, 너무 감각이 예민해 종종 불안해하고, 자기 몸을 조화롭게 다루지 못한다. 그래서 걷기, 뛰기, 신발 끈 묶기, 회전문 통과 등에 서툴다. 그는 극도의 강함과 극도의 약함을 한 몸에 지닌 인물이지만,

특정 분야에서는 일반인보다 훨씬 업무 처리가 뛰어남을 보여 준다.

필자의 회사에 근무하던 한 남성 역시 자폐 성향이 탁월(?)했다. 그는 자기 집에, 책상 서랍 같은 수납장을 수십 개 만들어서 각각의 문패까지 붙여 놓고, 가족들에게 모든 물건을 그 서랍에 분리 보관하도록 강요했다. 연구소에 출근하면 각종 전선, 컴퓨터 케이블 등을 정리하고 숨기는 일에 많은 시간을 투입했다. 또, 회사에서 누가 박수를 받으면 그를 붙들고 시비를 걸기도 했다. 이 남성은 생명과학 분야의 박사학위 소지자였는데, 자기가 좋아하는 일은 미친 듯이 해 놓았지만, 상사가 무얼 시키는 것을 극도로 싫어해서 결국 조기 퇴사하고 말았다.

필자의 회사에 근무했던 알바 여대생 역시 자폐였다. 그는 종일 말도 없이 일만 했다. 누가 말을 걸면 최소한의 대답만 했다. 같이 점심을 먹으러 가면, 아무 말 없이 빠르게 뚝딱 해치우고는, 창밖만 내다봤다. 그에게 자료검색과 정리 일을 맡겼는데, 이 일은 정말 잘했다. 오타도 없었고, 해내는 속도도 대단히 빨랐다. 대학 물리치료학과를 졸업한 그녀가 적성에 안 맞는다고 끙끙거리다가, 마침 텔레마케터 일을 만났다. 필자도 적극적으로 권했다. 자폐 성향을 약화시키는 데 도움이 될 것 같아서였다. 나중에 들으니 재미있게 근무하고 있다는 소식이다. 청첩장이 올 날을 기다린다.

자폐인들은 숫자에 밝다. 숫자를 일반인들처럼 '수량을 뜻하는 문자'로 인식하는 것이 아니고, 하나의 숫자를 하나의 '이미지'로 인식한다고 한다. 그래서 난수표처럼 수천 개의 숫자가 좌악 나열되어 있어도, 그걸 한눈에 바로 기억할 수가 있는 것이다. 쉽게 말하면, 숫자란 자폐인에게는 그림이다. 서너 살짜리 자폐 아이가 스케치북에 각종 숫자를 열심히 쓴다. 그는 셈을 하는 것이 아니고, 좋아하는 그림을 그리는 것이다.

자폐인의 숫자적 능력은 사회가 디지털화할수록 필요한 곳이 더 많아진다. 컴퓨터 언어가 숫자인 까닭이다. 필자의 지인 중에 아주 유명한 회계사 한 분이 계신데, 그도 자폐인이다. 일상 대화가 잘 안되고, 식사 때 약간의 도움이 필요하고, 불안 증세도 있고, 눈을 맞추지 못해서, GAS 1~7급 중 3급에 해당한다. 그러나 회계업무에 관한 한 그는 타의 추종을 불허한다.

자폐를 안고 성인이 된 경우, 이런 숫자적 능력을 잘 살리거나 더 키우면, 많은 분야에서 귀하게 쓰일 수 있다. 세계적으로 유명한 체스 선수 중에도 자폐인이 적지 않음은 잘 알려진 사실이다. 물론 프로 바둑기사 중에도 적지 않다. 편의점 캐시어나 은행 창구직원 등도 자폐인이 해내기에 별 무리가 없는 직종이다.

필자에게 왔던 어떤 학생의 아빠도 자폐인이다. 이분은 GAS 4급이니 앞의 회계사보다는 조금 약하지만, 그래도 자폐가 뚜렷했다. 필자가 그 가족과 함께 바닷가에 갔었는데, 같이 지내는 시간 내내 떨어뜨리고, 흘리고, 쏟고, 깨기를 반복했다. 그가 직장생활을 단기간에 끝내고, 사업을 차렸다. 무인카페 체인점이었는데, 판매기 개발이나 운영, 가맹점주 교육 등에서 뛰어난 능력을 발휘하고 있다.

미국의 로버츠라는 청년은 8세 때 자폐 확진을 받았다. 그러나 23세에 해군에 입대하여, 기상학자로 잘 근무하고 있다. 스티브 잡스, 고흐 역시 자폐인이지만, 세계적 유명인의 대열에 우뚝 올라섰다. 반대로, 버지니아라는 여성은 11세에 자폐로 진단받고, 그 후 정신지체자 병동에 수용되어, 40세가 넘은 지금도 종일 그림 퍼즐 맞추기만 하며 지낸다고 한다.

일본에는 초식남(草食男)이라는 단어가 있다. 본디 초식동물처럼 온순한 남자라는 의미였으나, 현재는 이성과의 연애에 적극적이지 않거나, 관심이 없는 남자를 지칭하는 뜻으로 사용되고 있다. 상대어로는 건어물녀라는 단어가 있다. 필자의 눈으로 보면, 극좌뇌인이 많아서 이런 단어가 나온 것 같다. 일본식 조어(造語)는 정말 자폐 성향이 넘친다.

통계청의 발표 중에 이런 내용이 있다. 우리나라 청년 중에, 직장은 구했는데 정시에 출퇴근만 반복하며 쳇바퀴 같은 삶을 살거나, 아예 직장생활도 하지 않고 고립, 은둔해서 사는 청년이 54만 명이라고 한다(2023 기준). 대부분 자폐 성향이 시작되거나 이미 시작된, 그런 청년들이 아닐까 추정된다. 자폐 성향은 후천적인 것이 대부분이어서, 환경을 바꾸어 주기만 하면 얼마든지 정상인으로 돌아온다는 것이 필자를 비롯한 여러 학자의 견해다.

미국의 키너라는 학자는 자폐 어린이들의 성장을 지켜보면서, 다음과 같은 공통점을 발견했다. 부모의 따뜻한 보호와 지지 속에서 자란 아이들이 회복이 잘되었다. 반면에 수용시설로 보내진 아이들은 가지고 태어난 재능마저 잃었다.

그의 결론은 두 가지다. 부모가 자폐 아이들 치료의 주체가 되어야 한다는 것. 중증 자폐인도 부모의 노력으로 정상인이 될 수 있다는 것. 키너는 '부모의 노력'이 어떤 것인지는 밝히지 않았다. 그러나 실망하지 마시기 바란다. 이 책에 수록된 미션들이 키너가 말한 '부모의 노력'에 다름 아니다. 미국, 일본 등이 필자의 미션에 특허를 내준 것이, 이런 문제 해결 능력을 인정한 까닭이 아닐까 싶다.

CHAPTER
4

마치고 나서

참고문헌

1. 세계적 천재들도 너만큼 산만했단다, 프리윌, 2017, 김의철 외 2인.

2. 강한 이스라엘 군대의 비밀, 메디치미디어, 2018, 노석조.

3. 우리는 모두 다른 세계에 산다, 현대지성, 2022, 조제프 쇼바네크, 이정은 역.

4. ADHD·자폐인이 보는 세계, 이아소, 2024, 이와세 도시오, 왕언경 역.

5. 나는 그림으로 생각한다, 양철북, 2024, 템플 그랜딘, 홍한별 역.

6. 너 때문이 아니고 뇌 때문이야, 기파랑, 2013, 김의철.

7. IT산업의 천재 마크 저커버그, 씨앤북스, 2016, 김성진.

8. 불의 아이, 물의 아이, 솔빛길, 2013, 스티븐 스캇 코윈, 김학영 역.

9. 아이의 뇌에 상처 입히는 부모들, 북라이프, 2019, 도모다 아케미, 이은미 역.

10. 1.4키로그램의 우주, 뇌, 사이언스북스, 2014, 정용, 정재승, 김대수.

11. 나는 생각이 너무 많아, 부키, 2014, 크리스텔 프티콜랭, 이세진 역.

12. 천재들의 뇌를 열다, 허원미디어, 2006, 낸시 안드리아센, 유은실 역.

13. 춤추는 뇌, 사이언스북스, 2020, 김종성.

14. 東醫壽世保元(1894) 한국민족문화대백과 이제마

15. 12 Signs of Mild Autism in a Child
    https://www.youtube.com/watch?v=djVlDaE6ook 7-Ahead

16. 헬스조선명의   https://www.youtube.com/watch?v=bfzPl5PCqAc 김붕년

17. 분당서울대병원https://www.youtube.com/watch?v=_kQu7cREqSk 유희정

18. 헬스조선명의 https://www.youtube.com/watch?v=W_5SQcXkR4I 천근아

19. 서울대병원tv   https://www.youtube.com/watch?v=BBBcx-OTtoo 홍순범

20. Antony Kaspi, et al. Genetic aetiologies for childhood speech disorder: novel pathways co-expressed during brain development, Springer Nature, (2022) www.nature.com/mp

21. Baum, G. L. et al. Development of structure-function coupling in human brain networks during youth. Proc. Nat'l Acad. Sci. USA 117, 771-778 (2020).

22. Bo-yong Park, Seok-Jun Hong, Richard A.I. Bethlehem, et al. Differences in subcortico-cortical interactions identified from connectome and microcircuit models in autism, NATURE COMMUNICATIONS (2021) 12:2225.

23. Chen Tian, Jeremiah D. Paskus, Erin Fingleton, Katherine W. Roche, and Bruce E. Herring, Autism Spectrum Disorder/Intellectual Disability-Associated Mutations in Trio Disrupt Neuroligin 1-Mediated Synaptogenesis, The Journal of Neuroscience, (2021) 41(37): 7768-7778.

24. Christensen, D. L. et al. Prevalence and characteristics of autism spectrum disorder among children aged 8 years-Autism and Developmental Disabilities Monitoring Network, 11 Sites, United States, 2012. MMWR Surveill. Summ. 65, 1-23 (2018).

25. Fujino, J. et al. Sunk cost effect in individuals with autism spectrum disorder. J. Autism Dev. Disord. 49, 1-10 (2019).

26. Fujino, J. et al. Impact of past experiences on decision making in autism spectrum disorder. Eur. Arch. Psychiatry Clin. Neurosci. 270, 1063-1071 (2020).

27. Guillaume Huguet, Elodie Ey and Thomas Bourgeron, The Genetic Landscapes of Autism Spectrum Disorders, The Annual Review of Genomics and Human Genetics (2013) 14:191-213.

28. Haruna Fujihira, Chihiro Itoi, Shigeto Furukawa, Nobumasa Kato & Makio Kashino, Sensitivity to interaural level and time differences in individuals with autism spectrum disorder, NaturePortfolio, (2022) 12:119142, www.nature.com/scientificreports

29. Hernández-García I, Chamorro AJ, de la Vega HGT, Carbonell C, Marcos M, Mirón Canelo JA. Association of allelic variants of the reelin gene with autistic spectrum disorder: A systematic review and meta-analysis of candidate gene association studies. Int J Environ Res Public Health. 17:1-16 (2020).

30. JanaTegelbeckers, Martin Kanowski, Kerstin Krauel, John-Dylan Haynes, Carolin Breitling, Hans-Henning Flechtner and Thorsten Kahnt, Orbitofrontal Signaling of Future Reward is Associated with Hyperactivity in Attention-Deficit/Hyperactivity Disorder, The Journal of Neuroscience, 38(30):6779-6786 (2018).

31. Jessica L. Peters, Sheila G. Crewther, Melanie J. Murphy & Edith L. Bavin, Action video game training improves text reading accuracy, rate and comprehension in children with dyslexia: a randomized controlled trial, NaturePortfolio, (2021) 11:18584, www.nature.com/scientificreports

32. Kim JY, Son MJ, Son CY, Radua J, Eisenhut M, Gressier F, et al. Environmental risk factors and biomarkers for autism spectrum disorder: an umbrella review of the evidence. lancet Psychiatry. 6:590-600 (2019).

33. Kita S. et al. Associations between intimate partner violence (IPV) during pregnancy, mother-to-infant bonding failure, and postnatal depressive symptoms, Archives of Women's Mental Health, vol. 19 (2016).

34. Kuzmanovic, B. et al. Brief report: reduced optimism bias in self-referential belief updating in high-functioning autism. J. Autism Dev. Disord. 49, 2990-2998 (2019).

35. Lau, W. K. W., Leung, M. K. & Lau, B. W. M. Resting-state abnormalities in Autism Spectrum Disorders: a meta-analysis. Sci. Rep. 9, 3892 (2019).

36. Lee, E., Lee, J. & Kim, E. Excitation/Inhibition imbalance in animal models of autism spectrum disorders. Biol. Psychiatry 81, 838-847 (2017).

37. Liron Rozenkrantz, Anila M. D'Mello and John D.E. Gabrieli. Enhanced rationality in autism spectrum disorder, Cell Press, Trends in Cognitive Sciences, August 2021, Vol. 25, No. 8 (2021).

38. Maenner, M. J. et al. Prevalence of autism spectrum disorder among children aged 8 years- Autism and Developmental Disabilities Monitoring Network, 11 Sites, United States, 2016. MMWR Surveill. Summ. 69, 1-12 (2020).

39. Mizuno K. et al. Impaired neural reward processing in children and adolescents with reactive attachment disorder: A pilot study, Asian Journal of Psychiatry, vol. 17 (2015).

40. Nicole Wolff, Gregor Kohls, Judith T. Mack, Amirali Vahid, Erik M. Elster, Sanna Stroth, Luise Poustka, Charlotte Kuepper, Stefan Roepke, Inge Kamp-Becker & Veit Roessner, A data driven machine learning approach to differentiate between autism spectrum disorder and attention-deficit/hyperactivity disorder based on the best-practice diagnostic instruments for autism, NaturePortfolio, (2022) 12:18744, www.nature.com/scientificreports

41. Sheema Hashem, et al. Genetics of structural and functional brain changes in autism spectrum disorder, Translational Psychiatry (2020) 10:22.

42. Shuang Qiu, Yingjia Qiu, Yan Li and Xianling Cong, Genetics of autism spectrum disorder: an umbrella review of systematic reviews and meta-analyses, Translational Psychiatry (2022) 12:249.

43. S. Marc Breedlove. Principles of Psychology. Oxford University Press. p. 353. (2015). "If a person had iconic memory that did not fade with time, he or she would have what is sometimes called photographic memory (also called eidetic memory), the ability to recall entire images with extreme detail."

44. Sohal, V. S. & Rubenstein, J. L. R. Excitation-inhibition balance as a framework for investigating mechanisms in neuropsychiatric disorders. Mol. Psychiatry 24, 1248-1257 (2019).

45. Sungji Ha, In-Jung Sohn, Namwook Kim, Hyeon Jeong Sim, Keun-Ah Cheon, Characteristics of Brains in Autism Spectrum Disorder: Structure, Function and Connectivity across the Lifespan, Experimental Neurobiology, 16;24(4):273-284 (2015).

46. Sun J. Association between vitamin D receptor gene polymorphism and sus ceptibility to autism spectrum disorders: a meta-analysis. Jining Medical University. (2020).

47. Tei, S. et al. Inflexible daily behaviour is associated with the ability to control an automatic reaction in autism spectrum disorder. Sci. Rep. 8, 8082 (2018).

48. Thompson, P. M. et al. Genetic influences on brain structure. Nature Neurosci.4, 1253-1258 (2001).

49. Uddin MS, Azima A, Aziz MA, Aka TD, Jafrin S, Millat MS, et al. CNTNAP2 gene polymorphisms in autism spectrum disorder and language impairment among Bangladeshi children: a case-control study combined with a meta-analysis. Hum Cell. (2021) 34:1410-23.

50. Uta Frith and Francesca Happé, Autism spectrum disorder, Current Biology Vol 15 No 19 R786

51. Vanessa Kyriakopoulou, Nidhi Gupta, Mary A. Rutherford, AliceDavidson, Andrew Chew, Tomoki Arichi, Chiara Nosarti, Characterisation of ASD traits among a cohort of children with isolated fetal ventriculomegaly, Nature Communications (2023) 14:155.

52. Varun Warrier, Meng-Chuan Lai, David M. Greenberg, et al. Elevated rates of autism, other neurodevelopmental and psychiatric diagnoses, and autistic traits in transgender and gender-diverse individuals, NATURE COMMUNICATIONS (2020) 11:3959.

53. Wang, Y. et al. Exploring the relationship between fairness and 'brain types' in children with high-functioning autism spectrum disorder. Prog. Neuro-Psychopharmacol. Biol. Psychiatry 88, 151-158 (2019).

54. Wang S, Wu J. Association between MTHFR gene C677T polymorphism and risk of autism spectrum disorder in children: a Meta-analysis. Chin J Obstet Gynecol Pediatr. (2021) 17:198-206.

55. Xueya Zhou, Pamela Feliciano, Chang Shu, Jacob B. Hall, Joseph U. Obiajulu, Tianyun Wang, Irina Astrovskaya, et al. Integrating de novo and inherited variants in 42,607 autism cases identifies mutations in new moderate-risk genes, NATURE GENETICS 54 (2022) 1305-1319.

56. 김지원, 안선정, 자폐 스펙트럼 장애 아동의 섭식 문제에 대한 중재의 국외문헌 연구, J. of the Korean Society of Intergrative Medicine, (2024) 12 (2) 101-110.

마치는 말

특별한 엄마를 새로 보내 주신 뜻은?

나는 아직도 신기하기만 하다.

내가 의사도 아닌데, 수천 년 동안 불치병으로 공인되어 온 자폐를 내 손으로 치료하게 되다니! 물론 의학적인 방법은 아니다. 그저 아이 '키우는' 방법을 그 아이에게 맞는 것으로 바꾸어 줄 뿐인데, 그것만으로 자폐는 물론, 자폐의 형제자매 격인 언어-지적장애, 강박장애, 조울증, ADHD, 분노조절장애, 분리불안, 틱 등등이 치료되는 것이다.

요즘도 자폐의 원인을 찾아내기 위해 실험실에서 밤을 낮 삼는 선진국의 생리의학자들, 여러 가지 약을 처방해 가며 치료의 길을 모색하는 신경정신과 의사 선생님들께는 참으로 민망한 일이 아닐 수 없다. 그러나 내가 그분들의 연구를 커닝한 것도, 처방법을 도용한 것도 아니다. 그분들의 치료법과 나의 치료법은 아예 길이 다른 것이다. 따라서 그분들께 미안하다거나 사과할 일은 아니라고 본다. 오히려 그분들의 연구에 작은 힌트라도 드리려면, 어떻게 하는 것이 좋을까를 자꾸 생각하게 된다.

이 분야 세계적 저널에서, 특히 2010년대 후반의 논문들은, 대부분 연구 주제가 다음 몇 가지에 집중되고 있다. 자폐가 유전되는가 하는 연구, 자폐가 Brain Type과 어떤 연관성이 있는가, 그 밖에 뇌 구조, 남녀 성별, 지능, 생활환경의 차이 등과 자폐 사이에 어떤 상관관계를 발견할 수 있는가? 하는 것들이다. 연구 방향이 잘 설정되었다 싶은 것도 있지만, 이런 연구를 해서 바람직한 결과를 얻어 낼 수 있을까 하는 것도 있다. 가까운 시일 안에, 이런 연구자들과 '인류를 위한 합력의 대화'가 이루어지기를 희망한다.

필자는 초등 저학년 때 어머니를 여의었다. 별세하실 때 나이가 서른 여덟이셨으니 정말 창창한 나이다. 중학교 가정 과목 선생님이셨는데, 폐암으로 장기간 투병하셨다. 당시 암이란 무조건 불치의 병이었다. 코흘리개 두 아들을 두고 어떻게 눈을 감으셨을지, 생각할 때마다 목이 멘다.

두 번째 어머니를 맞이한 것은 초등 5학년 때, 4년 터울인 동생은 막 입학한 꼬마였다. 남의 아들 둘을 내 아이처럼 먹이고, 씻기며 키워 주시는 새어머니가 감사하기 그지없었다. 참 정이 많은 분이었다. 그러나 이 무슨 조화일까? 천사 같던 새어머니가 두세 달이 지나지 않아 저승사자(?)로 돌변했다. 화가 났다 하면 남편은 물론, 잠깐 다니러 오신 시어머니께도 폭언과 망언을 대포처럼 쏘아댔다. 목소리는 얼마나 큰지 온 동네가 일손을 멈추고 귀를 쫑긋거렸다. TV 같은 볼거리도 없던 시절이니까.

반복되는 돌변이 단순히 두 아들 군기를 잡기 위한 차원은 아니었다. 엄마 잃은 초5, 초1 두 아들은, 이 책의 분류법에 따르면(28~33쪽 참조), 뇌타입이 3와 4다. 한 번만 타일러도 다시는 잘못을 반복하지 않는 아이들인지라, 그런 과잉행동이 필요할 리가 없었다.

아무튼 뇌성벽력 극대노와 깔깔깔 박장대소를 하루에도 몇 번씩 왕복하셨다. 매일 이랬다. 어른에게 '산만하다'고 표현하기가 송구스럽지만, 아무튼 옳고 그름에 대한 중심을 전혀 잡지 못하는 분이었다. 그래서 저승사자보다 더 무서웠다. 나와 동생이 아무리 잘해 보려고 노력해도 툭하면 폭행에 시달렸다. 누워 있다가 짓밟히기도 했다. 몽둥이, 빗자루, 옷걸이, 우산 등이(식칼만 빼고) 닥치는 대로 동원되었다.

이런 일들로 인해 동네 할머니들 몇 분이 새어머니를 압박했던 모양이다. "네가 콩쥐 엄마냐?" 새어머니는 저런 수준의 할머니들을 자기편으로 만드는 능력은 정말 뛰어난 분이었다. 언변과 감성이 타의 추종을 불허할 정도였으니까. 하지만, 이런 측면 지원이 있었어도, 나와 동생에 대한 새어머니의 '사무라이 춤'은 줄어들지 않았다. 필자는 조금 컸던 탓에 눈물을 목으로 삼킬 줄 알았지만, 어린 동생은 그냥 쏟았다.

이분을 온순-다정-인자하게 만드는 방법은 없을까? 초5답지 않게, 별별 궁리를 많이 했다. 우선 행동으로 최선을 다했다. 죽으라면 죽었다. 시장 심부름을 시키면 기다렸다는 듯 제비처럼 날아서 다녀왔다. 방 걸레질을 시키면 반갑다는 듯 거울처럼 닦아 놓았다. 그러나 딱히 이거다 할 만한 효과가 없었다. 아무리 머리를 굴리고 최선을 다했건만, 솔루션을 찾아내지 못한 것이다. 팩트만 착실히 저장했다.

그렇게 어울려 살았다. 새어머니도 딸 하나, 아들 하나를 낳으셨는데, 둘째인 아들이 또 새어머니를 빼박았다. 온 동네 말썽은 죄다 벌이고 다녀서, 한 동네에 1년을 넘겨 살기가 어려웠다. 동네 사람들 눈총과 항의가 빗발쳤다. 고교 시절 필자는 3~5살이던 막내의 전속 돌보미였다. 쏟고, 어지르고, 깨고, 다치고를 반복해서 혼자 둘 수가 없었다. 반대로 아이가 입이 어찌나 짧던지, 밥 한 공기 먹이려면, 치밀한 작전 계획 아래 지혜로운 전투를 치러야 했다.

우선 특유의 '영양 만점 비빔밥'을 만들고, 아이를 안아서 온 동네를 관광한다. 아이를 웃겨서 입을 열게 하고, 밥 한 숟가락을 번개처럼 삽질한다. 이렇게 전투(!)를 마치고 귀가하면 대개 한 시간 남짓 걸렸다. 막내를 밥 먹일 수 있는 건 큰형뿐이라고 어머니가 애교(?) 넘치는 웃음을 흘리셨다. 새어머니는 이 막내의 학교 담임에게도 여러 차례 불려 갔던 모양이었다. 수업 방해와 학교 기물 파손이 많았다고 들었다.

대학 시절, 필자는 어느덧 막내의 훈육주임(?)으로 진급해 있었다. 가족 중에서는 그나마 필자를 조금 어려워했다. 게다가, 필자가 아이들 다루는 유전적 능력(?)이 좀 있었던지, 세 동생이 나를 잘 따랐다. 특히 '자기의 분신' 잘되는 일에 자신의 '모든 것'을 걸었던 새어머니는, 막내의 정신적 양육까지 필자를 활용했다. 중심을 잡을 줄 안다고 판단하셨을 것이다. 필자도 그게 별로 싫지 않아서 막내와 살갑게 지냈다. 이런 와중에 이 두 분의 정체를 분석하고 예측하는 눈이 제법 생겼을 터이다.

이로부터 약 30년이 지난 후였다. 대단히 유별난 새어머니 한 분과, 그 빼박이 막내 녀석의 본질을 '체계적으로' 파악할 일이 생겼다. 책머리에서 밝힌 대로, 필자는 사상체질학과 뇌과학을 공부했고, 이 둘을 접목해서 나름의 논리를 정립했다. 인류의 비밀을 얼마라도 밝힌 게 아닐까? 하는 과대망상적 자부심을 가질 정도였다.

이 연구에 의하면 서로 다른 우리를 뇌 특성에 따라 크게 다섯(5) 가지로 구분할 수 있다. 타입 1 극우뇌인 / 타입 2 우뇌인 / 타입 3 균형발달인 / 타입 4 좌뇌인 / 타입 5 극좌뇌인 이렇게 다섯 가지다.

비슷한 MBTI나 에니어그램 등은 사람의 성격을 기준으로 분류했으나, 필자는 뇌 특성에 따라 나누었다는 것이 달랐고, 더하여 다섯 가지 타입 각각의 구체적인 솔루션을 제시했다는 것도 큰 자랑이었다.

이처럼 뇌타입을 연구하다 보니 문득 그 시절의 어머니와 막내가 킹콩처럼 눈앞에 다가왔다. 오호라~ 이들이 바로 타입 1 극우뇌인이었구나! 또다시 유레카가 절로 튀어나왔다. 당시 두 분의 행동 하나하나가 모두 극우뇌인의 특징이었고, 두 분을 온순하고 정겹게 만들었던 아이디어 하나하나가 모두 '극우뇌인 솔루션'이었다. OMG!

그 얼마 후에 우리나라에 ADHD 파동이 일었고, 필자의 성남 연구소로 극우뇌 아이들이 꾸역꾸역 몰려들었다. 필자가 아이용, 부모용으로 200문항의 설문지를 따로따로 준비하고 있었다든가, ADHD 여부를 판정해 주는 것이 '서서 떡볶이 먹기였다.'라고 시건방(?)을 떤 것은 이 덕분이었다. 자폐 성향이 뚜렷한 막냇동생과, 전형적인 ADHD 어머니와, 한집에서 20년 가까이, 연구까지 하며 살았는데, 필자가 극우뇌, 자폐, ADHD에 대해 무엇을 모를까?

인간이 어찌 신의 뜻을 감히 헤아릴까마는, 겨우 철들 나이의 아들에게 희귀한 극우뇌인을 두 명이나 보내 주시고 몸으로 학습하게 하신 것은, 신의 원대하신 계획이었나 보다… 하는 생각에서 벗어날 수가 없다.

아무튼 정리해 보자.

① ADHD는 극우뇌인의 전유물이다. 일부 뇌 손상이 심한 강우뇌인도 ADHD 성향을 보이기는 하나, 그 밖의 다른 뇌타입에는 ADHD라는 것이 없다.

② 자폐는 타입 1 극우뇌인과, 타입 5 극좌뇌인에게만 나타난다. 극좌뇌인은 평소 정상적 생활이 상당히 은둔-폐쇄적이어서, 그가 정상 생활을 하고 있는지, 자폐라는 장애(Disorder)에 걸린 것인지, 일반인들은 구별하기 어려울 것이다. 우리나라의 자폐 어린이 열 명 중, 아홉 명은 극우뇌인(타입 1)이라고 보면 틀림없다.

③ 극우뇌인이 뇌에 손상을 입으면, 초기에는 두통, 분리불안, ADHD 등이 나타나고, 손상이 더 심해지면 강박장애, 조울증, 아토피, 분노조절장애 등이 나타난다. 뇌 손상이 훨씬 더 심해지면 경기(Convulsion), 언어장애, 지적장애, 자폐 등이 나타났으며, 손상이 극도로 심하면 지체 장애가 나타났다.

④ 이처럼 뇌타입은 우리의 질병과 긴밀히 연결되어 있다. 따라서 뇌타입을 알면, 이런 장애의 치료는 물론, **예방도 가능하다.** 어린이가 극우뇌인이나 극좌뇌인이라고 판정되면, 철저하게 각각의 '맞춤양육방법'을 적용하시라. 앞의 장애에 걸려들지 않을 것이다.

신경정신과적 약물을 사용하지 않고, 부모가, 집에서, 아이 키우는 방법만 조금(?) 바꾸어 주었더니 자폐가 모두 치유되었다…. 그 형제자매들은 예방이 되었다. 이건 정말 신이 우리 인류에게 베푸는 뜨거운 사랑이라 생각된다. 어쩌다가 의사도

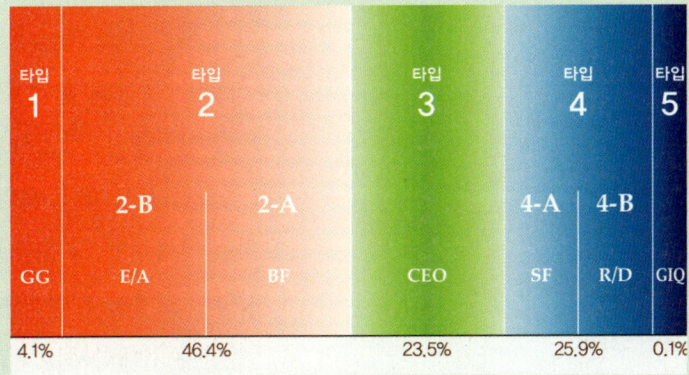

한국인 두뇌타입 구분

아닌 필자가 그 짐꾼을 맡게 되었는데, 송구스러울 뿐이다.

...

필자가 1945년생이니까, 이 책을 탈고-출판하는 시점은 만 80이다. 이 나이에, 세계적으로 유례가 없는, 전혀 새로운 내용의 책을 썼다. 육체적, 정신적으로 버거운 일이기는 하지만, 한편으로는 뿌듯하기 그지없다. 필자가 평생 쓰는 일을 계속해 왔지만, 이 일처럼 내용이 새롭고, 파급효과가 세계적인 글은 처음이니 그러하다. 게다가, 내 마음대로 하는 일이 아니라, 그분의 명을 감당하는 일이어서, 정말 감개무량이다.

책을 쓰는 사람은 누구나 마찬가지다. 누구나 잘 아는 얘기를 쓰는 중이라면, 대개는 '언어'에 치중하게 마련이다. 그러나 새로운 발명, 놀랄 만한 연구 결과, 막연한 추측을 증명하는 내용이라면 얘기가 달라진다. 이 내용을 잘 이해시키는 방법이 뭘까? 이런 고민을 하게 된다.

필자의 고민도 비슷했다. '자폐를 고친다.'라고 하면 아무도 믿지 않는다. 수백 년 동안 못 고쳐 왔으니까. 게다가 일부 의료인은 필자를 사기꾼으로 몰고 가려고 한다. 자기들과 길이 전혀 다름에도 불구하고. 이걸 어떻게 설명해야 믿게 될까? 완치된 사례를 많이 소개할까? 논리를 많이 동원할까? 신의 계시를 받았다고 할까? 하하하, 어느 것 하나 흔쾌하지는 않다. 그냥 믿거나 말거나 던져 버리고 못 본 체할까?

왜 신께서는 초등학생 때부터 작정하시고, 나에게 이런 능력을 맡기셨는지 다시 생각해 본다. 인간인 내가, 신의 정확한 뜻은 알 길이 없지만, 그래도 하나 분명한 사실은 알 것 같다. "그거 그냥 혼자서만 끼고 있다가, 내 앞에 도로 가져와라~"는 절대 아니라는 점.

사람은 이 세상에 왔다가, 다시 간다. 자기 뜻대로 오고 가는 것이 아니다. 이 세상에 태어나는 것도, 되돌아가는 것도, 모두 그분의 뜻일 터이다. 그분께서는 왜 사람을 이 세상에 보냈다가 다시 데려가고, 이런 일을 계속하실까?

요즘 사람들은, 인공지능(AI)을 이용하여 여러 가지 로봇을 열심히 개발 중이다. 목표는 분명하다. 사람의 부족한 부분, 사람이 잘하지 못하는 일, 사람이 혐오하는 반복적인 일 등을 대신해 달라는 것이다. 더 잘해 달라는 것이다.

사람이 로봇을 개발하며 기대하듯, 신께서도 자신의 뜻을 구체적으로 잘 실천할 인간을 기대하시는 건 아닐까? 흡족하지 못하니까 새로 만들어 보내고 부르고, 또 새로 만들어 세상으로 보내고, 일생을 지켜본 후에 다시 부르고, 이렇게 하시는 것 아닐까?

필자는 지금까지 살아오면서, 그분을 얼마나 흡족하게 해 드렸을까? 아무리 생각해도 별로 즐겁게 해 드린 일이 없는 것 같다. 그저 정직하게, 열심히, 돈에 아득바득하지 않고 살아온 것뿐인데, 이 정도를 가지고 잘했다고 하실 리도 없을 것 같다. 다시 그분 앞에 서야 할 날도 얼마 남지 않았는데, 어떻게 해야 하나?

문득, 의사도 아닌 필자가, 자폐를 치료하는 기술을 알게 되었다는 사실을 떠올린다. 이는 동정녀 마리아가 아기를 잉태한 것만큼이나 기이하다. 이 기술은 어떤 전문 서적을 놓고 연구하다가 알게 된 것이 아니다. 사회적으로 코너에 몰린 아이들을 대하면서, 뭔가 좋은 방법을 궁리하다가 '영적'인 가르침을 받은 것이다. 기이하다고 아니 할 수가 없다. '혼자 끼고 있다가 도로 반품할 수는 없다.'라는 생각이 절박해지는 이유다.

그동안, 혼란에 빠질 때, 좌절할 때마다 격려해 주신 우리 '회원'님들께 온 마음을 다하여 감사드린다. 그분들 덕분에 여기까지 오게 되었다. 우리 세계를 모르는 다른 엄마들께도 '유쾌한 보더 콜리'가 되어 주시기를 희망한다.

그리고 책 한 권 값으로 아이 자폐를 치료해 주게 되신 부모님들은, 정말 엄청난 신의 사랑을 받으신 거다. 감사의 삶을 살아가시기를 바란다.

ASD KOREA 주요 사업

	사업 분류	사업 내용	비고
1	저술-출판	뇌를 기반으로 하는 양육서적 출간 세계 논문 내용을 학부모 버전으로 전환	이미 4권 출간 계속 1권씩 출간 예정
2	두뇌특성 검사	서양 뇌 연구와 한의학을 접목 자체 개발한 설문지 정확도 90% 이상 5대 두뇌타입, 21가지 좌우뇌 비율 판정	타입별 솔루션 제공 양육법/공부법/진로
3	뇌 손상 치유 좌뇌 보강	언어지연-지적지연, 틱, 아스퍼거, 강박증, 폭력성, 도벽, 분노조절장애 등의 뇌 손상	무약물, 상담에 의함. 소요기간: 4-10개월
4	자폐, 지체장애, 언어-지적장애	의식주, 학습-생활교육 등 맞춤교육 적용 10세 이하는 완치. 그 이상은 유동적	의료적 방법 사용 안함. 미션에 24시간 노출
5	기출간 저서		
6	후계자 연구원 양성	자격 제한 없으나, 연구소 기준 통과해야 40시간 수업 마친 후, 일정 기간 실습	희망자는 우리 연구소 근무 가능
7	ADHD 셀프치료법	가정교육에 의한 ADHD 치료 프로그램 유튜브에 10~20분 동영상 14회분 방영중	키워드: 일등엄마교실, ADHD, 연구소장
8	등록된 특허		
9	연락처	카페: http://cafe.naver.com/asdkorea 이메일: ggbrain@naver.com 전화: 042-331-1505, 223-1505	

2025. 7. 15 현재